망상의 향연

망상의 향연

어느 수학자가 본
기이한 세상

강병균 지음

인간이 만든 환망공상을 넘어
세상의 본 모습을 직시하다

김영사

일러두기

1. 《표준국어대사전》에 뜻이 같은 말로 등재되어 있더라도, 각각의 단어가 주는 뉘앙스에 차이가 있을 경우, 이를 하나로 통일하지 않고 다양하게 썼다.

   예1: 이슬람/회교(회교는 동북아시아에서 수천 년 동안 이슬람교를 부르던 용어이다.)

   예2: 야훼/여호와(기독교 《구약》의 하나님은 '야훼'로 표기했다.)

   예3: 붓다/부처/석가/석가모니

   예4: 예수/그리스도

   예5: 브라흐만/바라문

   예6: 기독교/개신교

2. 기독교의 유일신은 '하나님'으로, 옛 한국인들이 섬기던 신은 '하느님'으로 구분해서 썼다.

3. 대화나 문장을 인용할 때에 일부 내용은 뉘앙스를 살리기 위해 오기여도 바로잡지 않았다. 또한 관용적으로 굳어버린 인명의 경우에도 외래어표기법을 따르지 않았다.

4. 평어체와 경어체를 혼용해서 썼으며, 종결어미 '~습니다' 대신에 '~읍니다'로 썼다.

5. 경전이나 책 제목은 《 》로, 장 제목이나 신문기사는 〈 〉로 묶어 표기했고, 인용구의 출처도 〈 〉로 표기했다.

높고 높은 지성소에서
잠을 깬 로고스는
망상이 무한히 퍼지는 걸 보았다
생육하고 번성해 온 우주를 가득 채우는 걸 보았다
처음에 모든 끝을 담으신 로고스는
자신의 자식들이 뛰어노는 걸 보고
흡족한 미소를 지었다
보기에 참 좋았더라

책머리에

인간의 삶은 총체적이다. 유기적이다. 한 부분이 다른 부분들로부터 분리되어 있지 않다. 생물관·인간관·환경관·경제관·정치관·인생관·우주관·종교관이 서로 밀접하게 연관되어 있다. 올바른 지식이 쌓이면, 잘못된 지식에 기초한 망상이 사라진다. 뭔가 판단을 하려면 근거가 있어야 한다. 그 근거가 잘못되면 판단 자체에 오류가 생기고 망상에 빠지게 된다.

경제·정치·생물·인간·환경·자연·우주·종교·인생은 결코 서로 분리되어 있지 않다. 한 분야에 대한 지식은 다른 모든 분야에 영향을 미친다. 여기서 주의할 점은, 종교에 대한 견해는 맨 나중에 형성되어야 한다는 점이다. 왜냐하면 다른 것들과 달리 종교에는 '다른 데는 없고 종교에만 있는' 사실들이라는 것이 거의 없기 때문이다. 종교관은, 실제로는 종교 외적인 것들에 대한 (많은 경우에 잘못된) 견해로부터 생기기 때문이다. 건강한 종교관을 가지려면, 경제·정치·생물·인간·환경·자연·우주에 대해서 알아야 하는 이유이다.

생명이란 것은 삶을 유지하는 것이고, 삶을 유지하려면 나 아닌 타자
들의 도움을 받아야 하는데, 나와 타자 사이의 관계는 넓은 의미에서의
경제이고 정치이다. 타자는 사물도 되고 생물도 되므로, 물질계와 생물
계에 대해서 알아야 하며, 지구는 홀로 독립적으로 존재하는 게 아니라
우주의 일부분으로 존재하므로 우주에 대해서도 알아야 한다. 그래야
세상을 바로 보게 되고 그 결과 올바른 관觀이 생긴다.

　이 책은, 독자들이 사실에 기초한 합리적 사고를 길러 건강한 생물관
과 인간관과 종교관을 세우는 걸 돕고자 한다.

목차

4장 인생관

5장 종교, 세뇌, 기적, 미신, 속임수

Symposium of
Delusion

01장

인간이 자연계와 분리되어 존재한다는 생각은 망상이다. 인간의 몸은 지구를 구성하는 원자들로 이루어져 있으며 이들 외에 따로 신비로운 물질은 없다. 그래서 동물의 장기를 인간에게 이식하는 일이 가능한 것이다. 인간의 유전자는 동식물의 유전자와 반 이상 일치하며, 특히 침팬지와는 98.5퍼센트나 일치한다. 기독교 · 이슬람교 등 유일신교 종교인들은 인간에게만 영혼이 있고 영혼이 보고 듣고 생각하고 인식하는 기능을 한다고 주장하지만, 이들이 영혼이 없다고 간주하는 오랑우탄이 보고 듣고 생각하고 인식하는 걸 보면, 전혀 사실이 아니다. 14년 전에 서울대공원 동물원에 살던 오랑우탄 오랑이는 표정도 몸짓도 인간과 똑같았다. 뜨거운 라면은 입으로 불어 식히고 다른 데 덜어 식혀 먹고, 젓가락질도 잘했다.

영혼, 신, 하나님

귀신과 아파트

: 귀신 체험 학습

_ 갑자기 귀신들이 사라졌다

요즈음 텔레비전 프로에는 귀신이 잘 나타나지 않지요. 왜 그럴까요?

귀신은 음기로 만들어져, 양기인 태양이 떠 있는 낮에는 못 나타나고 태양이 진 밤에만 나타났는데, 전기의 발명으로 인하여 밤에도 전등불로 대낮같이 환해서 귀신이 못 나타난다는 거죠.

옛날에는 정말 귀신이 많이 나타났어요. 몽달귀신·처녀귀신·뒷간귀신·달걀귀신 등 종류도 많고 수도 많았지요. 이것들은 헛간·뒷간·숲속 어디든지 으슥하고 어두운 곳에서 빠짐없이 나타났지요. 앞서 설명한 것처럼 밝은 곳에는 안 나타났지요.

그런데 이 귀신들이 지금은 어디로 갔는지 다 사라지고 나타나지를 않아요. 도시에 특히 아파트에는 귀신이 없어요. 재래식 화장실 귀신은 있어도, 수세식 화장실 귀신은 없지요. 뒷간에 쭈그리고 앉아 있으면, 천장에 거꾸로 매달린 귀신이 긴 머리와 혀를 아래로 늘어뜨리고 바로 앞에 나타난다거나, 아래 구멍에서 정체불명의 손이 올라와 불알을 만지작거리거나 엉덩이를 쓰다듬는 일이 생각 외로 자주 일어났다고 하더군요. 혹시 이 귀신들은 아직도 전깃불 없이 어둡게 사는 아프리카·동남아시아·중앙아시아 후진국이나 아마존·뉴기니·아프리카의 석기시대 원시인들 마을로 집단적으로 이주했을까요?

예전에는 여름에 납량특집이란 이름으로 귀신영화가 빠지지 않고 상영되었지요. 공포가 찾아올 때 느끼는 싸늘함으로 더위를 식히라는 거지요. 그런데 나라가 부유해지고 사방에 에어컨이 설치되어 시원해지자 납량특집 귀신영화가 없어졌지요.

종교 경전에는 귀신들이 등장하지요. 성경에도 나오고 불경에도 나오지요. 그런데 요즘 나오는 신흥 종교 경전에는 귀신이 안 나와요. '사이언톨로지'나 '천국의 문' 같은 20세기에 탄생한 종교에는 귀신 대신 외계인이 등장하지요. 원자력으로 불을 밝히는 시대에 어떻게 어둠을 좋아하는 귀신이 나올 수 있겠어요. 밝은 전깃불 때문에 귀신이 못 나타난다면 '과학의 힘으로 귀신을 몰아낼 수 있다'는 말이죠.

종교는 죽은 사람들이 천국에 가서 산다고 하는데 노골적으로 말하자면 '천국은 귀신들이 모여 사는 곳'이라는 말이죠. 그런데 천국은 밝은 곳이라 하니, 귀신이 빛을 싫어한다는 말과 모순이죠.

아무튼 전깃불과 에어컨이 귀신을 몰아냈어요. 하지만 사실은 처음부터 귀신이 없었을 거예요. 귀신은, 아마 어둠 속에 숨어 있는 맹수에 대한 공포와, 사람같이 생긴 나뭇가지의 어른거림이 합동해서 불러온 착각일 거예요.

만약 옛날 사람들에게 어둠 속에서도 볼 수 있는 적외선 안경이 있었다면 절대로 그런 일이 없었을 거예요.

나라가 도시화되면서 귀신은 멸종위기 생물이 되고 있지요. 귀신의 서식지인 어두운 시골이 파괴되고 사라지고 있기 때문이죠. 귀신에게는 귀여운 면과 재미나는 면도 있으므로 일정 지역을 귀신 서식지로 보호해야 할지 모르겠네요.

밤만 되면 어두움에 휩싸이는 쓰러져가는 초가집, 지저분한 수염이 성글게 내린 시커먼 입을 벌리고 서 있는 헛간, 마당 저 멀리서 커다란 구멍이 바닥에 누워 까맣게 아가리를 벌리고 있는 재래식 화장실, 뒤뜰 대나무와 느티나무 고목이 '스스스 스스스' 소리를 내고, 뒷산에서 부엉이가 '호호호 호호호' 우는 시골마을에서 하룻밤 귀신 체험 학습, 어떨까요?

目이슬람교 창시자 마호메트도 화장실 귀신을 믿었다.《부카리 하디스》(마호메트의 언행을 기록한 책)에 의하면 마호메트는 화장실에 들어갈 때마다 "오, 알라여! 당신께 귀의하오니 악행과 악령과 더러운 암수 귀신으로부터 저를 보호하소서"라고 기도했다고 한다. 무슬림들은 이를 본받아 똑같이 한다고 한다.

하나님과 털

_ 털의 구조와 기능을 알게 되면
신에게도 털이 있다는 주장을 하지 않게 된다

귀신은 참 이상한 존재입니다. 귀신에 대해서 좀 생각을 해봅시다.

귀신은 영혼의 기원입니다. 몸이 없이 마음만 있는 놈입니다.

귀신은 종류가 아주 많습니다. 나라마다 독특한 특징이 있습니다. 얼굴에 눈·코·입이 없이 달걀처럼 판판한 달걀귀신은 일본과 한국에만 있습니다. 원산지는 일본이라고 합니다. 폴터가이스트poltergeist라고 집 안의 물건들을 움직여 시끄러운 소리를 내는 귀신은 유럽에만 있습니다. 주 서식지는 영국입니다.

지중해 지역을 주 서식지로 하는 귀신이 하나 있습니다. 하나님입니다. 이명異名은 성귀聖鬼, Holy Ghost입니다.

이 성스러운 귀신에 대해서 논해보고자 합니다. 먼저 누구에게나 친숙하고 흔한 귀신에 대해서 드문 질문을 해봅니다. 적나라한 질문입니다.

귀신은 왜 옷을 입을까요? (이 질문은 일찍이 2,000년 전에 한나라의 대학자 왕충이 한 질문입니다. 다음은 그에 이어서 후학인 제가 던지는 질문입니다.) 털 때문일까요? 겨드랑이 털이 나 있을까요? 음모가 나 있을까요? 귀신들이 대부분 대머리가 아니고 머리털이 있는 걸 보면 그럴 겁니다. 귀신들은 옷도 안 갈아입고, 목욕도 안 하나요? 그때 모든 게 백일하에 드러날 터인데요.

귀신들은 나체촌이 없을까요? 거기 가 보면 확인이 가능할 터인데 말입니다. 아, 실오라기 하나 걸치지 않고 사는 공의파空衣派, Digambara 자이나교 승려들 귀신은 분명 나체일 겁니다. 살아서 안 입던 옷을 죽어서 입겠습니까? 이들이 모여 사는 저승은 분명히 나체촌을 이루고 있겠군요.

이상과 같은, 작고 시시한 귀신들에 대해서 던지는 질문을, 초대형 귀신인 하나님에 대해서도 똑같이 던질 수 있습니다. 작다면 작고 시시하다면 시시한, 이런 질문에 대답할 수 있어야 합니다. 작은 관문을 통과하지 못하면 큰 관문도 통과하지 못하는 법입니다. 우주의 권력을 통째로 틀어쥐려면 이 정도 난관은 터럭 하나 다치지 않고 통과해야 합니다.

하나님은 어떤 종류의 옷을 입을까요? 면일까요, 마일까요, 모직일까요, 비단일까요? 아니면 합성섬유일까요? 빨기 좋은 물실크일까요? 중국제일까요, 이태리제일까요? 디자인은 누가 했을까요? 하나님은 유행에 뒤진 수천 년 전 옷만 입을까요? 아니면 시대에 따라 업그레이드할까요? 요즘에, 가발에 하이힐을 신고, 루이 14세풍의, 몸에 착 달라붙는 스타킹 바지나 판탈롱을 입고 나타나는 하나님을 상상해보세요. 얼마나 생뚱맞겠습니까?

만약 옷을 입는다면 빤쓰도 입을까요? 삼각빤쓰일까요, 사각빤쓰일까요, 훈도시褌일까요, 끈빤쓰일까요?

칼 세이건의 제자인 세계적인 천문학자 닐 디그레스 타이슨의 재미

있는 일화가 있습니다. 그의 여사촌이, 죽어 관 안에 누워 있다 일어나 앉은 자기 아버지와 대화를 나누었다는 겁니다. 아버지가 '내 걱정은 하지 마라. 나는 더 좋은 곳에 있다'라고 하더랍니다. 이에 타이슨은 과학적으로 연구할 기회를 놓쳤다고 아쉬워합니다. 다음에 또 그런 일이 발생하면 아버지에게 '행복하세요?'라고 묻지 말고 '옷을 입고 있느냐, (입고 있다면) 어디서 옷을 구했느냐'라고 물어보라고 당부했답니다.

하나님도 겨드랑이와 사타구니에 털이 있을까요? 그래서 옷을 입는 것일까요? 바티칸 시스티나 성당 천장화 〈천지창조〉에서, 아담과 하나님이 서로 팔을 뻗어 자기 손가락 끝을 상대방 손가락 끝에 대려 하고 있습니다. 하나님 아버지가 어린 아들 아담과 '찡~' 놀이를 하고 있는 거죠. 그런데 자세히 보면 이상한 점이 있습니다.

아담은 알몸인데 겨드랑이 털, 소위 겨털이 없습니다. 사타구니 털도 없습니다. 고추와 불알은 있지만 털은 없습니다. 괴이한 일입니다. 하나님은, 팔을 들고 있지만, 아예 옷을 입혀서 겨털이 있는지 없는지 확인할 수 없게 그려놓았습니다. 수염과 머리털이 무성하므로 분명 털이 있을 터입니다. 있어야 할 곳에는 어디나 반드시 털이 있을 겁니다. 위나 아래나 털 한 올도 빠짐없이. 하나님은 완벽한 분이므로 완벽하게 털이 있을 겁니다.

그런데 그 터럭들은 무슨 색깔일까요? 노란색일까요, 검은색일까요? 모양은 직모일까요, 곱슬일까요, 파상모波狀毛일까요?

하나님은 아버지이므로 고추와 불알도 있을 겁니다. 하나님의 형상으로 만들어진 아담에게 고추와 불알이 있다면 당신에게도 당연히 있어야 하겠지요. 악마를 혼내주려고 몹시 빠른 속도로 쫓아갈 때 고추와 불알이 덜렁거리면 악마가 도망가다 그 모습을 보고 막 웃을 겁니다. '푸하하하' 하고. 그러면 하나님 체통이 말이 아닐 겁니다. 그래서 그걸 가리려고 옷을 입었을 겁니다.

많은 사람들이 하나님에게 얼굴도 있고 손발도 있다고 믿습니다. 하나님도 눈이 얼굴에 있다면 뒤를 볼 수 있을까요? 뒤를 보려면 고개를 돌려야 하지 않을까요? 아, 목이 있으니 가능하겠군요. 혹자는 하나님은 전지전능하므로 뒤통수 쪽도 볼 수 있다고 주장할지 모르지만, 그럼 처음부터 눈이 없어도 볼 수 있을 거 아닙니까? 뭐하러 얼굴에만 눈을 달아놓았습니까? 기왕에 달아놓을 거라면 아예 처음부터 머리 측면과 뒤통수에도 두 개씩 더 달아놓지 않고요. 아, 위와 아래를 보려면 정수리와 좌우 발바닥에도 하나씩 필요하겠군요.

하나님 눈에는 아담의 고추와 불알이 보이지 않나요? 자기에게 달리지 않은 게 달렸다면 의심을 해야 하지 않나요? '이놈은 도대체 누구 자식이냐?' 하고.

오늘 우리 모두 기도해봅시다. 한 번쯤.

"하나님, 궁금해 미치겠습니다. 당신은 겨털이 있습니까, 없습니까? 사타구니 털이 있습니까, 없습니까? 제발 알려주시기 바랍니다. 아니 속시원하게 보여주시기 바랍니다. 추가로, 고추와 불알도 있는지 없는지 알려주시기 바랍니다. 주님이 알려주지 않으시면 아무것도 모르는 무지몽매한 주님의 종 홍길동이 간절히 기도하옵니다. 뭐든지 있어야 할 것은, 있어야 할 곳에 반드시 있게 하소서. 털과 고추와 불알이 있어야 할 곳에는 반드시 털과 고추와 불알이 있게 하소서. 아멘."

目이 글이 신성모독이라며 분노한다면, 그게 바로 신성모독이다. 이런 사람들은 신을 분노·시기·질투 등 부정적 감정을 지닌, 그리고 인간 모양의 육체를 지닌, 저차원의 존재라고 주장하기 때문이다. 자기 마음속에 자기가 상상으로 만든 신을 모시고 섬긴다는 점에서 우상숭배이기도 하다.

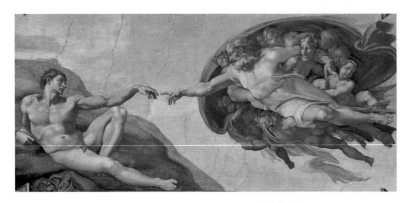

〈**천지창조**〉 미켈란젤로, 1509~1512년.

바티칸 시스티나 성당 천장화. 아담이 하나님과 찡을 하고 있다. 하나님은 근육이 잘 발달해 있다. 자세히 보면 젖꼭지도 있다는 걸 알 수 있다. 그 부분의 옷이 봉긋 솟아나 있다. 그렇다면 배꼽도 있을 가능성이 크다. 하지만 둘 다 하나님에게는 필요없는 기관이 아닌가. 그러므로 하나가 있다면 다른 하나도 있을 것이다. 아담이 하나님의 모습으로 만들어졌다면 더욱 그렇다. 왜 필요없는 걸 달고 있는지, 우리 인간으로서는 알 수 없다. 알 수 없는 신의 뜻을 자기들의 협량으로 억측하는 자들이 신학자들이다. 유한한 자가 무한한 신의 뜻을 재단한다는 점에서는 신성모독이다. 대부분 지옥에 떨어질 것이다. 신이 선지자를 통해 계시를 내리지 않을 때는 그 이유가 있을 터인데, 진득하게 기다리지 않고 입을 놀리다 당하는 화이다. 이들은 하나님 자신보다 자기들이 하나님의 마음을 더 잘 아는 듯 군다. 나름 엄청난 증거를 들이민다.

〈루이 14세〉 이아생트 리고, 1701년.

루이 14세는 1638년부터 1715년까지 72년이나 재위했다. 세계 역사상 최장 기록이다. 가슴까지 내려오는 긴 머리(가발)에 빨간 굽의 하이힐을 신고 스타킹에 미니스커트를 입었다. 무릎 아래에 대님을 매어 한껏 멋을 부렸다. 조선조 성리학자들이 보면 놀라 그 즉시 기절할 모습이다. 이 세속의 왕에 비하면 바티칸 천장화에 나타난 하늘의 왕인 하나님의 복장은 소박하다 못해 초라할 지경이다.

전기뱀장어와 성령

_ 몸에 뭔가 짜릿한 느낌이 있다면
생체전기가 흐른 것이다. 결코 영적인 경험이 아니다

새끼 뱀장어가 태어났습니다. 새끼는 어른들이 위험에 처할 때마다 신기한 방법으로 벗어나는 것을 보았습니다. 하지만 그게 무엇인지 알 길이 없었습니다. 몇 년 후 어느 날 어른들이 없을 때 커다란 메기가 나타나 새끼를 잡아먹으려고 했습니다. 새끼는, 메기의 입이 자기 몸에 닿는 순간 어마어마한 공포심이 솟아올랐고, 동시에 무언가 몸을 흐르며 빠져나가더니 메기가 충격을 받고 놀라 펄쩍 뛰는 걸 보았습니다. 드디어 그의 몸에도 전기가 발생하고 흐른 것입니다! 머리에서 꼬리까지 순결한 백색의 전기가 무서운 속도로 뚫고 지나갔습니다. 그는 '전기'뱀장어로 거듭났습니다. 세상에 무서울 것이 없어졌습니다. 이리저리 전기를 번뜩이며 누비고 다녔습니다. 거듭난 전기뱀장어는 죽음의 저주와 아귀를 벗어난 기분이었습니다.

그러던 어느 날 거대한 두 기둥이 물속으로 들어왔습니다. 전기를 발생시켜 공격을 했지만 끄떡도 하지 않고 접근해왔습니다. 전압을 순차적으로 높여보았지만 절연체인 고무장화에는 아무 소용이 없었습니다. 뒤늦게 도주를 했지만 막다른 곳에 몰려, 결국 커다란 뜰채에 걸려 잡히고 말았습니다. 그날 저녁, 전자들이 떼를 지어 빛의 속도로 달리던 윤기나는 검은색 껍질이 벗겨진 채로, 붉은 속살이 숯불 위에서 지글지글 구워졌지만, 지난날에 놀라운 구원의 경험을 선사하던 불꽃 튀는 전기는 어디로 사라졌는지 보이지 않았읍니다. 살길이 없었읍니다. 152년 만에 생을 마감했읍니다.

　어떤 기독교인들은 성령이 머리끝부터 발끝까지, 위에서 아래로 관통하여 흐르는 경험을 하고 감동합니다. 그런 경험을 유도한 목사를 신의 사자로 받들어 모십니다. 그런데 그런 경험이 무슨 소용이 있는지 알 수가 없읍니다. 굶어 죽지 않으려면 여전히 뼈 빠지게 일해야 하고, 기이한 경험을 선사한 목사를 먹여살리다 보니 생활이 쪼그라들어 전보다 더 살기 힘들어졌읍니다. 목사의 그 신기한 능력은, 도대체 용도가 무엇일까요? 신도들로부터 후원금을 모으는 것 외에 무슨 용도가 있을까요? (참고로 전기뱀장어는 자신이 방출한 전기에 감전되어 정신을 잃은 물고기를 집어삼킵니다. 마찬가지로, 목사가 방출한 생체전기에 감전당한 신도들은 정신을 잃고 목사의 먹이가 됩니다. 전기뱀장어는 어두운 물속에서 길을 찾는 데 전기를 이용하고, 목사는 어두운 영계에서 길을 찾는 데 생체전기를 이용합니다. 전기뱀장어는 몸의 9할이, 전기를 만들고 저장하는 꼬리입니다. 목사의 마음은, 대부분이 생체전기를 만들고 저장하는 뇌신경세포와 수상축색돌기들로 채워져 있읍니다. 놀랍게도 전기뱀장어는 목사처럼 공기호흡을 합니다. 이 둘 사이의 유사성은 신비롭기 그지없읍니다.) 문제의 목사가 큰 병에 걸렸읍니다. 그는, 평소의 호언장담처럼 영원히 죽지 않고 온전한 몸으로 승천을 하리라 믿었던 신도들의 믿음을 배반하고, 그만 하릴없이 죽고 말았읍니다. 그날도 성령이 정수리에서 발뒤꿈치까지 통과했지만, 영적 고무옷으로 무장한 사신死神(죽음의 신)을 막을 수 없었읍니다. 살릴 길이 없었읍니다.

전기장어는 숯불 위에서 구워지고, 성령인간은 환망공상(환상·망상·공상·상상)으로 구워진다.

전기뱀장어이건 성령이건, 육체적인 경험은 육체적인 경험일 뿐이다. 우리의 행으로 나타나 우리 주위를 지혜와 자비로 채우지 않는 경험은 영적인 경험이 아니다. 그런 경험에 집착하는 것은 세속적인 행동이다. 심층종교처럼 보이지만, 사실은 표층종교이다.

예수의 말처럼, 사람의 몸 안으로 들어가는 게 사람을 더럽히는 게 아니라, 사람의 마음에서 나가는 게 사람을 더럽힌다(〈마가복음〉 7:15~23). 탐진치 貪瞋癡(탐욕·증오·무지)가 사람을, 그리고 세상을 더럽힌다.

기독교, 신

_우리 신이 괴상하다구요?
 그렇게 생긴 걸 어떻게 합니까
 그냥 믿으세요

"우리 왕은 독재자입니다. 자기 맘대로 국토개발을 하고, 자기 맘대로 생물학자들을 시켜 못된 기형동물들을 생산합니다. 백성의 의사와는 관계없이, 자기 맘대로 옳고 그름을 결정하고, 누구든 자기 말을 따르지 않으면 지하감옥에 가두고 불로 고문을 합니다. 아무리 고통스러워도 죽을 수 없습니다. 수감자들은 첨단 생물학으로 텔로미어 telomere, 末端小體 길이가 줄어들지 않고 그대로 유지되어, 영원히 죽지 않고 고문을 당합니다.

왕에 대한 충성을 고백하고 맹세하지 않으면 다들 이 지하감옥으로 끌려갑니다. 깊은 산속에 살아서 왕이 있다는 걸 몰랐다고 해도 용서가 없습니다.

잔인하고 독선적이고 비합리적인 왕이라구요? 하지만 어쩌겠읍니까? 그가 왕이니 그의 맘일 뿐이지요. 그가 만든 왕국이니 백성들은 따르는 수밖에 없지요.

하지만 우리나라로 와서 우리 왕의 백성이 되시기를 바랍니다.

그리하면 어떤 복이 있냐구요? 우리 왕은 당신들이 죽으면 당신들을 첨단생물학으로 살려낸 다음, 따로 특별히 조성된 초호화주택단지에 모셔서 텔로머라제telomerase, 末端小體復原劑를 복용시켜 영원히 죽지 않고 끝없는 낙을 누리며 살게 할 것입니다.

그 초호화주택단지에 한번 사전방문해 볼 수 없느냐구요? 안 됩니다. 그곳은 투명한 소재로 되어 있어서 눈에 보이지 않습니다. 그걸 보는 유일한 방법은 왕에게 충성을 바친 대가로 사후에 하사받는 특수한 눈을 갖추는 수밖에 없습니다.

하지만 전혀 방법이 없는 건 아닙니다. 우리 왕에게 당신 수입의 십분의 일씩 세금을 바치고 왕이 사업을 벌일 때마다 군말없이 특별세금을 자진해서 내면, 가끔 그곳을 볼 수 있는 특수안경을 한시적으로 제공받아 볼 수 있습니다. 그러므로 우리 왕국의 백성이 되시기 바랍니다."

그런데 어느 누가 이런 왕국의 백성이 되고 싶겠는가? 옆에 민주주의 국가들이 있다면 더욱 그 왕국의 백성이 되지 않을 것이다. 윗글에서 '왕'을 '신'으로 바꾸면, 기독교가 된다. 기독교 천국은 '신의 왕국Kingdom of God'이라 하므로 큰 차이도 없다. 물론 지하감옥은 지옥이고 못된 기형동물은 악마이다.

기독교인들의 논리는 이렇다. 기독교 신이 하는 짓이 당신이 보기에 아무리 이상해도, 그게 '우주와 당신을 만든' 창조주 신이므로 어쩔 수 없다는 것이다. 그뿐만 아니라 '이상하고 이상하지 않음'과 '옳고 그름'을 결정하는 것은 신이지 당신이 아니므로, 정작 진짜 이상하고 그른 일은, 당신이 신에 대해서 '이상하고 이상하지 않음'과 '옳고 그름'을 논하는 것이라는 것이다.

目물론 이 말은 모든 종교에 해당하는 말이다.

그림자와 신
: 지성과 망상

_ 모든 것에 아트만이 있다고 주장하는 힌두교도
그림자에 아트만이 있다고는 주장하지 않는다

동물들에게도 망상이 있을까? 있다면, 인간과 동물 중 누구에게 망상이 더 많을까?

눈이 없는 사람은 뭘 잘못 볼 수 없다. 뭘 잘못 보려면 잘못 볼 눈이 있어야 한다. 사람들은 선천적인 맹인도 정상인과 다름없는 시각적인 꿈을 꿀 것이라고 생각하지만 전혀 그렇지 않다. 눈은 작동을 못해도 시각중추가 온전한 경우는 시각적인 꿈을 꾸지만, 이 경우 시각적인 이미지는 색색의 점이나 방울들이 나타나는 정도지, 사과나 강아지의 실제 모양과 같은 어떤 구체적인 이미지가 나타나는 것은 아니다. 꿈에는 생시에 본 것이 나타나기 때문이다. 예를 들어 조선인들 꿈에는 서양인들이 나타나지 않았다. 특히 오지에 사는 경우에 그랬다. 서양인을 본 적이 없었기 때문이다.

우리들 꿈에 외계인이 나타나지 않는 이유는, 외계인을 본 적이 없기 때문이다. 나타난다면 (실재하는) 진짜 외계인이 아니라 영화나 만화에서 본 (실재하지 않는) 가짜 외계인이다. 정상인도 시각중추에 이상이 오면 시력을 잃고 맹인이 되는 수가 있는데, 이 경우 갑자기 꿈을 그림으로 꾸지 못하는 사태가 벌어진다.

이처럼 시각적인 망상을 하려면 먼저 시각이 있어야 한다. 마찬가지로 추상적인 망상을 하려면 의식이 있어야 한다. 고도의 망상일수록, 고도로 발달한 의식이 필요하다. (색채를 보는 뇌 중추신경이 망가지면 꿈도 흑백으로만 꾸게 된다. 본래 의미로서의 다채多彩로운 꿈을 꾸려면 색채를 감지하는 뇌 중추신경이 필요하듯이, 다채로운 망상을 하려면, 다양한 생각을 하는 의식이 필요하다.) 개별 망상은, 그 자체로 존재하는 망상의 세계가, 즉 상상 가능한 모든 망상을 다 모아놓은 거대한 망상의 세계가, 인간이라는 개별 생명체의 의식의 창을 통해 드러나는 것일 수 있다. 플라톤의 이데아의 세계와 달리, 완전한 것들이 불완전한 망상들과 뒤섞여 동거하는 세계가 존재할 수 있다. 의식은, 이런 망상으로 이루어진 망상 박물관 세계를 들여다보는, 추상적인 눈일 수 있다. 그 이유는 다음과 같다. 관찰과 주시는 (그에 앞서) 먼저 (관찰하고 주시할) 현상이 벌어져야 가능하므로, 관찰자와 주시자의 입장에서는 '관찰과 주시의 대상이 박물관의 전시물처럼 '미리' 존재하는 것이다!'

마찬가지로 환청을 들으려면 청각중추가 온전해야 한다. 청각기능이 없는 생물에게 환청이 일어날 리 없기 때문이다. 청각중추가 망가지면 환청도 사라진다. 왜냐하면 청각기능이 없는 생물로 돌아가는 것과 마찬가지이기 때문이다.

인간은 오감이 발달하고 의식이 발달하면서 온갖 망상에 시달리게 되었다. 시각적인 망상과 청각적인 망상에 더해서, 의식적인 망상을 하게 되었다. 형태와 소리에 행위자를 부여하는 망상을 하여, 도깨비 귀신

등을 상상하게 되었다. 신은 이런 의식적 망상의 산물이다.

그런데 신기하게도 그림자 귀신은 없다. 사람들은 그림자에 생명을 부여하지 않는다. 그림자에 귀신이 있다고 주장하지 않는 이유는, 그림자는 사물에 따라 생기는 현상이기 때문이다. 사물이 가는 곳과 빛을 따라다니기 때문이다. 그래서 아무도 그림자에 독립적인 영혼이 있다고 생각하지 않는다. (하지만 무지개에는 신이 있다고 생각했다. 그리스 신화에서 아이리스Iris가 무지개 신이다. 아무도 무지개가 생기는 원리를 몰랐기 때문이다. 무지개 발생원리가 발견되면서 무지개 신은 살해당해 사라졌다.)

영혼은 그림자이다. 인간의 감각기관을 따라다닌다. 인간이 뭘 보면 영혼이 본다고 주장하고, 들으면 영혼이 듣는다고 주장한다. (하지만 서양인들은 동물에게는 영혼이 없다고 생각했다. 그런데 동물도 보고 듣는다. 그러면 '영혼이 없어도 보고 들을 수 있다'는 결론에 도달한다. 그러므로 '영혼이 보고 듣는다'는 서양인들의 영혼관은 망상이다. 한국의 승려들도 이런 망상을 한다. 그들은 참나 또는 주인공이라는 영혼이 견문각지見聞覺知(보고 듣고 생각하고 인식함)를 한다고 주장한다. 평범한 승려들뿐만이 아니라 진제 종정 등 지도자들도 그리한다. 그뿐만 아니라 청담, 서옹, 서암 등 역대 조계종 종정들도 그리 주장했다.)

그런데 영혼은, 인간의 감각기관으로는 보기 불가능한 것을 볼 수 없다. 예를 들어 적외선이나 저주파·고주파·초음파를 보고 들을 수 없다. 인간이 보고 듣는 빛과 소리는, 전체 빛과 소리의 1퍼센트도 안 된다. 인간은, 올빼미와 박쥐와 돌고래가 듣는 빛과 소리를 보고 듣지 못한다. 개가 맡는 냄새도 못 맡는다.

몸을 벗은 영혼이 적외선과 초음파를 보고 들었다는 보고나 기록은 전무하다. "너희는 죽음을 두려워하지 말라. 죽어 육신의 굴레를 벗어나면 육안으로 볼 수 없는 것을 보게 되리라. 올빼미처럼 적외선을 보고, 고래나 박쥐처럼 초음파를 듣고, 개처럼 냄새를 맡으리라. 그러면 지금보다 수백 배 풍성한 감각의 세계가 열리리라. 그러니 죽음을 두려워 말라." 이런 구절은 어느 종교 경전에도 없다.

그러므로 영혼의 감각작용은 육체적 감각작용의 그림자이다. 사물 가는 곳에 그림자가 같이 가듯이, 그리고 사물과 같은 모습으로 (그림자가) 나타나듯이, 감각작용은 육체가 가는 곳을 따라다닌다. 그리고 감각기관 종류에 따라 각기 다르게 나타난다. 눈에는 형태와 색깔이, 코에는 냄새가, 귀에는 소리가 나타난다. 그러므로 영혼은 존재할 필요가 없다.

의식도 마찬가지이다. 뇌의 특정부위가 망가지면 특정 기능이 사라진다. 얼굴 인식만 못하기도 하고 감정이 사라지기도 한다. (후자는 감정을 다루는 변연계에 이상이 왔기 때문이다.) 외과수술로 도려내 없앤 듯이, 특정 기억들만 사라지기도 한다. 얼굴만 기억하지 못하는 경우가 있다. 그것도 사람 얼굴만! 심지어 자기 얼굴조차 알아보지 못하기도 한다. 거울에 비친 자기 얼굴을 다른 사람의 얼굴이라 생각한다. 얼굴 모양 기억을 보관하는 (뇌에 있는) 이미지 데이터 저장소가 망가지거나, 눈을 통해 들어오는 시각정보를 저장되어 있는 기존의 이미지와 비교해 판독하는 기능(뇌 부위)이 망가졌기 때문이다.

이처럼 육체가 하면 영혼도 하고, 육체가 못하면 영혼도 못한다.
그러므로 영혼은 육체의 그림자이다. 땅에 드리운 그림자에 영혼이 (필요) 없다면, 사람에게도 영혼은 (필요) 없다.

영혼은 신의 원조이다. 영혼이 무지막지無知莫知하게 또는 어처구니없
이 커지면 신이 된다. 신은 우주의 영혼이다.

신은 영혼의 그림자이다. (그림자가 빛의 각도와 강도에 따라 여러 모습
으로 나타날지라도 자신의 존재를 사물에 의존하듯이, 한 사람이 입은 옷에
따라 여러 가지 다른 형태의 그림자가 만들어질지라도 같은 사람의 그림자
이듯이, 신은 시공을 통해서 문화라는 옷을 입고 다양하게 나타나지만 결국
은 영혼의 그림자일 뿐이다.) 신은 인간의 의식이 있는 곳을 따라다닌다.
(이 점에서는, 신은 의식의 그림자이기도 하다.) 그러므로 영혼이 필요 없
듯이, 신 역시 필요 없다. 전혀 있을 필요가 없다. 땅에 드리운 그림자의
신이 (필요) 없다면, 우주에 영혼의 그림자인 신은 (필요) 없다.

인간은 동물보다 엄청나게 더 많은 망상을 한다. 의식이 발달했기 때
문이다. 의식의 발달이 망상을 만든다는 사실을 알면, 신이라는 망상으
로부터 벗어날 수 있다. 의식은 망상과 무지에 대한 의식이고, 망상은
무지를 벗어나기 위한 가정과 추측의 일종이므로, 망상을 활용함으로써
지식과 지혜로 나아갈 수 있기 때문이다.

目동물도 망상을 한다는 좋은 예가 있다. 개와 고양이 앞에 커다란 거울
  을 놓으면 이들은 거울 뒤로 간다. 거울에 비친 모습이 자기라는 사실
  을 모르고, 거울 뒤에 다른 개와 고양이가 있을 거라고 망상을 하는
  것이다.

신의 정의

_ 철학적 문제는 모호한 언어로 인해 생긴다

세상이 혼란스러운 이유는 신에 대한 정의定義가 없기 때문이다. 세상에 신을 믿는 사람은 많으나, (신에 대한) 통일된 정의는 없다. 다 같이 신이라는 단어를 쓰지만 그 뜻은 천차만별이다. 아마 사람 수만큼 많을지도 모른다. 두 사람이 같은 신을 믿는다고 생각할지 모르지만 사실은 다른 신을 믿을 수 있고, 거꾸로 다른 신을 믿는다고 생각하지만 사실은 같은 신을 믿고 있을 수 있다.

신에 대한 정의가 없는 것에는 이점이 있다. 명백히 잘못된 속성은 신의 속성이 아니라고 부인할 수 있기 때문이다. (이는 사실은 신에 대해 새롭게 정의를 내리는 것이다.) 다른 사람들이, 혹은 옛날 사람들이 오해했다고 주장할 수 있기 때문이다. 많은 경우에 우리는 대상을 퍼지fuzzy하게 알고 인식한다. 심지어는 우리가 대상으로 삼는 게 존재하는지 의심스러운 경우도 있고, 실제로는 존재하지 않는 경우가 있다. (예를 들어, 중세 유럽인들이 존재한다고 믿었던, 마녀는 존재하지 않는다. 악마와 성교를 하는 마녀는 존재하지 않는다. 비를 내리고 가뭄을 가져오는 마녀도 존재하지 않는다. 색깔 역시 존재하지 않는다. 색깔은 생물체의 의식에 나타나는 주관적인 현상일 뿐이다.)

풀에 대한 정의도 나무에 대한 정의도 없다. (벌·쥐 등 곤충과 작은 포유류를 잡아먹는, 통발·파리지옥·끈끈이주걱 등 식충식물과 식육식물은 식물인가 동물인가?) 오리에 대한 정의도 너구리에 대한 정의도 없다. (고대에는 더 심했다. 생물은, 생물학의 발달과 더불어 계·문·강·목·과·속·종으로 분류되었고, 유전자의 발견과 분자생물학의 발달로 더 세밀하고 엄밀한 분류가 가능해졌다.)

무엇이 풀·나무·오리·너구리인지 묘사만 있지, 정확하고 엄밀한 정의가 없다. 태어나서 처음으로 말을 배울 때 저건 풀이고, 저건 나무고, 저건 오리고, 저건 너구리란다 하면 그런 줄 알지, 이러이러한 게 풀·나무·오리·너구리란다 하고 배우지 않는다. 그래서 비슷하게 생기면 같은 것인 줄 아는 오해가 생긴다. 예를 들어 오스트레일리아에 있던, 지금은 멸종한 '태즈메이니아 늑대'라는 야생 개는, 사실은 개가 아니라 캥거루이다. 육아낭育兒囊에 새끼를 낳아 키운다. 꼭 개처럼 생겨서 개인 줄 안 것이다. (캥거루는 초식이지만, 이놈은 육식이다. 송곳니가 개처럼 날카롭다.) 다른 종들이 같은 모습으로 진화하는 수렴진화convergent evolution의 전형적인 예이다. 이 동물에게 캥거루의 특징이 신체적으로 명확히 나타났다면 '캥거루개'라고 이름을 붙였을지도 모른다. 오리너구리에게는 오리와 너구리의 특징이 모두 시각적으로 명확하게 나타난다.

그래서 오리너구리라는 이름이 탄생했다. 오리처럼 넓적한 부리와 물갈퀴를 가진 오리너구리는, 다른 면에서는 너구리 모습이다. 그래서 오리이기도 하고 너구리이기도 하지만, 동시에 오리도 아니고 너구리도 아니다. 오리와 너구리로 이분화된 언어로는 오리너구리를 표현할 길이 없다. (오리너구리는 궁색한 표현이다.) 언어는 사물의 실상實相(참된 모습)을 표현하기에 턱없이 부족하다. 빛은 오리너구리와 비슷한 존재이다. 어떨 때는 입자의 모습이고, 어떨 때는 파동의 모습이다. 입자와 파동으로 이분화된 언어로는 빛을 표현할 길이 없다.

동양에서 이분법을 배격하는 이유는 사물과 현상은 (한정된 지금까지의) 우리 언어를 벗어난 존재이기 때문이다. 그래서 '이기도 하고 아니기도 하다. 인 것도 아니고 아닌 것도 아니다'라는 수수께끼 같은 표현이 나오는 것이다. 하지만 오리너구리 같은 경우나 빛의 경우를 보면, 이런 표현이 나오게 된 배경을 쉽게 이해할 수 있다.

이분법이 무너진 다른 예는 양자역학이다. 양자역학에 의하면 미시세계는 확률의 세계이다. 전자는 동시에 두 곳에 존재할 수 있다. '(동일한 물건이) 이곳에 있으면 저곳에 있을 수 없다'는 이분법이 깨지는 순간이다.

유전자의 발견과 분자생물학의 발달에 따라 모든 생물의 유전자가 서로 반 이상 일치함이 밝혀졌다. 초파리의 유전자와 식물 유전자의 반 이상이 인간과 일치한다. 침팬지는 인간과 98퍼센트나 일치한다. (인간에 가까운 종일수록 유전자는 더 일치한다.) 이로 인하여 인간과 생물은 '근본적으로 다르지 않다'는 걸 알게 되었다. 즉 '근본적으로는 같다'는 걸 알게 되었다. 하지만 밖으로 나타난 모습과 (육체적·정신적) 기능은 분명히 다르므로 같은 존재도 아니다. 동양적으로 표현하자면, 하나도 아니고 둘도 아니다.

신도 마찬가지이다. 신과 인간은 하나도 아니고 둘도 아니다. 인간과 (육체·감정·인격 등의) 속성을 공유한다는 점에서는 하나이고, (초자연적인 능력을 가져) 인간을 초월한다는 점에서는 둘이다. 옛날에는, 특히 고대에는 더욱 하나였다. 신이 육신과 감정과 인격을 지녔기 때문이다. 하지만 지금은 '하나'로부터 멀어졌다. 육신과 감정과 인격을 박탈당하고 있기 때문이다.

신의 뜻을 세세히 정의하면 혼란이 사라질 것이지만, 매번 새롭게 정의하는 혼란이 탄생할 것이다. 버전2 신, 버전3 신, …, 버전1000 신 등이 생길 것이다. 그러면 유신론자들은 서로 만나 상대방의 버전을 확인할 것이다. "저는 버전8입니다. 실례지만 댁은 얼마이신지요?"

'버전1 신'의 신자들은 '버전1000 신'의 신자들을 보고 고개를 절레절레 흔들 것이다. 저건 신도 아니야, 유물론이야. 하지만 후자는 전자를 보고, 아이폰이나 갤럭시 등 스마트폰이 개화기 벽걸이 전화기를 보고 '저걸 어떻게 전화기라 할 수 있나' 하고 조롱하듯 '저걸, 저렇게 미개한 걸, 어떻게 신이라 할 수 있나' 한탄할 것이다.

둘이 같은 버전이라는 걸 발견하면 뛸 듯이 기뻐하고, 다르면 타락한 신성모독적인 세상에 절망할 것이다.

자폐신

_ 자폐아들이 묘사하는 신은 자폐신이다

지금 인류가 믿는 신은 자폐신이다. 하나님·알라·야훼가 그렇다. 이것은 과거의 신들이 그렇지 않았다는 점에서 충격적이다.

추종자들은 고등 신이라 추앙하지만, 사실은 자기 이외의 신들과는, 또 자기 추종자들 이외에는 소통을 하지 않는 자폐환자이다. 다른 신들과 사람들을 죽인 다음 살려내 지옥에 가두어 놓고 영원히 고문한다는 점에서는 중증이다.

초기 종교나 고대 종교에는 지옥이 없었다. (예를 들어, 기독교의 전신인 유대교에는 지옥이 없다. 도가에도 지옥은 없다. 내세 자체에 대한 언급이 없다.) 동물에 대한 학대도 없었다. 신들은 곧잘 동물의 모습을 취했다. 원시인들이나 고대인들에게, 동물은 형제이거나 조상이다. 현대 진화론으로 봐도 맞는 말이다. 지구상의 모든 생물은 35억 년 전의 공통 조상으로부터 나왔기 때문이며, 인간은 한때 동물이었기 때문이다. 하지만 지금은, 동물은 영혼이 없는 생물이며 잡아먹고 학대하고 재미로 죽일 대상이다.

사자는 사슴·물소·얼룩말을 잡아먹기는 하나, 조롱하거나 멸시하지 않는다. 영혼이 없는 놈들이라고 비하하지 않는다. 재미로 죽이지도 않는다.

종교는 이런 일을 합리화한다. 종교 경전에는, 동물에게는 영혼이 없고, 동물을 잡아먹어도 좋고 재미로 사냥을 해도 좋다고 쓰여 있다. 종교는 동물계의 자폐생물인 신을 모시고 있다. 이 점에서 현대 종교는 고등 종교가 아니라 하등 종교이다. 과거보다 더 타락한 것이다.

종교는 동물뿐만 아니라 인간에게도 적대감을 표출한다. 적대부족은 남녀노소를 불문하고 다 잡아죽이고 씨를 말리라고 한다. (기독교 《구약》이자 유대교 토라인, 〈민수기〉와 〈여호수아기〉에서 야훼는 미디언족과 가나안인들에 대한 인종청소를 명령한다.)

지옥은 증오의 산물이다. 반대하는 자들은 다 지옥으로 보내 영원히 고문하겠다는 악심이다. 반대로 추종자들에게는 영원한 즐거움을 보장한다. 고등 종교의 신들은 증오감에 불타는 자폐환자들이다. 이런 신들을 우주 도덕의 근원이라고 숭배하는 어처구니없는 일이 세계 곳곳에서 벌어지고 있다.

잘 지내다가도 이민족이라는 이유로 하루 아침에 돌변해 이웃을 도살하는 경우가 있다. 그래서 제노포비아zenophobia(이민족 혐오)라는 말까지 있다. 거꾸로 같은 민족에게는 무한히 관대한 경향이 있다. 6·25 전쟁을 일으켜 수십만 명이나 학살한 자들을 같은 민족이라는 이유로 미워하지 않는 사람들이 많은 걸 보면 그렇다. 같은 논리를 적용하면 신도 증오해야 한다. 신도 자기에게 복종하면 천국에 보내며 잘해주지만, 복종하지 않으면 지옥에 보낸다. 더구나 신은 인간과 종이 다르기 때문이다.

종교, 신, 다의성

종교는 자기들 주장이 참이라고 주장합니다. 그렇다면 종교가 무얼 주장하는지 알아볼 필요가 있습니다.

1. 종교는 생명의 기원과 발생을 안다고 주장합니다.
2. 종교는 우주의 기원과 발생을 안다고 주장합니다.
3. 종교는 자기를 따르는 자는 흥하고 따르지 않는 자는 망한다고 합니다.

고대 그리스·중동·중국 등이 그리 믿었읍니다. 종교는 전쟁에 이기고 지는 것은 자기에게 달렸다고 합니다. 하지만 인류 역사는 거꾸로 증거합니다. 유대인은 이집트, 바빌론, 로마에 패해 노예신세가 되고 유랑민이 되었읍니다. 아무리 신을 섬김에 있어서 부족함이 있었다 하더라도 우상을 믿는 민족이나 나라보다는 나을 터인데 오히려 더 험한 꼴만 당했읍니다. 중세유럽의 기독교 국가인 헝가리·폴란드·러시아 등과 기독교 하나님과 같은 신인 알라를 믿는 호라즘 Khwarezm 등 이슬람 국가들은 미신인 무속신앙을 가진 몽고족에게 학살당하고 초토화되었읍니다.

서로 다른 신을 믿는 독실한 두 국가가 전쟁을 벌이는 경우 이기고 지고 하므로 어느 신도 (만약 그런 신들이 정말로 존재한다면) 더 힘이 센 것 같지는 않습니다. 오히려 이런 일은, 그런 신은 존재하지 않는다는 증거일 것입니다.

같은 종교를 독실하게 믿는 두 나라가 전쟁을 벌여도 같은 현상이 발생합니다. 이기고 지고 합니다. 그 종교의 신이 존재하지 않는다는 증거일 겁니다. 이런 예로는 이란-이라크 전쟁을 들 수 있습니다. 각자 같은 신에게 승리를 빌었지만 알라는 어느 쪽 손도 들어주지 않았습니다.

유럽의 어떤 나라에서는 신교도들이 구교도들을 학살하고, 다른 나라에서는 구교도들이 신교도들을 학살해도 하나님은 침묵합니다. 영국은 왕이, 베드로가 예수로부터 권한을 위임 받아 세웠다는, 로마 가톨릭을 몰아내고 자기가 교회의 수장이 되었어도 아무 벌도 안 받고 잘나갔습니다. 이것은 가톨릭이 믿는 하나님이 가짜라는 증거입니다.

4. 종교는 자기를 믿는 자는 천국에 가고 믿지 않는 자는 지옥에 간다고 합니다.

5. 종교는 자기를 믿으면 병이 낫는다고 합니다.

하지만 성직자들이 병이 나면 병원으로 직행합니다. 병은 인간이 만든 의술이 고치지 기도가 고치지 않습니다.

그런 증거가 없습니다. 불교·힌두교·회교·기독교·도교는 각자 자기 보살과 신들에게 빌어 난치병이 나았다고 간증하지만 그게 사실이라는 증거는 어디에도 없습니다. 1998년 하버드대 교수 허버트 벤슨Herbert Benson(1935~)이 중보기도中保祈禱, intercessory prayer(다른 사람을 위해 하는 기도)의 효험을 과학적으로 밝히려고 템플턴 재단으로부터 수십 억 연구비를 받아 9년이나 연구했지만 처참하게 실패하고 말았습니다. 중보기도를 받은 심장수술 환자들은 안 받은 환자들보다 회복이 더 빠르지 않았습니다. 미세한 차이이긴 하지만 오히려 조금 더 못했습니다.

설사 중보기도가 효험이 있다고 해도 불교·힌두교·회교·기독교 중 어느 쪽이 진짜인지는 아무도 모릅니다. (허버트 벤슨의 실험 결과로 인해 기독교는 무척 불리한 상황에 빠졌습니다. 예선 탈락이라고나 해야 할까요? 그는 독실한 기독교 신자이므로 일종의 자충수일지도 모릅니다.) 그런 실험을 해보았으면 좋겠습니다. 이런 실험에 응하는 것은 각 종교의 입장에서는 엄청난 부담일 겁니다. 많아야 하나만 참이고 나머지는 가짜일 터이니까요. 모두 다 가짜일 수도 있습니다.

6. 미래를 안다고 주장합니다. 말세가 온다고 주장합니다.

종교는 자기들 주장이 참이라고 주장할 뿐이지 증거는 없습니다. 어디에도 없습니다. 온다던 말세가 안 오면 끝없이 예언 날짜를 뒤로 미룹니다.

7. 신을 믿어야 한다고 주장합니다.

이러한 종교인들에게는 '어느' 신을 믿으라는지 밝히라고 요청해야 합니다.

이들은, 자기들이 보기에 엉터리 신을 믿는 다른 종교인들까지 신을 믿는 사람으로 쳐서, 자기들 세를 불려, 자기들의 신을 믿지 않는 사람들을 소수로 몰아 박해하고 핍박하려는 의도가 있기 때문입니다. 예를 들어 기독교 신을 믿는 사람들은 전 세계 인구의 1/3 정도이고 기독교 신을 믿지 않는 사람들은 2/3이므로, 기독교 신을 믿는 사람들은 소수입니다. 그럼에도 불구하고, 기독교인들은 이슬람 힌두교 등 자기들이 보기에 '가짜' 신을 섬기는 사람들까지 신을 믿는 사람들로 쳐, 마치 신을 안 믿는 것은 (극소수가 벌이는) 덜떨어진 행동인 것처럼 보이게 만들려고 합니다. 설사 기독교 신이 진짜 신이라 하더라도, 가짜 신인 사탄을 믿는 것보다는 아무것도 안 믿는 것이 더 나을 것이므로, (기독교인들이) 무신론자들을 신을 안 믿는다는 이유로 공격하는 것은 불합리한 일입니다. 따라서 이들은, 자기들의 종교를 안 믿는 사람을 공격하려면, '진짜 신 또는 올바른 신을 안 믿는다'고 공격해야 합니다.

이런 일은 '신'이라는 단어가 가진 다의성 때문에 발생합니다. 신은 '잡다한 신'이라는 의미도 있지만 '우주에 유일한 참된 신'이라는 의미도 있기 때문입니다. 물론 하나의 유신론적 종교는 자기들 신이 유일한 참된 신이라고 주장합니다.

임사체험

_ 죽은 자가 살아나는 일은 있을지 몰라도
　잘려나간 팔이 다시 자라나는 경우는 없다
_ 진짜로 죽으면 살아날 수 없다

예로부터 영혼이 몸을 빠져나가는 이야기는 전설의 단골 소재이다. 여자가 몸은 두고 영혼만 사모하는 남자를 찾아가 같이 사는 전설도 있다.

영혼에겐 미래의 기억은 당연히 없고, 전생의 기억도 없다. 몸을 떠난 영혼이, 몸을 떠나기 전의 과거에 대해서 가지고 있는 기억은, 몸속에 있을 때 기억한 것으로 한정된다.

영혼이 몸을 벗어난다고 해서 갑자기 전에 없던 기억이 생기지 않는다.

영혼은 몸을 벗은 상태에서 경험한 것을 기억한다. 그리고 몸을 벗은 후 생각한 것을 후에 기억한다. 그렇다면 몸속에 있을 때 생각을 기억하지 못할 이유가 없다. (영혼론자들의 주장처럼 생각을 뇌가 아니라 영혼이 하는 것이라면 더욱 그렇다.) 그런데 이상하게도 영혼은, 특히 기독교인의 영혼은 전생을 기억하지 못한다. 이것으로 윤회론적 영혼이론이 엉터리 이론이라는 것을 알 수 있다.

어린이 영혼은 어린이이지 몸을 빠져나오는 순간 갑자기 어른이 되지 않으며, 역으로 어른 영혼은 몸을 빠져나오는 순간 갑자기 어린아이가 되지 않는다. 그리고 시간이 지난다고 해서 몸을 떠난 어린이 영혼이 어른 영혼으로 늙지 않는다. 역으로, 몸을 떠난 어른 영혼이 어린이 영혼으로 어려지지 않는다. 그러므로 영혼을 늙게 하고 어리게 하는 것은 몸이다.

영혼이 몸속에 있을 때 늙는 건 몸이다. 그런데 왜 영혼이 같이 늙을까? 어른 영혼이 어린아이 몸으로 들어갈 때 어려지는 것은 몸이다. 그런데 왜 마음도 같이 어려질까? 보고 듣고 맡고 생각하는 것은 몸이 아니라 영혼이라 하는데, 왜 몸이 늙으면 영혼도 늙고, 몸이 어려지면 영혼도 어려질까? 그러므로 영혼이론은 엉터리 이론이다.

영혼은 몸이 없어도 보고 듣고 맡는다. 그렇다면 왜 육안肉眼이 필요할까? 그리고 육안을 감고, 귀를 막고, 코를 막으면, 왜 보고 듣고 맡지 못할까? (이로부터 영혼이론이 엉터리라는 것을 알 수 있다.)

몸을 벗은 영혼은 보고 듣고 맡고 생각하지만, 영혼이 떠나간 몸은 보지도 듣지도 맡지도 생각하지도 못하므로, 몸속에 있을 때도 보고 듣고 맡고 생각하는 것은 몸(눈·귀·코)이 아니라 영혼이다. 그런데 살아 있어도, 즉 영혼이 몸속에 있어도, 몸인 눈·귀·코·뇌가 망가지면, 보지 못하고, 듣지 못하고, 맡지 못하고, 생각하지 못한다. 그러므로 영혼이 보는 게 아니다. 따라서 영혼이 보고 듣고 맡고 생각한다는 이론은 엉터리 이론이다.

몸을 벗은 영혼은 다른 영혼을 본다. 따라서 영혼을 보는 것은 육체가 아니라 영혼이다. 그런데 기묘하게도 영혼이 육체 속에 있을 때는 다른 영혼을 못 본다. 이로부터 영혼이 본다는 이론은 엉터리임을 알 수 있다.

사람이 죽으면 '몸만 죽지 마음은 죽지 않는다'는 것이, 중음신 中陰身 (불교에서 사람이나 짐승이 죽은 후 다음 몸을 받기 전까지의 임시적인 몸) 이론이나 영혼이론이다. 중음신이나 영혼이 살아남아 새 몸을 받는다는 것이다. (바퀴벌레에게도 중음신이 있을까? 그 중음신이 살충제가 없는 후진국을 찾아 헤맬까? 촌충·편충·회충·요충·거머리 같은 기생충에게도 중음신이 있을까? 그 중음신은 더 좋은 숙주를 찾아 헤맬까? 아니면 지옥으로 직행할까? 나는 이들이 지옥에 간다는 말은 들어본 적이 없다. 이들을 제도하는 바퀴벌레경도 없고 기생충경도 없다.) 중음신을 믿는 불교신도들은 중음신이 다음 생의 몸(육체)을 받는다고 믿고, 영혼을 믿는 가톨릭교도들은 영혼이 지옥이나 천국으로 가고 어떤 영혼은 연옥으로 가서 정화된 후에 천국으로 간다고 믿는다.

중음신이나 영혼을 믿는 사람들은 유체이탈 현상을 중음신이나 영혼의 강력한 증거로 내세운다. 유체이탈이란 중음신이나 영혼이 살아 있는 몸을 일시적으로 벗어나는 현상을 말한다. 유체이탈의 대표적인 예로는 임사체험 NDE, Near Death Experience이 있으며, 아직 죽지 않았지만 죽음 직전까지 갔던 사람들의 경험을 말한다.

예를 들면 중병으로 병원에서 수술을 받던 사람들의 경험담이 있다. 이들은 수술실 위쪽으로 날아가 방 위에서 아래를 내려다보는 경치를 서술한다. 임사체험 연구자들이 환자가 마취된 후에 병원바닥에 대문짝만 한 큰 종이에 8자를 크게 적어놓았는데, 임사체험자들은 천장부분에 떠서 아래를 내려다보는 수술실 경치를 묘사함에도 불구하고 어느 누구도 숫자 8을 보았다고 증언하지 못한다.

이유는 간단하다. 임사체험은 실제 실시간으로 본 것이 아니라, 뇌에 저장된 옛날 이미지를 재료로 만들어낸 이미지이기 때문이다. 수술실은 영화나 TV나 사진으로 보았을 수 있으며 수술 당일에 보았을 수 있다. 그래서 미리 본 적이 없는, 수술실 바닥에 있는, 숫자 8은 이들의 뇌에 즉 증언에 나타나지 않는 것이다.

초심리학으로 박사학위를 받은 수전 블랙모어Susan Blackmore(1951~)라는 미국 학자가 있다. 리처드 도킨스Richard Dawkins(1941~)가 제창한 밈meme(문화 유전자)에 대한 깊고 넓은 사유를 담은《밈 The meme machine》이라는 책으로 유명하다.

이분은 평소 원하는 때에 원하는 대상에 대해서 자유자재로 임사체험이 가능한 임사체험 전문가이기도 하다. 어느 날 임사체험 중 친구집에서 친구가 요리하고 있는 것을 보았다. 육안肉眼으로 보는 것처럼 생생했다. 하지만 임사체험에서 깨어나 친구에게 확인해보니, 친구는 그런 일이 없었다고 했다. 이 일로 충격을 받아 결국 임사체험에 대한 믿음을 버렸다.

임사체험은 기본적으로 꿈과 동일한 것이다. 우리는 꿈에서도 생생하게 본다. 총천연색으로 선명하고 생생하고 풍성한 감정까지 다 든다. 심지어 냄새, 온도, 살갗을 간지르는 미풍의 촉감까지도 느낀다. 하지만 단지 풍경의 생생함과 선명함으로는 경험 내용의 사실성을 증명하지 못한다. (꼭 꿈일 필요도 없다. 찰스보넷증후군 환자들은 뜬 눈으로 존재하지 않는 인물과 건물을 총천연색으로 생생하게 본다. 인물들은 진짜 사람과 다름없이 건물 안에서 움직인다. 그래서 이 증후군을 앓는 할머니는 손녀를 보고 '내 옆에 서 있는 파란 옷을 입은 멋진 청년은 누구니?' 하고 묻는다.)

옛날에는 뇌의 기능을 몰랐다. 영혼이 심장에 산다고 생각했다. 의식이 없어진 후에도 심장은 가장 늦게까지 온기를 유지하고, 한동안 살아 있곤 하기 때문이다. 하지만 이제는 심장이 죽어도 기계장치를 이용해 피를 공급해 몸을 살아 있게 할 수 있다. 즉 심장이 영혼이 거주하는 곳이 아님이 증명되었다.

또한 뇌에는 서로 다른 기능을 하는 수많은 부서가 있음을 알게 되었다. 손이 없으면 물건을 집을 수 없고, 발이 없으면 걸을 수 없듯이, 뇌의 특정 부위가 없으면 특정 기능을 못 하게 됨을 알게 되었다. 즉, 말하고 생각하고 결정하고 인식하고 추리하고 기억하는 기능을 하는 부위가 각기 따로따로 있음이 발견되었다. 그러므로 영혼이 말하고 생각하고 결정하고 인식하고 추리하고 기억한다는 이론은, 엉터리 이론이다.

영혼은 (육체적) 손이 없어 물건을 집어들지 못하면서도, 기이하게 (육체적) 발이 없으면서도 물리적인 장소이동을 한다. 영혼이 (비육체적) 발을 움직여 물리적인 이동을 한다면, 왜 (비육체적) 손을 움직여 물건을 집어들지 못할까? 영혼은 그런 쓸데없는 손은 왜 가지고 있을까? 그 용도가 무엇일까? 만약 영혼이 장소이동을 하는 데 (비육체적) 발이 필요없다면, 왜 그런 발을 가지고 있을까? 그 용도는 무엇일까? 그러므로 영혼에 손과 발이 있다는 주장은 엉터리 주장임을 알 수 있다.

▤ 열반하신 쌍계사 조실 고산 스님도 위에 소개한 수전 블랙모어와 유사한 경험을 하였다. 선정 중에 멀리 떨어진 집에서 일하고 있는 신도를 보았다. 스님은 후에 신도에게 물어, 자기가 본 내용이 맞는지 확인하였다. 그리고 이 일을 당신의 자서전 《지리산의 무쇠소》에 기록

했다. 스님들 중에는 우룡 스님처럼 '맨주먹으로 바위를 쳤는데 주먹이 바위 속으로 쑥 들어갔다, 절 마당에서 지붕으로 날아 올라갔다, 축지법으로 가야산을 봉우리에서 봉우리로 날아다녔다'는 등 황당무계한 주장을 하는 분들이 있는데, 고산 스님은 자신이 본 바를 확인하는 치밀함을 보이신다.

신 명령

_ 유한한 자가
어떤 존재가 무한한 능력을 가졌는지
어떻게 알 수 있을까?

기독교 신자들은 인간이 선악을 결정하는 게 아니라 신이 결정한다고 합니다. 그러므로 신이 선하다 하면 선한 것이고, 악하다 하면 악한 것이라고 합니다. 인간의 눈으로 선하다 악하다 판단할 일이 아니라는 것입니다.

예를 들어, 신이 큰아들을 제물로 바치라 하면 바치고, 그만두라 하면 그만두면 됩니다. 동성애자들을 돌로 쳐죽이라 하면 쳐죽이고, 그만두라 하면 그만두면 된다고 합니다.

신이 가나안인들과 미디언족을 남녀노소 가리지 않고 모조리 다 죽이라 하면 죽이고, 그중 처녀만 살려두라 하면 살려두면 된답니다.

그런데 그런 사람들이 태어날 때부터 혹은 태어나기 전부터 신을 믿은 게 아니라면, 믿게 된 계기가 있을 겁니다.

아마 그 신이 의로운 신이라고 느꼈을 겁니다. 특히 어렵고 가난한 사람을 불쌍하게 여긴 예수를 보면 더욱 그랬을 겁니다. 그가 '부자가 천국에 들어가는 것은 낙타가 바늘구멍을 통과하는 것보다 더 어렵다'고 선언할 때 무척 감동했을 겁니다. 가난한 자신을 돌아보면서 자부심을 느꼈을 겁니다.

돈이 없어 치료를 받지 못할 때, 으리으리한 첨단 시설을 갖춘 병원을 눈앞에 두고도 들어가지 못할 때, 아무 대가 없이 병을 고쳐주는 예수님을 보고 가슴이 미어지도록 감동했을 수 있습니다.

그렇다면 당신이 기독교를 믿게 된 것은 일부 기독교의 가르침이 당신이 느끼던 것과 일치했기 때문입니다. 그러고는 다른 가르침들도 받아들이게 된 것입니다. 그것들이 옳기 때문이 아니라, 믿지 않으면 교단으로부터 신자로 인정받지 못하고 배척을 당하기 때문입니다.

특정 종교의 신자가 되는 메커니즘은 이렇습니다. '감동 깊은 구절을 만난다. 신자가 된다. 나머지 다른 구절들도 다 믿는다.' 종교는 세트로 팝니다. 그중 일부분만 선별적으로 살 수 없습니다. 그리하지 않으면 교단의 회원이 될 수 없습니다. 그게 종교의 영업전략입니다.

이 점에 눈을 뜨게 되면, 특정 종교를 범주적으로 믿게 되는 일은 없어집니다. 자기 마음에 드는, 자신의 가치관과 일치하는, 상식에 위배되지 않는, 이치에 어긋나지 않는, 인류를 부정하지 않는, 현대과학과 충돌하지 않는, 그리고 자신과 인류의 행복에 기여하는 부분만 믿고 받아들이면 됩니다.

하나님 자동기계

하나님은 자동기계automaton이다. 자유의지가 없기 때문이다. 일을 함에 있어서 이리할까 저리할까 고민이나 갈등이 없기 때문이다. 항상 최선의 길을 선택한다.

하지만 사실은 선택을 하는 게 아니다. 왜냐하면, 미리 있는 세상의 선악을 하나님이 따르는 것이 아니라, 하나님이 선악을 결정하기 때문이다.

하나님이 하는 것은 뭐든지 선이다. 아무리 인간의 눈에 이상하게 보여도 선이다. 하나님이 당신에게 '당신 아들을 죽여 제물로 바치라'는 명령을 내려도, 당신은 믿고 따라야 한다. 죽여야 한다. '미디언족과 가나안인들은 갓난아기까지도 다 죽이라'고 명령을 내리면 따라야 한다. 천진난만하게 방긋 웃는 얼굴을, 손에 든 게 쇠못이 달린 철퇴뿐이라면, 그걸로 행해야 한다. '어떻게 하나님이 이런 명령을 내릴 수 있을까' 하고 의심하면 신성모독이다. 지옥에 갈 짓이다. 하나님의 뜻은 인간의 머리로는 이해할 수 없는 초월적인 것이기 때문이다.

하나님은 그냥 마음을 낸다. 내는 마음이 다 선이다. 하나님은 그냥 행동한다. 하는 행동이 다 선이다.

'하나님이 자신의 형상에 따라 인간을 창조했다'고 하지만, 그래서 인간에게 자유의지를 주었다고 하지만, 하나님에게는 자유의지가 없으므로 이 말은 사실이 아니다.

하나님도 분노 · 시기 · 질투 · 살의가 있으므로, (그 형상에 따라 창조된) 인간도 분노 · 시기 · 질투 · 살의가 있는 것은 이해가 가지만, 하나님에게 자유의지가 없는데도 인간에게는 자유의지가 있다는 건 이해할수 없는 일이다.

자유의지는 통상 '같은 상황에서 다르게 행동할 수 있는 능력'을 뜻한다. 예를 들어, 시간여행으로 과거로 돌아가면 예전에 행동한 것과 다르게 행동할 수 있는 능력이다.

하나님은 화를 내도 시기를 해도 질투를 해도 누굴 죽이고 싶다는 마음을 내도, 그냥 저절로 나오는 것이지 심사숙고한 끝에 나온 게 아니다. 즉각적이다. 이리할까 저리할까 밤새 고민한 끝에 나오는 게 아니다. 고민은 갈 길을 모르는 짙은 안갯속의 인간이나 할 일이다.

그러므로 하나님에게 화를 당해도, 시기를 당해도, 질투를 당해도, 죽임을 당해도 번갯불에 당하는 것과 같다. 어디 번갯불이 자유의지를 행사해 인간을 때리던가?

누가 '악인이 번갯불에 맞는 게 아니라 번갯불에 맞으면 악인이다'라고 주장하면, 다들 불같이 화를 낼 것이다. 그런데 하나님은 번개와 같은 존재이다. 악인이 하나님의 처벌을 받는 게 아니라, 하나님의 처벌을 받는 자가 악한 것이다.

하나님을 믿으려면 코페르니쿠스 같은 사고의 전환이 있어야 한다. 하나님이 의롭기에 따르는 것이 아니라, 하나님이기에 따르는 것이다. 지옥에 안 가려면 달리 수가 없다.

그의 뜻과 행은 이유 여하를 막론하고 의로운 것이다. 그가 선악을 결정하기 때문이다. 그러면 아우슈비츠에서 수백만 명이 학살을 당해도, '하나님의 섭리를 의심하고 하나님을 버리고 떠난 끝에 지옥에 떨어지는' 이차 참사는 일어나지 않는다.

하나님이 '(자신이) 어제 악하다 한 일을 오늘 선하다' 하고 '(자신이) 오늘 선하다 한 일을 내일 악하다' 해도 할 수 없는 일이다.

어제 악한 사람에게 떨어지던 번개가 오늘 선한 사람에게 떨어지면 이의를 제기할 수 없다. 언제 번개가 (인간의) 선악을 구별해 떨어지던가?

하나님이 인간을 처벌할 수 있는 근거는 인간에게 선악을 선택할 수 있는 '자유의지'를 주었기 때문이라고 한다. 하지만 선악이란 미리 존재하는 게 아니라 하나님으로부터 실시간으로 (자동기계에서 나오는 것처럼) 나오는 것이기에, '자유의지가 없는 하나님의 뜻을 자유의지로 따르는 것'은 하나님도 할 수 없는 일이다. 하물며 인간이랴.

하나님도 어떤 면에서는 피해자이다. 자기 마음에 떠오르는 대로 행동한 것뿐이다. 자유의지가 없으므로 달리 행동할 수 없기 때문이다.

신학이란, 상식을 가진 인간은 감히 생각할 수조차 없는, 온갖 기이한 생각을 학문이란 이름으로 제 마음대로 하는 기이한 학문이다.

선택

영 · 혼 · 신 · 하 · 나 · 님

_ 정말로 당신이 선택하지 않은 게 확실합니까?

하느님이 땅으로 내려갈 새 생명들에게 물어봅니다.

"어느 곳으로 가고 싶니?"

"저희에게 선택권이 있나요?"

"그럼."

지구행 황새를 기다리던, 풋풋한 영혼들이 신이 나서 재촉합니다.

"어서 보여주세요."

"음, 두 개의 행성이 있단다. 둘 다 지구와 똑같이 생겼는데 차이가 딱 하나 있단다. 첫 번째 행성은 일할 필요가 없단다. 쌀과 과일은 저절로 자라고, 날씨는 사시가 봄날이라 옷이 필요없고, 아무데서나 하늘을 이불 삼고 땅을 요 삼아 자면 된단다. 땅은 평탄해 산이 없고 너른 푸른 초원에 얕은 강이 흐른단다."

"학교도 없나요?"

"그럼. 먹을 거 입을 거 잘 곳 다 있는데 학교는 뭐하러 다니겠니?"

"그럼 재미나는 책도 없겠네요?"

"세상이 안전해 모험할 일이 없는데 무슨 이야기가 필요하겠니?"

망 · 상 · 의 · 향 · 연

"사랑은 없나요?"

"다들 멋지게 생겨 아무나 사랑하면 되지, 구태여 애타게 누굴 찾고 기다릴 필요가 없단다."

"그럼 사랑 이야기도 없겠네요?"

"보면 그냥 그 즉시 사랑에 빠져 밀당도 없는데 무슨 이야기가 가능하겠니? 항상 사랑만 있고 미움이 없으니 짜릿한 이야기가 생길 수 없단다."

"고깃집은 없나요?"

"짐승들이 너무나 아름답고 선량하기에 머릿빛 같은 눈만 봐도 잡아먹으려 했던 생각이 참을 수 없을 정도로 부끄러워진단다. 그래서 한 집도 없단다."

"차는 없나요?"

"공해를 만드는 공장이 없는데 차가 있을 리 없단다."

"그럼 여행도 못 가겠네요?"

"어디나 평등하게 아름다워 여행갈 필요도 없단다."

"고깃집도 없고, 소설책도 없고, 아슬아슬한 모험도 없고, 짜릿하고 애타는 사랑도 없고, 영화관도 없고 지루할 거 같네요."

"두 번째 행성은 어떤 곳이에요?"

"모든 게 첫 번째 행성과 반대란다."

"음, 그럼, 첫 번째 행성은 이미 가서 살아본 걸로 치고 두 번째 행성으로 갈래요. 거기가 훨씬 더 재미있을 것 같아서요."

"하지만 그곳에는 슬픔과 고통과 미움과 그리움과 싸움과 불평등이 있단다. 정말 괜찮겠니?"

"그런 게 없으면 무슨 재미로 살겠어요. 전 잘살 자신이 있어요. 어서 그리 보내주세요."

사람들은 이 세상이 자기들이 선택한 곳이라는 사실을 잊고 가슴을
치며 후회한다.

02장

진화론은 종교의 적이다. 지구상의 모든 종교는 진화론에 반대한다. 기독교, 이슬람교, 불교 모두 그렇다. 진화론을 인정하는 순간 종교는 모두 무너지고 만다. 그래서 성직자들이 결사적으로 반대하는 것이다. 평생 믿고 의지하고 공부한 경전이 헛소리로 변한다고 상상해보라. 반대 안 할 수 있겠는가?

진화론은, 물질계를 초월한 창조주와 영혼이 없어도, 몸이 만들어지고 마음이 만들어지는 과정을 설명해 창조주와 영혼 등 초월적인 가정을 불필요하게 만든다. 하지만 진화론은 반대 안 하는 것이 이상할 정도로 반反직관적이다. 이보다 더 반직관적인 것은 없다. 인류가 지구상에서 35억 년 동안 벼린 직관에 정면으로 충돌한다. 이점에서 진화론은 인류 역사상 가장 위대한 발견이다.

진화론은 인류와 지구상 생명의 모든 비밀을 담고 있다. 이를 제대로 이해하게 되면, 진정한 의미의, 거듭나는 경험을 하게 된다.

생명과
진화론

피터의 법칙

: Peter's principle and occupational incompetence

_ 누구나 분에 넘치는 자리까지 승진한다
더 이상 승진하지 못하면 죽는다

피터의 법칙이란 1969년에 교육학자 로렌스 J. 피터가 발견한 법칙이다.

'모든 관리는 자신이 감당할 수 없는 자리까지 승진한다.'

그 메커니즘은 다음과 같다.

관리가 일을 잘하면 승진한다. 새로운 직책에서 일을 잘하면 다시 승진한다. 그러다 마침내 자기 능력에 넘치는 지위까지 승진한다. 결국 상위 직책은 무능력자들로 채워진다. 관리자들이 무능력자로 넘쳐나는 이유이다. 상위직 관리자들을 한 직급씩 강등시켜 전에 하던 일을 하게 하면, 다들 다시 일을 잘하게 될 것이다.

생물은 환경에 적응하면 다음 단계로 진화한다. 새로운 환경에 다시 잘 적응하면 그다음 단계로 진화한다. 이 과정이 되풀이되면 분에 넘치는 단계까지 진화한다. 그러면 새로운 환경에 적응하지 못하고 멸종한다. (지금까지 지구 생물역사에 등장했던 생물들은, 최근의 캄브리아기 대멸종까지 5번의 대멸종을 통해 거의 다 멸종했다.) 그냥 옛 환경에서 천수를 누리는 것이 나았을 것이다.

예를 들어, 단세포생물들은 아직도 무한수명을 누린다. 세포분열을 하면 자기가 둘이 되므로 죽는 법이 없기 때문이다. 이들은 번뇌도 없다. 의식이 없기 때문이다. 절대다수의 동물들은 번뇌도 없고 죽음에 대한 공포도 없다.

하지만 인간은 100조 개 다세포생물이 되고 난 뒤, 삶과 죽음의 고통을 겪는다. 이게 다 대뇌 신피질의 발달로 과거와 미래를 알게 되었기 때문이다. 과거의 기억으로 후회하고, 미래에 대한 예측으로 불안해한다. 그래서 고통 속에 산다. 이런 고통은 추상적이다. 과거는 이미 지나가고 미래는 아직 오지 않아서, 둘 다 현재에는 존재하지 않지만, 사람들은 (지금 여기에) 없는 일로 고통을 받는다.

본인들이 감당할 수 없을 정도로 진화를 한 탓이다. 피터가 말한 '무능력으로의 승진rise to incompetence'이다.

그래서 어떤 사람들은 그 고통을 견디지 못하고 무념무상無念無想(일체 생각과 표상이 없는 상태)으로 살자고 주장한다. 이런 주장은 아직 대뇌 신피질이 덜 발달한 옛날 생물로 돌아가자는 소리이다. 정확히 피터가 말한 한 단계 강등된 관리의 삶이다.

인간은 자연계에서 가장 음울한 동물이다. 분에 맞지 않게 높은 지위를 차지한 동물이다.

종교란, 이 과도하게 높은 지위를 포기하고, 전의 낮은 지위로 돌아가자는 운동이다. 즉 인간의 지성과 의식과 자유의지를 포기하고 영장류의 낮은 지능과 의식과 자유의지로 돌아가자는 운동이며, 더 나아가 영장류의 지능과 의식과 자유의지를 포기하고 파충류의 본능과 무의식과 기계적 의지로 돌아가자는 운동이다. 종교에 대뇌 신피질의 활동을 마비시키는 무조건적인 맹신과 광신이 강요되고 난무하는 이유이다.

종교가 아직 극성을 부리며 번성하는 것을 보면 지성과 의식과 자유의지란 아직 인간에게는 버거운 짐이다.

目논농사의 마지막 단계는 이양법이다. 그런데 이양법은 밭논과 달리 물을 많이 필요로 한다. 그래서 가뭄이 들면 사람들이 떼로 죽어나 갔다. 물이 충분하면 몇 배의 수확을 거두었지만, 그건 전해의 일일 뿐, 죽음은 올해 오늘의 일이었다. 그래서 세종은 이양법을 금지하는 칙령을 내렸다.《조선왕조실록》에서 확인할 수 있다.

예로부터 물을 다스리는 일은 군왕의 최대 임무였다. 요와 순은 황하 유역의 범람과 홍수를 막느라 머리가 희고 허리가 굽었다. (요·순이 왕위에 욕심이 없었던 것은 필시 이 일이 너무 힘들었기 때문이다. 농경의 비극이다. 이에 비해 유목민족은 왕위를 사양하는 일이 없다. 초식동물을 잡아먹고 사는 맹수들이 우두머리 지위를 탐하는 것과 같은 이치이다. 인간 역사의 비극은, 일부 인간들이 자신들을 맹수로 착각한 나머지 농부들을 초식동물로 간주하고 잡아먹으려고 시도함으로써 발생했다.) 댐을 쌓아 물을 가두어 가뭄에 대비하고, 수로를 뚫어 물을 분산시켜 홍수에 대처했다. 지금은 황무지로 변한 황하 유역의 황토고원 남쪽 중원에 위치한 관중지방은 지금도 푸르름을 유지하고 있다. 진시황이 진왕 시절에, 초대형 수리사업 정국거鄭國渠의 일환으로, 황하 지류를 막아 쌓은 70리 길이의 거대한 제방 덕이다. 이 제방은 지금은 군데군데 무너졌지만, 관중지역을 황무지가 되지 않게 막았으며 비옥한 곡창지대로 만들었다. 연 4,000만 섬의 곡물을 추가 생산했다.

63

때때로 인류 역사에는 위대한 관리자들이 등장해 다른 모든 무능력한 관리자들의 과오를 만회한다. 인류가 지금의 찬란한 문명을 이룬 이유이다.

目 정국鄭國은 한나라가, 진나라에 대규모 토목사업을 일으켜, 진의 국력을 소모시키기 위해 침투시킨 토목공사 전문가였다. 진왕 정(중국 통일 후 진시황이 됨)은 수리공사 중간에 간첩 신분이 탄로난 정국을 처형하지 않고 끝까지 기용하여 나라를 부강하게 만들었다. 이로 인해 물이 풍부해진 관중평야가 비옥한 땅으로 변해 엄청난 곡물을 생산했기 때문이다. 전화위복이다. 만약 중간에 공사를 중단시켰다면, 한나라 소원대로, 정말 국력소모로 끝났을 것이다. 정국거鄭國渠는 '정국의 시냇물'이란 뜻으로 '정국이 만든 관개수로'를 뜻한다.

강 진화

_ 앞만 보고 달려라

강은 바다로 갑니다. 높은 산에서 출발한 강도, 고원에서 시작한 강도, 깊은 계곡을 지나고, 너른 들을 지나 바다로 갑니다. 갈수기渴水期에 간당간당 목숨이 끊일 듯하고 농번기에 허리에 구멍이 뚫려 체액을 강탈당해도 결국은 바다에 이릅니다.

그런데 어떤 강들은 바다로 못 갑니다. 내륙 한가운데로 갑니다. 사막으로 가기도 합니다. 빛알갱이로 탄막을 만들고 작열하는 태양을 이겨내고 어찌어찌 살아남아 도달하는 곳이 모래밭입니다. 그곳에 그저께의 물, 어제의 물, 오늘의 물, 삼대가 모여 기진맥진한 몸을 누이고 말라죽어 갑니다.

거의 모든 물은 바다로 갑니다. 그래서 바다로 못 가는 물들이 모자란 물처럼 보입니다. 어떤 사람들은 그걸 보고, '너는 이 물 저 물, 작은 물 큰 물, 남들 다 가는 바다로 가지 못하느냐, 참 못났다'고 고개를 흔듭니다. 하지만 바다로 가는 물도 앞으로 갈 길을 내다보는 게 아닙니다. 설악산 높은 산에서 출발한 물도 바다로 갈 길을 찾아 멀리 조망眺望하는 게 아닙니다.

하늘에서 떨어질 때도 미리 떨어질 장소를 택하는 게 아닙니다. 구름에 실려 바람에 밀려 타율적으로 떨어집니다. 그게 물의 운명입니다.

물이 높은 산에서 낮은 바다로 흐르는 것은 바다로 이르는 길을 미리 준비한 게 아닙니다. 내비게이션이 있는 것도 아닙니다. 조물주는 그런 물건을 만들어 제공할 정도로 친절하지 않습니다. 물은 한 치 앞만 봅니다. 지금 있는 곳보다 더 낮은 곳으로 흐를 뿐입니다. 그러고는 낮은 곳에서 다시 더 낮은 곳으로 흐릅니다. 이 과정을 수없이 되풀이하다 보면 바다에 이릅니다. 하지만 분지에 이르는 수도 있습니다. 그러면 그곳에 옹기종기 모여, 작게는 물웅덩이와 연못을 이루고, 크게는 호수와 내해內海(육지 속 바다)를 이룹니다.

생물의 진화도 마찬가지입니다. 강은 공간을 흐르지만 생명체는 시간을 흐릅니다. (35억 년 전에) 한 방울 물 같은 단세포 생물로 출발하여, (100만 년 전에) 100조 개 다세포생물 인간이 되었습니다. 그렇다고 해서, 모든 단세포 생물이 다 인간으로 진화하는 것도 아닙니다. 분지 같은 막다른 곳으로 진화했다가 멸종되어 사라지기도 합니다. 그리 흘러드는 강이 물길을 바꾸어 사라진 아랄해처럼 사라집니다.

물이 한 치 앞만 보고 흘러도 바다에 이르듯이, 생물도 한 치 앞만 보고 진화해도 고등생물로 진화하고 인간으로도 진화합니다. 생물학적 진화는 당면한 문제를 해결할 뿐이지 미래의 문제를 해결하려고 하지 않습니다. (해결하면 살아남고, 못 하면 사라집니다.) 생명체는 자기 앞에 펼쳐질 길을 한 치 이상은 미리 내다보지 못하기 때문입니다. 그래서 진화를 '눈먼 시계공 blind watch maker'으로 표현하기도 합니다. 전혀 앞을 못 보는 시계공이 시계를 만드는 것처럼, 자유의지로 주재하는 지적 존재 없이도 시계처럼 정교한, 실은 훨씬 더 정교한, 인간이 탄생하는 기적이 일어난다는 말입니다.

강물이 흘러 흘러 바다에 이르듯이, 생물도 흘러 흘러 고등생물로 진화합니다. 운이 좋으면(?) 인간으로 진화합니다. 그리고 생명과 우주와 그 이치가 바다와 같이 크고 넓고 깊다는 걸 깨닫습니다.

강을 볼 때마다, 밤낮을 쉬지 않고 달려 마침내 바다에 이른 한 방울 물처럼, 쉬지 않고 모습을 바꾸어 결국 인간으로 진화한 최초의 단세포 생물을 생각합니다.

물고기 온통 암컷

_ 자연계에는 동정녀 탄생이 항시 일어난다

아마존 몰리(아마존 송사리)는 모두 암컷이다. 이들은 비슷한 종의 수컷을 이상한 방법으로 이용한다. 이 수컷의 정자는 암컷의 알을 세포분열시키는 데만 쓰이고, 자기 유전자를 전해주지 못한다. 그 결과 몰리의 자식들은 어미의 복제품이다. 때로는 알의 세포분열 촉매로만 쓰이는, 정자가 알과 결합해서 3배체를 형성하는데 이 경우 새끼는 생존에 적합하지 않아 다른 2배체 형제들과의 생존경쟁에서 져 사라진다.

알과 정자가 합쳐질 때 2배체가 아닌 3배체가 형성되는 이유는 이렇다. 다른 동물들과 달리 아마존 송사리의 난자는 1배체가 아니라 2배체이다. 이 2배체에 다른 물고기의 1배체 정자가 합쳐 3배체 새끼가 태어나는 것이다. 1+2=3이다. 물론 자연이 의도하지 않은 기형이다. 생존에 적합하지 않기 때문이다.

여기서 우리는 성gender이란 불변의 정체성이 아님을 알 수 있다. 암컷과 수컷의 분화는 유전자를 반씩 섞어 면역력 등 생존력이 강한 자손을 만드는 것이므로, 만약에 암컷 혼자 단성생식을 하는 게 유리하면 그리할 뿐이다.

성이란 결코 쾌락을 위해 존재하는 게 아니다. 성적 쾌락은 부산물일 뿐이다. 다른 쾌락이 주어진다면 없어도 좋다.

과학이 발달하면 여러 사람의 DNA들을 각각 잘게 토막내어 개별 유전자들로 분리한 다음 이 유전자들을, 부모의 또는 사회의 기호와 필요에 따라, 선별하고 합쳐 새로운 생명체를 복제해 낼 수 있을 것이다. 그러면 자연적인 혹은 원시적인 성적 쾌락이 사라질 것이다. 갈수록 결혼하지 않는 사람들이 느는 걸 보면, 이에 대한 사회적 반발이 생각 외로 크지 않을 수 있다. 대신 화학적으로 혹은 전기적으로 혹은 전기화학적으로 유도하는 성적 쾌락이 개발되고 팔릴 수 있다. 혹은 성적 쾌락을 압도할, 현대인들이 상상하지도 못한, 아예 다른 종류의 쾌락이 등장할 수도 있다. 그러면 한순간 한 줌의 쾌락을 얻기 위해 이상한 방법으로 수고롭게 장시간 노동한 과거 인류에게 안타까운 눈길을 던질 수 있다. 세상은 신비로 가득 차 있다.

생물체에게 어떠한 경우에도 목숨을 걸고 지켜야 하는 불변의 정체성은 없다.

물고기 태아 발생

_ 사정을 알게 되면 함부로 말을 못하게 된다

초기의 인간 태아는 그 모습이 포유류·조류·양서류와 비슷하다. 이들은 모두 물고기로부터 진화하였다.

눈은 처음에는 물고기처럼 머리 측면에 붙어 있다가 나중에 중간으로 이동한다. 윗입술은, 턱과 입천장과 더불어 목 위에 있는 아가미 같은 구조물로 시작한다. 콧구멍과 입술 중간 부위는 머리 윗부분에서 내려온다.

세 부위가 만나 합쳐져 얼굴이 만들어지지만, 상처도 흔적도 없다. 조직과 근육은 실밥자국도 없이 합쳐진다. 하지만 이 모든 활동의 흔적이, 당신 윗입술 중간의 인중에 조금 남아 있다.

여러 곳에서 조금씩 와 사람다운 얼굴을 만드는 이 모든 과정은 아주 정밀한 작업을 요한다. 세 부분이 옳게 합쳐져 자라려면 자궁 내에서 정확히 같은 시점에 만나야 한다. 타이밍이 단 한 시간이라도 빗나가면, 언청이가 될 수 있다. 전 세계적으로 신생아 700명 중 1명꼴로 언청이다.

인간에게는, 인간이 물고기에서 진화했어야만 설명이 가능한, 해부학적인 특징이 있다. 예를 들어 상어를 해부해보면 생식선이 간 뒤 가슴 중앙에 있음을 발견한다. 인간의 생식선도, 발생 초기에 출발은 이렇게 하지만, 나중에 밑으로 내려온다.

남자에게서 생식선은 고환이 된다. 하지만 (생식선이) 하행하여 음낭을 채우려면, 무척 더 길고 구불구불하게 남행길을 가야 한다.

이로 인하여 남자는 복부가 얇아져 서혜부 탈장이 일어나기 쉽다. 서혜부 탈장은 사타구니 부근에 혹으로 나타나며 무척 고통스러울 수 있다. 혹은 누우면 사라진다. 혹은 고환이 밑으로 내려감에 따라 약해진 복벽을 통해 삐져나온 내장이다.

만약 서혜부 탈장을 치료하기 위해 수술을 받게 되면 물고기를 원망하시기 바란다.

말벌과 무화과

_존재하는 것은 어딘가 쓸모가 있다

어느 해, 아직은 검은 머리가 출렁이고 온몸에 힘이 넘치던 시절, 지중해 나라 튜니지에 갔다. 그리고 피그와 사랑에 빠졌다. 큰 자두만 한 검붉은 피그는 꿀처럼 찐득찐득하고 달았다. 서너 개 먹으면 한 끼 식사가 될 정도였다. 그리고 그 이후로 나는 모국의 피그를, 지체 높은 영의정이 못난 자기 서자를 대하듯, 하찮게 여기게 되었다. 그리고 해마다 피그 철이면 튜니지가 떠오르고 그 아름답고 풍요로운 모습과 혀를 아리는 달콤한 맛이 떠올랐다. 검은 머리의 아름다운 레바논 여인과 하룻밤 사랑을 나눈 솔로몬의 심정이라고나 할까. 짙푸른 지중해 바람을 맞으며 카르타고 해안 절벽에 늘어선 피그 트리들. 신의 아들의 저주를 받고도 2000년 동안이나 죽지 않고 잘도 늘어서 있다. 과일나무도 잉태를 하지 못하면 찍혀 장작이 되어 아궁이에 들어가는데 하물며 쓸모없는 사람이랴. 불모의 나무, 불모의 사람. 바람에 날리는 꽃가루 꽃가루.

어제 지인이 놀라운 이야기를 전한다. 밤이 늦어 졸음에 잠기던 뇌가 확 깬다. "당신이 채식을 한다고 하는데 그리고 무화과를 무척 좋아한다고 하는데 이제 못 먹게 되었다"는 것이다. 그가 전하는 이야기는 이렇다. 무화과 열매 안에는 말벌이 들어 있으므로 무화과를 먹을 때 말벌을 같이 먹게 되어 육식을 하는 거란다.

무화과 열매는 열매가 아니라 꽃이다. 더 정확하게는 자궁이다. 수많은 꽃이 모여 구형을 이룬 것이다. 말벌 여왕은 무화과 꼭지 부근에 나 있는 조그만 구멍을 통해 무화과 안으로 들어간다. (비비고 들어가느라 날개가 떨어져 나간다.) 이 과정에서 자기 몸에 묻혀온 화분으로 꽃가루받이를 시킨다. 여왕이 알을 낳고 죽으면, 무화과는 여왕의 시신을 먹는다. 남은 알들은 부화한다. 부화한 수컷들은 누이인 암컷들과 열심히 교미를 한 후 무화과에 열심히 굴을 파 암컷들을 밖으로 탈출시킨다. 암컷들은 정자낭에 정자를 가득 채운 채 떠나고, 수컷들은 무화과 안에서 임종을 맞는다. 우리가 무화과를 먹을 때 이 수컷들을 먹게 되는 것이다.

다행히 씨 없는 무화과가 개발되어 있다. 물론 이런 무화과에는 말벌 시체가 들어 있지 않다. 아마, 내가 튜니지에서 먹은 수백 개 무화과도 씨가 없었을 것이다. 35년 채식에 오점이 남을 수는 없는 일이니까…. 그런데 그 부드러운 육질 가운데 명태 알처럼 톡톡 씹히던 그건 무얼까?

수정의 신비

: 난자와 정자가 만나는 순간

난자와 정자가 하나가 되는 순간 수정란은 빛을 낸다. 밝을수록 더 건강하다.

일부 종교는 영혼이 그 빛을 보고 매혹당해 수정란 안으로 들어간다고 믿는다.

☰ 유튜브 참고

https://youtu.be/efVUMPdZcPo

유성생식은 깨달음의 근원

_ 인간은 무역의 산물이다

이성이 없으면 짝짓기가 없고, 짝짓기가 없으면 몸이 발달하지 않고, 몸이 발달하지 않으면 마음이 발달하지 않고, 마음이 발달하지 않으면 깨달음도 없다. (여기서 짝짓기는 한 생의 일을 말하는 게 아니라 35억 년 장구한 진화의 역사에서의 짝짓기를 말한다. 결코 좌도밀교를 말하는 게 아니다.)

만약 성이 없으면 이성異性 간의 유전자 교환이 발생하지 않아 몸이 발달하지 못한다. 놀라운 점은 성이 있으면 동성同性 간에도 유전자 교환이 가능해진다는 것이다. 예컨대 두 남자가 자기들의 유전자를 섞고 싶으면, 각자 결혼해 자식을 얻은 다음 자식들을 서로 결혼시켜 손자를 얻으면 된다. 이 손자는 두 남자의 유전자를 1/4씩 가지고 있다.

이처럼 무성생식에서는 불가능한, 개체들의 유전자가 섞이는 일이 유성생식에서는 일어난다. 무성생식하는 생물의 진화가 유성생식에 비해 상대적으로 뒤처져 있는 이유이다. (자연계에는 수컷 없이 암컷만 존재하는 생물이 아마존 송사리, 달리는 도마뱀, 브라흐만 맹인 뱀 등 70여 종이 있다. 이처럼 이런 생물은 어류와 파충류에는 있지만, 포유류에는 없다. 다시 말해서 단성생식으로는 포유류로 진화하지 못했거나 또는 못한다는 말이다.)

마음(혹자는 이걸 영혼이라 부름)이 있어도 몸이 없으면 소용이 없으므로, 몸의 발달은 마음의 발달에 지대한 공헌을 한다. 만약 영혼이 있다면, 영혼과 몸의 관계에 대해서도 같은 말을 할 수 있다. (아무리 발달한 영혼도 개의 몸으로 들어가면 소용이 없다. 빛나는 지성을 쓸 일도 없고 쓸 길도 없다. 낡은 1960년대 컴퓨터 몸체에 들어간 펜티엄20 소프트웨어이다.)

몸이 섞이면 그 몸을 통해 나타나는 마음이 섞이게 되고, 이 결과 영적인 진화가 가속화된다. 인간이 깨달음에 이르게 된 것은 성, 즉 짝짓기, 다시말해 유전자 교환 덕이다. 만약 인간이 아메바 같은 무성생식 단계에 머물렀다면 깨달음을 논하지 못했을 것이다. 지금도 화농균 같은 신세일 것이다. 이처럼 성은 깨달음의 근원이다. 그러므로 성은 끊을 것이 아니라 잘 이용해야 하는 것이다.

새가 물고기 먹는 법

_ 지혜가 없는 맹신으로는 세상의 고통이 사라지지 않는다
_ 불경에 담긴 내용 중 미신적이고 비과학적인 것들은 부처님
  이 아니라 그 제자들이 환망공상으로 지어낸 이야기들이다
_ 모세오경(《구약》)에 나오는 내용 중 과학에 위배되는 이야기
  는 다 상징이다 〈유대교〉

왜가리가 오리 새끼를 잡아먹을 때 머리부터 삼킨다. 그렇게 해야 벌려진 좌우 다리와 좌우 날개가 입과 목에 걸리지 않는다. 물고기를 잡아먹을 때도 (물고기를 공중에 던져 띄운 다음, 부리로 물고기를 돌려 물고기 머리 쪽이 아래로 향하게 해서) 머리부터 삼킨다. 비늘이 목에 걸리지 않으려면 그렇게 해야 한다. 꼬리부터 먹으면, 삼키는 방향과 거꾸로 배열된 비늘이 목에 걸릴 수 있다. (바닷속에서 물고기 사냥을 하는 바다뱀도, 물고기의 가시 달린 지느러미에 부상을 입지 않으려고, 물고기 머리부터 삼킨다. 가시가 꼬리 쪽을 향하고 있기 때문이다.)

포유류 새끼가 출산 시에 머리부터 나오는 것도 같은 이유이다. 다리부터 나오다가는 한쪽 다리나 한쪽 팔이 좁은 산도에 걸려 못 나오는 수가 있다. (턱이 좁은 산도에 걸리면 목뼈가 상할 수 있다.) 그러면 종종 산모나 새끼가 죽는다. 이런 죽음은 임신과 출산의 목적에 크게 반하는 일이므로 일어나서는 안 된다.

하지만 이런 일은 참나(불생불멸 상주불변不生不滅 常住不變의 탐진치 삼독심을 벗어난 참된 나true atman)가 하는 게 아니다. 참나라면 항상 옳은 길을 택해야 하는데, 가끔 그른 길을 선택해 어미를 죽게 하기 때문이다.

약육강식의 세계에도 이치가 있다. (위에서 오리 새끼가 왜가리 입에 들어가는 법이나 포유동물 새끼가 어미 배에서 나오는 예에서 보듯이, '죽으러 들어가는 이치'나 '살려고 나오는 이치'나 같다.) '이치'를 어기면 생존이 어렵다. 왜가리 등 포식자가 생존을 하는 것은 전생에 선업을 지었기 때문이 아니라 조상 대대로 생존의 이치에 맞게 살았기 때문이다. (예를 들어, 힘이 더 센 다른 포식자는 공격하지 않는다.) 따라서 생존은 생존의 이치에 달려 있지 (도덕적인) 찰나에 달려 있지 않다. 생물의 생존은 개인적인 자연선택에 의해서 일어난다. 고도의 지능이 없는 생물은 이 사실을, 즉 왜 자기가 살아남는지를 모른다. 인간도 북경원인 크로마뇽인 오스트랄로피테쿠스인 등 원시시대에는 그랬지만 의식이 깨이고 지능이 발달하면서 자신의 존재 근원을 찾기 시작했다. 하지만 의식과 지능이 아직 충분히 발달하지 않아, 온갖 허황된 이론을 만들었다. 그것이 기독교 천지창조, 힌두교 브라흐마 신의 우주 창조, 불교 기세간경의 천인하강天人下降에 의한 인간기원설 등의 종교설화이다. (이들은 모두 종불변론種不變論이다.) 하지만 이제 과학이 놀랍게 발달해서 (종변천론種變遷論인) 진화론 등 바른 이론을 발견했다. 그래서 한 종의 생주이멸生住異滅을, 즉 발생하고 번성하고 변화하고 멸종하는 원인과 메커니즘을, 전체적 차원에서 볼 수 있게 되었다. 그리고 개인 차원의 지혜와 자비를 전체적인 차원에서 보게 되었다. 이것이 불교에서는 소승불교에서 대승불교로의 발전으로 나타났다.

사람이 지혜와 자비를 갖추어야 하는 이유는, 지혜와 자비가 전 생명계를 '더 융성하게 하고' '더 평화롭게 하고' '더 행복하게 하기' 때문이다. 이 사실을 평화로운 토끼·노루·사슴·비둘기 들은 지혜가 없어 모르지만, 지혜롭고 평화로운 사람들은 안다.

발원지 강, 생명의 발원지
: 제1 원인

_ 부싯돌 불꽃은 불의 발원지이지만
불을 붙이고 사라진다

강의 발원지는 의미 없는 개념이다. 손바닥만 한 샘물을 하나 찾은들, 그게 강이 생긴 발원지는 아니다. 하나의 샘물이 자라서 강이 되는 게 아니다. 조그만 물줄기에 사방에서 물이 모여들어 큰 물줄기를 만들고, 그것들이 모여 더 큰 물줄기를 만들고, 이것들이 모여 마침내 강을 만들 뿐이다.

하나의 발원지의 샘물이 강을 만드는 게 아니다. 만약 발원지가 있다면, 하나가 아니라 무수히 많다. 그리고 그 수많은 발원지들에서 출발한 물에는 비 또는 이슬을 통해서 끝없이 물이 유입된다. 제1 원인으로서의 발원지는 없다.

이 점을 다른 예를 들어 설명하자면 이렇다. 강은 잔뿌리가 많은 나무 뿌리와 같다. (삼투압을 통해 중력을 거슬러) 몸통으로 모이는 뿌리를 흐르는 물은 수많은 잔뿌리 끝에서 출발하므로 그 어디에도 발원지는 없다. '가장 긴' 잔뿌리 끝이 발원지인 것은 아니다. 그게 잘려 나가도 나무는 잘 자란다. 그러므로 제1 원인으로서의 발원지는 없다.

이것은 모래성을 만들 때 제1 원인으로서의 하나의 (특정한) 모래알이 없는 것과 같다. 석고상을 만들 때 제1 원인으로서의 하나의 (특정한) 석고石膏알이 없는 것과도 같다.

생명의 발생도 마찬가지이다. 무수한 원인이 상호작용할 뿐이지 유일한 원인은 없다. 이것은 자동차를 만드는 과정과 유사하다. 여러 단계의 수많은 공정이 있지만 그중 어느 하나도 유일한 제1 원인이 아니다. 엔진·변속기·몸체·바퀴·핸들·급유장치·제동장치, 이 중 하나만 없어도 자동차는 생기지 않는다. 엔진에서 변속기·몸체·바퀴가 생겨나지 않는다. 특정한 한 부분에서 모든 다른 부분들이 생겨나는 법은 없다.

생명의 발생(과정)에서 단 하나의 원인을 찾으려 하는 것은 어리석은 일이다. 강물의 예처럼 생명의 유일한 발원지로서 '원시바다에 나타난 단세포'를 들지 몰라도, 이는 발원지가 될 수 없다. 그 하나는, 즉 그 단세포는 이미 변해 없어졌기 때문이다. 사람들이 찾는 '제1 원인으로서의 생명의 원인'은 '절대로 변화하지 않는 실체'이다. 예를 들어 '기독교의 하나님'이거나 '한국불교의 참나'이다. 이들은 생명을 설계하거나, 생명을 자기 의지로 원하는 기능을 갖춘, 원하는 모습으로 변화시키는 자이다.

이런 유의 제1 원인이 존재한다는 주장은 선언일 뿐이지, 그 어디에도 뒷받침하는 증거가 없다. 이런 증거를 찾을 수 없는 이유는, 하나의 자연현상은 단일한 원인이 아니라 수많은 원인이 상호작용하여 일어나기 때문이다. 자연 속에서 태어나 살다 죽는 생명도 자연의 일부분이므로 여러 원인의 상호작용의 결과이다. 이런 이치를 불교에서는 연기법緣起法이라고 부른다.

새와 비행기

_ 써보면 생각이 달라진다

페가수스 은하에는 새들이 가장 고등동물인 행성이 존재했다. 이들은 인간처럼 지능이 발달해 비행기를 발명했다. 하지만 대다수 새들이 비웃었다. 날아갈 수 있는데 왜 비행기를 탄다는 말인가?

그런데 철새들이 타보고 감탄을 했읍니다. 8일 밤낮을 날아가야 했던 길이 반나절로 줄어들었읍니다. 게다가 비행 중에 잣씨·호박씨·소나무씨 등을 까먹고 홀짝홀짝 물을 마시며 담소를 나눌 수 있었읍니다. 예전에는 목이 마르면 수천 미터 아래 강이나 바다로 내려가야 했읍니다. 물 한 모금 먹으려고 에베레스트 산을 내려갔다 올라와야 한다고 생각해보십시오.

비행기 문을 열고 떼 지어 내리는 이국적인 모습의 제비·두루미·저어새·홍학 등은 선망의 대상이었읍니다. 그 모습을 부러워한 텃새들도 멋진 복장을 하고 비행기를 타고 내리는 장면을 연출했읍니다. 자기 날개로 하늘을 나는 것은 품위없는 행동으로 비추어지게 되었읍니다. 벤츠 옆에서 자전거 페달을 밟으며 고속도로를 달리는 거나 마찬가지랍니다.

새들이 점점 더 비행기를 이용하게 되자 나는 능력을 잃어버리게 되었읍니다. 세월이 많이 흐르자 올림픽 종목 중에 오래 날기 종목이 생겼읍니다. 최장 기록은 100미터였읍니다. 종전 기록인 99.99미터를 깰 때 전 세계 새들이 질러대던 함성이 대단했읍니다.

그런데 이들의 조상은 한 번에 1만 킬로미터를 날아다녔읍니다.

한 새가 이런 역사적인 사실을 들며 한탄하자 다른 유식한 새들이 들려준 이야기가 있읍니다.

미리내 어느 행성에서 생각하는 기계를 발명했다는 것입니다. 그 행성인들의 오랜 꿈은, 무념무상無念無想의 경지처럼, 생각하지 않고 사는 것이었는데 드디어 꿈을 이루었다는 겁니다. 생각은, 특히 수준이 높은 생각은 인공지능이 다 대신 해준다는 겁니다. 인간은 아무 생각없이 잘 먹고 잘 마시며 쾌락을 즐기며 잘 산다고 합니다. 그래서 머리는 다 퇴화하고 몸만, 그중에서도 쾌락기관만 남아 인공지능에 붙어사는 기생생물이 되었다는 겁니다.

거기 비하면 우리 새는 훨씬 품위 있는 삶이라고 위로를 합니다. 듣고 보니 그럴듯합니다. 우리 새도 언젠가는 미리내 어느 행성의 주민들처럼 될지 모르겠지만, 까마득한 미래의 일을 오늘로 가져와 괴로워할 필요가 있겠읍니까? 그러다가는 무한한 미래의 무한한 고통의 무게에 눌려 살 수 없을 겁니다.

찬 바람이 불고 철새들이 무리를 지어 대형 비행기를 타고 까마득히 높이 솟아올라 산 넘고 바다 넘어 날아갑니다.

본성, 양육

_ 애도 안 키워본 자들이 우긴다

인간은 몸과 마음으로 이루어져 있습니다. 몸은 타고나는 게 분명한데, 마음은 그렇지 않습니다.

개 새끼는 개이고 사람 새끼는 사람이지, 개가 사람을 낳거나 사람이 개를 낳는 법은 없습니다. 유전자의 발견으로 그 이유가 밝혀졌습니다. 물론 유전자의 발현은, 환경의 영향을 받으나, 유전자가 만든 틀을 벗어나지 못합니다.

사람의 정신적 특성은, 타고난다는 이론과, 아무것도 없는 빈 상태로 태어나 환경과 교육에 의해 만들어진다는 이론이 있습니다. 후자를 빈 서판blank slate 이론이라고 합니다. 아무것도 적히지 않은 백지를 가리키는 라틴어 타불라 라자tabula rasa에서 유래한 말입니다. 이 이론은 아이를 키워본 사람은 코웃음칠 이론입니다. 강아지만 키워봐도 압니다. 성격과 지능은 타고난다는 것을. 공산주의자들은 생물학에 기초를 둔 본성 이론을 비웃으며 인간은 사회가 개조할 수 있다고 믿었지만, 공산주의 자체가 실패한 운동으로 전락했습니다.

(정신적 특성을) 타고난다는 이론은 (정신적 특성을) 미리 가지고 태어

난다는 주장입니다. 정신적 특성은 판매용 컴퓨터에 미리 깔려 있는 기본 프로그램과 같은 것이라는 말입니다. 본성론은 이게 다이지, 태어난 후에 새 프로그램을 깔 수 없다는 이론입니다. 나치의 아리안족 우위론과 우생학이 이에 해당합니다. 나치는 집시 유대인 러시아인 등과 저능아 지진아 등을 열등한 인간으로 간주하고 쓰레기 치우듯 수백만 명을 학살했습니다.

지난 100년간 세계 인구의 300분의 1에 지나지 않는 유대인들이 노벨상을 수십 퍼센트나 받은 걸 보면, 나치의 아리안 우월주의는 완전히 틀린 이론입니다.

만약 태어난 후에 교육에 의해 정신적 특성을 개발할 수 있다면, 열등함은 본질적 특징이 아니라 일시적인 특징에 지나지 않게 되어, 열등한 사람을 비웃고 없앨 명분이 사라집니다. 그래서 인종주의자들은 본성론을 지지합니다. 그런데 이런 자들은, 신도 윤회도 믿지 않으므로, '우연히 재수가 좋아' 좋은 몸과 마음을 가지고 태어나서는 큰소리나 치는 자들입니다.

심지어 두개골 모양이 정신적 특성을 결정한다는 골상학骨相學도 탄생했습니다. (물론 망상으로 밝혀졌습니다.)

노암 촘스키는 아이들이 경험을 통해 언어규칙을 습득하는 게 아니라 언어능력을 타고난다고 주장했습니다. 그의 주장은, 어린아이는 인종에 관계없이 어느 나라에 태어나든지 그 나라 말을 자유자재로 습득함을 보면, 대단히 설득력이 있습니다.

플라톤은 자신의 저서《국가Politeia》에서 '우수한 남녀끼리 결혼시켜 우수한 인종을 얻어야 한다'고 주장했는데, 이는 윤리적으로는 문제이지만, 원하는 품성을 가진 동물들끼리 교배를 시켜 원하는 품성을 가진 동물들을 만들어낼 수 있음을 보면, 불가능하다고는 말하기 힘들지 모릅니다. 예를 들어 온유한 놈들끼리 교배시켜 점점 더 온유한 동물을 만들고, 사람을 잘 따르는 놈들을 교배시켜 점점 더 사람을 잘 따르는 동물을 만들어냅니다.

진화론의 입장에서 보면, 본성은 가지고 태어나는 것도 아니고 만드는 것도 아닙니다.

인간은 35억 년 전 단세포 시절에는 지금의 본성이 없었으므로, 본성은 가지고 태어나는 게 아닙니다. 어떤 능력은 아무리 노력해도 얻을 수 없으므로, 본성은 만들어지는 것도 아닙니다.

진화론의 입장에서 보면, 본성은 가지고 태어나는 것이기도 하고 만드는 것이기도 합니다. 가지고 태어난 본성에, 새로 얻은 성품을 더해 만든, 새로운 본성을 후손에게 물려줍니다.

뇌과학은 타고나는 본성이 있다는 걸 밝혔읍니다. 뇌에는 수많은 특수한 기능을 하는 영역이 있읍니다. 대표적인 예로 브로카 영역과 베르니케 영역이 있읍니다. 전자는 말과 글을 하고 쓰는 역할을 하고, 후자는 말과 글을 알아듣고 이해하는 역할을 합니다. 즉, 전자는 자기 의견을 남에게 전달하는 역할을, 후자는 남의 의견을 자기에게 전달하는 역할을 합니다. 해마는 단기기억을 장기기억으로 전환하는 기능을 합니다. 변연계는 감정을, 편도체는 공포심을 담당합니다. 이 영역들이 망가지면 거기 해당하는 기능만 감쪽같이 사라집니다. 예를 들어 쥐가 편도체에 문제가 생기면 고양이를 두려워하지 않게 됩니다. 간이 배 밖으로 나온 쥐가 됩니다.

사람들이 두려워하는 것은, 만약 인간 품성이 타고나는 것이 아니라면, 환경과 양육에 영향을 안 받는 내재적인 고귀함이 없을지 모른다는 점입니다. 하지만 설사 그런 고귀함이 있다 하더라도 꼭 인간에게만 있을 필요가 없어 보이므로, 이 또한 기우杞憂입니다.

처음에는 서로 죽도록 사랑하던 사람들도 세월이 지나면 원수가 되어 헤어지는 걸 보면, 또 서로 죽이는 걸 보면, 설사 고귀함이 있다 한들 무슨 소용이 있는지 묻고 싶습니다.

모성애는, 동물에 따라 정도의 차이가 있을지 모르나 모든 동물이 갖추고 있음을 보면, 인간만이 갖춘 고유한 성품이 아닙니다. 동물 새끼를 그 어미 젖에 요리하는 인간의 잔인한 성품을 보면 (만약 인간의 성품이 타고나는 것이라면), 잔인함도 본성일 것이라는 의심을 떨쳐버릴 수가 없습니다.

본성이 있건 없건, 중요한 점은 밖으로 드러나는 우리의 행동이 우리 주위의 생명체들의 행복을 결정한다는 점입니다. 그리고 이런 행동은 환경과 교육에 의해 상당히 영향을 받지만, 인간 성품이 환경과 교육에 영향받는다는 바로 그 사실이 역설적으로 인간의 성품은 어느 정도 타고난다는 증거입니다. 조금일지라도 원하는 쪽으로 타고나는 게 없으면, 그쪽으로 바꾸기 힘들기 때문입니다.

생물은 타고난 성품을 환경·경험·교육으로 바꿉니다. 이게 후대로 전해지면, 시간이 감에 따라 조그만 변화들이 쌓여 큰 변화를 만들어냅니다. 그 결과로 35억 년 전 단세포 시절에는 없던 인간이라는 성품이 생긴 것입니다.

우리의 성품은 흘러간 35억 년 장구한 세월의 최종 결과물로서는 소비재이며, 앞으로 흘러갈 기나긴 세월에 있어서는, 미래의 성품을 만드는 생산재입니다.

후대에 물려줄 성품은 죽을 때 만드는 게 아니라 살아 있을 때, 매순간 만드는 것입니다. 어미의 성품은 어미 때 만드는 게 아니라 새끼 때 만드는 것입니다. 의식적으로건 무의식적으로건, 즉 알고 만들건 모르고 만들건.

그러므로 성품 수급자인 지금, 열심히 미래에 후대로 공급할 성품을 개발하고 만들어야 합니다. 그 품질은 지금 우리에게 달려 있읍니다.

오감

_ 얼굴은 맥가이버 칼이다

사람에게는 다섯 가지 감각이 있습니다. 시각·후각·청각·미각·촉각입니다. 동물에게도 있습니다. 왜 다섯 가지나 필요할까요? 오감은 외부 정보 수집 기능을 하는데, 각각 다른 감각이 하지 못하는 걸 합니다.

시각은 지속되지 않습니다. 그 순간뿐입니다. 하지만 본 걸 그리라면 그릴 수 있습니다. 정확하진 않지만 어느 정도 가능합니다. 특히 기하학적으로 생긴 것일수록 더 잘 그릴 수 있습니다.

역설적으로 시각은 지속되기도 합니다. 정지되어 있는 건 무한정 볼 수 있습니다. 아무리 봐도 닳지 않습니다. "청자를 샀는데 너무 봤더니 닳지 뭐야. 비싸게 주고 산 건데, 앞으로는 좀 덜 봐야겠어." 이런 일은 벌어지지 않습니다. 하지만 "야, 그만 좀 만져라 닳겠다" 이런 일은 가능합니다. 촉각의 특징입니다. 미국 월스트리트 청동황소의 불알처럼, 사람들이 많이 만지는 물건은 닳아서 반들반들 윤이 납니다.

시각 대상은 그림으로 잡아둘 수 있습니다. 사진으로 찍어두면 무한정 볼 수 있습니다.

하지만 냄새·맛·촉각은 불가능합니다. 연인의 모습이나 목소리는 저장하고 다시 보고 들을 수 있지만, 연인의 냄새·맛·촉각은 불가능합니다. 귀여운 갓난아이들의 젖냄새를 저장했다 맡을 수 있다면 얼마나 좋을까요. 모습과 소리는 남지만 냄새는 남지 않습니다. 무척 아쉽습니다.

혹시 미래세대에는 가능할까요? "디포데오도란트DepotDeodorant! 연인의 냄새를 저장하시기 바랍니다. 이 냄새 저장기를 사시면 연인의 냄새를 저장했다 나중에 즐길 수 있습니다. 그 냄새를 본사에 보내주시면 화학적으로 합성해 보내드리겠습니다. 그러면 옆에 두고 영구적으로 맡으실 수 있습니다." 그러면 "Honey, I can smell you now!" 이렇게 말하는 게 가능해질 겁니다. 언제 어디서든지 원할 때마다, 혹은 사진을 펼치고 보듯이, 냄새도 열고 맡을 수 있을 겁니다. "I need to smell you" 하고는 조그만 병을 꺼내 마개를 열고 냄새를 맡는 겁니다.

뇌과학기술이 발달하면 뇌에 조그만 칩을 심고 후각중추를 직접 자극함으로써 원하는 냄새를 맡을 수 있을 겁니다. 소위 냄새의 디지털화입니다.

그 원리는 간단합니다. 냄새란 후각 대상이 공기 중에 분출한 분자가 코점막을 자극해 생긴 생체전기가 뇌후각중추를 자극해 생기는 것이므로, 생체전기를 인위적으로 발생시켜 직접 후각중추를 자극하면 똑같은 냄새를 맡을 수 있습니다.

스티븐 스필버그는 영화 〈라이언 일병 구하기〉를 찍을 때 실제감을 살리기 위해 종군기자들이 찍은 사진대로 노르망디 상륙작전을 재현했습니다. 이 영화를 본 70~80대 참전용사들은 '모든 게 다 똑같은데 냄새만 없다'고 했습니다. 앞으로 과학기술이 발달하면 위와 같은 방법으로 냄새도 재현할 수 있을 겁니다.

　　시각과 청각은 원거리에 실시간으로 전달할 수 있으나, 나머지 감각인 냄새·맛·촉각은 불가능합니다. 시각과 청각은 문명발전의 가장 결정적인 감각기능입니다. 인간은 말을 문자로, 문자를 말로 전환하는, 즉 '말하는 언어'를 '쓰는 언어'로 그리고 '쓰는 언어'를 '말하는 언어'로 전환하는, 놀라운 발명을 했습니다. 즉 시각과 청각 사이의 전환수단을 발명했습니다. 악보도 그중 하나입니다. 음악가는 악보만 봐도 마음에 음악이 떠오릅니다.

　　시각은 빛이 있을 때만 기능합니다. 나머지 다른 감각 기능과 달리 어두우면 무용지물입니다.

　　시각 대상은 다른 시각 대상과 섞이지 않습니다. 하지만 후각 대상인 냄새는 다른 냄새와 마구 섞입니다. 맛도 소리도 다른 맛과 다른 소리와 섞입니다.

　　시각은 직선적입니다. 대상과 눈 사이에 아무것도 없어야 합니다. 시각은 방향을 알 수 있습니다. 한꺼번에 많은 걸 볼 수 있습니다. 실물을 무척 작게 축소해서 봅니다. (망막에 아주 작게 상이 맺힙니다.) 그런데 실제로는 여러 배 확대되어 보입니다. 신기한 일입니다.

　　다른 것에 가려 있어 눈으로 볼 수 없는 대상은 냄새로 파악할 수 있읍니다. 냄새는 전달경로가 직선이 아닙니다. 곡선으로도 전달됩니다. 조그만 구멍만 있어도 전달됩니다. 구불구불한 관을 타고 전달되기도 합니다.

　　냄새는 시각과 달리 맡은 후에 재현할 수가 없습니다. 맡은 걸 다른 사람에게 알려줄 길이 없습니다. 냄새는 서로 섞입니다. 전문가가 아니고는 섞인 냄새를 낱낱이 분류할 수 없습니다. 개는 가능하다고 합니다. 냄새는 밤이나 낮이나 차별없이 기능합니다. 시각을 제외한 청각·미각·촉각도 그렇습니다.

빛과 냄새는 막히면 지각이 불가능하지만, 소리는 상하사방이 막혀도 가능합니다. 진동이기 때문입니다. 물리적인 현상입니다. 그에 비해 냄새는 화학적인 현상입니다.

예를 들어 유리함 속에 들어 있는 된장의 냄새는 맡을 수 없지만, 유리함 속에서 자명종이 울리면 밖에서 그 소리를 들을 수 있습니다. 자명종의 진동이 함 속의 공기를 울리면, 그 공기가 유리를 울리고, 다시 유리가 함 밖의 공기를 울리기 때문입니다.

촉각은 가장 원시적인 감각입니다. 대상이 우리 몸에 닿아야만 느낄 수 있습니다. 다른 감각은 대상이 몸에서 떨어져 있어도 작동하지만, 촉각은 대상과의 거리가 영이어야만 작동 가능합니다.

그 결과 촉각은 시각·후각·청각과 달리 같은 대상을 동시에 많은 사람들이 지각할 수 없습니다. 상대적으로 무척 적습니다. 콩알만 한 빛, 사향, 소리는 수많은 사람들이 동시에 보고 맡고 들을 수 있지만, 콩알은 많아야 몇 사람만 동시에 그 촉감을 느낄 수 있습니다.

미각이 가장 극단적입니다. 예를 들어, 사탕을 입에 넣는 경우 그 맛은 단 한 개체만 느낄 수 있습니다. 이 역시 미각을 느끼려면 감각주체와 감각대상 사이의 거리가 영이어야만 하기 때문에 발생하는 현상입니다. 미각은 이와 같은 배타성으로 말미암아, 아마 철학자들이 말하는 콸리아qualia(감각질)의 가장 대표적인 예일 것입니다.

맛도 피부에 닿아야 느낄 수 있지만 촉각과 달리 화학반응입니다. 대상의 분자가 우리 몸의 세포와 화학반응을 합니다. 미각의 원래 기능은 맛이 아니라 음식의 기능입니다. 먹어도 좋은 것, 나쁜 것을 가립니다. 수십 억 년 동안 쌓인 음식섭취 경험이 맛으로 나타납니다. 몸에 좋은 것은 맛있게, 안 좋은 것은 맛없게 느낍니다. 신토불이身土不二란 말이 바로 이 말입니다. 우리 몸은 우리가 사는 땅이 만들어내는 음식물의 산물이기 때문입니다.

청각은 참으로 신기합니다. 인간의 정보전달, 의사전달 수단입니다. 청각이 없으면 말하는 언어가 불가능합니다. 쓰는 언어도 정보전달을 하지만, 필담이 아닌 책은 일방통행입니다. 책만 말을 하고 읽는 사람은 (책이 하는 말을) 듣기만 합니다. 청각은 인간에게 가장 감동을 주는 수단입니다. 음악은 그림, 조각 등 시각예술 못지않은, 가장 흔한 예술입니다.

후각은 사랑의 수단입니다. 이성이 풍기는 냄새는 미치게 합니다. 후손을 만들 수 있다는 가능성과 상상으로 들뜨게 만듭니다. 생명의 속성은 이어짐이므로, 시공을 통해서 자기를 이어지게 함은 가장 강력한 욕망입니다. 그 충족감 역시 가장 강렬합니다.

냄새는 정보의 보고입니다. 시각이 발달하지 않은 동물에게 어마어마한 정보를 제공합니다. 많은 곤충들이 냄새로 주변 환경에 대한 정보를 얻습니다. 개는 냄새를 통해 다른 동물의 감정도 알 수 있다 합니다. 특정 감정이 일어날 때 같이 분비되는 미세한 호르몬 냄새를 맡기 때문이라고 합니다. 감정에 따라 서로 다른 호르몬이 분비된다 합니다.

감각대상이 장소 이동을 하면 시각·청각·미각·촉각 등 다른 감각도 따라서 이동을 합니다. 하지만 후각은 남아 있습니다. 그 대상이 뿌린 냄새분자들은 대상이 떠난 뒤에도 자리에 남아 서성거리며 현장에 늦게 들른 코들을 접대합니다. "킁킁킁, 이 냄새는 대도 조세형(1938~ : 주로 권력자들과 부자들의 집을 턴 것으로 유명하다. 훔친 물건 중에 장영자의 물방울 다이아몬드가 있다. 회개하고 목사가 되었으나 2000년 일본에서 62세의 나이로 제 버릇을 못 버리고 도둑질을 하다 다시 투옥되었다. 2005년, 2010년, 2013년, 2015년에도 도둑질을 하다가 체포되어 감옥살이를 했다)의 냄새가 분명합니다. 세 시간 전에 이곳을 뜬 듯합니다." 경찰 수색견의 독백입니다.

감각의 세계는 참 신기합니다. 각기 독특한 성질이 있습니다. 다른 게 못하는 걸 합니다. 하나라도 없으면 몹시 불편해집니다. 세상은 예술품으로 가득합니다. 보고 듣고 맡고 맛보고 촉觸하는 게 모두 예술이고 예술활동입니다. 소위 예술이란 이 크고 넓은 예술품 전시실에서 우리로 하여금 특정 대상으로 관심을 좁히게 하는 것입니다. 새로운 인식으로 사물을 바라보면 모두가 예술품입니다. (낡은 구두와 닳은 뒤축도 아름답습니다. 어지럽게 책이 널린 방도 아름답습니다. 구멍이 난 속옷과 양말은 의미심장합니다. 침이 떨어져 성게 평면도처럼 파열한 자국이 있는 책도 의미심장합니다.) 그리고 생물이건 무생물이건 모두 예술활동을 하고 있습니다.

그러므로 항상 깨어 있는 마음으로 팽팽하게 지적 호기심을 유지하고 탐구하며 열심히 살면, 그리고 '생명체는 모두 같은 기원과 구조를 가지고 있다'는 생명의 이치를 깨달아 살아 있는 모든 것들을 따뜻한 마음으로 보게 되면, 인생도 세상도 지성과 감성이 어우러진 멋들어진 예술활동의 무대가 될 것입니다.

▤자연계에서 동물이 다른 동물을 돕지 않는 것은 '자기 코가 석 자'이기 때문입니다. 즉 약육강식의 생물계에서 살아남으려면 자기 한 몸 건사하기도 힘들기 때문입니다. 가족 밖으로 도움을 확장하려면 사회생활을 해야 합니다. 즉 사회의 도움을 받아보고 '사회를 보호하는 게 자신에게도 유리하다'는 걸 깨달아야 합니다. 펭귄, 물소, 코끼리, 침팬지 등 무리생활을 하는 동물들은 직계가족이 아니더라도 다른 개체를 돕는 경향을 보입니다. 이에 비해 단독생활을 하는 곰이나 호랑이가 다른 곰이나 호랑이를 돕는 경우는 없습니다.

03장

인간이 가장 도덕적인 동물이라는 주장은 새빨간 거짓말이다. 오직 인간만이 같은 종을 노예로 삼아왔다. 같은 종을 고문하는 종은 인간밖에 없다. 같은 종을 대량으로 살상하는 종도 인간뿐이다. 다른 종을 재미로 죽이는 종도 인간 이외에는 없다. 인간은 지구상 동물들을 매년 수백억 마리나 잡아먹는다. 곡물이 넘치는데도 그런 짓을 한다. 이유는 맛이 있어서이다. 그러느라 도도새, 코끼리새, 큰바다쇠오리 등을 멸종시켰으며 고래와 침팬지, 고릴라, 오랑우탄 등 유인원들도 멸종위기로 몰고 있다. 쇠고기를 더 먹겠다는 일념으로 열대우림을 파괴하여 수많은 동물들의 삶의 터전을 없애 멸종위기로 몰고 있다. 온갖 공해 물질과 쓰레기를 바다로 방류하여 바다를 쓰레기장으로 만들고 있다. 그러고도 가장 도덕적인 동물이라고 큰소리친다. 지구 역사에 이런 부도덕한 동물은 존재한 적이 없다. 외계인 학자가 지구 범죄의 역사를 기록한다 해보라. 누구에 대해서 기록하겠는가? 당연히 인간이 아니겠는가? 99퍼센트가 인간일 것이다.

도덕, 윤리

상어, 새, 오징어
: 형제살해 동족살해

_ 지구상의 동물은 다른 생물들을 먹고 산다
그런데 모든 생물은 같은 조상을 둔 형제간이다
그러므로 지구는 형제살해 행성이다
생명체가 사는 행성은 다 그럴지 모른다

상어 새끼는 어미 자궁 속에서 살 때 난황卵黃, yolk이 사라져 더 먹을 게 없으면, 형제들을 잡아먹다가 다 잡아먹으면, 미수정란을 하루에 170개씩 11달 동안 잡아먹는다. 총 5만 6,100명의 형제를 잡아먹고 건강한 몸으로 어미 몸 밖으로 나온다. (어미는 그 사실을 전혀 모른다. 삶은 살 뿐이지 앎이 꼭 필요한 것이 아니다. 상어는 그런 식으로 지금까지 수억 년을 잘도 살아왔다. 인간도 크게 다르지 않다.) 밖에서도 안에서처럼, 남들을 잡아먹으며, 평생 살생을 하며 산다. 공중의 새도 보살핀다는 기독교《신약》의 사랑의 하나님은, 물속의 5만 6,100마리 상어 새끼는, 가장 안전하다는 자기 어미 배 속에서 자기 형제에게, 잡아먹히도록 방기放棄한다.

어떤 새는, 예를 들어 검독수리나 나즈카 부비새Nazca Booby는 알을 두 개 낳는데, 먼저 부화한 새끼가 나중에 부화한 새끼를 부리로 쪼고 목을 비틀며 잔인하게 공격해 쫓아내고, 어미가 주는 먹이를 독점한다. 쫓겨난 새끼는 굶어죽거나 천적에게 잡아먹히지만, 어미는 형제간 싸움을 말리지도 않거니와 죽어가는 자식을 구하지도 않는다. 손 하나

까딱하지 않는다. 의로운 하나님 역시 외면한다.

문자 그대로 카인과 아벨의 싸움인데, 문제는 이들이 태어나기 전부터 이리되기로, 즉 한 놈이 다른 한 놈을 죽이기로, 예정(유전자에 프로그램)되어 있다는 점이다. (보통 3~7일 정도 먼저 태어난 형이 동생을 죽인다. 부모는 둘을 다 키울 여력이 없으므로 살해를 방치한다. 이런 잔인한 짓은 누구에게 배워서 하는 게 아니므로 본능이다. 이들은 에덴동산 시절부터 그리했을까? 아니라면 언제부터 이리 변했을까?)

그렇다면 이미 죽기로 되어 있는 걸 왜 낳을까? 답은 보험이다. 하나가 부화하지 않거나 천적에게 잡아먹히는 경우를 대비한 것이다.

오징어는 배가 고프면 동족을 잡아먹는다. 10개의 촉수로 희생자의 몸을 휘감고 금강석만큼 단단한 부리로 분쇄해서 삼킨다. 그리고 그 오징어는 한국사람들에게 잡아먹힌다. 손톱에 갈가리 찢겨 질겅질겅 씹히기도 하고, 맨몸으로 석쇠 위에서 불에 구워지고, 냄비 속에서 아리도록 매운 고추장에 버무려져 볶아진다. 오징어들은 아우슈비츠의 유대인들처럼 창조주에 의해 버려진다.

이런 참상이 일어나고 있을 때, 만물을 창조하고 사랑으로 피조물을 보살피는 신은 대체 무엇을 하고 있을까? 우주에서 일어나는 모든 일을 하나도 빠짐없이 살펴본다는 신이 어떻게 이런 흉악한 짓들을 용납할 수 있을까? 모든 게 신의 의지라고 주장하는 자들은 깊이 반성해야 한다. 아무 주장이나 함부로 해도 괜찮은 것은 아니다.

이제 동물의 세계를 거의 샅샅이 알게 된 지금, 모든 동물에도 '참다운' 영혼이 있다거나 동물의 모든 행위가 '참다운' 영혼의 행위라는 주장은 취소하는 게 낫다.

실상은, 만물에 신과 같은 어떤 초자연적 존재의 의지가 작용하는 것도 아니며, 개체에 참다운 영혼 즉 참나 같은 영구불변의 정체성identity이 있는 것도 아니다.

개, 늑대, 사자, 하이에나 등은 한 배에 여러 마리를 낳아도 어린 형제들 사이에 살육이 일어나지 않는다. 어미에게 젖꼭지가 여럿이고 여러 마리 새끼를 다 키울 여력이 있기도 하지만, 이들은 사회적 동물이기 때문이다. 무리를 지어 사냥을 해야 성공확률이 높으므로 형제는 도움이 되는 존재다. 또 무리가 작으면 다른 무리의 공격을 받아 죽을 위험이 있으며, 용케 살아남아도 굶주림에 시달리거나 굶어죽기 쉽다. 그러므로 형제를 죽이면 안 된다. 하지만 새는 비사회적 동물이므로 형제의 존재가 도움이 되지 않는다. 그래서 먹이를 독차지하기 위해 형제살해siblicide를 일으킨다.

나는 새와 달리, 날지 못하는 새의 새끼들 사이에는 살육이 일어나지 않는다. 어미에게 먹이를 받는 게 아니라 각자 알아서 먹이를 찾아 먹으므로 형제가, 어미가 제공하는 한정된 양의 먹이를 두고 다투는 경쟁상대가 아니기 때문이다.

물론 예외도 있다. 제비는 한 번에 여러 마리 새끼를 키우지만 새끼들 사이에 살육이 일어나지 않는다. 부모가 열심히 일해서 충분히 먹이를 공급하기 때문일 것이다. 무리를 지어 이동해야 더 안전한, 철새이기 때문일 수도 있다. (뒤의 새는 앞의 새가 만드는 상승기류를 타면 힘이 덜 들어, 무리가 큰 게 유리하다.)

결국 생물들에게 일어나는 형제살해는 비용과 수익에 대한 경제행위이다. 도덕과는 관계가 없다.

따라서 살아남으려면, 자기가 살아 있는 게 다른 자들에게 도움이 되어야 한다. 예를 들어, 큰 집단을 이루는 동물들은 구성원들이 서로 도움이 되기 때문이다. 벌과 개미 등 군집동물이 좋은 예이다. (여왕벌과 여왕개미는 맛있는 음식을 제공받으며 평생 알만 낳는데 더 이상 알을 낳지 못하게 되면, 즉 쓸모가 없어지면 일벌과 일개미들에게 살해당한다. 여왕벌은 증살蒸殺당하고* 여왕개미는 잡아먹힌다. 살해방식에 차이가 나는 이유는, 벌은 채식이지만 개미는 육식이기 때문이다. 귀중한 고단백질을 그냥 버릴 수 없기 때문이다. 일벌의 수명은 6주, 여왕벌은 6년이고, 일개미의 수명은 2달, 여왕개미는 14년 정도이므로, 새끼들이 어미를 죽이는 셈인데 비도덕적이 아니냐고 할지 모르지만 자연에는 도덕이 없다. 생존이 있을 뿐이다. 대신 이들은 다른 동물들을 상대로 고문을 하거나 살해 자체를 즐기지는 않는다. 이 점에서 인간이 가장 비도덕적인 존재이다. 지구상에서 벌어지는 살생은 대부분 인간의 소행이다. 매년 수천억~수조 마리를 죽인다.) 인간이 큰 집단을 이루고 사는 것도, 군사적으로는 다른 집단의 공격을 막아내기 위한 것이지만, 경제적으로는 분업을 통해 생산성을 높일 수 있기 때문이다.

기본적으로 하나의 생명체가 다른 생명체를 '무조건' 도울 이유는 하나도 없다. (하나님도 못 하는 일이다. 구원은 복종의 대가이다. 대자대비한 부처님도 '인연 없는 중생은 구할 수 없다'고 토로하셨다. 부처 삼불능三不能 중의 하나이다.) 당신은 아무 이유 없이 다른 사람이나 생명체를 돕겠는가? 만약 열심히 돕는다면 친한 사람들이다. 친할수록 더 돕는다. 자신이 어려울 때 도움을 주고, 정서적 만족과 충만감을 주기 때문이다. 자기에게 피해를 주는 사람이면 도움을 주기 싫을 것이다. 그런 사람이 힘이 세지면 자기를 더 괴롭힐 것이기 때문이다. 그러므로 타인을 되도록 많이 도우려면 타인과 이해利害관계나 은원恩怨관계를 맺으면 안 된다. 그렇게 되면 자신에게 이익과 은혜를 주는 사람만 돕게 되기 때문이다. 종교가 성직자들의 독신을 장려하는 이유이다.

아무튼 세속에서 사는 사람들은 생존하려면 타인에게 이로운 사람이 되어야 한다. 능력을 키우는 것이 그런 일이다. 최악의 경우는, 도움은 별로 안 되면서 욕심만 많은 경우이다. 이런 사람이 많아지면 사회는 결집력도 약해지고 행복도도 낮아진다. 종교의 순기능 중 하나는 사회 구성원들의 과도한 욕심을 방지하는 것이다. 개인의 좁은 안목으로 벌이는 형제 간 반목과 싸움과 살해를 줄이고 방지한다. 크게는 사회 구성원들 사이의 반목과 싸움과 살해를 줄이고 방지한다.

101

---

* 일벌들이 여왕개미를 둘러싸고 자기들 날개를 진동시키면 고열이 발생한다. 우리가 추울 때 몸을 떨면 체온이 오르는 것과 같은 이치이다.

혹부리 영감

_ 우주를 구성하는 근본 요소는 수소가 아니라 망상이다
_ 삶이란 혹 떼려다 혹 붙이는 과정이다

〈혹부리 영감〉이라는 재미나는 전래동화가 있다. 그 내용은 다음과
같다.

목에 혹이 달린 영감이 산에 나무를 하러 갔다 날이 저물었다. 묵을
곳을 찾다가 빈집을 발견하고 하룻밤을 쉬기 위해 들어갔다. 혼자 심심
해서 노래를 부르자, 근처에 있던 도깨비들이 그 소리를 듣고 몰려 왔
다. 노래에 감동한 도깨비 두목이 "영감, 그 고운 노랫소리는 어디에서
나오는 거요?" 하고 물었다. 영감이 "목에 달린 혹에서 나오는 것이오"
라고 대답하자, 도깨비 두목은 보물을 줄 테니 그 혹을 자기에게 팔라고
하며 보물을 주고 혹을 떼어 갔다. 이렇게 해서 영감은 혹을 떼고 도깨
비가 준 보물로 부자가 되었다.

이웃에 살던 다른 혹부리 영감이 소문을 듣고 샘이 나서 일부러 그
빈집을 찾아 들어가 밤이 되기를 기다려 노래를 시작했다. 그랬더니 아
니나 다를까, 그 소리를 듣고 도깨비들이 몰려 왔다. 도깨비 두목이 그
노랫소리가 어디서 나오는 것이냐고 묻자 영감은, 속으로 쾌재를 부르
며, 혹에서 나오는 것이라고 대답했다. 그러자 도깨비 두목은 "그전에

어떤 영감이 와서 거짓말을 하더니, 너도 같은 거짓말을 하는구나" 하면서 전에 속아 산 혹을 그 영감의 목 반대쪽에 붙여주어서 결국 이웃집 혹부리 영감은 혹을 하나 더 달게 되었다.

이 동화는, 혹 떼려다 오히려 혹을 하나 더 붙이는 이야기이다.

어떤 남자는 성욕을 해결하려다 평생 여자의 노예가 된다. 어떤 여자는 물욕을 해결하려다 평생 남자의 하수구가 된다.

두 경우 다 하나의 혹을 떼려다 오히려 다른 혹을 하나 더 붙이는 셈이다.

사람들은 그릇된 방법으로 부와 권력을 얻으려다 부와 권력은커녕 늙음과 불안을 얻는다. 젊음과 마음의 평안을 잃는다. 마음도 황폐해진다.

첫 번째 혹부리 영감은 거짓말을 한 것이 아닐 수 있다. 정말로 자기 노래가 혹에서 나왔다고 생각할 수 있다. 옛날 사람들은 성대의 기능을 몰랐기 때문이다. 특히 깊은 산골에 사는 무지한 시골사람이라면 더욱 그랬을 것이다. 기원전 3000년에 이미 대문명을 이룬 이집트도, 기원전 500년경 과학의 아버지 아리스토텔레스도, 동양문화의 시조인 인도와 중국도, 뇌의 기능을 몰라서 생각과 의식은 심장의 기능이라고 생각했으니, 그리고 심지어 지금도 그리 생각하는 사람들이 제법 있으니, 혹부리 영감처럼 혹에서 노래가 나온다고 생각하는 것도 불가능한 일이 아니다.

종교인들은 인간의 길흉화복이 신이나 전생의 '죄와 복'業(업)에서 나온다고 생각한다. 그런데 그 말을 믿고 따르다가 패가망신을 하는 사람들이 무수하다. 서로 자기가 믿는 신이 진짜고 상대방이 믿는 신은 가짜라고 전쟁을 벌이다, 수많은 사람들의 목숨이 날아가고 재산이 파괴되는 끔찍한 재앙을 맞는다. 기독교와 이슬람이 벌인 성전聖戰, crusade jihad에 참여한 신심 깊은 사람들은 그 신심으로 인하여 창·칼·총·폭탄에 찔리고 맞아 사지가 잘리고 배와 머리가 터져 내장과 뇌수를 흘리며 차가운 별빛 아래서 고통스럽게 죽었다. 그런데 적어도 둘 중의 하나는 망상 속에서 헛되이 죽는 것이 분명하고, 제삼의 종교가 보기에는 둘 다 망상 속에서 죽는 것이다.

행복은 신과 전생으로부터 온다고 믿고 주장하는 종교인들이 첫 번째 혹부리 영감이고(이런 종교인들 중에는 행복하게 살다 죽는 이들이 제법 많다. 아들딸 자식을 많이 낳고 여러 부인들 틈에서 천수를 누리며 행복하게 살다 죽는 사자獅子들도 많다. 하지만 이들의 행복은 누·물소·얼룩말 들에게는 불행이다), 그들에게 넘어가 그 말을 믿고 따르다, 종교전쟁에 말려들어가 불구가 되거나 참혹한 전쟁터에서 비참하게 살해당하는 사람이 두 번째 혹부리 영감에 해당한다. 너무 급하게 지구 종말의 날을 예언했다가 예언이 빗나가는 그리고 그 예언을 계속 뒤로 늦추고 계속 빗나가는, 그러다 급기야는 집단자살을 하는, 사이비 종교인들과 그 추종자들이 가장 비극적인 경우다.

도깨비는 우리 마음이다. 어떤 사람들은 잘못된 생각으로도 별 어려움이 없이 행복하게 산다. 그리고 또 어떤 사람들은 올바른 생각으로도 온갖 고초를 겪으며 불행하게 산다. (독립운동가들은 가문이 풍비박산 나고 온갖 가난·질병·고문에 시달리다 죽었다. 많은 경우에 그 가족과 후손들도 같은 운명이었다. 오히려 교통사고를 당하는 게 훨씬 이익이다. 잘하면 엄청난 보상금을 받아 최소한 남은 가족은 물질적인 보상을 받는다. 심지어 존경을 받는 경우도 있다. 참으로 기이한 세상이다.)

혹 lump은 잘못된 생각이다.

운동선수들의 터부가 이에 해당한다. 예를 들어, 빨간 빤쓰를 입으면 홈런을 친다고 생각한다. 빨간 빤쓰를 안 입고 가면 홈런이 안 나온다. 하지만 사실은, 안 입은 빤쓰가 홈런을 막는 게 아니라 빨간 빤쓰를 안 입으면 홈런을 못 친다고 믿는, 자기 마음이 홈런을 막는다. 그런 터부가 없는 사람에게는 그런 일이 벌어지지 않는다. 수풀 속의 알록달록한 줄무늬를 보고 호랑이인 줄 알고 놀라 심장마비로 죽는 것과 같은 일이다. 고양이를 호랑이로 착각한 어리석은 마음 탓이다.

평생 빨간 빤쓰를 입은 홈런왕은 행복하게 살다 가지만, 그를 따라하면 혹시 홈런을 잘 칠까 하고 빨간 빤쓰를 입은 평범한 다른 선수는 이중으로 불행해진다. 없는 실력으로 인하여 (언제 쫓겨날지 몰라 항상 마음을 졸이느라) 이미 충분히 불행한 데다, 행운의 (빨간 빤스) 신에게 버림받았다는 생각으로 더욱더 불행해진다.

이 모든 망상에 대한 치료약이 지혜이다.

동물의 왕국 출가

_ 자연은 생각보다 훨씬 더 잔인하다

어제 유튜브로 〈동물의 왕국〉을 보았다. 표범이 멧돼지를 쓰러뜨리고 잡아먹는데 옆구리를 파먹어 큰 구멍이 났다. 그런데 멧돼지가 살아 있었다. 안간힘 끝에 일어서자 표범이 다시 덮쳐 쓰러뜨렸다.

하이에나들이 멧돼지를 공격했다. 하이에나들의 날카로운 송곳니에 숨통이 끊어지고 배가 갈라졌다. 아수라장의 와중에 멧돼지 태아가 배 밖으로 튕겨나왔다. 어미는 하이에나들에게 먹히고 있었고, 새끼는 풀밭에서 꿈틀거렸다. 하이에나들이 먹음직한 어미돼지에 눈이 팔려 있는 동안만 짧게 생을 유지했다. 어미가 다 먹힐 즈음 새끼도 먹혔다. (아마 디저트였을 것이다. 전라북도 진안의 향토음식 '애저'라고 아시는가?) 모자가 같은 배 속에 장사 지내졌다. 내일 다른 멧돼지를 사냥하는 하이에나의 피 속에는 오늘 섭취한 멧돼지의 피와 살이 흐를 것이다.

코끼리가 물가에서 대여섯 마리 사자의 공격을 받았다. 그중 한 마리는 코끼리 등에 올라타고 귀 뒤를 물어뜯었다. 코끼리는 사자를 떨어뜨리려 몸을 흔들며 이리저리 도망쳐 다녔다. 하지만 왜 물속으로 피신하지 않을까? 코끼리의 어리석음에 무척 화가 났다. 마침내 코끼리가 물속으로 들어가자 사자들이 등에서 뛰어내리고 포기했다. "그러면 그렇지! 진즉 그리할 것이지." 안도감에 한숨이 나왔다. 코끼리는 몸을 물속에 담근 채 코만 물 밖으로 내밀고 숨을 쉬고 있었다. 그 순간 악어가 코끼리 코를 물고 늘어졌다. 코끼리는 죽었다. 뒤늦게, 왜 코끼리가 사자의 공격을 당하면서도 물에 들어가지 않았는지 이해가 갔다. 이리 죽으나 저리 죽으나 마찬가지였기 때문이다.

자연계의 잔인함에 넌더리가 났다. 밤새 출가해야겠다는 생각이 자꾸 들었다.

생물학자인 다윈은 생물계의 잔인함에 몸서리를 쳤다. 그래서 결국 기독교 신을 버렸다.

'신이 존재하지 않는다. 그렇지 않으면 인간이 이렇게 잔인할 수 없다.' 이런 제목을 단 비디오를 유튜브에서 찾아보라.

인도네시아 숲속 작은 시골마을에 사창가가 있었다. 남자 손님들에게 선택권이 있었다. 사람 창녀와 오랑우탄 암컷 중에 하나를 선택할 권리가 있다. 남자들은 오랑우탄을 좋아했다. 게다가 마을사람들은 (오랑우탄과 성교를 하면) 복권에 당첨된다고 믿었다. 소문을 들은 동물보호협회에서 오랑우탄을 구하러 마을에 들어갔지만 총과 독칼을 든 주민들의 저항에 막혀 실패했다. 다음 날 아카보 소총으로 무장한 300여 명의 경찰을 대동하고서야 겨우 구출에 성공하였다. 수입이 좋았기에 포주 아줌마의 낙심이 컸다. '내 아이를 사람들이 데려간다'고 울부짖었다. 만약 오랑우탄을 자기 아이처럼 여긴 게 사실이라면, 자기 딸이라도 창녀로 팔아먹을 여자였다. 우리나라에도 예전에는 자기 딸을 색주가^色酒家에 팔아먹은 아비들이 있었다.

생물학자들에게 돈을 배운 카푸친원숭이들은 수컷이 암컷에게 돈을 주고 교미를 한다. 암컷은 그 돈으로 사육사에게 바나나를 사 먹는다.

아델리펭귄은 돌로 둥지를 짓는다. 알을 낳을 때가 된 암컷은 주변에

돌이 부족하면 둥지를 소유한 독신 수컷에게 몸을 주고 돌을 받아와 둥지를 짓는다.

이처럼 자연계에는 매춘이 자연스럽게 일어난다. 종의 생존이 최고의 가치이므로 자손을 얻기 위해 매춘을 한다. 죽으면 종을 유지하지 못하므로, 살기 위해 매춘을 한다.

35억 년 지구 생물역사에서 생존이 먼저이고 도덕은 나중이다. 도덕이 생긴 지는 100만 년도 안된다. 그래서 도덕과 생존 사이에는 불협화음이 생긴다. 후배가 선배를 꾸짖으니 바람 잘 날이 없다.

육식동물인 사자·호랑이·표범·범고래·물개·펭귄은, 남을 잡아먹지 않고는 살 수가 없다. 해결이 불가능한 구조적인 문제이다. 펭귄이 물개에게 잡아먹히는 것도 잔인하지만, 물개 역시 잔인하게 범고래에게 잡아먹힌다. 고상한 도덕을 발명한 인간도 동물들을 잔인하게 잡아먹는다. 게다가 온갖 흉측한 무기를 만들어 자기들끼리 대량으로 잡아죽이는 걸 보면, 도덕의 소용이 무얼까 회의가 든다.

부처님 당시 제자들이 서로 죽이는 일이 일어났다. 부정관不淨觀(인간의 몸이 더러운 것을 깨달아 탐욕을 없애는 관법)을 닦던 제자들이 생에 회의를 느끼고, 즉 사바세계의 삶에 염증을 느끼고, 서로 죽여달라 부탁한 것이다. 지금도 태국 승려들은 승방에 '머리가 잘려나간 시체의 가슴을 세로로 활짝 열어젖힌' 사진을 걸어놓고 부정관을 닦는다. 부처님 제자 중에 이복동생 난다가 있었다. 난다는 마하파자파티 부인과 부처님의 부친 정반왕 사이의 아들이다. 부처님의 어머니 마야부인이 부처님을 낳고 며칠 만에 돌아가시자 동생인 마하파자파티 고타미가 후처로 들어와, 태어난 지 겨우 7일 된, 갓난아이 부처님을 키우던 중에 난다를 낳은 것이다. 차기 왕위 계승자인 난다는 부처님의 꾐(?)에 넘어가 출가를 했다. 하지만 고향에 두고 온 천하절색 부인 생각에 몹시 괴로워했다. 어느 날 부처님이 난다에게 신통력으로 하늘나라 여인을 보여주었다. 부인보다 족히 100배는 아름다운 여인의 모습에, 난다는 부인 생각을 잊을 수 있었다. (이것은 난다의 부인에 대한 사랑이 정신적인 사랑이 아니라 육체적인 사랑이었음을 보여준다. 고대 남자들의 사랑이 다 그랬다. 정신적인 사랑은 비교적 최근의 근대적 현상이다.) 부처님은 난다가 천녀에게 집착하는 걸 막기 위해, 다시 신통력으로 천녀가 늙어 쭈그러들더니 죽어 부패해 시체에 구더기가 들끓는 모습을 보여준다.

이상이 불살생계율이 생기게 된 사연이다. 부정관이 생기게 된 연유이기도 하다.

어젯밤에 유튜브를 통해서 동물세계와 인간세계의 잔인함을 보며 치를 떨었다. 출가하고 싶은 생각이 굴뚝 같았다.

생물의 세계는 욕망의 세계이다. 욕망이 충돌하면 전쟁이 일어나고 살생이 일어난다. 인간의 세계도 동물의 세계만큼 잔인하다. 힘이 있고 돈이 있고 능력이 있는 자들이, 힘이 없고 돈이 없고 능력이 없는 자들을 잡아먹고 산다. 갑질을 하는 남자들에 의해 을인 여자들에 대한 성추행 성폭행이 일어난다. 부정관이 따로 없다. 사회에 부가 쌓임에 따라 발달한 연구 장비를 갖춘 학자들에 의해 인간세상과 생물계에 대한 지식이 기하급수적으로 쌓이고, 그곳들이 생각보다 잔인하고 추악하다는 걸 알게 되었다. 따로 부정관이 필요없는 세상이 되었다.

필자가 어젯밤에 치를 떨며 세상에 정나미가 떨어진 것은, 2500년 전 수행자들도 마찬가지였을 것이다. 처음으로 눈을 뜨고 바라본 세상의 실상實相에 도저히 견딜 수 없었을 것이다. 어제처럼 출가자들이 부러운 적도 없다. 지금 이런 글을 쓰는 것은 아직도 여전히 어제의 여파가 살아 남아 있기 때문이다.

    세상의 실상을 보는 것은 괴로운 일이다. 세상의 빈 모습空相〔공상〕을 보지 못하면 견디기 힘든 일이다. 그게 괴롭고 힘든 이유는, 우리 마음 속에 자비심의 떡잎이 있기 때문이다. 이걸 키워 하늘을 다 덮을 정도로 만드는 게 불교이다. 지혜를 먹고 자비가 자란다. 그런 자비는 튼튼하다. 가뭄에 아니 말라죽는다.

초식동물, 육식동물

_ 노력해서 얻은 것은 소중하다
풀은 저절로 자라지만 사냥물은 노동의 산물이다

초식동물은 다른 초식동물을 적대시하지 않는다. 하지만 육식동물은 다른 종의 육식동물은 물론이고, 같은 종을 만나는 경우에도 다른 무리라면 죽기살기로 싸운다.

초식동물은 숫자가 많을수록 생존확률이 크지만(어떤 지역에 사슴도 한 마리, 맹수도 한 마리라면, 사슴이 조만간 잡아먹힐 확률이 100퍼센트이지만, 사슴이 100마리 있으면 1퍼센트로 준다. 다다익선이다), 육식동물은 정반대다. 일정한 구역에 육식동물이 많을수록 한 마리당 먹이가 줄어든다. 서로 죽기살기로 싸우는 이유이다. 먹이가 줄어든 건기에는 굶어 죽기도 하므로 이해할 만하다. 아프리카 세렝게티 초원에서 사자와 하이에나는 서로 물어 죽이지 못해 안달이다. 상대방 새끼는 발견 즉시 다물어 죽인다. 사자는 같은 고양이과인 치타도 죽이고 표범도 죽인다.

(호랑이 한 마리와 사슴 1,000마리가 평형을 이룬 에코 시스템이 있다 하자. 여기에 호랑이 한 마리가 더 들어오면 기존 호랑이의 먹이는 반으로 준다. 하지만 사슴은 한 마리가 늘어도 기존 사슴 한 마리당 먹이는 천 분의 일만 준다. 육식동물이 다른 육식동물을 용납하지 못하는 데는, 개체수 비대칭으로 인한, 이런 구조적인 이유가 있다. 육식동물이 특별히 사악해서 그런 것

이 아니다.)

인간은 타 부족을 만나면 죽이기도 하고 살리기도 한다. 잡식성 동물이기 때문이다. 하지만 희한하게도 육체적 종이 아닌 정신적 종을 만들어 같은 종끼리도 서로 죽이기도 한다. 구교 종과 신교 종, 기독교 종과 이슬람 종, 또는 민주주의 종과 공산주의 종, 또는 왕정 종과 공화정 종으로 갈려 서로 살육한다. (우리와 가장 가까운 종인 침팬지도 다른 무리를 모조리 학살하는 잔인성을 보인다. 침팬지는 원숭이를 잡아먹는 잡식성이다. 산 채로 찢어 먹는다. 고기를 무척 좋아한다.)

반면에 처음 보는 다른 부족 나라와 거래하기도 한다. (콜럼버스는 초면의 자기들과 거래를 트려고 면사·음식·앵무새 등을 들고 찾아온 카리브해 바하마 제도 원주민들을 잡아 노예로 만들었다. 인간은 불가사의한 동물이다. 그런데 그는 서양인들의 영웅이다. 더욱 불가사의한 일이다.) 필요한 물건을 교환한다. 돌도끼와 흑요석 칼을 물고기나 농산물과 교환하기도 한다. 말이 통하지 않아도 몸짓 손짓으로 가능하다. 이런 식으로, 돌도끼는 생산지를 떠나 아프리카 대륙을 수천 킬로미터씩 떠돌았다. 석기 시대의 일이다.

동물들이 서로 죽이는 것은 살기 위해서이다. 살려두는 것이 유리하다면 죽이지 않을 것이다. (예를 들어 악어는 자기 입에 들어오는 악어새를 잡아먹지 않는다. 이들이 부리를 이쑤시개로 삼아 악어 이빨 청소를 해주기 때문이다. 인간에게 악어새는 치과의사이다. 스케일링을 해준다.)

동물들이 인간처럼 분업과 과학기술 발달을 통해서 먹이와 생산물을 증가시키지 않는 한, 타 동물의 도움이 필요하지 않을 것이다. 그래서 앞으로도 계속해서 육식동물은 다른 동물을 죽일 것이다.

인간이 소와 닭과 양과 개를 한동안 살려두는 이유는, 농사에 쓰고 달걀을 먹고 우유를 짜 먹고 썰매를 끌게 하고 집을 지키는 용도로 쓰는 게, 잡아먹는 것보다 유용하기 때문이다. 인도적 이유 때문이 아니다. 용도가 사라지면 즉시 잡아먹는다. 식육용 이외에 다른 용도가 없는 돼지를 살려두는 이유는 먹을 만하게 살이 찔 때까지 기다리는 것이다. 예전에 잡아먹은 '그들의 조상의' 고기 맛을 회상하며 군침을 흘리며 기다린다. 살이 찌면 즉시 잡아먹는다. 그걸 모르는 돼지는, 다이어트를 해 몸을 줄여야 할 판에, 열심히 먹고 빨리 살이 쪄 조속히 생을 마감한다. 무식한 건 복이 아니라 재앙이다.

실크로드 국가들이 하나같이 수천 년간 국제무역 상인들을 약탈하지 않고 보호한 것은 그들을 살려두고 세금을 걷고 중개무역을 하는 것이 훨씬 더 이익이었기 때문이다. 유럽과 중국 사이의 무역이 크게 흥한 이유이다. (이에 비해 호라즘 제국은 교역을 청하는 몽골 칭기즈칸의 사절단을 죽이고 그들의 재물을 약탈했다가, 황제가 보복 차 쳐들어온 몽고에 패해 도주하다 비명횡사하고 제국이 멸망했다.)

인간이 신을 믿는 이유도 신이 있는 게 유용하기 때문이다. 전쟁을 이기게 하고, 풍작이 들게 하고, 사냥에 성공하게 하고, 질병을 낫게 하고, 짝을 얻게 하고, 자식을 (많이) 얻게 하고, 사업에 성공하게 하고, 자연재해에서 구해준다고 믿기 때문이다.

사람들은 추앙하던 신도 용도가 사라지면 잔인하게 살해한다. 서양 신이 밀려들어 옴에 따라 성황당 등의 토속신은 거의 다 살해당했다. 산신·수신·목신·토지신·조왕신·측간신이 살해당했다. 다른 나라 신보다 더 약해 보이면, 역시 살해당한다. 중남미 인디언들은, 자기들을 잡아먹어도 참고 섬기던, 쿠아트Kuat 등 토속신이 총과 대포를 동원한 서양인들의 신을 못 당하고 자기들을 지켜주지 못하자 가차없이 버리고 서양신을 받아들였다. 그리고 그 서양신의 도움을 받아 서양인들을 몰아냈다. 하하하. 놀라운 일이다. 중남미인들이 처음에는 서양인들을, 예로부터 온다고 예언된, 흰 피부의 자기들 신이라고 오해하고 환대하다가 이들에게 뒤통수를 얻어맞고 거의 전멸했다. 환망공상의 힘이다.

신들이 서로 싸우고 잡아죽이려 한다면, 신들도 육식동물이다. 필시 사람을 잡아먹고 산다. 마음만 먹고 몸은 버린다. 사람이 죽으면 천국이나 지옥에 간다는 건, 사실은 신들의 위장전술일 수 있다. 자기들이 인간을 잡아먹는 걸 감추려는. 설사 이게 사실이 아니라 해도, 신들이 초식동물이 아니라는 사실은 변함이 없다. 육식동물이 초식동물을 섬기는 법은 없기 때문이고, 인간은 초식동물이 아니기 때문이다. 아무리 양보해도, 신들은 최소한 잡식동물이다.

착한 사람

_ 착한 사람은 종교가 없어도 착하게 산다
종교는 착한 사람이 나쁜 짓을 하게 만든다

어떤 사람들은 내생과 지옥이 없으면 사람들이 함부로 살 것이라고 주장한다. 이걸 신이 있다는 논거로 쓰는 사람도 있다. 벌을 주는 신이 없으면 인간이 함부로 살 것이라는 것이다.

그런데 신을 믿는 사람들이 신의 이름으로 잔인한 짓을 하고, 오히려 신을 믿지 않는 사람들이 선행을 하는 걸 보면 이 말은 참이 아니다.

초식동물은 내생 지옥 신을 믿지 않지만 평생 나쁜 일을 하지 않는다. 누굴 죽이는 법도 없고, 도둑질을 하는 법도 없고, 거짓말을 하는 법도 없다. 술도 하지 않고 마약도 하지 않는다. 동족을 잡아먹지도 않는다.

오히려 내생 지옥 신을 믿는 인간이 나쁜 짓을 한다. 그것도 아주 나쁜 짓을.

내생이 있건 없건, 지옥이 있건 없건, 사람들은 더 높은 수준의 삶을 원한다.

한번 수준이 높아지면 되돌아가기 힘들다. 그래서 바둑을 배운 사람들은 고누를 두지 않고, 고스톱을 배운 사람은 민화투를 치지 않는

다. 대학수학을 배운 사람은 초등학교 수학을 하지 않으며, 양자역학을
배운 사람은 고전물리학을 하지 않는다.

밀란 쿤데라(1929~)의 소설을 읽은 사람은 《춘향전》을 읽지 않고, 베
르나르 베르베르(1961~)의 소설을 읽은 사람은 《요재지이聊齋志異》(청
나라 초기 포송령이 지은 16권의 소설집. 속칭 귀호전鬼狐傳)를 읽지 않으며,
윌리엄 셰익스피어(1564~1616)의 희곡을 읽은 사람은 〈선데이 서울〉
에 실리는 삼류 소설을 읽지 않는다.

사랑과 자비를 경험한 사람은 사랑과 자비가 없는 삶을 살 수 없
다. 그게 더 크고 새로운, 수준 높은 기쁨을 주기 때문이다. 내생이 없어
도 지옥이 없어도 함부로 살 수 없다. 함부로 살면, 지금 누리고 있는 수
준 높은 양질의 기쁨을 상실하기 때문이다. 그래서 악인이 성인으로 진
보하는 것은 가능하지만, 성인이 악인으로 퇴보하는 것은 불가능하다.

우리가 착한 삶을 사는 것은, 근본적으로 그게 우리에게 악한 삶보다
더 큰 기쁨을 주기 때문이다. 도덕과 법률은 우리로 하여금 착한 삶을
살게 하는 수단이다. 이것들은 인간이 사회를 이루고 살기에 필요한 것
인데, 이것들이 있음으로써 사회가 전체적으로 더 행복해진다. 즉 타인
들의 행복이 커진다. 인간은 사회 속에서 살기에, 같은 값이라면 타인이
행복해야 본인도 행복해진다. 사람은 누구나 병마와 가난과 잘못된 인
간관계와 탐욕·증오·무지로 인한 번뇌로 고통을 받는 어둡고 염세적
이고 불행한 사람들 사이에 사는 것보다는, 건강하고 낙천적이고 슬기
로워 번뇌가 없는 밝고 행복한 사람들 사이에서 살고 싶어한다.

착한 삶은 우리에게 기쁨을 주고, 그 기쁨은 우리로 하여금 더 착한
삶을 살게 한다. 그러므로 내생이 없어도 지옥이 없어도 인간은 착하게
살게 되어 있다. 간혹 예외적인 사람이 나타나지만, 대체로 그렇다. 그

리고 이런 경우도 무지에 의한 경우가 많다. 이런 무지는 대체로 열악한 지적 환경이 초래한다. 사회가 발전하고 생명과 자연과 인간과 우주에 대한 지식이 증가함에 따라 인간의 지혜도 커지고, 이에 따라 인간은 점점 악한 일을 삼가게 된다. 즉 더 착하게 된다.

얼핏 보면 더 악해지는 것 같지만 그렇지 않다. 지금처럼 77억이나 되는 인구가 공존하며 번영하려면 악해서는 불가능하기 때문이다. 현대인들에게는 과거인들에게 없는 새로운 종류의 착함이 있다. 고도의 합리적인 시스템을 만든 것이 그렇고, 그 시스템의 복잡성에도 불구하고 그걸 잘 따름이 그렇다.

아무튼 내생이 없고 지옥이 없다 해도 인간은 함부로 살지 못한다. 내생과 지옥을 믿지 않는 사람들이 대다수인, 인류의 번영이 그 증거이다.

올바른 종교생활

_ 맹신을 유일한 덕으로 내세우는 사람들이 있다
그런 이들에게는 올바른 종교생활은 없다

올바른 종교생활을 하는 첩경捷徑(지름길)은 신통력·기적·천국·지
옥에 대한 생각을 끊거나 몰아내는 것이다. 이것들은 세상을 있는 그대
로 보지 못하게 만들기 때문이다. 환망공상(환상·망상·공상·상상) 속
에 살게 만든다. 모든 종교에는 훌륭한 가르침이 있으며 이것들은 다
른 종교와 충돌하지 않는다. 예를 들어 이웃을 사랑하라, 원수를 사랑하
라, 살인하지 말라, 거짓말하지 말라 등이 있다. 하지만 천국·지옥에 대
한 가르침은 서로 충돌한다. 자기 종교를 믿지 않으면 자기 종교가 만들
어 놓은 지옥에 가고, 믿으면 천국에 간다는 것이다. 여러 종교가 만든
여러 천국·지옥 중 한 (종교의) 천국 지옥만 빼고 나머지는 모두 거짓일
것이다.

신통력도 마찬가지이다. 설사 이런 게 사실이라 해도 실제 생활에는
아무 도움이 안 된다. 이걸 획득한 사람은 사실상 없다(그냥 있다는 주
장이 있을 뿐이다. 이걸 신화라 한다). 신통력은, 설사 있다고 해도 인류
생활 개선에 도움이 된 적이 없다. 오히려 사람들을 광신도로 만들었
다. 그 결과 인류문명을 후퇴시켰다. 중세기독교 종교재판과 십자군 전
쟁과 30년 전쟁, 위그노 전쟁, 네덜란드 독립전쟁 등 종교전쟁을 들 수

있다. 이로 인하여 삶터가 파괴되고 수천만 명이 죽었다.

서로 충돌하는 두 종교의 핵심 교리인 천국·지옥은 둘 중 하나는 거짓이건만, 양쪽 사람들은 자기 종교 천국·지옥을 미친 듯이 믿는다. 이유는 자기 교주가 초자연적인 신통을 행하고 기적을 일으켰다는 것이다. 병든 자를 고치고, 물 위를 걸어다니고, 죽은 자를 살리고, 죽었다 다시 살아났다는 것이다. 그런데 상대 종교도 같은 주장을 한다. (예를 들어 물 위를 걷는 일화는 기독교《신약》에도 있고 불교《아함경》에도 있다. 예수는 호수 위를, 부처는 강 위를 걷는다. 흐르는 물 위를 걷는 게 정지된 물 위를 걷는 것보다 더 어려울 것이지만, 기독교와 다르게 불교는 마음의 개화를 중시하므로 이 수상보행 일화를 강조하지 않는다. 그래서 이 일화를 아는 불교도들이 거의 없다.) 둘 다 사기일 확률이 훨씬 크다. 둘 중 하나가 거짓임에도 그 거짓을 절대적 확신으로 참이라 믿는 것을 보면, 인간의 종교적 믿음이란 것을 근본적으로 의심하지 않을 수 없기 때문이다.

윤회에 대한 가르침도 마찬가지이다. 지금 77억 인구 중에 전생을 기억하는 사람은 없다. 전생의 기억으로 괴로워하는 사람도 없다. 단 한 사람도 없다. 그런데 내생을 걱정하라고 선동한다. 이는 기억하지 못하는 전생을 후회하라는 말과 동일하다. 현생에서도 기억이 나지 않는 일은 후회할 수 없는데, 하물며 전생의 일이랴.

신통력 기적에 대한 믿음은 아무짝에도 도움이 안 된다.

법치 신권통치

_ 인공호흡 시 불어넣는 것은 숨이지
영혼이 아니다

중세 유럽은 왕가가 통치했다. 적당한 사람이 없으면 외국의 왕가에
서 왕을 수입했다. 왕은 하늘이 내린다는 왕권신수설이 있었다. 민중은
글도 모르고 배운 게 없어 무식한지라 스스로 지고 들어갔다.

중국도 황제는 하늘의 명을 받았다고 천자天子라 불렀다. 왕후장상王
侯將相(왕·제후·장군·재상)은 따로 씨가 있는 줄 알았다.

그러다 순자·상앙·한비자·몽테스키외 등의 법가가 등장하고 인권
이 비약적으로 향상되었다.

사람들은 최고 권력자도 법의 심판을 받는 것을 보면 법 앞의 평등함
을 느끼지만, 동시에 최고 권력자가 인민재판을 받고 어설픈 법에 얽혀
잡혀 들어가는 걸 보면, 법치가 무너지는 것 같아 불안해진다. '최고 권
력자도 저럴진대 힘없는 나도 언제 당할지 모른다'는 생각이 들지 않을
수 없다.

하지만 이것도 생판 모르는 신에게 당하는 것에 비하면 아무것도 아
니다. 삼심은커녕 아예 재판도 없고, 전혀 모르는 사이에 당하기도 한
다. 깊은 산골에서 화전민으로 살다 죽으면, 북극에서 에스키모로 살다

죽으면, 아메리카 대륙에서 인디언으로 살다 죽으면, 중국에서 요순으로 살다 죽으면, 한반도에서 세종대왕으로 살다 죽으면, 다음 순간에 갑자기 끓는 물속에서 삶아지는 자신을 발견한다. 즉 기독교 지옥에 떨어진 자신을 발견한다! (죄목은 하나님을 몰랐다는 것이다.) 하나님 맘대로 창조하고 하나님 맘대로 지옥에 처넣는다.

신에게 처벌당하는 것은 법치가 아니다. 신의 맘이다. 이리되면 우주가 불안해진다. 분노와 시기와 질투의 존재인 신에게 통치를 당하면 피조물들의 운명이 안정되지 않는다. 바람 앞의 등불처럼 위태롭다. 하나님을 모르는 사람들을 지옥에 처넣는 것은, 왕이 존재하는 줄도 모르는 깊은 산골의 화전민을 왕에게 세금을 바치지 않았다고 감옥에 처넣고 고문하는 꼴이다.

독재자들은 처음부터 지식인을 겨냥하지 않는다. 먼저 무식한 대중을 겨냥한다. 이들을 선동한 다음 차차 위로 올라간다. 히틀러와 무솔리니가 그랬다. 동양의 마오쩌둥과 폴 포트가 벌인 문화대혁명과 킬링필드는 무지한 젊은이들을 부추겨 수천만 명을 학살한 사건이다.

하늘 독재자celestial dictator인 하나님도 마찬가지이다. 기독교는 처음에는 무식한 대중 사이에 퍼져나갔다. 후에 신플라톤주의 철학*이라는 멋들어진 옷을 입었다. 그 옷에 현혹되어 지식인들도 믿게 되었다.

속세는 법치가 강화되고 있다. 선진국에서는 아무리 하찮은 사람일지라도 함부로 처벌할 수 없다. 그런데 하나님의 나라는 왕국이고 하나님은 절대권력을 누리는 절대자이다. 그래서 자기 백성을 맘대로 처벌한다. 이게 말이 되느냐는 항변에, 말문이 막히면 그게 짐의 뜻이라 하면 그만이다. 그래서 법치는 실종되고 신의 눈치만 살피는 노예의 신세가 된다. 소위 하이에크의《노예의 길The road to Serfdom》**을 걷게 된다. 노예가 될지 자유인이 될지는 우리 자신의 뜻에 달려 있다.

이제 인류의 과제는 마지막 남은 독재국가인 하나님의 왕국을 해방
시키는 것이다. 왕후장상의 씨가 따로 없다면 신의 씨도 따로 없다!

＊ 신플라톤주의 철학: 플라톤에 대한 새로운 해석을 제시. 물질과 인식을 초월한 일자―者
를 제시. (유대인들에게 야훼 하나님은 자기 모양으로 인간을 만들고 서늘한 오후에 에덴
동산을 거니는 분이었다. 이런 분이 《신약》〈요한복음〉에서는 말씀(Logos)이라는 추상적
인 분으로 변신한다. 성 어거스틴은 신이 물질로 구성되어 있다고 믿었으나 신플라톤주의
의 영향으로 이 견해를 버렸다.) 영혼은 육체와 독립적으로 존재한다고 주장. 이에 따라 《구
약》에는 없는 개념인 '영혼이 육체에 들어오고 영혼이 다시 육체를 떠난다'는 개념이 생겼
다. 창세기에서 야훼 하나님이 아담에게 불어넣은 것은 '숨'일 뿐이지 영혼이 아니었다. 유
대인들에게는 몸을 떠나 몸과 독립적으로 존재하는 영혼이란 개념이 없었기 때문이다. 그
래서 《구약》에는 '죽은 후 천국과 지옥에 간다'는 말이 없다. (내가 유대인들을 만날 때마다
물어보면 그들은 동일한 대답을 했다.) 천국과 지옥은 무속巫俗에는 나타나지 않고 자이나
교, 힌두교, 불교, 기독교 같은 고등종교에서 비로소 나타난다. 예컨대 크로마뇽인들이 천
국에 가는 걸 희구했다거나 지옥에 가는 걸 두려워했다는 것은 상상할 수 없다. 북경원인이
나 오스트랄로피테쿠스는 더 말할 것도 없다. 기독교의 '천국과 지옥'에 대해서는 바트 얼만
Bart Ehrman(1955~ : 미국 노스캐롤라이나 대학 교수. 《신약》에 대한 세계적인 권위자)
의 동명 저서를 참조하기 바란다.

＊＊ 《노예의 길》: 프리드리히 하이에크Friedrich Hayek(1899~1992)의 저서. '자유시장경제
가 파괴되고 사회정의를 표방하는 국가주도의 경제정책이 들어서면, 국민은 국가의 노예가
된다'고 설파한다.
경제는 자유이다. 인간을 얽어매는 것은 경제적 궁핍이다. 경제적으로 궁핍하면 의료, 교
통, 통신, 의식주, 문화생활 등의 결핍으로 고통을 받게 된다. 현대인들이 향유하는 경제적
융성과 풍요로움은 자유시장경제를 통해 폭발적으로 이루어졌다. 이 점에서 '인간의 운명
은 인간이 결정한다'는 실존주의 철학에 호소력이 있다. 종교는 경제적 융성을 가져오지 못
했다. 가져왔다면, 그것은 종교가 원래 모습을 버린 변형된 모습이었기에 가능했다. 철학적
으로 말하자면, 인간 주도의 자유양심체제를 폐지하고 우주의 정의를 표방하는 신정체제로
돌아가면, 인간은 다시 신의 노예가 된다. 신의 처벌과 협박에 짓눌려 사는 것이 아니라 각
자 양심으로 사는 길이 자유의 길이다. 놀라운 사실은, 스티븐 핑커Steven Pinker가 자신
의 저서 《우리 본성의 선한 천사The Better Angels of Our Nature》에서 보여주듯, 신이

지배하던 중세보다 신이 뒤로 밀려난 지금의 범죄율이 비교할 수 없을 정도로 낮다는 것이다. 19세기 다윈의 진화론으로 인해 기독교는 일대 위기에 처했으며, 니체는 신의 사망을 선언하고 그로 인해 생긴 공백을 메우기 위해 초인 사상을 제시했다. 개인주의적인 구원인 니체의 초인 사상과 달리 전체주의적인 구원을 추구하는 공산주의는 자본가들을 악마로 상정하는 새로운 종말론을 제시하며 그 해결책으로 노동자들의 폭력혁명으로 세워지는 노동자 천국을 제시했으나, 자기들의 예측과 달리 자본주의 체제 아래서 노동자들의 삶이 추락하기는커녕 비약적으로 향상됨으로써 처참하게 실패하고 말았다. 그 결과 동구권과 소련이 1990년 전후로 붕괴하였다.

면죄부

_ 누가 누구를 용서한다는 말인가?

중세유럽은 가톨릭이 지배했다. 정신을 지배했을 뿐만이 아니라 정치에 개입해서 물질도 지배했다.

로마 가톨릭은, 로마에 성베드로 성당을 건립하기 위해, 면죄부를 팔았다. 이걸 사면 연옥purgatory에 들어가 고생하지 않는다고 보증했다. 가톨릭 교리에 의하면, 죽은 사람에게는 세 갈래 길이 기다린다. 지옥·연옥·천국. 큰 죄를 지은 사람들은 지옥으로 가고, 천국으로 가기로 되어 있지만 아직 더러운 사람들이 생전에 지은 소소한 죄를 정화하기 위해 가는 곳이 연옥이다. 대중목욕탕의 욕탕에 들어가기 전에 몸을 깨끗하게 씻는 샤워장과 같다. 연옥에서는 육체적 고통이 기다린다. (이는 정식 교리는 아니지만 압도적으로 더 많은 신학자들이 인정하는 바이다.) 정화는 불로 이루어진다. (전통적으로 가톨릭은 이 불을, 보통의 불은 아니지만, '물질적' 불이라고 믿었다.) 연금술사의 불이 납·철·동 등 불순물은 다 태우고 금만 남기듯이, 정화의 불은 죄를 다 태워 없애고 순결한 영혼만 남긴다. 성聖 아우구스티누스(354~430)에 의하면 '정화의 불'에 타는 고통은 이 세상 어느 고통보다도 심하다. (그러므로 이 고통은 마녀재판 중에 받는 고문의 고통보다도, 화형의 고통보다도, 십자가형의 고통보다도 심하다.) 끝이 있지만 언제 끝날지는 아무도 모른다. 이게 연옥의 고통을 더 심하게 만든다. 가톨릭 교회는 살아 있는 자들의 기도가 연옥중생의 운명에 영향을 미친다고 가르친다. (불교의 49재와 유사하다.) 《구약》〈마카베오하Maccabees〉에 근거한다. (그런데 이 경전은 가톨릭 성경에는 있지만, 개신교 성경에는 없다. 동방정교 성경에도 있지만, 동방정교는 연옥을 기독교 핵심 교리로 치지 않는다.)

하지만 동방정교는 연옥을 믿지 않는다. 사후 중간 단계는 믿지만 연옥은 믿지 않는다. 이들의 교리에 의하면, 천국과 지옥으로 가기 전에 제삼의 곳에 한동안 머문다. 이때 이들을 위해 드리는 살아 있는 사람들의 기도는 이들의 운명을 바꿀 수 있다. 지옥행을 천국행으로 바꿀 수 있다. 중간 상태에서 지옥행을 면할 수 있다는 점이 가톨릭과 다르다.

면죄부는 아주 구체적이다. 범죄마다 가격이 다르다. 바늘 도둑질은 백 원, 소도둑질은 십만 원 하는 식이다. (하지만 실제 물건 가격이나 피해 액수를 넘어가지는 않는다. 그럴 양이면, 범죄자의 입장에서는 직접 피해보상을 하지 면죄부를 살 이유가 없기 때문이다. 둘 사이에서 균형을 맞추어야 한다. 뭐든지 팔아먹는 것은 비즈니스이기 때문이다. 종교라는 탈을 쓴 것뿐이지 비즈니스라는 점에는 차이가 없다.)

비텐베르크 사람들은 면죄부를 사 와서 이게 과연 효력이 있는지 루터에게 물었다.

루터는 '교황에게는 죄를 씻어줄 권한이 없으며, 면죄부는 죄를 씻어주지 못하며, 회개와 참회를 하면 죄를 용서받을 수 있으며, 가난한 사람은 면죄부를 살 돈이 있으면 자기 가족을 위해 써야 하며, 부자는 면죄부를 사는 대신에 가난한 사람을 위해 돈을 써야 한다'고 비판했다. 1517년 독일 비텐베르크 성당에 붙인, 95개 조로 이루어진 규탄서의 핵심 내용이다.

가톨릭 교회는 성경에도 없는, 그리고 예수가 가르친 적도 없는 연옥을 만들어 사람들을, 특히 가난한 서민들을 괴롭힌 것이다.

루터는 외쳤다.

"로마는 자줏빛 옷을 입은 바빌론이요, 로마 교황청은 악마의 회당이다. 우리가 도둑을 교수대로, 강도를 칼로, 이단을 불로 처형하면서 어떻게 이들 추기경과 교황 그리고 로마라는 소돔의 온갖 하수구를 공격하지 않는단 말인가."

인쇄업자들은 구텐베르크(1400~1468)의 금속활자 인쇄술로 대량의 면죄부를 찍었다. 서민들에게 날개돋힌 듯이 팔렸다. 유럽 사람들은, 한국사람들이 싸구려 인쇄 부적을 사듯이 헐값으로 인쇄된 면죄부를 샀다. 인류 역사상 최초의 베스트셀러(금속활자 인쇄물)였다. (세계 최초의 금속활자 인쇄물은 1234년 고려에서 찍어낸 《상정예문詳定禮文》이다. 조정에서 찍어낸 비매품非賣品이었기에 베스트셀러는 아니었다. 《상정예문》의 금속활자본은 남아 있지 않다. 현존하는 세계 최고의 금속활자본은 1378년 고려에서 제작되었으며 《직지심체요절直指心體要節》을 인쇄했다.)

지금 한국의 49재는 보통 수백만 원이고 비싸면 수천만 원도 한다. 엄청난 액수이다. 연옥처럼 이생과 다음 생 사이의 중간 상태에 있는 사자(중음신)를 '천국·부잣집·권력자집 등 좋은 곳으로 환생하도록 도와준다'는 명분으로 돈을 받는 것이다. 이를 비판하는 승려는 없지만, 기독교를 비판하는 승려들은 많다. 돈벌이 비즈니스맨으로 전락했다는 증거이다.

왜 이웃은 악마인가

_ 주먹질을 하려면 접근해야 한다

여자들이 가장 많이 강간당하는 사람은 데이트 상대거나 친척이거나 남편이라고 합니다. 낯선 사람이 아니라는 겁니다. (살해도 이들에게 가장 많이 당한다고 합니다. 2011~2015년 우리나라에서 자그마치 233명이 연인에게 살해당했읍니다.)

행인이 차에 가장 많이 치이는 곳도 횡단보도라고 합니다. 얼핏 생각하면 횡단보도가 없는 곳을 무단횡단하다가 치여야 할 것 같은데 그게 아니라는 겁니다. 언뜻 보면 말이 안 되는 것 같지만, 사람이 가장 많이 다니는 곳이 횡단보도라는 점을 생각하면 이해가 갑니다. 예컨대 모든 사람들이 횡단보도로만 길을 건너면, 사람들은 횡단보도에서만 차에 치일 것입니다.

조폭은 조폭에게 가장 많이 살해당하며, 격투기 선수는 격투기 선수에게 가장 많이 얻어맞읍니다. 흠씬 두드려맞고 종종 갈비뼈가 부러지거나, 장기가 파손되거나, 뇌진탕에 걸리거나 죽읍니다. 학자들은 (종종 같은 분야) 학자들에게 가장 신랄하게 비판을 당하며, 정치인들은 정치인들에게 가장 많이 공격을 당합니다. 자고 나면 어제 싸움질을 하던 정치인들이 오늘도 싸움을 벌이고 있는 걸 봅니다. (밤새워 싸웠는지도 모릅니다.)

세계 역사상 모든 나라는 인접한 나라와 사이가 나쁩니다. 전쟁은 항상 이웃나라와 벌였읍니다. 멀리 떨어진 나라와 전쟁을 벌이려면 바다를 통하거나 중간의 다른 나라를 일단 점령해야 합니다. 남의 군대가 자기 나라를 지나가는 걸 허용할 바보 같은 나라는 없기 때문입니다. 제국은, 누에가 뽕잎을 갉아먹듯 인접국가를 잡아먹고 이제 새로운 인접국가가 된 먼 나라를 잡아먹읍니다. 날지 못하는 누에는 자기 주변의 뽕잎을 사각사각 뜯어먹음으로써 결국 뽕잎을 다 먹어치웁니다. 제국도 같은 식으로 다른 나라들을 잡아먹읍니다.

특히 옛날일수록 그렇읍니다. 교통수단의 미발달로 인하여 공중을 날아가는 것은 불가능하였으므로, 서로 멀리 떨어진 나라들 입장에서는 중간에 위치한 나라가 자기들끼리의 전쟁을 막아주는 역할을 했읍니다. 그래서 순망치한脣亡齒寒이라는 표현이 있었읍니다. 중국은, 조선이 일본에게 멸망하고 난 다음에야 일본에게 침공을 당했읍니다. 그리고 국토의 1/3가량을 잃었읍니다.

남송은 몽고와 연합해 금을 멸망시켰지만, 몽고에게 침입당해 멸망했읍니다. 금이라는 완충지대를 잃었기 때문입니다. 양자강 이북을 탈환하려다가 오히려 이남까지 잃고 말았습니다.

사람들이 가장 많이 싸우는 상대는 자기 배우자입니다. (싸움의 끝은 이혼이고, 지금 한국의 이혼율은 전 세계 최고입니다.) 항상 접하고 살기 때문입니다. 싸우려면 일단 얼굴을 마주해야 하지 않겠읍니까? 두 군대가 전투를 벌이려면 같은 장소에서 만나야 하는데, 부부는 이미 같은 집에서 삽니다. 지리적 동일성이라는 최소한 싸움의 조건을 이미 갖추고 있는 것입니다. 마찬가지 이유로 인접한 국가들끼리 전쟁을 벌이는 것입니다. 이웃은 친구이기도 하지만 원수이기도 합니다.

세상에 평화가 오자 무역으로 전쟁을 벌입니다. 총, 대포, 비행기, 핵폭탄 등 무기를 동원하지 않고 무역제재라는 신무기를 휘두르며 전쟁을 벌입니다. 이는 지리적 원근遠近에 관계없이 벌일 수 있읍니다. 하지만 같은 업종이라는 새로운 이웃이 탄생했읍니다.

스마트폰을 만드는, 삼성과 애플은 여러 해 동안 조 단위의 천문학적인 규모의 소송을 벌였읍니다. 하지만 동시에 애플은 삼성의 최대 고객 중 하나입니다.

이웃은 지리적이건 비지리적이건, 친구이기도 하지만 원수이기도 합니다.

좋은 이웃은 하시라도 원수로 변할 수 있읍니다. 사랑하는 사람 역시 미움의 대상이 될 수 있읍니다. 회자정리會者定離의 이치입니다. (물리적으로건 정신적으로건) 가까운 사람들을 잘 대해야 하는 이유입니다.

민족 노예제도

: 나는 한민족인가
: 남북은 같은 민족인가

_ 자기 이익을 위해 민족을 내세운다

조선의 노비제도를 연구한 서울대 경제학과 이영훈 전 교수에 의하면, 조선의 노비 인구는 전 인구의 40퍼센트 정도라고 합니다. 노예 연구차 미국에 들렀을 때 '그 많은 조선의 노예는 어디서 왔느냐'고 묻는 미국인에게 '창피해서 대답을 할 수 없었다'고 합니다. 인류 역사상 대체로 한 나라의 노예는 타국 사람인데, 조선은 자국민을 노예로 삼은 것입니다. 〔노예 연구 분야의 세계 최고 권위를 가진 하버드대 올랜도 패터슨Orlando Patterson(1940~) 교수에 의하면, 전 세계 노예 역사에 있어서, 대부분이 종량법從良法(부모 중 어느 한쪽이라도 양인이면 자식도 양인이 되는 법)을 따랐는데, 조선은 종천법從賤法(부모 중 어느 한쪽이라도 종이면 자식도 종이 되는 법)을 따른 희귀한 예라고 합니다.〕 자국민을 노예로 삼는 법은, 이미 고조선 8조금법 제3조에 나타납니다. '도둑질을 한 자는 데려다 노비로 삼는다. 하지만 도둑질한 자가 죄를 벗으려면 많은 돈을 내야 한다.' 조선의 법전인《경국대전》에도 노비 신분을 벗어나는 속량법이 있었지만, 그 비용이 600일 정도의 인건비로 고액인 데다 연이자가 복리 4할이었으므로, 현실적으로 갚기 힘든 액수였습니다.

이영훈 교수에 의하면 세종 때 종천법이 만들어졌고, 이에 따라 조선의 노비주奴婢主들은 자기 노비들끼리의 결혼을 금했다 합니다. 노비주에게 남노 여비 둘이 있을 때, 이들을 가난한 양인과 결혼시켜야 자기들끼리 결혼시킬 때보다, 노비 수가 두 배로 늘기 때문입니다. 왜냐하면 노비의 자식은 노비주의 소유이기 때문입니다.

고려시대에는 떠돌아다니며 수렵으로 사는 양수척楊水尺 *이라는, 고려 농민들과는, 민족이 다른 사람들이 꽤 많았다고 합니다. 세종이 이들을 정착시키고 농민으로 만들었는데, 신백정이라고 불립니다. (고려시대에는 백성을 백정白丁이라 불렀습니다. 조선 초기에도 그리 불렀습니다. 그래서 양수척을 새로운 백성이란 뜻으로 신백정이라 부른 것입니다.) 이영훈 교수는 이들 중 상당수가 노예계급으로 편입된 걸로 추정합니다. 민족이 다르므로, 마음에 거리낌 없이 노예로 부렸다고 볼 수도 있습니다.

만약 노비가 된 이들이 자기들끼리만 결혼했다면 전 인구 대비 노비 비율이 그다지 늘지 않았겠지만, 세종이 종천법을 만들고 노예주들이 자기들 노비와 양인 사이의 결혼을 장려함에 따라, 전 인구 대비 노비 비율이 급증했다고 합니다. 고려 때 5~10퍼센트 정도였던 노비 인구가 40퍼센트로 급증하였다는 겁니다.

이 사례는, '우리 민족의 정체성이 무엇인지' 심각하게 묻지 않을 수 없게 만듭니다. 지금 한반도에 사는 사람들은, 사실은 옛날에는 서로 같은 민족이 아닐 가능성이 크기 때문입니다. 그러므로 누가 민족을 최고의 가치로 내세우면, 그가 한민족인지 그리고 나도 한민족인지 물어야 합니다.

수천 년 이래로 영원히 변치 않는 민족이란 존재하지 않습니다.

조선의 (인구 대비) 노예 비율은 15~16세기에 절정을 이루었다고 합니다. 이는 임진왜란이 발발한 1592년에 백성들이 경복궁에 난입해 노비문서 보관소인 장예원掌隷院을 불태운 이유를 설명해줍니다. 그만큼 노비들이 많았고 험한 대우를 받았다는 증거입니다. 부랴부랴 몽진蒙塵을 하던 선조는 경복궁에서 불길이 치솟자 '벌써 일본군이 예까지 왔나' 하고 두려워하다, 백성들의 짓이라는 말을 듣고 '나라의 운명이 다했다'고 탄식합니다. 사실 그때 도망가는 선조에게 돌을 던지던 백성들이 왜군 편에 서서 이씨 왕조 축출을 시도하였다면 조선은 명을 다했을 겁니다. 명재상 유성룡의 제안에 따라 조정이 백성들에게 '공을 세운 자에게는 벼슬을 주고 면천시켜 주겠다'고 약속하자 각지에서 의병이 일어나면서, 조선은 전세를 역전시키는 계기를 잡게 됩니다. 노예들에 대한 처우개선을 약속함으로써 위기를 벗어난 것입니다. 이 역시 조선에 노예가 많았다는 증거입니다.

로마제국 역시 전 인구의 30퍼센트 정도가 노예였는데, 이 노예들이 일으킨 스파르타쿠스의 반란으로 제국이 휘청거렸으며, 난이 진압된 후에는 노예들에 대한 처우가 개선되었다고 합니다.

16세기 말에 임진왜란을 거치면서 조선 인구의 1/3이 몰살당했읍니다. 이에 따른 노동인구의 급감은, 노동자 처우개선을 가져왔고 이에 따라 신분제도에 변화를 불러오게 되어 노비 인구 비율은 더 이상 늘지 않게 됩니다. 중세 유럽도 몽고 침공 직후에 퍼진 페스트로 인한 1/3 정도의 인구손실로, 조선과 유사한 이유에서 신분제도의 변화를 겪었읍니다.

(노동력의) 수요와 공급이라는 경제 현상은 노예제도라는 신분제도에도 막강한 힘을 발휘한 것입니다.

삼대 세습에다 평양 주민을 양반으로 삼고, 나머지 주민을 노비로 부리는 북한은 아직도 조선 왕조입니다. 왕족만 이씨에서 김씨로 바뀐 셈입니다. 이들에게는 민족이 없읍니다. 민족보다 사상이 더 위입니다. 그러므로 이들이 우리 민족끼리라는 말을 할 때 매우 조심해야 합니다. 자본주의 남한에 사는 당신은 북한 공산주의자들에게는 이민족일 수 있기 때문입니다. '사상적' 이민족 말입니다.

6·25 때 남과 북이 더할 나위 없이 잔인하게 서로 수백만 명을 죽이며 전쟁을 벌인 것은, 민족보다 사상이 더 중요하다는 결정적인 증거입니다. 그뿐만 아니라 우리와 피가 다른 미국과 중국은 각각 남과 북을 위해 목숨을 바쳤읍니다. 이는 혈연적 동질성보다 사상적 동질성이 더 중요하다는 증거가 아닐 수 없읍니다.

* 양수척楊水尺: 고려시대에 떠돌아다니면서 천업에 종사하던 무리. 대개 여진의 포로 또는 귀화인의 후예로서 관적官籍과 부역이 없었고 떠돌아다니면서 사냥을 하거나 고리를 만들어 파는 것을 업으로 삼았다. 이들에게서 광대, 백정, 기생 들이 나왔다고 한다.

133

갈릴레오

_ 백문불여일견 百聞不如一見

갈릴레오는 지동설을 주장한 것으로 유명하지만, 그는 대중에게 알려진 것보다 훨씬 더 현명합니다. 예를 들어 그는 귀중한 물건의 본질을 꿰뚫는 발언을 하였읍니다.

"'금·은·루비·다이아몬드 등 귀금속과 보석은 귀중하지만 흙은 그렇지 않다'고 말하는 사람들이 있다. 이는 잘못이다. 왜냐하면, 만약 흙이 금·은·루비·다이아몬드처럼 희소하다면, 왕들은 금·은·루비·다이아몬드를 수레로 주고 한 줌 흙을 사 작은 화분에 재스민을 가꾸고 귤을 심어 싹을 틔우고 키워 건강한 잎을 내고 향기로운 꽃을 피워 맛있는 과일을 얻을 것이기 때문이다."

그는 '귀중함은 희소성과 관련되어 있다'는 것을 지적한 것입니다. 사람들은 금·은·루비·다이아몬드가 영원히 귀중할 걸로 생각하지만, 그 희소성이 사라지는 순간 귀중함도 함께 사라질 것이라고 말하고 있읍니다. 몇 년 전에 희토류 파동이 일어났지만, 여러 나라에서 새로 광산을 개발하면서 사라졌읍니다. 희소성이 사라지면 귀중함도 사라지는 것입니다.

갈릴레오의 글은 얼마나 아름다운 표현입니까?

그가 가톨릭 교회와 벌인 오랜 싸움은 고집스러운 인상을 줄지 모르지만, 윗글에서 볼 수 있듯이 그는 대단한 시적인 감수성을 지니고 있읍니다.

(희소성에 대한 언급은 갈릴레오보다 1,000여 년 전에 나타난 미륵하생경彌勒下生經에도 나타납니다. 미륵부처가 56억 7,000만 년 후에 지상에 건설하는 용화세계에는 금은보석이 땅에 여기저기 흩어져 있을 정도로 흔해서 사람들이 금은보석을 기와와 돌처럼 취급한다는 내용이 나옵니다. 그러면서 '이런 걸 가지려고 옛날 사람들은 서로 싸우고 죽였다'고 한탄을 합니다.)

갈릴레오는 당시 사람들의 무지와 싸웠읍니다. 심지어 과학자들도 기독교식 우주관의 굴레를 벗어나지 못하고 오히려 갈릴레오의 발견을 비난했읍니다. 잘해야 침묵하는 것이었읍니다.

그는 지인을 통해서 망원경이 발명되었다는 소문을 전해 듣고, 직접 망원경을 만들었읍니다. 1,000배 배율로 달을 관찰한 결과 '달에 산과 계곡이 있다'는 걸 발견했읍니다. 당시 사람들이 믿던 아리스토텔레스의 주장과 달리 달이 완벽한 구가 아니었던 것입니다. 중국 한나라의 유자儒者들도 달이 완벽한 구라고 믿었는데, 대학자 왕충에게 신랄하게 비판을 당합니다. '하늘에서 떨어진 운석은 울퉁불퉁하다. 그러므로 달도 그럴 것이다.' 갈릴레오보다 무려 1,500년이나 앞선 '달이 울퉁불퉁하다는' 논증이었읍니다. 이런 일이 전통으로 이어졌다면 동양이 서양에 추월당하는 일은 일어나지 않았을 겁니다.

갈릴레오는 목성을 관찰한 결과, '목성에 4개의 위성이 있고 이것들이 목성 주위를 공전한다'는 걸 발견했읍니다. '모든 천체는 지구를 공전한다'는 천동설이, 인간의 두 눈 앞에서 실증적으로 깨지는 순간이었읍니다.

그럼에도 불구하고 '여호수아가 공중의 해의 운행을 멈추었다'는《구약》(《여호수아기》)을 들이대며 부인하는 사람들이 있었습니다.

그는 성경의 권위에 의지하는 그런 사람들에게 '성경은 하늘나라로 가는 길을 알려주는 것이지, 하늘(천체)이 어떻게 운행되는지를 알려주는 게 아니다'라고 말했읍니다. 이 말은 어느 유명한 성직자가 한 말에서 '성령 Holy Ghost'을 '성경 Bible'으로, '가르친다'를 '알려준다'로 바꾼 것입니다: "'성령'의 의도는, 우리에게 하늘나라에 가는 방법을 가르치는 것이지, 하늘이 어떻게 운행되는지를 가르치는 게 아니다."

갈릴레오의 뜻은, 성령이 하늘의 운행 방법을 알려주는 게 아니라면, 성령의 인도로 쓰인 성경 역시 하늘의 운행 방법을 알려줄 리 없으므로, 그런 일은 관찰과 실험에 의지해야 한다는 것입니다.

어떤 이들은 망원경을 들여다보는 것조차 거부했읍니다. 이들에 대해서, 갈릴레오가 한 말이 있습니다.

"친애하는 케플러여, 당신은 망원경을 통해 우주를 들여다보기를 거부하는, 독사와 같은 집요함으로 가득찬 저 박식한 자들에 대해서 뭐라고 하겠는가?"

일단 망원경을 들여다보기만 하면 천체에 대한 그들의 생각이, 그래서 우주관과 신관이 바뀔 것입니다. 그래서 그게 두려워 안 보려고 했을 수 있읍니다. (아마 제 책을 읽어보기조차 거부하는 기독교 신자들도 같은 심정일 겁니다. 공짜로 주어도 싫답니다.)

그래서 그가 한 말이 있습니다.

"현대의 관찰은 과거의 작가들에게서 모든 권위를 박탈한다. 왜냐하면 그들이 우리가 보는 것을 보았다면, 그들도 우리처럼 판단했을 것이기 때문이다."

관찰이 위대한 발견의 첫걸음이지만 다는 아닙니다. 관찰한 현상 뒤에 숨어 있는 법칙과 이치를 발견하려면 또 필요한 게 있습니다.

"철학은 항상 우리 눈앞에 펼쳐져 있는 우주라는 위대한 책에 쓰여 있다. 하지만 먼저 그 책을 쓴 언어를 배우고 그 책에 쓰여 있는 상징들을 파악하지 않으면, 우리는 우주를 이해할 수 없다. 그 언어는 수학이고 상징은 원·삼각형·사각형 등이다."

그는 관찰된 자연에서 깊은 진리를 도출하려면 수학을 배워 이용해야 한다고 했습니다. '하나님이 인간의 언어를 쓰고 인간의 언어로 우주를 설계했다'고 믿는 것은 신성모독입니다.

신성로마제국 황제 프리드리히 2세(1194~1250)는 '인간은 배우지 않아도 성스러운 언어인 히브리어를 말할 수 있다. 다른 말을 하는 이유는 부모와 사회의 언어에 오염되어서 그렇다'라고 생각했습니다. 그래서 그걸 증명하려고, (힘없는 가난한 농부들의) 아이들을 다수 납치해서 20년 동안 격리하여 키우며 아무 말도 가르치지 않았습니다. 물론 모두 다 히브리어는 고사하고 아무 말도 못하는 벙어리가 되고 말았습니다.

'하나님은 자연을 수학이라는 언어로 설계했다'는 게 갈릴레오의 주장입니다. 그가 얼만큼 신을 믿었는지는 몰라도, 신앙과 과학을 화해시키고자 새로운 해석을 시도한 것일 수 있습니다.

'진리는 자기가 들은 게 전부이고 성경에 기록된 게 전부'라는 주장은 매우 위험한 주장입니다. 신은 완전할지 몰라도 인간은 완전하지 않기 때문입니다. 바로 이런 이유로, 어떤 신학자들은 루터의 '오직 성경에 의해서만Sola Scriptura' 사상에 반대하는 것입니다. 성경을 기록한 사람들이 오해로, 실수로, 혹은 능력부족으로, (진리나 계시를) 잘못 해석하고 빠뜨리고 기록했을 수 있다는 겁니다. 그러므로 '성경 안에서만 참다운 교리(진리)를 찾으려고 하는 것은 위험하다'는 것입니다. (사람의 생각은 참으로 다양하고 다채롭습니다. 이 많은 길 중에 어느 게 옳은지 알아내기는 지난至難한 일입니다. 하지만 이게 바로 지적 즐거움이며, 신에게는 없는 인간만이 가진 특권입니다.)

갈릴레오는 '하나님의 뜻은 성경 밖의 우주에도 쓰여 있다'고 주장합니다. 그리고 그걸 이해하려면 '기도와 명상으로는' 안 됩니다. 왜냐하면 그때 하나님은 (수학이 아닌) 다른 언어를 통해 말씀하시기 때문입니다. 그래서 갈릴레오는 말합니다.

"철학은 항상 우리 눈앞에 펼쳐져 있는 우주라는 위대한 책에 쓰여 있다. 하지만 먼저 그 책을 쓴 언어를 배우고 그 책에 쓰여 있는 상징들을 파악하지 않으면, 우리는 우주를 이해할 수 없다. 그 언어는 수학이고 상징은 원·삼각형·사각형 등이다."

目 갈릴레오가 이런 말을 한 지도 400년이 흘렀습니다. 그사이에 과학자들은 여전히 수학을 이용하였고, 군group·행렬matrix·극한limit·무한소無限小, infinitesimal·스트링string(끈) 등 새로운 상징을 발견하고 고안해 썼습니다. 《대학大學》에 나오는 은나라 탕왕의 좌우명 '구일신 일일신 우일신苟日新 日日新 又日新'처럼, 진실로 하루가 새로워지려면 나날이 새롭게 하고, 또 날로 새롭게 하지 않을 수 없습니다.

가난, 무소유

_ 거지는 가난을 찬미하지 않는다

가난을 찬미하는 사람들이 있습니다. 동양에도 있고 서양에도 있습니다. 기독교에도 있고 불교에도 있습니다. 자이나교는 아예 핵심 계율인 5계에 무소유를 넣었습니다. 불교 오계는 이것을 불음주不飮酒(술을 마시지 않음)로 바꿨습니다. 그래도 초기불교는, 승려의 소유물이 3조 가사 한 벌, 발우 하나 정도이므로 무소유에 가깝습니다.

법정 스님의 베스트셀러 책은 아예 제목이 《무소유》입니다.

성직자가 '가난하게 삽시다' 하면, 사람들은 그 말에 감동합니다. 다 같이 가난하게 살자는 뜻입니까? 이 말을 실천해서, 전 국민이 다 가난하게 살면 무엇이 그리 좋을까요? 가난한 나라밖에 더 되겠습니까? 왜 그런 말에 감동할까요?

아무튼 사람들은 무소유를 실천하는 사람을 좋아합니다. 아마 그가 자기 걸 빼앗아갈 거라고 생각하지 않기 때문일 겁니다. 욕심 많은 동료나 경쟁기업은 자기 걸 빼앗아가지만, 이런 사람은 그럴 위험이 없어 보입니다. (그래서 같이 있으면 마음이 편합니다.)

하지만 그렇게 보일 뿐이지, 사실은 이런 사람들은 항상 빼앗아갑니다. 사회가 그들을 부양하고 있으며, 사회는 내가 내는 세금으로 지탱이 되므로, (그들은) 빼앗아가는 방법이 간접적일 뿐이지, 결국은 내 것을 빼앗아가는 것입니다. 이런 사람들이 많을수록, (다른 사람들은) 세금을 더 많이 내야 합니다. 극단적으로 어떤 나라 인구의 9할이 무소유를 실천하면, 나머지 1할은 죽도록 일해야 합니다. 즉 1명이 9명을 부양해야 합니다. 그러므로 무소유는 무턱대고 찬양할 일이 아닙니다. 무소유도 눈치 봐가며 해야 합니다. 거지를 도울 때도, 친구나 친척을 도울 때도, 자기 주머니 사정부터 살피지 않습니까?

무소유란 그런 뜻이 아니라구요? 승려야 본시 가진 게 없으니 무소유를 실천할 수 있고 또 해야 한다지만, 일반인들에게 무소유란 어떤 의미입니까? 사회에 있는 의료시설·교통시설·교육시설 등은 사실상 내 재산입니다. 왜냐하면 그것들은 사회의 재산이므로, 그 사회를 구성하는 나 같은 사람들의 (공동)재산이기도 하기 때문입니다. 그러므로 무소유로 살자는 소리는 사실상 병원도 도로도 학교도 없애자는 소리입니다. 가만히 생각해보니 이상하지 않습니까?

진정한 의미의 무소유란 '정당하지 않은 부를 소유하지 않는 걸' 말합니다. '무엇이 정당하지 않은가' 하는 문제가 있기는 합니다.

4.3광년 거리의 프록시마 센타우리 좌에 지구와 아주 비슷한 행성이 있다고 합니다. 러시아 억만장자 유리 밀너Yuri Milner와 스티븐 호킹Stephen Hawking은 빛의 속도 1/5로 달리는 초소형 우주선을 만들어 그 행성에 보내는 사업을 추진했습니다. 왕복 43년이면 됩니다. 그런데 만약 그 행성 주민들이 우리 지구인보다 1,000배나 더 잘산다면, 이게 우주적으로 공정한 일일까요? 공정하지 않다고 외친다면, 당신은 무소유를 싫어하는 사람입니다. 그 행성 주민들의 부에 비하면 지구인들은 무소유에 가까운, 거지나 다름없기 때문입니다.

사회가 가진 힘도 재산입니다. 그래야 구성원들이 굶어죽지 않읍니다. 조선시대에는 수많은 사람들이 굶어죽었지만 지금은 굶어죽는 사람이 거의 없읍니다. 지금은 소유를 실천해서 그렇읍니다. 경제발전이란 게 바로 소유정신의 소산所産입니다. GDP의 증가는 국부의 증가이고, 국부의 증가는 국민의 부의 증가이기 때문입니다.

사회가 가진 힘이 늘어야, 맹수들에게 잡아먹히지 않읍니다. 옛날 조선 사람들은 호랑이에게 많이 잡아먹혔읍니다. 적어도 매년 수백 명입니다. 요즘 인구로 환산하면 수천 명입니다. 자동차 사고 사망자 수에 필적합니다.

문화도 부입니다. 음악·미술·연극은 물질적인 부가 없으면 지탱되지 않읍니다. 사회적 부가 없으면, 무슨 수로 생산에 참여하지 않는 예술인들을 부양할 수 있겠읍니까? 그러므로 한 사회의 문화 수준은 그 사회의 부의 척도입니다.

의식주 문화는 물질적인 풍요가 뒷받침되지 않으면 불가능합니다. 인구도 유지가 안 됩니다. 가난하면 화학비료와 기계농업이 불가능하므로, 곡물생산이 줄어 인구가 줄 수밖에 없읍니다. 인구가 몇 명까지 줄어야 진정한 무소유 또는 가난을 실천한 것일까요?

그러므로 무소유란 물질적 소유의 부정이 되어서는 곤란합니다. 바람직한 무소유란 그런 게 아닙니다. 여기서 심각한 질문이 발생합니다. (우리가 추구해야 하는 바람직한 의미로서의) 무소유 또는 가난의 뜻은 무엇입니까? 답은, 소유는 하되 그 소유물을 보람 있게 쓰는 것입니다. 기독교식으로 말하자면, 자신을 '하나님이 물질을 부리는 매개체'로 간주하는 겁니다. 자신은 하나님의 물질이 잠시 머물다 가는 정류장 또는 물류센터입니다.

　　진정한 의미의 무소유란 물질적 가난이 아니라 정신적 가난입니다. 그렇다고 해서 문자 그대로 정신에 아무것도 없는 것은 아닙니다. 사랑·관용·친절 등은 없기는커녕 오히려 풍부해야 합니다. 지식의 부재도 아닙니다. 그러다가는 동물로 돌아갑니다.

　　정신적 가난이란 탐욕·미움·어리석음이 없는 걸 말합니다. 물질이 많아도, 베푸는 삶은 가난한 삶입니다. (마음이 가난한 삶입니다.) 많이 베풀수록 더 가난해집니다.

　　수많은 베스트셀러를 낸 법정 스님은 매년 엄청난 인세를 받았습니다. 그리고 그 돈을 장학금으로 썼습니다. 스님은 매달 부자가 되었다가 다시 가난해졌습니다. 하지만 항상 부자였습니다.

　　(사람들은 은혜를 베풀어준 사람을 피합니다. 뿌리 깊은 배은망덕심입니다. 빚진 느낌이라 그럴 겁니다. 의사가 되려고 학자금으로 은행에서 빌린 돈은 다 갚지만, 흔쾌히 도와준 독지가에게는 좀처럼 찾아가 인사를 드리지 않습니다. 참으로 알 수 없는 일입니다.)

　　가진 돈으로 맛있는 거나 먹으러 다니거나 놀러나 다니면서 살지 않고, 위험을 무릅쓰고 크게 기업을 일으켜 많은 사람들에게 일자리를 제공한다면 진실로 가난한 삶입니다. (이런 사람들은 남들보다 더 잘사는 게 죄스럽다고 하지만 아무 일도 안 하는 사람들보다, 훨씬 더 도가 높은 사람들입니다.) 도가道家식으로 깊은 산속에 들어가 암자를 짓고 나물 먹고 물 마시는 삶이 가난한 삶이 아닙니다. 도道가 높은 게 아닙니다. 그런 삶은 산짐승이라면 누구나 하는 삶입니다.

　　쓸모없는 지식이 적은 것을 가난이라 합니다. 이상하게 들릴지 모르지만, 거기에다 쓸모 있는 지식까지 많으면, '훌륭한 (부유한) 가난'이라 합니다. 이런 지식을 가진 이를 '본받을 만한 부자'라고 합니다. 여기에 지혜까지 갖추어지면 성부聖富, 즉 '성스러운 부자'라고 합니다.

전남 강진의 초당림은 여의도 세 배 크기인데 백제약품 창업회장 김기운의 작품입니다. 사재를 털어 48년간 조림한 숲입니다. 편백나무만도 200만 그루나 있읍니다. 김 회장은 숲이 천 년을 갔으면 하고 희망합니다. 벌거벗은 민둥산에 심은 수백만 그루 나무가 아름드리 나무로 컸읍니다. 그 사이에서 96세 김기운 회장은 나무처럼 살고 있읍니다. 거목입니다. 노거수입니다. 사람들의 헐벗은 마음에 꿈과 희망과 긍지를 심읍니다. 그의 마음은 영원히 살 것입니다. 심기만 하면 저절로 자랄 줄 알았던 처음의 무지는 시행착오와 공부 끝에 사라지고, 지금은 쓸모 있는 조림 지식으로 가득 차 있읍니다.

어떤 지식이 쓸모없을까요? 남을 죽이는 방법에 대한 지식이 그런 지식입니다. 생화학무기 · 핵폭탄 · 덫 · 올가미 · 사냥기술 · 사기술 · 자기 이익만 추구하는 법 등이 대표적인 예입니다.

143

사람들이 무소유나 가난을 찬미한 이유는 제로섬 경제에 대한 추억 때문일 겁니다. 인류 경제는 수천 년간 제로섬경기zero-sum game였읍니다. 생산성은 증가가 미미하여 정지된 것이나 마찬가지여서, 내가 더 가지면, 다른 사람들은 덜 가지게 되는 구조였읍니다. 그에 대한 집단 무의식적인 아픈 기억과 반성이, 무소유나 가난에 대한 찬미로 나타난 것입니다.

하지만 이제 과학기술의 발달에 따라 자연계의 비밀의 창고를 열어젖히고 마음껏 에너지를 꺼내 쓰며 경탄할 생산성을 이룩하고 있는 시대에는, 그리고 더 이상 제로섬경기가 아닌 시대에는, 무소유와 가난에 대한 새로운 해석이 필요합니다.

目 윗글은 2015년에 쓴 글이다. 김기운 회장은 2018년에 99세의 나이로 영면했다. 같은 해 3월 스티븐 호킹도 사망했다.

사실

_ 사실, 그게 왜 중요합니까?

십여 년 전에 미국 범죄자들을 상대로 설문조사가 있었습니다. 자기 자신을 어떻게 생각하느냐는 질문이었는데, 거의 모든 범죄자들이 자기는 착한 사람인데 다만 환경이 자기로 하여금 범죄를 저지르게 만들었다고 답했습니다. 환경의 피해자란 소리입니다.

당신은 다음 두 사람 중 누구와 살고 싶읍니까? 한 사람은 속은 착하지만, 혹은 자기 자신을 착한 사람이라 생각하지만, 밖으로 절도·사기·폭력강도·살인 등 범죄를 저지릅니다. 다른 한 사람은 속은 악하지만, 혹은 자기 자신을 나쁜 사람이라 생각하지만, 밖으로 절도·사기·폭력강도·살인 등 범죄를 저지르지 않습니다. 이 둘 중 누구를 이웃으로 삼고 싶읍니까?

환경 탓을 하다 보면 의지의 존재가 모호해집니다. 환경과 의지의 차이가 흐려집니다. 태양이 매일 떠오르는 일이 중요하지, 태양이 (만약 태양에 인격이 있어 의지가 있다면) 무슨 의도로 떠오르는지는 중요하지 않읍니다. 마찬가지로 속마음이야 어떠하건, 범죄를 안 저지르는 일이 중요합니다.

세상을 살다 보면 억울한 일을 당하기도 합니다. 상대방을 패주고 죽이고 싶은 마음이 들기도 합니다. 그때 그 마음대로 살다가는 세상이 폭력 살인으로 뒤덮일지도 모릅니다. 대부분의 사람들은 마음대로 살지 않습니다. 그리고 자기가 그리 착한 사람이라고도 생각하지 않습니다. 악한 자신을 반성하고 삽니다.

그런데 어떤 사람들은 자신이 착한 사람이라 생각하면서도 범죄를 저지르고 삽니다. 그러고도 여전히 자기가 착한 사람이라 생각합니다.

우리나라 사람들은 엄청나게 거짓말을 많이 합니다. 물론 이 책을 읽는 당신이 그렇다는 건 아닙니다. 법정에 증인으로 나온 사람들이 거짓말을 밥 먹듯 한답니다. 피고 측과 원고 측이 같은 자리에서 마치 경쟁을 하듯 거짓증언을 한답니다. 듣고 있는 판사들은 미칠 것 같다고 합니다. 서로 의견이 다른 사람들이 서로 자기가 옳다고 소송을 벌일 때, 누가 옳은지 밝혀줄 결정적인 요소가 사실fact인데, 사실을 조작하고 거짓을 말하는 겁니다.

우리나라는 사기·무고·위증이 이웃나라 일본의 열 배가 넘는답니다. 일본은 나쁜 나라일지 모릅니다. 하지만 일본인들은 사기·무고·위증을 우리나라 사람들보다 훨씬 덜합니다. 국제사회에서의 신용도도 우리보다 높습니다. 제2차 세계대전 기간에 중국·태평양·동남아시아를 침략하고 나쁜 짓을 많이 했는데도 신기하게도 그렇습니다.

일본이 나쁜 짓을 한 것은 (76~111년 전) 과거의 일이고, 한국 사람들이 거짓말을 하는 것은 현재의 일입니다. 제삼자에겐 한일 간의 오래된 원한이 중요한 게 아니고, 현재가 중요합니다. 특히 유럽 사람들이 그렇습니다. 좁은 구대륙에서 수천 년을 서로 수없이 싸우고 전쟁을 벌였기 때문입니다.

일어난 사건이 누가 잘못했는지 모호한 경우가 많습니다. 나는 분명히 잘했고 상대방이 잘못했다고 생각할지라도, 사실은 오히려 내가 잘못하고 상대방이 잘했을 수 있습니다.

어떠한 경우에도 사건에 대한 사실fact을 은폐隱蔽하거나 조작하면 안 됩니다. 그렇게 되면 제삼자가 옳게 판단할 근거가 사라집니다. 그리고 이런 일이 만연하면, 사회 구성원들이 서로 신뢰를 하지 않게 되어 불신 사회가 되고, 힘을 모아 집단적 정책을 펴는 게 불가능하게 됩니다.

이런 사회는 음모론이 판을 치게 됩니다. 자신이 거짓말을 잘하므로 남들도 거짓말을 하거니 생각하게 되어, 남의 말을 안 믿게 됩니다. 그러면 아무리 증거가 드러나도 그것 역시 상대방의 조작이라고 생각하게 됩니다.

구세대는 거짓말을 잘합니다. 절대로 닮지 마시기 바랍니다. (언제부터인가 우리나라 언론은 거짓말을 밥 먹듯이 합니다. 정정보도도 없고 부끄러움도 없습니다. 그러고도 자신들은 정의로운 언론이라 자부심을 갖습니다. 파렴치한 일입니다. 분명히 언론권력을 쥐고 있는 구세대의 잘못입니다.) 거짓말을 발견할 때마다 꾸짖어주시기 바랍니다. 만약 지금 젊은이들이 늙은이가 된 수십 년 후에도, 여전히 한국의 무고와 위증이 일본보다 많다면 누구 책임이겠습니까? (구세대가 만들어놓은 열악한 환경을 탓하며 구세대처럼 행동한다면, 모두에 소개한 미국 범죄자들과 무엇이 다르겠습니까?) 착한 한국사람들이 사기·무고·위증을 더하고, 나쁜 일본 사람들이 사기·무고·위증을 덜하는 부끄러운 일이 벌어져서는 안 되지 않겠습니까?

어느 시점에서, 착한 젊은이들에게 나쁜 맘이 슬금슬금 기어들어오는지 그리고 나쁜 짓을 하게 되는지 궁금합니다. 지금 구세대도 한때는 착한 젊은이들이었기 때문입니다.

정말 위대한 착한 사람이란, 나쁜 맘이 들어도 나쁜 짓을 안 하는 사람입니다. 이런 사람을 본받고 살아야 합니다. 나쁜 맘이 절대로 안 생기는 사람보다, 이런 사람이 롤모델이 되어야 합니다. 왜냐하면 우리는 항상 나쁜 맘이 생기기 때문입니다.

선한 사람의 곤경

_ 세상에 악이 창궐하는 이유는
악의 먹이인 선(인들)이 너무 많기 때문이다

사람들은 억울해합니다. 자기는 평생 착하게 살았는데 왜 이리 억울한 일을 당하고 불행한지 모르겠다고 한탄합니다.

그 이유는 역설적으로, 착하게 살았기 때문입니다. 착한 당신은 악한 사람에게는 아무것도 아닌 일을 차마 하지 못하였고, 눈 한번 질끈 감으면 될 일을 못 하였고, 적을 죽여야 할 걸 못 죽이고 살려주어 후에 보복을 당하였고, 남을 의심해야 함에도 불구하고 사람을 의심하는 것은 죄라고 거의 드러난 악인까지도 믿고 사기를 당했으니, 행복하면 오히려 이상한 일입니다. 만약 이러고도 행복하다면, 당신은 성인聖人입니다. 그런데 대부분의 사람들은 성인이 아니므로 "내가 왜 이런 꼴을 당해야 하느냐?"고 불평하는 건 당연합니다. 세상이 악할수록 당신은 더 착해 보이고, 당신이 입는 피해는 가중됩니다.

다시 말하자면 그건 당신이 착하기 때문에 벌어진 일입니다. 자업자득입니다. 이 악한 세상에서 착하게 살아보십시오. 무슨 일이 일어나겠읍니까? 굶주린 사자들 틈에서 창·칼·활·총·방패를 쓰지 않으면 사자밥이 되고 말지 않겠읍니까? 누·가젤·얼룩말 신세가 되지 않겠읍니까. 동물의 세계에서 착한 채식동물은 악한 육식동물의 먹이가 됩니다. 그게 우주의 법칙입니다. 홍수·해일·지진·산불·산사태·화산폭발은 선인 악인을 가리지 않고 덮칩니다. 그게 우주의 법칙입니다. 그래서 이미 2,500년 전에 노자는 외쳤읍니다. "천지불인 이만물위추구天地不仁以萬物爲芻狗(자연은 인자하지 않아 만물을 짚으로 만든 개처럼 취급한다)." 얼마나 많이 그런 험한 꼴을 당했으면 그런 말이 다 나왔겠읍니까? 착한 게 반드시 선물이나 행복을 가져오는 것은 아닙니다. 동물과 달리 인간이 의식적으로 행하는 선행은 더 말할 나위가 없습니다.

그러므로 선행은 의식이 깨인 자가 세상에 주는 선물이지, (당신이 믿는) 인과법칙에 따라 주어지는 선물을 받으려고 하는 행위가 아닙니다.

선물은 자기가 자기에게 주는 것이지, 즉 자기가 자신이 구축한 자기의 내면세계에 주는 것이지, 따로 외부에서 오는 게 아닙니다. 와도 한참 기대에 못 미칩니다.

따라서 외부로부터 오는 선물이 없을 때는 스스로 자신을 돌아봐야 합니다. 혹시 선물이 올 곳을 잘못 집지는 않았는지.

착하게 삶으로써 생기는 피해를 도저히 참을 수 없다면 자신을 되돌아봐야 합니다. 너무 큰 옷을 입고 있을 수 있읍니다.

수가 전혀 없는 건 아닙니다. 착하게 살면서도 피해를 안 당하려면 지혜가 필요합니다. 하지만 선함과 지혜를 동시에 갖추는 것은 몹시 힘든 일입니다. 일단, 지혜를 갖추면 배은망덕한 자에 대해서 내가 품는 원한이 없어져 자기의 선행을 받는 남도 행복해집니다.

선행은 의지와 지혜가 잘 어우러질 때 나와 남에게, 즉 모든 이에게 최고의 행복을 가져옵니다. 그 완성이 성인의 경지입니다.

구도자가 하는 선행은 자신을 위한 것이지만, 도를 이룬 사람이 하는 선행은 남을 위한 것입니다. 선행은 자신을 키우고 그렇게 큰 자신은 타인을 키웁니다.

도를 이룰 때까지는 당신의 선행이 타인의 이용거리가 될 수 있다는 점을 각오해야 합니다. 선행이 꼭 보답으로 돌아오는 것은 아닙니다. 그렇지 않으면 세렝게티 초원의 누·가젤·얼룩말은 이미 보답을 받았을 것이고, 사자는 벌을 받아 사라졌을 겁니다.

그래서 세상에는 도를 이룬 이들이 드문 것입니다. 생명체의 본성에 역逆하는 좁은 길이기 때문입니다.

거짓말 반성

_ 삶이란 참말과 거짓말 사이의 줄타기이다

어떤 이가 실수를 했읍니다. 그 일로 많은 사람이 피해를 봤읍니다. 피해자들이 항의를 하자, 그는 사람은 불완전하므로 그럴 수 있답니다. 당신들이 이해하랍니다. 피해자들이 씩씩대며 분개했읍니다. 참으로 나쁜 놈이라고. 그런데 피해자들도 그런 짓을 다들 적어도 한 번씩 했읍니다. 그 전에도 그 후에도. 이상한 나라입니다. 나쁜 놈들이 나쁜 놈들을 나무라는.

임진왜란 두 해 전에, '풍신수길豐臣秀吉(도요토미 히데요시)은 눈이 쥐와 같고 생김새는 원숭이와 같으니 두려워할 위인이 못 됩니다. 쳐들어오는 일은 없을 겁니다' 하고 조정에 보고한 조선통신사 부사 김성일金誠一(1538~1593)은, 막상 왜적이 쳐들어오자 초유사招諭使(난리가 일어났을 때 백성을 타일러 경계하는 일을 맡아 하던 임시 벼슬)가 되어 의병을 모집하고 군량미를 모으며 열심히 싸웠읍니다. 그 후 제2차 진주성 전투 중 병사했읍니다.

그 한 해 전인 1592년에, 그가 진주성에서 지은 시를 소개합니다.

촉석루중삼장사矗石樓中三壯士 촉석루 위 마주 앉은 세 장사들은

일배소지장강수—杯笑指長江水 한잔 술로 웃으면서 남강 물을 가리키네

장강지수류도도 長江之水流滔滔 남강 물은 밤낮으로 쉬지않고 흘러가니

파불갈혜혼불사 波不渴兮魂不死 강물이 마르지 않는 한 넋도 없어지지 않으리

그런데 궁금한 점이 있습니다. 김성일은 반성을 했을까요? 반성을 글로 남겼습니까? "아직 성인의 지위에 못 오른 범인이 실수를 하는 것은 당연하다. 일이 잘못되면 대처할 뿐이지 반성은 필요없다." 이랬을까요? 당시 어전에서 김성일의 편을 든 류성룡도 반성을 했을까요?《징비록懲毖錄》(유성룡이 임진왜란 후에 임진왜란의 원인과 전황 등에 대해 적은책)에 그런 내용이 있을까요?

김성일은 '민심이 불안해질까봐 쳐들어오지 않을 거'라고 말했다 합니다. 그런데 전쟁이 났고 200만 명이 죽었습니다. 민심은 불안해진 정도가 아니라 흉흉해졌습니다. 버려져 황폐해진 농토는 시체가 나뒹굴고 해골로 덮였습니다.

153

어떤 신문사는 허위보도로 유명합니다. 300명 기자들이 각각 1년에 하나씩 허위기사를 씁니다. 매일 허위기사가 실립니다. 양식 있는 사람들이 신문사를 비난하자 기자들이 하나같이 변명을 합니다. 자기 책임이 아니랍니다. 자기는 단 한 편만 썼답니다. 그리고 사람은 완벽하지 않으므로 실수를 하는 것은 당연하답니다. 그뿐만 아니라 자기가 그 기사를 썼을 때, 독자들이 훌륭한 기사라고 또 의로운 기자라고 기뻐하며 칭찬만 했지, 허위라고 지적한 사람이 한 명도 없었답니다. 그런데 이것역시 거짓말입니다.

어느 나라 언론계가 허위보도로 유명합니다. 300개 언론사들이 각각 1년에 하나씩 허위기사를 씁니다.

매일 어느 신문엔가 허위기사가 실립니다. 양식 있는 사람들이 언론계를 비난하자, 신문사들이 하나같이 변명을 합니다. 자기 신문사 책임이 아니랍니다. 자기 신문사는 단 한 편만 썼답니다. 그리고 사람이 만든 조직은 완벽하지 않으므로 실수를 하는 것은 당연하답니다. 그뿐만 아니라 자기 신문사가 그 기사를 썼을 때, 독자들이 훌륭한 기사라고 의로운 신문사라고 기뻐하며 칭찬만 했지 허위라고 지적한 사람이 없었답니다. 신문사도 없었답니다. 같은 직종에 대한 따뜻한, 하지만 치명적인 배려입니다.

어떤 기자와 신문사는 적극적으로 항변抗辯합니다. 때에 따라서는, 사회와 국가가 잘못된 길로 갈 때 그걸 바로잡기 위해, 거짓말을 하는 것은 무방하답니다. 사람들이 경고를 심각하게 받아들이게 하려면, 그리고 사회와 국가에 경종을 울리려면, 강도 높은 허위기사가 필요하답니다. 사안이 클수록 더 큰 허위기사가 필요하답니다.

사주가 직접 나서서 공개적으로 천명闡明하는 경우도 있습니다. '허위 보도도 해야 한다.'

그런데 노선이 다른 신문사들이, 사회와 국가를 바로잡겠다는 명분으로, 서로 충돌하는 내용의 허위기사를 씁니다. 그리고 사회와 나라는 혼란에 빠져듭니다.

예로부터 참회와 회개를 높은 덕으로 친 이유가 이해가 갑니다. 사람들은 좀처럼 자신의 잘못을 인정하지 않습니다. 잘못을 인정하면, 공신력이 떨어지기 때문입니다. 그래서 마구 우깁니다. 누가 비난하면, 얼굴에 철판을 깔고, 묵살하기도 하고, 아예 거꾸로 상대방의 잘못이라고 뒤집어씌우기도 합니다. 같은 편이 뭘 모르고 맹목적으로 자신을 옹호하고 나서면, '저 봐라, 저렇게 많은 사람이 나를 지지하는 걸 보면 내 말이 맞는 거야' 하면서 남들을 꾸짖으며 스스로를 속입니다. 이런 태도는, 하도 거짓이 판을 치기에, 거짓이 새끼에 새끼를 치고 난마처럼 얽혀 있기에, 뭐가 진실이고 뭐가 거짓인지 알기 힘든 세태이기에, 놀랍게도 효과적입니다. 많은 경우에 통합니다.

정당이 정당을 적대하고 서로 거짓말을 일삼읍니다. 일이 거짓으로 밝혀진 다음에도 사과가 없읍니다. 적국의 공격을 받아 전함이 침몰해도 동맹국의 짓이라고 둘러씌웁니다. 절대 전쟁이 나지 않을 것이므로 군사력 강화는 필요없다고 주장합니다. 우리의 군사력 강화가 오히려 전쟁을 부를 것이라고, 온몸을 부르르 떨며 목소리를 높읍니다. 71년 전에 있었던 일은 태곳적 이야기인 모양입니다.

김성일은 퇴계 선생의 제자로서 청렴하고 강직한 선비였읍니다. 도요토미가 쳐들어올 것이라고 말한 조선통신사 정사 황윤길은 서인이었고, 부사 김성일은 동인이었읍니다. 김성일은 임종 즈음에도 당파싸움을 걱정하였다고 합니다. 싸움의 와중에 있는 사람들은 바로 자신이 싸움의 주역이라는 걸 모를 때가 있습니다. 참으로 기이한 일입니다. 바로 당신 말입니다!

동성애

_ 인간의 취향은 통계학적 현상이다
다시말해 인간은 통계학적 존재다

동성애의 열풍이 세계를 뒤덮고 있다. 미국의 주들이 앞장서서 동성 결혼을 허용하고 있다. 미국은 전 세계 최대 기독교 국가이다. 동성애를 사형으로 다스리라고 명령하는 하나님을 모시는 기독교인들이, 소돔과 고모라라고 비하하는, 로스앤젤레스와 샌프란시스코가 주동이 되어 동성결혼을 합법화하고 있다. 서울시도 동성애 축제를 지원하며 세계적 열풍에 동참하고 있다.

과거에 동성애는 대부분의 나라에서 금기였다. 생존에 해롭기 때문이었다. 아직 기계문명이 발달하기 전에, 사람의 노동력은 생산력의 대부분을 차지했다. 사람은 군사력이기도 했다. 인구가 많아야 생산력과 군사력이 증가한다. 그래서 나라들은 인구를 유지하고 늘리는 것이 큰일이었다. 심지어 혼외자식까지 장려한 경우도 있었다.

춘추전국 시대에 군주들의 고민은 '어떻게 하면 자국의 유민流民을 줄이고 타국의 유민流民을 받아들여 인구를 늘리냐'는 것이었다. 진효공은 법가法家 상앙을 등용하고 변법變法을 단행하여 강력한 법치제도를 도입하였고, 누구든지 공을 세우면 신분상승을 할 수 있게 만들었으며 (예컨대 노비는 노비 신분을 벗어나고 평민은 작위를 받게 된다), 토지를 국유화한 다음 농부들에게 균등하게 나누어주어 유민流民을 없애고 타국의 유민을 흡수하였다. 이로 인하여 생산력이 비약적으로 증가하고 진의 국력이 크게 신장되었다. 그의 6대손 진시황은 보(정국거鄭國渠)를 쌓고 농업을 진흥시켜 인구를 늘려 500년간 분열되었던 천하를 통일하였다.

프랑스는 역사적으로 인구대국이었다. 많을 때는 영국 인구의 3배나 되었다. 유럽 역사에서 주역을 맡은 큰 이유이다. 유럽을 상대로 수많은 전쟁을 하고 또 했다. 인구가 많아서, 죽고 또 죽어도 여전히 많았다.

유목민들에게 가축 수는 부의 척도이다. 그래서 가축 수를 늘리려고 노력한다. 국가의 인구도 부이다. 유목민들은 가축들 간의 동성애를 금할 것이다. 암양이 암양을, 숫양이 숫양을 사랑하면, 새끼가 만들어지지 않아, 가난해지고 마침내 굶어죽을 것이기 때문이다. 마찬가지 이유로 국가는 국민들의 동성애를 금했다. 땅은 넓고 인구가 희박하던 시절에 인구는 모든 것이었다. 가족은 신생아가 태어나지 않으면 멸문한다. 씨족은 멸족한다.

예를 들어 에스키모 부락에 아이가 태어나지 않으면, 늙은이들이 죽음에 따라 점점 인구가 줄고, 마지막 늙은이가 죽는 순간 멸종한다. 하얀 들판에 하얀 뼈 무덤만 남는다. 여우와 북극곰이 살을 먹어치우기 때문이다.

조선 세종 때 도입된 종모법從母法에 따라 노비 수가 급증했다. 양반들은 종모법을 좋아했다. 그래서 왕에게 종모법을 없애지 말라고 탄원했다. 그래야 가축 수를 늘리듯 자기 노비 수를 늘릴 수 있었기 때문이다. 자세히 설명하면 이렇다.

전에는 어미가 노비더라도 아비가 양인이면 자식은 노비가 아니었는데, 이 법이 제정됨에 따라, 어미가 노비이면 자식은 무조건 노비가 되었다. (물론 아비가 노비이면 자식도 당연히 노비이다.) 당신에게 여노비와 남노비가 각각 10명이 있는 경우, 노비들끼리 결혼시키면 한 번에 10명의 노비새끼를 얻을 수 있지만, 모두 양인과 결혼시키면 20명의 노비새끼를 얻을 수 있다(노비새끼 소유권은 부모노비의 주인에게 있다). 형편이 어려운 양인들이 노비들과 결혼을 했다.

국가의 입장에서 보면, 같은 수라면, 노비 인구 증가가 양인 인구 증가보다 불리하다. 왜냐하면 노비는 세금도 안 내고 군역도 안 지기 때문이다. 조선이 허약한 나라가 된 이유이다. 고려는 인류 역사상 세계 최고 전투력의 몽고제국과 수십 년간 전쟁을 하며 버텼지만, 조선이 청나라와 일본에, 밑둥이 부실한 나무나 썩은 나무처럼 힘없이 무너진 이유이다. (스파르타가 멸망한 것도 자유민의 수가 늘지 않았기 때문이라는 설이 있다. 스파르타는 노예경제체제인지라 자유민들은 생산에 참여하지 않았는데, 이 경우 노예 수가 늘지 않으면 자유민 수를 늘릴 수 없기 때문이다. 그 결과 스파르타는 다른 그리스 국가들의 인구가 늘 때 정체되어 멸망했다는 것이다. 세계역사는 인구증가의 역사이다. 도시국가 시절에는 문명을 주도하던 그리스가 그 지위를 잃게 된 것은 평지가 적은 데다 그마저 척박하여 다른 곳만큼 인구를 늘릴 수 없었기 때문이다. 이에 비해 로마는 끝없이 정복전쟁을 벌여 노예를 확보하였다.)

고대의 전쟁은 병사의 수가 결정적이다. 병사들의 전투력과 장군들의 지휘력 역시 중요하지만, 전투력과 지휘력이 같은 수준으로 유지된다면, 군사력은 병사의 수에 비례한다. 전투가 끝나면 전사한 수만큼 (애를 낳아) 채워넣어야 한다. 그리하지 않으면, 그리한 집단에게 다음 번 전투에서 크게 불리하게 된다. 인구가 적은 집단일수록 더욱 그렇다. 특히 소수민족인 유대인들이 그랬다.

전투의 승패는, 머리와 무기를 쓰지 않는 원시적인 동물일수록 병사 수가 결정한다. 늑대나 침팬지는 수가 더 많은 쪽이 승리한다. 그래서 인류도 고대로 갈수록 집단의 인구수가 중요하다. 만약 인류가 활·칼· 창·말이 없이 늑대나 침팬지처럼 맨몸에 이빨과 맨주먹으로만 싸웠다 면, 인구 100만의 몽고나 여진족이 1억 인구 중국을 정복하는 일은 불 가능했을 것이다.

종교도 마찬가지이다. 종교인 수를 늘리는 가장 효과적인 방법은 자 식을 낳는 것이다. 대체로 사실은 압도적인 비율로, 자식은 부모의 종교 를 따라가므로, 가장 효과적인 전도방법이다. 역사적으로 과학탄압·자 유억압·종교재판·십자군전쟁·면죄부 판매·제국주의 부역·유대인학 살 방조 등 여러 가지 만행으로 악명이 높은 가톨릭이 현재 교세를 유 지하는 이유는, 과거의 잘못에 대해 사과하고 개혁을 단행한 결과이기 도 하지만, 산아제한을 금지하는 교리에 의지하는 바가 크다. 아무래도 신도들의 자식이, 산아제한을 허용하는 다른 종교들보다, 더 많이 늘기 때문이다. 지금 이슬람 신도 수가 크게 느는 이유도 자식을 많이 낳기 때문이다.

기독교는, 성경에서 동성애자들은 돌로 쳐 죽이라며, 동성애를 명시 적으로 금지하고 있지만, 가톨릭 성직자들 사이에 동성애가 생각보다 흔하다. 그에 비해 불교·도교·유교·힌두교 등 동양종교는, 동성애를 사형으로 처벌하지 않지만, 성직자들 사이에 동성애가 거의 없다. 기이 한 현상이다.

동물계에 동성애가 만연한다. 인간보다도 많다. (동물에 비해 상대적으로 작은 동성애 비율은, 인간이 먹이사슬 꼭대기에 올라가는 데 기여했을 것이다.) 동물의 10퍼센트는 동성애를 한다고 한다. 곤충도 한다고 한다. 양은 인간들에 앞서 동성결혼을 한 위대한 선구적인 동물이다. 동성들끼리 파트너를 정해놓고 수년에 걸쳐 장기간 사랑한다. 때로는 죽음이 갈라놓을 때까지 한다.

식물계에는 동성애가 없다. 이성 간의 사랑이란 성적으로 좋아하는 감정이 있어야 한다. 그런데 식물에게는 감정이 없으므로 교미는 가능해도, 사랑은 없다. 그러므로 동성애도 불가능하다. 게다가 식물은 대부분이 자웅동체이므로, 구조적으로도 동성애가 불가능하다.

동성애가 괜찮다면 왜 수간은 안 될까? 동성애를 옹호하는 사람들의 논리는 동성애란 정신병이 아니라 생물학적으로 그리 태어났다는 것이다. 선천적으로 성적으로 동성에게 끌리게 되어 있다는 것이다. 그렇다면 선천적으로 성적으로 동물에게 끌리는 사람은 뭐가 문제일까? 실제로 그리 주장하는 사람이 있다. 현재 전 세계에서 가장 영향력 있는 철학자인 프린스턴 대학 피터 싱어Peter Singer(1946~) 교수는 '수간獸姦이야말로 인간의 가장 고상한 행위'라고 주장한다. 물론 상호 자발적인 사랑에 한한다.

지금 전 세계에 동성애가 유행인 이유는 전 세계적으로 전에 비해 생산력이 월등하게 커졌기 때문이다.

경제적 생산력이 약한 후진국일수록 동성애가 약하다. 경제적 생산력이 강한 선진국일수록 동성애가 강하다.

(유럽에서 이슬람 인구가 급증하고 있다. 애를 많이 낳기 때문이다. 인구증가는, 인권이 살아 있는 한, 난공불락의 최대의 무기이다. 서구 국가들이 애

를 안 낳고 이슬람들이 지금 속도로 애를 낳는다면 머지않아 인구가 역전하고 민주주의 투표제도에 따라, 서구는 이슬람 차지가 될 것이다. 그러므로 비인도적인 자살폭탄 테러로 인구를 줄이기보다는 열심히 애를 낳는 게 더 효과적이다. 그 수학적 근거는 이렇다. 서구인들의 출생률이 2일 때, 이슬람인들이 6이라면, 인구 10퍼센트를 차지하는 이슬람이 50퍼센트를 차지하는 데는 3세대인 90년밖에 걸리지 않는다. 폭력을 참고 인내하면 평화적인 방법으로 서구를 접수할 수 있다.)

인구가 충분히 많은, 큰 나라일수록 동성애가 강하다. 중국은 예외인데 유교의 영향이 크다.

아이도 안 낳는다면 인구수 증가에 관심이 없다는 얘기이다. 옛날에는 아이가 연금이었다. 늙으면 자식들이 봉양했다. 젊어서 키운 자식들이 늙은 부모를 먹여살렸다. 효도를 강조한 것은, 만기 시 반드시 보험금을 지급하라는 것이었다. 이미 수십 년간 보험료를 지급했는데 보험금을 못 받는 경우를 방지하기 위한 것이었다.

기계문명이 발달함에 따라 인구수가 중요하지 않게 되어 자식을 낳는 데 관심이 적어진 것이다. 옛날에 여자는 세 사람에게 의지했다. 아버지 남편 아들이다. 어려서는 아버지에게, 출가해서는 남편에게, 늙어서는 아들에게 의지했다. 소위 삼종三從이다. 여자들이 아이를 낳지 않게 된 것은 생산력 증가 때문이다. 사회에 부가 쌓이면서 자식에게 의지할 필요가 감소했기 때문이다. 발달한 분배제도에 따라 여성들에게도 부가 흘러들어 가게 되었기 때문이다.

지금은 연금제도 발달에 따라 노후를 자식에게 의지할 필요가 없어졌다. 자식을 (더) 낳는 대신에, 자식 양육 교육에 쓸 돈을 연금상품에 넣는 것이다.

사람들은 기계문명 발전을 두려워하지만, 여성의 인권을 향상시킨 것은 기계문명이다. 기계문명의 발달에 따라 여성 노동력 착취가 상당히 사라진 것이다. 근력이 센 남성의 노동력도 예전보다 낮은 평가를 받게 되어, 여성의 상대적 지위가 올라가게 되었다. 누구나 손가락만 움직일 힘이 있으면, 가공할 파괴력을 자랑하는 탱크·전투기·전투함·기관총·미사일을 조정하고 발사할 수 있다. 칼이나 창이나 도끼나 각궁을 휘두르고 당기는 데 필요한 근력이 필요 없게 된 것이다.

필요하면 낳고 필요 없으면 안 낳는다. 기계문명 발달에 따라 점점 더 안 낳을 것이다. 그리고 동성연애가 늘 것이다. 아이를 안 낳아도 되니 더욱 매력적이다. 둘 다 동성이므로, 한쪽이 다른 쪽을 부양해야 한다는 책임도 없다. 남자가 여자를 부양해야 한다는 전통적인 의무감이 없다. 그래서 남자들에게도 인기이다. 거액의 위자료도 없고 (아이가 없으니) 양육권 시비도 없다. 그래서 헤어짐도 깔끔하다. 더욱 인기 있는 이유이다.

전쟁도 기계전으로 감에 따라 인구의 중요성이 감소한다. (전쟁과 생산과 정보 취득이) 기계화로 가면서 동시에 인구를 늘리라는 것은 서로 모순이다. 국가가 인구증가 정책을 펴는 것은 인도적인 이유 때문이 아니다. 사람을 사랑하기 때문이 아니다. 어떤 사랑스러운 아이가 태어날까 숨을 죽이고 기다리는 부모의 심정도 아니다. 그냥 노동력과 소비력 때문이다. 그리고 늙은 세대의 불안 때문이다.

늙은 세대는, (개별적으로) 자기 자식들의 봉양을 받는 것은 아니지만, (집단적으로) 젊은 세대의 봉양을 받는 것이기 때문이다. 이들 젊은 세대가 없다면 나라가 망해 돈은 휴지 조각이 된다. 부동산이 있더라도 임대료를 받을 길이 없다. 늙은 세대가 거의 다 차지하고 있는, 국가의 부동산의 가치를 유지하고 키우는 것은 젊은 세대이다. (이 세상에 당신 혼자만 있다면 세계 최고의 부자이겠지만, 살아남으려면 혼자 죽도록 일해야 한다.)

군대에서 동성애가 금지된 것은 동성애가 전투력을 약화시킨다고 믿었기 때문이다. 상관이 부하에게 강요할 수도 있다. 성적 노예로 만들 수도 있다. 소위 위계位階에 의한 강요와 폭력이다. 고대 그리스 병사들은 시중드는 소년을 데리고 다녔다. 이들은 낮에는 심부름을 하고, 밤에는 성적 욕구를 풀어주었다. 전투력 향상에 도움을 주었다는 평도 있다.

미국과 영국에서 게이가 레즈비언보다 두 배 정도 더 많다. 이는 아직도 여자들이 경제적으로 남자에게 의지해야 하기 때문이다. 또 다른 이유는 남성들이 전통적으로 지던 짐이 크게 덜어졌다는 점이다. 대단위의 군대가 필요없어 군대에 갈 필요가 줄어들었다. 절대 다수의 현대 국가에서 군역은 선택이지 의무가 아니다. 또 현대에는 혈연의 중요성이 거의 사라져 경쟁은 개인 간의 경쟁이지, 가문과 씨족 간의 경쟁이 아니므로, 자식을 낳아 가문과 씨족의 세를 키울 필요가 없어졌다.

이론적으로는 남자 한 명이 지구상 모든 여인을 임신시킬 수 있다. 하지만 여자는 평생 20명 정도의 아이만 낳을 수 있다. 그뿐만 아니라 육체적 정서적 양육은 대부분 여자의 몫이다. 그래서 여자는 짝을 고를 때 신중할 수밖에 없다. 남자들끼리 경쟁이 치열한 이유이다. 동물들도 마찬가지이다. 새끼를 더 많이 낳긴 하지만 기본적으로 같은 구조이다. 동성애는 남자들을 이런 부담에서 해방시킨다.

동성애는 도덕의 문제가 아니다. 경제의 문제이고, 비용cost과 수익benefit의 문제이다. 동성애는 어떤 이들에게는 구역질을 일으키는 행동이지만, 한 사람의 행동이나 한 나라의 관습 중에 다른 (나라) 사람들에게 구역질 나게 하는 것은 무척 많다. (예를 들어, 서양사람들은 식탁에서 냅킨에 '팽' 하고 요란스럽게 코를 푼다. 그리고 냅킨 끝을 콧구멍에 집어넣어 잔여 분비물을 말끔히 청소한다. 게다가 고개도 돌리지 않고 마주 보면서. 동양인들을 분노하게 만드는 관습이다.) 그래서 다른 사람들에게, 구역질 이외의 실제적인, 예를 들어 경제적인 피해를 주지 않으므로 허용하자는 의견이 힘을 얻는 것이다.

동성애가 힘을 발휘하는 것에는 에이즈약 개발도 일조를 하고 있다. 병이 더 이상 진행되지 않을 정도로 제어가 가능하게 되었다. 만약 에이즈가 예전처럼 통제불능의 병이라면 그리고 전염률이 높다면 동성애는 지금처럼 인정받고 번지지 못할 것이다. (사회적 경제적) 비용이 너무 크기 때문이다.

우리나라 에이즈 환자의 90퍼센트가 게이라고 한다.* 항문성교 중에 찢어진 상처로 균이 침투하기 때문이다. 그리고 항문 괄약근이 느슨해지면 변이 새어나와 평생 기저귀를 차고 살아야 한다. 그리하여 상대를 더 많이 사랑할수록, 상대에게 더 큰 고통을 주게 된다.

그리고 1인당 1년에 1,000만 원 정도 드는 치료비도 전액 국가가 부담하고 있다. 치명적인 망국적 병이 퍼지는 것을 국민 개인에게 맡겨 두고 방관할 수 없다는 뜻이다. (건강보험공단에 의하면, 에이즈 환자는 2016년 현재 급격히 늘고 있다. 출처: 2017년 10월 14일 〈문화일보〉 기사) 술 담배 판매를 허용할 뿐만이 아니라, 국민이 마시고 피우다 간암과 폐암에 걸려도 치료비를 대주지 않으면서도, 에이즈는 특별 대우를 한다. 국민들은 이런 사실을 모르고 있다. 그냥 낭만적으로만 생각한다. '사랑 그거 좋은 거 아니야? 많이 할수록 좋은 거 아닌가?' 하면서.

《신약》〈고린도 전서〉에는 사랑에 대한 아름다운 말이 등장한다. '사랑은 오래 참고 사랑은 온유하며 사랑은 무례히 행하지 아니하며 자기의 이익을 구하지 않는다'고 한다. 이런 사랑을 실천하는 것은 많은 사람의 꿈일 것이다. 《신약》에는 질병 특히 난치병 치료에 대한 이야기가 자주 나온다. 그런데 연인에게 질병 그중에서도 특히 난치병을 주는 것이 어찌 진정한 사랑일 수 있겠는가? 다른 이들이라면 모를까, 기독교인들이 볼 때는 그럴 것이다.

目 라칭거 교황(재위 2005~2013)은 아프리카에 에이즈가 창궐해 일부 국가들에서 감염자가 인구의 수십 퍼센트에 이르렀는데도 가톨릭 신자들의 콘돔 사용을 금지해 공분을 불러일으켰다. 그가 사임한 후 후임 프란치스코 교황은 콘돔 사용을 허용했다. 두 교황 중 누가 신의 뜻을 대변하는 걸까? 인간의 망상은 끝이 없다.

目 빈대bedbug 중에는 수컷이, 조물주가 용도에 맞게 정해준 곳을 놔두고 엉뚱하게도, 암컷의 배에 뾰쪽한 성기를 주사기처럼 찔러넣고 피속에 정자를 흘려넣는 종種이 있다. (정자는 피를 타고 몸속을 떠돌아다니다가 운 좋게 난소에 다다르면 알을 수정시킨다.) 심지어 같은 수컷에게 그런 짓을 하기도 한다.

---

* 국민일보, 2018년 3월 30일, 〈에이즈 환자 남성이 93%인데⋯〉 기사 참고.
http://m.kmib.co.kr/view.asp?arcid=0923925490

오리

_ 잡아먹을 수 있는 건 다 잡아먹는다

오리 새끼들이 풀밭에 있습니다. 어미가 경고음을 보내자 다들 풀 속으로 숨습니다. 잠시 후 까마귀가 나타났습니다. 어미 오리는, 오리 새끼를 잡아먹으려고 주위를 맴도는 까마귀를 부리로 쪼아 쫓아냅니다.

어미가 새끼들을 호수 가운데로 인도했습니다. 이제 안전합니다. 어미 주위로 15마리 새끼가 모여 있습니다. 그런데 갑자기 수면이 요동치더니 순식간에 새끼 한 마리가 사라집니다. 거대한 물고기가 잡아먹은 겁니다.

호수에 떠다니는 오리는 낭만적으로 보이지만 언제 화를 당할지 모릅니다. 사방에 위험이 잠복하고 있습니다. 심지어 자기가 먹이로 삼던 물고기가 크면, 거꾸로 그 물고기에게 잡아먹힙니다. 안 잡아먹히려면, 치어稚魚일 때 다 잡아먹어야 합니다. 하지만 그러면 치어가 더 이상 생산되지 않아 굶주리게 됩니다. 설사 굶지 않는다 해도 별미別味를 잃게 됩니다. 딜레마입니다.

다른 방법이 있습니다. 안 잡아먹히려면 몸집을 키워야 합니다. 물고기 입보다 더 커지는 순간 안전해집니다. 그러려면 열심히 먹어야 합니다. 동물들은 칼·톱·도끼가 없으므로, 이빨이 없으면 먹이를 통째로 삼

킵니다. 이빨이 있는 상어나, 부리가 날카로운 맹금류가 아니라면, 먹이
를 잘게 찢고 자를 길이 없으니, 통째로 삼키는 수밖에 없습니다. 그래
서 자기보다 몸집이 작은 것만 잡아먹을 수 있습니다.

미국 메기는 오리를 잡아먹습니다. 웰스 메기 또는 유럽 메기는 물가
에서 깃털을 고르는 비둘기를 덮쳐 잡아먹습니다. (그리고 메기는 선사시
대 동물처럼 기괴하게 생긴 넓적부리황새shoebill에게 잡아먹힙니다.) 메기
는 입이 엄청나게 큽니다. 커다란 오리와 비둘기를 통째로 삼킵니다.

아귀monkfish는 아비(잠수하는 새의 일종), 슴새, 갈매기, 비오리, 검둥
오리, 논병아리, 가마우지 등 10여 종류의 새를 잡아먹습니다. 애기바다
쇠오리dovekie는 바닷속 30미터까지 잠수합니다. 물속에서 먹이를 찾다
가 거대한 입을 가진 아귀를 만나면 지옥행입니다. 심해에서 사는 아귀
가 물 표면 근처로 이주하는 봄가을에 물새가 잠수하면 잡아먹힐 가능
성이 큽니다.

상어는, 날개 길이가 3미터나 되는, 거대한 새 알바트로스도 잡아먹
습니다. 새끼들이 해변에서 비행 연습을 하다 바닷물에 떨어지면, 기다
리던 뱀상어들이 잡아먹습니다. 뱀상어들은 이걸 노리고 매년 이맘때
이곳으로 몰려듭니다. 이런 식으로 매년 수백 마리가 희생됩니다. 전체
새끼의 10퍼센트나 됩니다. 하와이 한 섬에서 매년 2주간씩 벌어지는
일입니다.

전갱이 Giant Trevally는 물 위로 뛰어올라 제비갈매기를 사냥합니
다. 날카로운 이빨로 제비를 물고 물속으로 들어갑니다. 이 물고기
는 75센티미터까지 자라므로 제비를 잡아먹기에 충분한 크기입니
다. 다른 물고기들과 달리 눈이 머리 측면이 아니라 비교적 위에 있

어, 수면 위 공중에 있는 제비를 탐지하기 좋습니다.

물새들이 바다 위에 한가롭게 떠 있지만, 그리고 파도와 손 잡고 춤을 추듯 오르락내리락하는 모습이 무척 아름답게 보이지만, 언제 아귀·메기·상어·전갱이 등 물고기에게 잡아먹힐지 모릅니다. 그 잔인한 살육의 장면이 우리 눈에 띄지 않을 뿐입니다.

사람들이 간과하는 점은 물고기가 육식동물이라는 점입니다. 물고기가 새를 잡아먹지 않는 이유는 단순합니다. 보통 새가 물고기 입보다 더 크기 때문입니다. 이런 새를 만나면 잡아먹기는커녕 잡아먹힙니다. 하지만 물고기가 살아남아 몸집을 불려, 입이 새보다 더 커지는 순간 새를 잡아먹읍니다.

물고기와 오리는 군비 경쟁을 합니다. 입을 키워 상대방을 잡아먹으려 하고, 몸집을 키워 상대방에게 삼켜지는 것을 방지합니다. 몸집을 키우려면 상대방이 어릴 때 잡아먹어야 합니다. 지금 적의 새끼를 잡아먹어야, 그놈이 성체가 되는 것을 막아, 미래에 적의 성체에게 잡아먹히지 않읍니다. 그러면 자기 몸집도 불어나니, 미래의 위험을 이중으로 제거하는 셈입니다.

질병과 사람의 관계도 비슷합니다. 세균 무리가 몸집을 불리면 사람이 세균에게 잡아먹힙니다. 세균의 무리가 크기 전에 백혈구를 시켜 잡아먹어야 합니다. 그게 힘들면, 용병으로 고용한 항생제로 죽여야 합니다.

사람과 사람의 관계도 비슷합니다. 지연·혈연·학연·정치연으로 '몸집'을 키우면 남들이 함부로 잡아먹지 못합니다. 거기 더해 철학·사유력·전문지식 등 실력을, 즉 '마음집'을 키우면 더 안전합니다.

작은 나라는 핵폭탄을 만들어 큰 나라가 못 잡아먹게 만듭니다. 잡아먹히면 상대방의 몸속에서 대폭발을 하는 겁니다. 새들도 물고기들도 소형 핵폭탄을 만들어 몸속에 지니면 절대로 안 잡아먹힐 겁니다. 그게 독毒입니다. 그래봤자 핵폭탄이 무엇인지 모르는 지능이 낮은 동물은 상대방에게 핵폭탄이 있는 줄 모를 것이므로 소용이 없다구요? 그렇지 않습니다. 잡아먹은 놈들은 폭발해 멸종하고, 안 잡아먹는 놈들만 살아남게 됩니다. 그럼 잡아먹힐 일이 없어집니다. 핵폭탄이나 독은, 설사 그 작동원리를 모를지라도 소지하면 유용합니다. 장기적으로 효과를 발휘합니다. 모르고도 효과를 발휘하는 게 진화론입니다.

이상세계

: 돌아갈 수 있을까
: 느린 삶

_ 이상세계에 살 자격이 없는 자들이
이상세계를 꿈꾼다

정부 주도로 눈부시게 성장하던 산업발전기에, 못 참겠다고 반정부 운동을 한 사람들이 있읍니다. 다른 사람들은 신나게 일하며 살았는데 이들은 독재 정권하에서는 '숨 막혀서 못 살겠다'고 들고 일어났읍니다. 인문사회학을 통해서, 다른 사람들이 모르는, 새로운 세상을 맛보았기 때문입니다. 사상이 마음껏 뛰어노는 자유로운 세상을 보았기 때문입니다.

느린 세상이 유행입니다. 분주한 도시생활을 벗어나 전원생활을 동경합니다. 라다크Ladakh를 이상향으로 삼은 '오래된 미래'를 동경합니다. (여기서 '오래된 미래'란 표현은 '우리가 미래에 실현해야 할 이상적인 삶이 사실은 이미 오래전부터 존재했다'는 뜻입니다. 바로 라다크에) 문제는 이런 삶이 이들이 꿈꾸던 삶을 제공하지 못한다는 점입니다.

이런 곳에선 생산성이 낮아 하루 종일 노동을 해야 합니다. 현대적 조명 수단이 없어 밤은 밤답게 어두운 밤입니다. 야크버터나 송진을 태우면 겨우 침침한 밤입니다. 하루 일을 끝내고 고요한 밤에 책을 읽는 즐거움은 꿈속의 일입니다. 그나마 다행히 어둠은 노동으로 지친 몸을 포근하게 안아줍니다.

이런 삶에 사유는 사치이거니와 인쇄시설이 없으니 사유거리인 책도 없습니다. 노루·산토끼·다람쥐가 사유를 하지 않는다면, 누가 사유를 할 수 있겠습니까?

긴긴 겨울밤 굴 속 가득 도토리를 저장해놓고도 사유를 하지 않는다면, 누가 사유를 할 수 있겠습니까?

처음부터 태어나 그곳에서 살아왔으면 모를까, 현대 문명을 맛본 사람이 가서 살 곳은 아닙니다. 아무도 안 가는 이유입니다. 한국인들이 그리 가면 부자로 살 터인데, 오래된 미래를 찬양하면서도 아무도 안 갑니다. (TV 프로 〈나는 자연인이다〉에 나오는 사람들은 거의 다 중병에 걸리거나 사업에 실패한 사람들입니다. 이들은 산속에 살면서 상한 몸과 마음을 다스립니다. 이들만 보면 눈물이 납니다. 나체로 사는 사람이 있는데 서울대까지 나왔습니다. IMF 금융위기 때 망하고 가족에게 버림받고 산으로 들어온 것입니다.)

아프리카 석기시대 원시인들에겐 고대 이집트 왕국도 신들의 나라이지만, 현대 선진국 국민에겐 사람 살 곳이 아닙니다. 문명은 낮은 곳에서 높은 곳으로 진행하지, 높은 곳에서 낮은 곳으로 진행하지 않습니다.

인류의 삶은 수천 년 동안 변화가 거의 없는 느린 생활이었지만, 절대다수 사람들에게 느린 삶은 아니었습니다. 마음은 먹이를 찾아 항상 분주했습니다.

사실은 지금 인류가 가장 느린 생활을 하고 있습니다. 현대인에게는, 느린 생활을 논할 정도로 시간이 많습니다. 주 5일 근무하는 지식인들은 느린 생활을 논하며 느리게 삽니다. 빠른 현대 문명이 느린 생활을 실현하고 있습니다. 사람들이 할 일을 기계가 대신해서 사람들은 여유롭게 삽니다.

사람들은 마치 자연이 느린 삶을 줄 것처럼 생각하지만, 자연에 그런 삶은 없습니다. 가장 빠른 삶이 가장 느린 삶을 줍니다. 현대의학과 과학기술은, 질병과 기아와 기후로부터 해방시켜, 평균수명을 여러 배 늘렸습니다. 예전이면 이미 할머니 할아버지가 되었을 나이에 아직도 처녀 총각입니다. 잘해야 엄마 아빠입니다. 시간이 느리게 흘러갑니다. 어떤 사람은 하도 오래 살아 지긋지긋하답니다.

날치가 하늘을 납니다. 길면 한 번에 수백 미터를 납니다. 비늘을 번쩍이며 납니다. 푸른 하늘과 푸른 물 사이에서 신기루처럼 빛납니다. 물고기가 하늘을 날다니 낭만적으로 보이지만 사연이 있습니다. 잡아먹으려고 쫓아오는 대어를 피해 물 밖으로 날아오른 것입니다. 바람을 타면 하늘 높이 솟아올라 수 킬로미터라도 날 수 있습니다. 물새는 그 순간을 기다려 날치를 낚아챕니다. 물까지 너무 멀어 피할 길이 없습니다. 산 채로 물새 배 속으로 들어가지 않으려면, 낮게 날아야 합니다.

날치는, 하늘과 물 사이 좁은 공간을, 쥐치처럼 납작하게 눌린 목숨을 싣고 힘겹게 날아갑니다.

대어가, 물 표면에 드리워진 날아가는 날치의 그림자를 쫓아가, 물에 떨어지는 날치를 외야수가 홈런볼을 쫓아가 담장에 기대고 몸을 솟구쳐 잡아내듯 입속에 집어넣습니다.

끝없는 바다, 처음부터 담장이 없으니 홈런도 없습니다. 외야수들이 실수하기만 기다릴 뿐입니다. 날치는 생존본능에 얻어맞고 초대형 야구장인 바다 위를 날아가는 야구공입니다.

솟아오른 것은 떨어지고 태어난 것은 죽습니다. 태양도 날치도 생명도 대어도 모두 그렇읍니다. 그런데 날치는 날아가는 동안 어떻게 호흡할까요? '숨을 죽이고' 날아갑니다.

티베트와 중국 사이 차마고도茶馬古道 상의 마을 옌징鹽井은 소금을 만드는 곳입니다. 협곡에 자리잡고, 강가에서 솟아나는 소금기 많은 샘물을 퍼올려 염전에 펼치고 햇볕에 말려 소금을 만듭니다. 소금물은 아래에 있고 염전은 위에 있습니다. 아래서 위로 소금물을 퍼 올리느라 하루종일 고됩니다.

소금은 사람뿐만 아니라 가축들에게도 필수입니다. 소금을 먹어야 병에 잘 안 걸리고, 살이 잘 찌고, 새끼도 잘 낳읍니다. 가축들은 소금을 걸신들린 듯 먹읍니다. 소금은 유목민들에게 필수품입니다. 티베트인들은 차에 야크 버터를 넣고 소금으로 간을 해 하루 종일 마십니다.

차마고도를 지나가는 마방馬帮(말에 짐을 싣고 떼 지어 다니며 장사하는 사람)들은 이 마을에 들러 야크 버터를 주고 소금을 삽니다.

지금도 누런 물이 거칠게 흘러가는 강가에서 소금기에 절은 나시족 여인들은 한숨을 쉽니다. "이 고된 삶, 언제나 벗어날까."

자유롭게 살아 마음이 홀로 하늘 높이 솟아오르면 질병과 기아가 기다리고, 몸을 대지에 붙이고 손발을 놀려 힘들게 일하면 설사 이들 질병과 기아로부터 벗어난다 해도 마음의 자유가 없읍니다.

가난한 사람들은 느린 삶을 꿈꾸지 않읍니다. 바삐 살다 하루를 살다죽더라도 풍족하게 살고 싶어합니다. 느린 삶을 살자는 생각이 일어나려면, 그리고 실제로 느린 삶을 살 수 있으려면, 먼저 부자가 되어야 합니다. 그러려면 몸과 마음을 바쁘게 살아야 합니다. 열심히 일하고 사유를 해야 합니다. '느린 삶'이란 말이 바로 '사유'이기 때문입니다. 그게 달팽이나 나무늘보의 삶이 아니라면 말입니다.

(가장 좋은 길은 사회를 풍요롭게 만드는 겁니다. 그러면 누구나 넉넉한 환경 속에서 사유할 시간적 공간적 여유를 갖게 됩니다.)

빠르게 열심히 일한 사람들이 사유형 인간들에게 느린 삶을 제공합니다. 종종 뿌리는 자와 거두는 자가 다릅니다. 버는 자와 쓰는 자가 다르듯이. 삶의 미스터리입니다.

기준

_ 나는 만물의 척도다

사람들은 선과 악을 논합니다. 그런데 선악의 기준은, 특정한 목적에 부합하는지의 여부입니다. 목적에 맞으면 아무리 흉악한 짓이라도 괜찮습니다. 예를 들어, 살인은 모든 문화가 금기시하지만, 적국이나 적대세력을 죽이는 것은 무방합니다. 오히려 장려합니다. 문제는 목적이 다분히 자의적이라는 겁니다. 충돌하는 두 집단의 목적은 상대방을 멸절하는 것입니다. 어느 쪽 목적이 선이고, 어느 쪽 목적이 악일까요?

한 나라에 태어난 사람에게 그 나라에 유리한 것은 선이고 불리한 것은 악입니다. 가장 대표적인 사상이 마키아벨리즘입니다. 나라를 위해서라면 군주는 무슨 짓을 해도 괜찮다고 합니다. 그래서 이 사상은 냉소적으로 '마키아 이블evil', 즉 '마키아적 악'이라고 불리기도 합니다.

민족도 마찬가지입니다. 각 나라와 각 민족이 제각각 그리 생각합니다. 각 민족은 자기들을 하늘에서 내려온 착하고 고귀한 사람들이라 생각합니다. 그런데 하늘의 자손들이 서로 전쟁을 벌여 죽입니다. 각자 서로 적대하는 서로 다른 하늘에서 내려온 모양입니다.

춘추전국 시대의 유세가 遊說家(떠돌아다니며 떠드는 자)들에게 절대적 선악은 없었읍니다. 어느 나라가 되었건 그 나라에 가장 유리한 정책을 고안해 팔았읍니다. 자기 정책을 사줄 나라를 찾아 천하를 주유했읍니다. 이들은 주어진 상황에서 최선의 수를 찾는 알파고AlphaGo를 이상으로 삼읍니다.

사람들은 보편타당한 선악을 생각하지 않읍니다. 인류적 선악은 동물계는 고려하지 않으며, 동물계에 대한 선악은 식물계는 고려하지 않읍니다. 지구 밖에도 생물이 있다면 분명 온 우주적 선악이 있을 겁니다. 만약 그런 게 없다면, 선악은 다른 지방의 다른 언어로 전락합니다. 다른 지방에서는 다른 언어를 쓰듯이, 다른 지방에는 다른 선악 기준이 있을 겁니다.

사람들은 우주적 선악은 논하지 않읍니다. 목적론으로 가면 러시아 인형이 될 수 있읍니다. 매번 더 심층 목적에 의해 기존의 선악이 변합니다. 그러다 인형은 사라지고 선악도 사라집니다. 지금껏 수없이 변한 선악, 앞으로도 변할 터이니 지금 사라진들 아쉬울 것도 없읍니다.

사람들은, 드러난 선악 밑에 숨어 있는 더 깊은 선악을 논하지 않던, 단순하고 소박한 선악 개념이 지배하던 시대가 그립읍니다. 그때는 한 점 의심이 없이 온몸과 온맘으로 선을 높이고 악을 낮추었읍니다. 신은 천재지변과 길흉화복의 주재자입니다. 절대선입니다. 모두들 한맘으로 신을 섬겼읍니다. 우는 암탉은 집안과 사회를 망치는 공인된 악이었읍니다. 모두들 한맘으로 그런 암탉을 때려잡았읍니다.

이런 단순한 선악 개념은 민중에게 호소력이 있읍니다. 민중이 세속적·초월적 전체주의 망령에 넘어가고 휩싸이는 이유입니다.

상호 부조

_ 이익이 없으면 친구도 없다

미국 유학 시절에 유학생이 이사를 갈 때면 다른 유학생들이 짐을 나르며 도와주었습니다. 없는 건 돈이고 있는 건 시간이라 서로 시간을 기부했습니다.

여유가 있는 사람들은 이삿짐센터를 불러 이사를 합니다. 도와도, 서로 투자 정보 등 귀중한 정보를 주고받으며 돕지, 육체노동으로 돕지 않습니다.

예전 농경사회에서는 어려운 일이 있을 때마다 서로 도왔습니다. 소·말·나귀·낙타 당나귀 등 동물 힘을 빼면, 나머지는 다 사람의 힘이라 서로 힘을 합쳐 일을 했습니다. 돈은 없지만 시간은 있어 서로 열심히 시간을 나누어 주었습니다. 소위 품앗이입니다.

부농들은 품앗이를 안 합니다. 수백 수천 두락(마지기: 볍씨 한 말을 심을 크기의 논, 150~300평) 논을 수많은 노비들을 시켜 모내기합니다. 서로 돕는 일이 없습니다. 하지만 다른 종류의 품앗이를 합니다. 서로 힘을 합쳐, 잘못 다루면 크게 해를 끼치는 폭탄인 권력자를 접대하는 일을.

요즘은 품앗이도 없고 모내기하는 사람도 없습니다. 이앙기가 뜨거운 태양 아래 뜨거운 열을 내뿜으며 모내기합니다. 험하고 단순한 일은 기계가 하고, 사람들은 더 가치 있는 일에 시간을 씁니다.

품앗이를 해도 무형의 품앗이를 합니다. 대화상대가 되어주고, 놀이상대가 되어주고, 여행상대가 되어줍니다. 소위 친구 품앗이입니다.

농촌사람들이 더 착한 것도 아니고, 도시인들이 더 악한 것도 아닙니다. 사람의 육체노동적 도움이 많이 필요한 사회가 있고 그렇지 않은 사회가 있습니다. 선악의 문제가 아닙니다. 경제의 문제입니다.

품앗이가 필요없는 사회일수록 개인의 자유가 늘어납니다. 육체적 품앗이일수록 더 그렇습니다. 품앗이가 필수인 사회에서는, 품앗이가 개인의 의지에 따라 해도 되고 안 해도 되는 선행이 아니라, 안 하면 살아남기 힘든 생존수단이기 때문입니다.

농경사회는 거의 모든 사람들이 농사라는 같은 일에 종사합니다. 그래서 여럿이 같은 일을 같이하는 품앗이가 필요합니다. 경영 단위가 클수록 생산성이 높아지기 때문입니다.

현대 산업사회는, 수많은 사람이 수많은 서로 다른 일을 하는 사회입니다. 분업사회입니다. 이런 사회는 품앗이가 어렵습니다. 각기 하는 일이 다르기 때문입니다. 오히려 자기 일을 열심히 하는 게 선행입니다.

그리고 분업 사회에서는 구성원들이 수없이 많은 서로 다른 일을 하므로, 그리고 그 일들이 끝없이 시시각각 생멸生滅하므로 각각의 일의 가치를 특정인들이 인위적으로 정할 수 없습니다. 구성원들 자신이 정하게 내버려둘 수밖에 없습니다. 그 가치에 따라 남이 필요한 물건을 만들어 팔아 자기가 필요한 물건을 삽니다. 그런 거래가 일어나는 장소를 시장이라고 부릅니다.

개미와 베짱이

어떤 사람은 물질에 별 욕심이 없습니다. 한나절만 일하고 나머지 시간은 잠을 자거나 음풍농월吟風弄月하며 지냅니다. 고전을 읽으며 깊은 사유를 하기도 합니다. 겨우 굶어죽지 않을 정도로 생산합니다.

어떤 사람은 물질에 욕심이 많습니다. 재물만 봐도 기분이 좋습니다. 광에 쌀을 가득 쌓고, 옷감을 높이 쟁이고, 땔나무를 가득 해놓습니다. '책 읽는다고 쌀이 나오나 옷감이 나오나' 하면서 책은 소가 닭 보듯 합니다.

개미와 베짱이 얘기는 다시 볼 필요가 있습니다. 개미는 봄 여름 가을 내내 일만 하고 베짱이는 노래만 불렀습니다.

한 해 일회성이 아니라 매해 그리해서 평생 그럴 겁니다. 개미는 단 한 번도 인생을 즐긴 적이 없습니다. 설사 즐겼다 해도 크게 즐긴 적도 바도 없습니다. 베짱이는 당당해야 합니다. "나는 춘삼월 호시절, 만물이 생육하는 한여름, 풍성한 가을 모두 원없이 즐겼으니 이제 추운 겨울이 와 굶어죽어도 여한이 없다. 너희 개미들처럼 평생 일만 하고 살 생각은 추호도 없다." 이래야 합니다.

그런데 어떤 사람들은 개미를 비난합니다. 일밖에 재물밖에 모른다고. 그런 삶이 불행한 삶이라면 동정을 하고 가엾게 여겨야 합니다. 불행한 사람은 연민의 대상이지, 비난의 대상이 아니기 때문입니다. 사람들은 남의 불행보다 행복에 더 괴로워합니다.

어느 누구도, 다른 누구에게, 얼마큼 일하고 얼마큼 놀지, 무슨 일을 하고, 무슨 일을 좋아할지 정해주며 강제할 수 없습니다.

사람들마다 취향이 다릅니다. 어떤 사람은 돈을 좋아하고 어떤 사람은 문학을 좋아합니다.

'문학이 돈이 안 된다'고 불평하는 것은 '돈이 문학이 안 된다'고 불평하는 것과 같습니다. 돈이 많다고 해서 저절로 문인이 되는 게 아니라면, 문학을 한다고 해서 저절로 돈이 생기지 않는 건 당연한 일입니다.

그러므로 문인이라고 해서 돈이 생기지 않는 것은, 부자라고 해서 저절로 문인이 되지 않는 것처럼, 지극히 평등한 일입니다.

사람들은 부자들이 부자가 되기 위해 투자하고 희생한 시간은 고려하지 않습니다. 지금껏 자기가 좋아하는 일에 시간을 쓴 사람은 후회하지 않습니다. 만약 그렇지 않다면, 그 사람은 시간을 허비한 사람입니다. 남의 시간만 부러워하는 사람입니다.

매순간을 충만히 산 사람들은 후회가 없습니다.

사람들이 불행해지는 이유는 자신만의 삶을 발견하지 못해서 그렇습니다.

생각보다 심각한 문제, 똥

_ 입으로 들어가는 게 아니라
입에서 나가는 게 사람을 더럽힌다 〈예수〉

달에서 오줌을 눈 사람이 있습니다. 1969년 닐 암스트롱이 인류 최초로 달에 갔을 때, 동행한 우주인 버즈 올드린Buzz Aldrin이 달 표면에 서서 오줌을 누었습니다. 만약 달 표면에 오줌을 누었다면, 달에는 공기가 없으므로 오줌이 만든 '노란색' 극소형 분화구가 남아 있을 겁니다. 앞으로도 별일이 없는 한 영원히. 하지만 아쉽게도 올드린은 특수장비를 이용해서 달 표면이 아니라 우주복 안에 누었습니다.

콘돔 모양으로 생긴 라텍스 안에 오줌을 누었는데 오줌이 장화 안으로 흘러내려 달 위에서 철벅거리며 걸었습니다. 달착륙선이 달에 예상보다 부드럽게 착륙하는 통에, 착륙 시 받는 압력으로 접히게 되어 있는, 착륙선 다리가 충분히 접히지 않아 제법 높은 높이에서 달 표면으로 뛰어내리다 그 충격으로 우주복 안에 달린 플라스틱 오줌통이 찢어졌기 때문입니다. 재미있는 여담이 있습니다. 콘돔 모양의 소변 도구는 처음에는 대·중·소 3가지로 만들어졌는데, 어느 누구도 작은 걸 신청하지 않아 나중에 한 사이즈로 통일했다고 합니다. 만약 작은 걸 신청했다면 '공인된 물건 작은 놈'이라고 두고두고 놀림을 받았을 겁니다. 이건 남자에게 죽음보다 더 치욕적인 일이니까요.

아무튼 버즈 올드린은, 달에 처음 간 영광은 닐 암스트롱에게 빼앗겼지만, 인류 최초로 (아마 우주 최초로) 달에 서서 오줌을 눈 영광을 차지했읍니다.

만약 그가 달 표면에 오줌을 누었다면 어떤 일이 벌어질까요? 먼 훗날 외계인이 또는 신선이 달을 방문하는 경우 그 기묘한 노란 흔적을 보고 놀랄 것입니다. 에베레스트를 인류 최초로 올라간 사람이 정상에서 까만 새똥을 보고 놀라듯이.

이런 표현도 가능할 겁니다. '물 한 방울 없는 고요한 바다 Mare Tranquillitatis에서 벌어진 일이다. 거기 최초로 물방울이 떨어지고 그 소리가 태고의 정적을 깨뜨리는 소란이 일어났다.'

달에서는 오줌이 엄청나게 멀리 나갑니다. 그렇다고 정력이 세진 것은 아닙니다. 단지 달의 중력이 약하고 공기저항이 없을 뿐입니다.

10년 전에 국제학회 참석차 모로코에 갔다 큰 봉변을 당한 적이 있읍니다. 투어를 하고 국제센터라는 현대적 건물로 들어갔읍니다. 화장실에서 일을 보고 나니 화장지가 안 보이는 겁니다. 큰일났읍니다. 속옷을 쓰고 버려야 하나 고민하는데 벽에 수도꼭지가 보이고, 그 밑에 물통도 보입니다. 할 수 없이 손으로 처리하고, 점심을 먹으러 일행이 기다리고 있는 식당으로 갔읍니다. 사람들의 왼손을 보자 전과 다르게 얄궂은 상상이 떠오릅니다. '혹시 저 손도⋯?'

아랍 사람들은 식사 때 오른손만 이용을 합니다. 그 이유를 깨달은 날입니다. 역시 왼손으로 뒤를 닦는 인도인들이, 탑돌이나 불상돌이나 성자돌이를 할 때, 왜 시계방향으로 도는지 깨달은 날이기도 합니다. 반시계방향으로 돌면, 똥 닦은 더러운 왼손이 순결하고 성스러운 탑·불상·

성자 쪽으로 향하기 때문입니다.

사랑을 할 때도 오른손으로 오른손을 잡아야 합니다. 최상은 당신의 오른손으로 상대방의 왼손을 잡아주는 겁니다. 상대방의 모든 걸 사랑한다는 표시입니다. 상대방은 더러운 자기 왼손을 감싼 순결한 당신의 오른손을 보며 더없이 감동할 겁니다.

요즘 4대강 문제로 시끄럽습니다. 반대하는 사람들은 녹조를 문제로 삼습니다. 그런데 환경학 박사인 이화여대 박석순 교수에 의하면, 녹조 발생 제1 원인은 동물(사람)분뇨와 생활하수라고 합니다. 똥오줌만 잘 처리해도 4대강 문제는 안 일어날 문제라는 겁니다.

이처럼 배변은 중요한 일입니다. 아주 중요한 일입니다.

군대에서 야전훈련을 나가면 맨 먼저 하는 일이 화장실을 만드는 일입니다. 땅을 파 구멍을 만들고 그 주위에 천막을 두릅니다.

천안문 사태 때 천안문 광장에 백만 명씩 모여 시위를 할 때, 화장실을 어떻게 해결했을까요? 광장가에 있는 배수로의 블록을 하나 걸러 들어내 화장실로 썼습니다. 주위를 길게 천막으로 둘렀지만, 칸막이는 없었습니다. 수천 명이 엉덩이를 까고 줄지어 일 보는 모습은 장관이었을 겁니다. 그걸 목격했으면, '과연 중국은 대국이구나' 하는 감탄사가 절로 나왔을 겁니다.

이 화장실이 없었으면 천안문 사태는 일어나기 힘들었을 겁니다. 백만 명이나 되는 많은 사람들이 모이는 게 쉽지 않았을 것이기 때문입니다. 후에 수천 명이 민주화의 꿈을 이루지 못하고 학살당했지만 시원하게 변을 보았으니 그나마 다행입니다.

로마도 마찬가지였습니다. 기다란 대리석에 구멍을 줄지어 뚫어놓았읍니다. 그 위에 남녀가 같이 나란이 앉아 일을 보았읍니다. 뒤는 긴 봉 끝에 달린 스펀지로 닦았읍니다. 사용 후에는 식초나 고염도 해수가 담긴 통에 담가두었읍니다. 아마 소독과 악취제거가 목적이었을 겁니다. 스펀지를 통에 담기 전에, 다음 이용자를 배려해서 대충이라도 헹구고 짜내는 게 예절바른 행동이었읍니다.

범선의 화장실은 배 후미에 돌출시켜 만들었읍니다. 나무 판에 구멍만 뚫어놓았읍니다. 똥은 바다로 직하했읍니다. 물고기들이 평생 맛본적 없는 진미를 만끽했을 겁니다. 일종의 천공天供(하늘에서 내려오는 음식)입니다. 이 물고기들은 천공에 맛이 들려 훗날 낚시바늘에 걸린 찌를 먹고 물 위로 승천했을 가능성이 큽니다.

하마 똥과 고래 똥이 수중 생물들의 먹이가 된다고 합니다. 강과 호수와 바다를 풍요롭게 한다고 합니다. (하마는 풀을 자르고 갈아 먹고 삭혀 소화하기 쉬운 형태로 만들어 배설하고, 고래는 크릴새우를 먹고 먹기 좋게 뭉쳐서 엄청난 양을 배설합니다. 거대한 연기처럼 뿜어져 나옵니다. 지름이 10미터나 됩니다. 고래는 수면 가까이서 변을 보는데, 변은 낮에는 눈부신 햇빛을, 밤에는 은은한 달빛을 배경으로 천공처럼 만나처럼 아래로 떨어지며 수중 생물에게 축복을 내립니다. 특히 식물성 플랑크톤의 애호식품입니다. 이들은 고래 똥을 먹고 자라면서 대기 중의 이산화탄소를 빨아들여 공기를 정화합니다. 고래 똥은 그 크기나 역할에 있어서, 진정 '위대한' 똥이 아닐 수 없읍니다. 아래 첨부한 사이트에서 향유고래의 배변 장면을 보시기 바랍니다. 변은 지름 30미터 크기로 폭풍같이 퍼집니다.http://www.keriwilk.com/whale-poop/)

범선에서 뒤는 오래된 낡은 닻줄로 닦았읍니다. 대항해 시대가 도래하자 수많은 사람들이 바다로 나갔으며 바다는 더욱 풍요로워졌읍니다.

그리스에서는 도기 조각을 이용했습니다. 종종 도기 조각에는, 사용하기 전에, 원수의 이름을 적어 놓았습니다. 원수의 얼굴에 자기 똥으로 똥칠을 해주는 겁니다. 냄새가 고약할수록 더 좋을 겁니다!

흉노족은 적의 해골을 요강으로 사용했다 합니다. 적을 죽인 후에도 그 머릿속에 오줌을 갈기며 오랫동안 분풀이를 하는 겁니다.

최초의 규격화된 화장지는 1191년 송 황제의 칙령으로 만들어졌습니다. 가로 2.5cm 세로 7.5cm였습니다. 훌륭한 크기입니다! 금나라에 쫓겨 양자강 남쪽으로 도망간 뒤에도 규격 화장지를 만들다니, 송은 과연 문화대국답습니다. 14세기 중국 저장성에서 처음으로 화장지가 대량생산됩니다.

농촌에서는 쌀·밀·보리 등 곡식의 줄기를 말린 짚을 애용했습니다. (알곡은 먹는 데 쓰고, 줄기는 싸는 데 쓴 겁니다. '꿩 먹고 알 먹고'입니다.) 짚으로 꼰 새끼줄을 이용하기도 했습니다. 그걸 화장실에 걸어놓고 그 위에 올라타 앞뒤로 '쓱쓱' 문지르는 겁니다. 농사를 짓지 않은 아메리카 원주민들은 작은 나뭇가지, 마른 풀, 굴·조개 껍질을 이용했습니다. 다른 지방에서는 돈으로 쓰는 조개를 화장지로 사용했습니다. 돈 보기를 화장지 보듯 한 겁니다!

에스키모들은 여름에는 툰드라 이끼를, 겨울에는 눈을, 사용했습니다. 영양분 풍부한 그 눈이 여름에 녹아 이끼를 살지게 합니다. 친환경 뒤닦기라 아니 할 수 없습니다. 환경보호론자들이 이상으로 삼을 만합니다.

이론異論이 있으나 에스키모들은 눈을 수십 가지로 구분했다 합니다. 눈 속에서 살았으니, 싸락눈·함박눈·진눈깨비 등 몇 개 안 되는 우리에 비해 많을 수밖에 없었겠지요. 혹시 이런 일은 없었을까요? "모처럼 뒤 닦기 좋은 눈이 내린다. 눈이 그치는 대로 일을 보자!"

바이킹들은 양털을 이용했습니다.

임진왜란 기간인 1596년에 영국여왕 엘리자베스 1세의 대자godson가 수세식 변기를 발명했으나, 1857년이 되어서야 상업용 화장지가 시중에 유통되기 시작했습니다. 한쪽에서는 전쟁이 나서 수백만 명이 죽어나가는데, 다른 쪽에서는 무심하게 변기개량에 신경을 쓰고 있습니다. 조그만 지구 위에서 이런 일이 일어나다니, 배변이 그만큼 중요한 일이 아니라면, 좀처럼 위안이 되지 않을 겁니다.

중국 왕실에서는 표주박 모양의 구멍이 뚫린 나무틀 밑에 호자虎子라는, 은이나 동으로 만든 금속제 통을 변받이로 둔 의자를 변기로 사용했습니다. 여종이 기다리다가 씻어주고 양 끝에 아름답게 수가 놓인 부드러운 천으로 닦아주었다고 합니다.

호자의 유래는 이렇습니다. 성인에 앞서 나타난다는 전설의 동물 기린은, 자기 앞에 엎드려 위를 향해 벌린, 호랑이 입에 오줌을 누었다고 합니다. 성인이 나시기를 기원하며 오줌을 눈 겁니다.

미국은 마른 옥수수 속대corncob를 이용했습니다. 옥수수를 주식으로 한 남미 원주민들도 그랬습니다. 다 먹고 남은 깡치를 말려두었다 뒤 닦는 데 썼습니다. 먹는 데, 싸는 데, 이중으로 써먹었습니다. (그걸, 엉덩이에 대고, 왼쪽에서 오른쪽으로 혹은 반대 방향으로 밀거나, 속대를 회전축으로 삼아 돌렸습니다. 생각보다 부드러워서, 화장지가 나온 후에도 일부 유럽인들은 옥외변소에서는 이걸 더 선호했습니다.) 나중에야 신문 광고전단 등 종이를 이용했습니다. 책력에 구멍을 뚫어 벽에 걸어놓고 사용했습니다. 필자의 어린 시절에도 이랬습니다. 농촌에서는 호박잎도 사용했습니다. 약간 거칠거칠했습니다. 이런 고민을 반영해서, 미국에는 1935년까지도 '가시 없는' 화장지 선전이 있었습니다!

중국 선불교의 간시궐乾屍橛이란 화장지 대용 대나무 막대기입니다. 정목淨木이라고도 합니다. 일을 본 후 여기다 대고 문질러 닦았으며, 주기적으로 청소를 해주었습니다.

부처가 뭐냐는 질문에 당나라 운문선사雲門禪師가 '간시궐'이라 답을 한 것은, 부처·중생·염정染淨(더러움과 깨끗함)에 대한 분별심을 경계한 것입니다. 임제도 '무위진인無位眞人이란 무엇이냐'고 묻는 납자의 멱살을 잡고 흔들며 소리쳤습니다. "이 무슨 똥 닦아내는 막대기(간시궐) 같은 소리냐?"

송나라 승려 종색의《선원청규禪苑淸規》대소변리와 일본의 승려 도겐의《정법안장正法眼藏》세정 편에 자세한 내용이 나옵니다. '먼저 간시궐로 닦아낸 뒤 오른손에 물통을 들고 왼손으로 물을 떠 뒤를 닦는다. 그 뒤에 손을 철저히 씻어야 한다. 재·흙·세정제로 3, 3, 1 총 7번을 씻는다. 그것도 팔뚝까지!'

불교 역사상 최초의 분규인 코삼비 사건은 똥 때문에 일어났습니다. 두 비구가 같이 살았는데 어느 날 한 비구가 화장실을 이용하고 정통淨桶(물을 담아두는 통, 씻는 데 이용)에 물을 채워두지 않았습니다. 다른 비구가 규정을 어겼다고 비난하고 그 비구는 방어하면서 문제가 시작되었습니다. 코삼비의 비구들이 두 패로 갈려 각자 두 비구 중 한 비구 편을 들며 큰 싸움으로 번졌습니다. 부처님은, 꾸짖고 타일러도 비구들이 싸움을 그치지 않자, 코삼비를 떠나버립니다. 화가 난 코삼비 신도들이 공양을 끊자, 비구들은 비로소 제정신이 돌아와 싸움을 멈추었습니다.

부처님은 마음챙김mindfulness을 가르치셨습니다. '손을 쓸 때, 걸을 때, 사물을 볼 때, 소리를 들을 때, 냄새를 맡을 때, 음식을 먹을 때 깨어 있으라' 했습니다. 범사에 그리하라 일렀습니다. 심지어 '변을 볼 때도 깨어 있으라' 했습니다. 만약 코삼비 비구들이 그리했더라면 소소한 일을 이유로 승단의 화합을 깨뜨리지 않았을 겁니다.

고대인들에게 똥은 큰 문제였습니다. 하지만 농부들에게는 큰 문제가 아니었습니다. 오히려 고마운 존재였습니다. 모아두었다가 자기 논밭에 거름으로 주면 되었습니다. 그래서 '소변을 봐도 자기 밭에 한다'는 말이 있을 정도였습니다. 예를 들어, 외출 중에 소변이 마려우면 '십리 길이라도 참고 자기 밭에 가서 눈다'는 겁니다. 풀을 모아 똥오줌을 섞고 썩혀 두엄(퇴비, 堆肥)을 만들었습니다.

똥오줌은 도시인들에게는 큰 문제였습니다.

중세유럽은 똥 문제가 심각했습니다. 길은 말 똥오줌으로 덮이고, 아침마다 창밖으로 밤새 요강에 모은 분뇨를 내던졌습니다. 유럽 도시에는 두 개의 통을 들고 망토를 두른 여자들이 다녔습니다. 하나는 큰거, 하나는 작은 거를 보는 데 이용되었습니다. 망또는 손님이 일을 보는 동안 가려주는 데 사용되었습니다. 일종의 이동식 공중화장실이었습니다.

16세기 네덜란드의 대학자 에라스무스는 저서《중세의 예절On civility in boys》에서 '길을 가다 똥누는 사람을 보면 물끄러미 쳐다보지 말고 빨리 지나가라'고 권합니다. 도시에선 이렇게 할 수 없었기에 똥통이 생긴 겁니다. '계단에, 커튼 뒤에 똥오줌을 싸지 말라' 합니다. (무릇 모든 금기 사항은 이미 그런 일이 성행하고 있었다는 증거입니다. 당시 집에는 화장실이 없었습니다. 심지어 모든 유럽 군주들의 꿈이었던 루브르 궁에도 없었습니다. 왕실은 요강을 이용했지만, 손님들은 숲에 들어가 적당히 일을 봐야 했습니다.)

에라스무스는 계속해서 말합니다. "여관에서 침대에서 더러운 것을 보아도 '집어들고 이것 좀 보세요' 하지 말라. 같은 침대를 쓰는 낯선 사람의 두 발 사이에 자기 발을 집어넣지 말라" 등등. 이 책이 향후 200년 동안이나 베스트셀러였다 하므로 똥문제가 얼마나 심각하게 지속되었는지를 알 수 있습니다.

낙원에서도 똥은 중요한 문제입니다. 불교에 미륵보살의 용화세계가 있습니다. 이 세계를 묘사한 《미륵하생경彌勒下生經》은, 다른 종교 낙원들과 다르게 화장실에 대해서 언급을 합니다. 변을 보려면 땅이 열리고 변을 다 보면 땅이 닫힙니다. 지금의 수세식 변기와 비슷합니다. 하지만 변을 닦는 방법에 대해서는 언급이 없습니다. 인도·중동·아프리카는 지금도 물을 씁니다. 중국 상류층은 천(무명·비단)을 썼고 6세기에는 종이를 썼습니다.

위 경전이 화장실을 언급한 이유는, 이 낙원 용화세계에서는 지금과 같은 음식을 먹기 때문입니다. 향기로운 껍질이 없는 쌀을 먹고삽니다. 그러므로 싸야 합니다.

참고로 《미륵하생경》은 쓰레기 문제도 다루고 있습니다. 섭화葉華라는 귀신이 밤에 거리를 다 청소합니다. 지금의 환경미화원들도 밤에 청소합니다.

종교에는 선언만 있습니다. 증명은 없고 선언만 합니다. (골치 아프게 증명을 요구하고 제시된 증명을 살펴보지 않아도 되는 게, 역으로 종교의 매력일 수 있습니다.) 믿으면 낙원에 간다고 주장합니다. 하지만 그런 낙원이 어떻게 만들어지는지에 대해서는 설명이 없습니다. 전혀 없습니다. 믿기만 하면 된답니다. 배변 전후에 어떻게 땅이 열리고 닫히는지에 대해서는 언급이 없습니다. 그냥 그렇게 된다는 선언만 있습니다.

수세식 화장실, 쓰레기청소차, 곡물품종개량, 합성섬유, 방직기계 등은 다 인간이 만든 것입니다.

정리하자면 이렇습니다. 부유한 사람들은 모·면·삼·비단·종이·레이스를 이용했고, 보통사람들은 강에 변을 보고 손으로 닦거나, 천조각·나무주걱·나뭇잎·건초·짚·풀·밧줄·새끼줄·대나무·돌멩이·모래·이끼·눈·도기조각·과일껍질·조개껍질·코코넛껍질·옥수수속대 등 이용 가능한 것은 다 이용했습니다. 그러다 조그만 구멍이 줄지어 뚫린 화장지를 발명하고, 손을 대지 않고 물로 씻고 바람으로 말려주는 비데를 발명하게 된 것입니다. '손도 대지 않고 코를 푼다'는 말이 딱 이 경우입니다. 손도 대지 않고 뒤를 닦으니 말입니다. ㅎㅎㅎ

아, 묻지 않은 질문이 있습니다. 에덴동산에서 아담과 이브는 뭘로 뒤를 닦았을까요? 식물만 먹어서, 염소 똥같이 섬유질로 이루어진, 향기로운 환약 같은 똥을 누어서 뒤를 씻을 필요가 없었을까요? 그렇다면 노아 홍수 후에 육식을 하게 되면서, 냄새나는 질퍽한 똥을 누게 되면서, 뒤를 닦게 된 걸까요? 그리고 온갖 항문질환에 시달리게 된 것일까요?

아니면 죄를 지은 후 옷을 입게 되면서 옷을 더럽히지 않으려고 뒤를 닦게 된 것일까요?

아무튼 〈창세기〉에 똥에 대한 언급이 없는 것은 참으로 이해하기 힘든 이상한 일입니다. 먹은 것에 대한 언급은 있으면서도 싸는 것에 대한 언급이 없으니 말입니다.

이처럼 똥오줌은 아주 중요한 일입니다. '만나면 반드시 헤어져야 한다'는 회자정리 會者定離입니다. 먹은 것은 몸을 떠나가야 합니다. 죽음은 모든 것을 서로 헤어지게 만듭니다. 그래서 '죽음이 우리를 갈라놓을 때까지'라는 표현도 있습니다. 음식은 소화가 다 될 때까지만 붙들어 둘 수 있습니다. 소화가 끝나면 후진 後進을 위해 몸을 떠나가야 합니다.

생명체도 그렇습니다. 하지만 죽을 때 시체만 남겨놓으면 사람이 아닙니다. 좋은 기억과 지식과 사랑과 지혜를 남겨야 합니다. 평생 먹고 남은 게 똥뿐이라면 슬픈 일입니다.

쓰레기 행성

_ 쓰레기를 우주로 쏘아버리자는 사람들이 있다
이런 사람들은 지구를 둥지로 간주하는 조류이다

어떤 마을이, 거기 살던 늙은 농부들이 다 죽자 폐가로 가득 차더니, 지붕이 무너지고 귀신이 나올 것 같은 을씨년스러운 곳으로 바뀌었읍니다. 이 마을을 개조해야 될까요? 그 이유는요?

만약 그 마을이 깊은 산속에 있다면요?

우주여행을 하다가 지구에서 5광년쯤 떨어진 곳에서 쓰레기 행성을 발견했읍니다. 대륙은 플라스틱 등 온갖 쓰레기로 덮여 있었읍니다. 당연히 길짐승이 살지 못하는 땅으로 변해 다 멸종했읍니다. 바다도 중금속 화학물질로 오염이 돼 물고기들이 다 죽고 없었읍니다.

지구인들이 이 행성을 청소해야 할까요? 그 이유는 무엇인가요?

다시 세월이 흘러, 지구로부터 100광년 거리에서 생명체가 전혀 없는 쓰레기 행성을 100개나 발견했읍니다. 지구인들이 이 행성들을 청소해야 할까요? 그 이유는요?

다중우주론에 의하면 우주가 많다고 합니다. 그럼 지구인들은 다른 우주에 있는 쓰레기 행성도 청소해야 할까요? 그 이유가 궁금하네요.

평행우주론에 의하면 그리 가는 게 불가능한 우주가 존재한다고 합니다. 그중 일부 우주는 쓰레기 더미로 뒤덮여 있답니다. 가능하다면 지구인들이 가서 청소를 해야 할까요? 누구를 위해서요? 이유를 말해 보세요.

우리는 우리가 사는 곳만을 깨끗하게 청소하는 경향이 있다. 그래서 어떤 사람은 자기 집은 유리알같이 깨끗하게 해놓지만, 거리에는 쓰레기를 버린다. 실제로 아프리카나 네팔에 가면 집 밖에 쓰레기를 마구 버려 여기저기 쓰레기가 쌓여 있다. 바람에 날려다닌다. 나무에도 걸려 있고 지붕에도 걸려 있다.

이런 습성은 동물적 습성이다. 동물은 절대 자기 집 밖을 청소하지 않는다. 동물에게 집 밖은 쓰레기통과 동의어이다. 새도 쥐도 개미도 똥과 쓰레기를 마구 둥지 밖과 굴 밖으로 투척한다.

그런데 어떤 사람은 자기 집뿐만이 아니라 자기 동네도 자기가 사는 곳이라고 생각하고 동네에 쓰레기를 안 버린다.

(그런데 어떤 사람이 항변을 한다. 자기가 길과 거리에 쓰레기를 버리는 것은, 그곳들을 자기 집이 아니라고 생각해서 버린 것이 아니라, 청소부들이 치워주기 때문이라고 했다. 그러자 다른 사람이 맞장구를 친다. 자기는 자기 집에서 아무데나 쓰레기를 버리는데 부인이 다 치워준다고 했다. 실제로 이런 일이 일어난 적이 있다. 프랑스 사람들이 파리 거리가 깨끗하다고 시민들의 공중도덕심이 높다고 자부심을 느꼈다. 그런데 청소부들이 며칠 파업을 하자 거리가 쓰레기로 덮였다. 알고 봤더니 운전자들이 신호등에 혹은 길가에 정차해 있을 때 차 밖으로 쓰레기를 버리고 있었다. 그들은 그걸 치우라고 세금을 내서 청소부들을 고용한 것이라고 하며 당당했다. 주당들이 술을 미친 듯이 마시는 이유는 간이 청소해 줄 것이라고 믿기 때문이다. 어느 날 간이 파업을 하면 그걸로 끝이다.)

나라 전체를 자기가 사는 곳이라고 생각하는 사람도 있고, 지구를 자기가 사는 곳이라고 생각하는 사람도 있다. 아마 그린피스가 이런 부류에 속할 것이다. 그런데 우주 전체를 자기가 사는 곳이라 생각하고 우주를 깨끗이 하자고 생각하는 사람이 있을까? 우리가 사는 곳이란, 혹시 우리가 가려고 맘을 먹으면 갈 수 있는 곳이란 뜻이 아닐까?

신라시대에 신라인들이 '지구 반대편 아프리카 대륙에 쓰레기가 산처럼 쌓인다 한들' 신경이나 쓰겠는가? 우리가 사는 곳이란 '우리에게 영향을 미치는 곳'이란 뜻일 것이다. 만약 그 아프리카 대륙에 쌓인 쓰레기가 홍수에 바다로 쓸려 들어간 다음 해류를 타고 신라까지 오면 생각이 달라질 것이다. 쓰레기 썩는 냄새가 바람을 타고 신라까지 날아와 악취를 풍겨도 생각이 달라질 것이다.

우리 몸이란 우리에게 직접적으로 영향을 미치는 물질의 집합이다. 맞거나 찔리면 아픈 곳이다. 추위와 더위를 느끼는 곳이다. (예를 들어 입술이 없어지면 이가 시리므로 입술은 우리 몸이다.) 이 관점으로 보면, 사는 집에 구멍이 뚫리거나 지붕이 무너지면 추위와 더위를 느끼므로, 집도 우리 몸이다. 설사 살지 않더라도, 집 가격이 떨어지므로 마음에 아픔을 느낀다. 그러므로 넓게는 우리 마음에 아픔 등 영향을 주는 것은 우리 몸이다.

하지만 영향을 주는 것이 꼭 물질적인 것일 필요가 없다. 예를 들어 우리나라 학생들이 국제 수학올림피아드에 나가 꼴등을 했다는 소식을 듣고 마음이 아플 수가 있기 때문이다.

순수한 심미적 관심으로 멀리 떨어진 곳의 쓰레기 문제를 걱정하는 경우는 없을까? 예를 들어 시리우스좌 행성의 문제를. 밤에 그 행성을 쳐다보며 한숨을 쉬는 것이다. 저 별자리가 아름다운 줄 알았는데 쓰레기 더미래, 휴~.

밤마다 멀리서 아름다운 빛이 나오는 곳이 있었다. 그걸 주제로 시까지 써서 발표했다. 어떤 곳일까 궁금해서 어느 맑은 날 고배율 망원경으로 살펴보았다. 그랬더니 쓰레기 소각장이었다! 한숨이 절로 나왔다. 시리우스 경우가 바로 이런 경우다.

그런데 과학이 발전을 안 하면 그곳이 더러운지 아닌지 알 수 없을 것이므로 한숨을 쉴 일도 없을 것이다. 뭘 알아야 한숨도 쉴 터이니 말이다. 고배율 망원경으로 들여다보거나, 우주선을 띄워 가보지 않으면 무슨 수로 알 수 있겠는가?

많이 알수록 우리의 의식은 대상을 향해 멀리 넓게 퍼진다. 우리 몸에 신경이 거미줄처럼 퍼져 몸에 일어나는 일들을 낱낱이 감지하듯이, 우주에 의식이 거미줄처럼 퍼져 우주에 일어나는 일들을 세세히 알게 되면 우주도 우리 몸이 될 수 있다. 아니 우리가 될 수 있다.

04장

종교에 기초한 인생관은 거래이지 선한 사마리아인의 인생관이 아니다. 종교는 항상 달라고 한다. 먹어도 먹어도 배가 고픈 거지처럼 달라고 한다. 안 주면 천국으로 어르고 지옥으로 협박한다. 종교 때문에 선행을 하고 악행을 삼가는 사람은, 만약 천국이라는 상과 지옥이라는 벌이 없으면, 선행을 안 하고 악행을 일삼을지 모른다. 하지만 종교를 안 믿으면서도 선행을 하고 악행을 삼가는 사람은, 종교가 있건 없건 변함없이 그리한다. 사후死後 보상을 바라지도 않는다. 이런 사람들이 지구를 그나마 살 만한 곳으로 유지해왔다. 소위 '우리 안의 선한 본성the better angles of ourselves'을 지닌 사람들이다. 그럼에도 유일신교 종교인들은 이들을 무신론자들이라고 멸시했고 지금도 멸시한다. 우리 안에 선한 본성이 있다면 종교 때문에 생겼다기보다는 '종교에도 불구하고' 생기고 유지되고 발전한 것이다. 서로 상이한 주장을 하는 수많은 종교가 어떻게 인간 선의 기원일 수 있겠는가? 종교는 인간 선악善惡의 투영投影, 즉 그림자일 뿐이다.

인생관

면 하나님과 십계명

전 면을 좋아해요. 그래서 가끔 몽상을 하지요. 롯데건물만 한 빌딩을 짓죠. 그리고 그 안에 전 세계 면을 다 가져다 각양각색의 면 요리를 하는 레스토랑을 여는 거죠. 하나둘 서넛이 아니라, 건물 전체를 레스토랑으로 만드는 거죠. 그 안에 호텔도 있어요. 거기 묵으면서 일 년 열두 달, 면 요리로 포식을 하는 거죠. 날마다 어떤 면 요리를 먹을까 상상과 기대로 한껏 부푸는 거죠. 그러다 어느 날 주방장이 듣도 보도 못한 면을 깜짝 이벤트로 내놓으면, 감동해 눈물을 흘리고 비명을 지르며 있는 그대로 마음을 표현하며, 감추어두었던 선물을 내놓는 연인을 보듯 사랑스럽게 먹어주는 거죠. 마파람에 게 눈 감추듯. 대형 호재에 주식을 쓸어담듯.

"오, 하나님, 저에게 이런 맛을 허용하시다니요. 오늘 살아 있어 이런 면을 먹을 수 있다니 이보다 더한 복이 있을까요. 내일도 살아 있어 또 면을 먹게 하소서. 과거도 오늘도 내일도 면을 먹는 은혜와 축복이 영원하게 하소서."

뭐 이런 감사의 기도문을 읊조리는 거죠. 면 기도문이라고나 할까요.

"너희는 내 앞에서 다른 음식을 섬기지 말라. 다른 음식엔 돈을 지불하지 말라. 보지도 말고 냄새도 맡지 말라. 아예 거론도 하지 말라. 생각만 해도 죄이니라. 다른 음식 그림과 사진을 만들거나 찬양을 하지 말라. 다른 음식의 형상을 만들지 말라. 항상 몸과 마음에 나만 모셔두고 생각하거라.

수입의 10분의 1은 나의 성전인 면식당에 바쳐라. 하지만 매주 하루는 면을 먹지 말고 단식을 하며 나에 대한 그리움을 키워라."

일종의 '면 하나님' 십계명이죠.

저는 이 십계명을, 물고기가 물을 숨쉬듯 종달새가 노래를 부르듯 아지랑이가 하늘거리듯, 아무 어려움이 없이 몹시 즐겁게 실천할 수 있을 정도로 면을 좋아한답니다.

꿈과 죽음

_ 잠에 드는 걸 두려워하는 사람은 없다
하지만 죽음을 두려워하는 사람은 많다
영화 상영이 없기 때문일까?
죽음이란
영화 상영이 끝난 어두운 영화관에 들어가는 것이다

죽음의 세계와 꿈의 세계는 놀랍게도 비슷한 점이 많지요.

우리는 잠에 들면 몸을 움직이지 못하지요. 하지만 꿈속에서 마음이 살아 있지요. (그래도 철길에서 침목을 베고 누워 있을 때 기차가 돌진해 와도 여전히 몸은 움직일 수 없죠.) 그러다 아침이면 거짓말처럼 다시 몸이 움직이지요.

옛날 사람들은 죽음도 이럴 거라고 믿었지요. 죽음이란, 깨어나는 데더 시간이 걸릴 뿐인 깊은 잠이라고 생각했지요. 그래서 무덤에 생전에 쓰던 물건들을 넣어주었지요. 옷·칼·장신구·물항아리·곡물항아리도 넣어주고 말동무하고 일을 거들어주라고 부인과 하인들도 같이 묻어주었지요. 무덤을 지키라고 멍멍이도 묻어주고 먼길 편히 가라고 말도 묻어주었지요.

이집트 같은 곳에서는 장기를 깨끗이 씻어 항아리에 넣어주기도 했지요. 죽은 듯 숨을 죽이고 있다가 비가 오면 싹을 틔우며 살아나는 아주 오래된 씨앗처럼, 죽은 이가 생명의 기운을 받으면 (그게 언제인지는 아무도 모르지만) 다시 일어나 주섬주섬 옷을 챙겨 입듯 장기를 자기 몸에 끼워넣을 것이라고 생각한 거죠.

사람들은 살아가면서 매일 밤 죽고 다음 날 아침에 부활하죠. 50년이면 자그마치 1만 8,250번을 죽었다 살아나죠. 인생의 3분의 1을 죽음 속에서 보내지만, 다시 살아나 나머지 3분의 2를 살지요. 이 위대한, 수만번 되풀이되는 하루 동안에 일어나는, '탄생과 죽음의 사이클'에서 영감을 받아 인생 자체가 하나의 낮과 밤이라고 생각이 비약했죠. '삶은 낮이고 죽음은 밤이다. 죽어도 어느 때 어느 곳에서 다시 깨어나 삶을 이어간다.' 그렇게 생각했죠. (설사 이게 사실이라 해도, 우리는 우리가 태어나기 전의 삶을 전혀 기억하지 못하죠.)

600만 년 전에 침팬지와 공동 조상으로부터 갈라진 후에, 안전한 나무 위에서 내려와 위험으로 가득한 초원에서 살면서, 숱한 삶과 죽음의 투쟁 속에서 가까스로 고등 의식이 생겨난 사람들은, 라스코 동굴 등에 그림을 그리면서 꿈에 대해 생각을 하며 위대한 통찰을 한 거죠. '삶은 끊어지지 않는다, 영원히 이어진다'라고.

꿈속에서는 몸이 없이도 하늘과 땅을 날아다니고 과거와 미래로 마음대로 시간여행을 하죠. 그래서 사람들은 시공을 초월한 세상이 따로 있다고 믿었죠. 그리고 그런 세상은 꿈처럼, 몸으로는 갈 수 없는 세상이라고 믿었죠. 그리고 그런 세상을 그리워했죠. 밤새 (꿈속을) 날아다니다 아침에 (현실의) 땅으로 내려오면, 먼 옛날 나무 위에서 중력을 못 이기고 내려온 걸 지금 되돌려, 아무도 아래로 잡아 끌어내리지 않는, 자유로운 세상으로 날아가는 걸 동경했지요.

그런데 현대 뇌과학은 우리가 잠을 잘 때, 특히 꿈을 꿀 때, 뇌가 화려하게 빛을 냄을 발견했지요. 보고 듣고 맡고 맛보고 촉감을 느낄 때 해당 뇌부위가, 생시와 마찬가지로 똑같이, 생체 전기적으로 활성화됨을 알게 되었어요. 우리가 깨어 있을 때 경험한 것들이 뇌에 저장되어 있다가, 의지의 통제가 느슨해졌을 때 자기들끼리 축제를 벌이는 거죠. 문지기가 잠든 틈에 창고의 문이 열리고, 창고 속 물건들이 일어나 마당으로 쏟아져 나와, 제각각 춤을 추는 거죠. 쉽게 말하자면 우리 머릿속에서 아니 마음속에서 〈토이 스토리〉가 벌어지는 셈이죠.

우리가 밤마다 아무 두려움이 없이 잠에 든다는 것은, 즉 내일 아침 혹시 못 깨어날까 하는 두려움이 없이 잠에 든다는 것은, 위대한 가르침이지요. 우린 본시 죽음을 두려워하지 않는다는 것이죠!

설사 우리가 내일 아침에 잠에서 영원히 깨어나지 못해도, 우린 어머니의 마음에 살아 있지요. 평생 살아 있지요. 어머니는 우릴 마음에 담고, 기억을 쓰다듬고 어루만지며 그리워하지요. 가족·친척·친구들도 그리하지요. 우린 모두 과거 35억 년 동안 사랑받았지요. 그 기간에 단 한 번이라도 부모에게 버림을 받았다면, 우리는 지금 여기 없지요. 그렇게 끊임없이 이어져 왔듯이 앞으로도 끊임없이 이어지는 게 생명의 역사이지요.

그러므로 내일 깨어나지 못할까 걱정하지 않고 오늘 잠을 자듯이, 내일 죽음에서 일어나지 못할까 걱정할 필요가 없지요. 생명의 신비는 우리의 걱정과 두려움을 감당하고도 남지요. 그렇지 않으면, 지구가 이처럼 다양하고 풍요로운 생명의 무대가 될 수 없었겠지요.

대중과 천재

_ 천재는 총명한 종이다

대중과 천재 중 누가 갑인가? 사람들은 천재를 부러워한다. 저 사람처럼 되면 얼마나 좋을까 아쉬워한다. 천재라도 더 뛰어난 천재를 보면 '신이여, 어찌 저를 내시고 또 저 사람을 내셨나이까' 하고 한탄과 원망을 한다. (영화 〈아마데우스〉는 이걸 주제로 삼았다. 살리에르는 천재 모차르트를 시샘한다.)

하지만 과연 천재가 갑일까?

대중은 천재를 부추겨 혹사시킨다. 20세기 최고의 천재라느니, 백 년에 하나 나올까 말까 한 천재라느니, 온갖 달콤한 찬사를 다 갖다 붙인다. 화사한 봄날 들로 강으로 나가 조물주가 잠을 깨는 환희를 같이 누려야 하건만, 신록이 푸르다 못해 시퍼렇게 생명의 기운을 발산하는 여름에 뭇 생명과 더불어 생을 찬미해야 하건만, 동식물이 과실을 맺고 자손을 보는 가을에 우주의 신비를 감성과 이성으로 총체적으로 보아야 하건만, 그리고 눈 내리는 겨울에는 땅 끝에서 하늘 끝까지 펼쳐진 순백의 아름다움으로 마음을 가득 채워야 하건만, 연구실과 실험실과 작업실에 틀어박혀 전등불 아래서 지낸다. 그래서 천재일수록 음울한 분위기를 풍긴다. 미쳐 죽는 경우도 있다. 독특한 풍미風味를 풍기는 작품은, 작가가 좀 맛이 가지 않으면 만들기 힘들기 때문이다. 이런 작품은 지독한 냄새를 풍기는 독특한 맛의 치즈와 청국장이다. 썩기 일보 직전의 젓갈이다. 삭은 홍어일지도 모른다. 상하기 일보 직전의 삶은 돼지고기와 더불어 묵을 대로 묵은 신김치에 싸인.

독특한 분야를 개척하라는 소리는 남이 안 하는, 인기 없고 험한 분야를 하라는 소리다. 독특함은, 이것저것 골고루 예기치 않은 즐거움을 찾는 대중의 욕망의 반영이다. 아름다운 경관이 잇달아 펼쳐지는 산행 중 갑자기 눈이 번쩍 뜨이게 하는 새로운 풍경을 제공하는, 깎아지른 듯한, 밑이 보이지 않을 정도로 깊은, 까마득히 치솟은, 절벽 계곡 봉우리이다. 기대하지 않은, 예상하지 못한 즐거움보다 더 큰 즐거움은 없다. 그때 대중의 얼굴은 함박웃음으로 가득 찬다. '내 이럴 줄 알았다니깐!' 물론 구체적인 결과를 미리 예측했다는 소리는 아니고 (천재가 자기들에게) 뭔가 뜻밖의 선물을 선사할 걸 알았다는 소리다. 선물이 좀 늦으면 대중은 눈을 동그랗게 뜨고 재촉한다. '천재 양반, 어떻게 된 거야? 소식이 좀 늦은 것 같아. 우릴 즐겁게 해줄 때가 되었잖아?'

하지만 그렇다고 해서 천재가 심적 압박을 못 이기고 과속하다 사고가 나면 파멸뿐이다. 대중은 한마디 위로도 없이, 언제 우리가 당신을 알았냐는 듯이 다른 천재에게 옮겨간다.

불후의 업적이란 칭찬은, 지금은 줄 수 없는 보상을 불확실한 미래의 추상적인 찬사로 대체하겠다는 소리다. 하지만 많은 경우에 공수표다. 사후 스톡옵션이다. 수많은 화가 문인 등 예술가들이, 천재병에 걸려 굶어죽는다. 천재도 아닌 것이 천재 흉내를 내다 변을 당한다. 운이 좋으면 요절하고, 운이 나쁘면 차마 죽지 못하게 서서히 진행되는, 하지만 끔찍한 고통을 동반하는, 만성 악성 질환에 걸려 신음한다. 본인들은 자기들이 대중의 부추김에 넘어간 줄 모른다. 수많은 꿀벌 중 여왕벌이 되는 건 한 마리뿐인 걸 간과한다.

천재가 되어도 삶은 결코 순탄치 않다. 대중은 끝없이 쉼없이 천재의 업적과 헌신적인 작업을 찬미한다. 천재는 거기 넘어가 죽도록 일을 한다. 게다가 생전에 제값을 받는 경우는 드물다. 대중은 천재의 공을 가만히 앉아서 따먹는다. 대중은 '큰 수의 법칙law of large numbers'의 수혜자다. 십시일반으로 조금씩 모아 큰돈을 만들어 천재에게 보상한다. 마담 퀴리는 화학과 물리학에서 노벨상을 두 개나 받았으나 연구 중에 발생한 방사능 노출로 암에 걸려 죽었다.

특별히 내세울 능력이 없는 대중이 갑이다. 천재적 능력이 없으면서도, 천재가 이룩한 업적의 혜택을 다 누리기 때문이다. 천재는 한 가지 일에 능하지만 대중은 많은 일에 능하다. 수많은 천재가 이룩한 수많은 것을 동시에 다 누리는 데 능하다. 최소한 이 일에 있어서만은 멀티 태스커multi tasker이다.

복어

_ 남의 말만 듣다간 망한다.
_ 어처구니없는 걸 믿게 할 수 있는 자는
잔혹한 짓도 하게 할 수 있다 〈볼테르〉

비단잉어가 복어에게 말했다.

"야, 복어, 너 말이야, 독 좀 빼. 그렇게 독을 품고 있으면 누가 널 좋아하겠니?"

"네, 알겠습니다."

"그리고 배가 왜 그리 빵빵하니. 뱃살 좀 빼라."

"이건 살이 아니고 배에 물이 좀 많이 차서….."

"아무튼 배 좀 꺼뜨려라."

"네, 알겠습니다."

"글고, 몸에서 가시 좀 뽑아라. 너하고 가깝게 지내다 찔릴까 겁나 누가 접근이나 하겠니? 가시가 하나둘도 아니고 아예 온몸을 덮었구나."

"네, 알겠습니다."

"입은 좀 키워. 배에 비해 입이 너무 작잖아."

"하지만 말씀하신 대로 배를 줄이면 입은 이대로가 적당한 크기가 아닐까요?"

"야, 키우라면 키우지 웬 말이 그렇게 많아. 지금 보기 좋다는 소리야, 뭐야."

"네, 알겠읍니다."

"참, 잊은 게 있네. 너, 몸에 얼룩덜룩한 무늬 좀 없애라. 10년은 목욕을 안 해 묵은 때가 달라붙어 있는 것처럼 보이잖아. 지저분하게스리."

"우리야 물속에 사는데 어떻게 목욕을 안 하는 게 가능하겠읍니까?"

"야, 거, 미꾸라지 있잖아. 진흙이나 흙탕물에 사는 시꺼먼 놈. 니가 꼭 그놈같이 보인단 말이야."

"네, 알겠읍니다."

얼마 후 비단잉어가 길을 가는데 누가 꾸벅 인사를 한다.

"형님, 안녕하세요."

"넌 처음 보는 놈인데, 누구냐?"

"저 복어입니다."

"그런데 니가 왜 이렇게 변했니? 입은 큰 데다 말라 비틀어진 게, 희멀건한 멸치처럼 참으로 괴상한 몰골이구나."

"형님 말씀대로 하다 보니 이리되었읍니다. 가시 빠진 가시복이라고 다른 물고기들이 마구 깨물고 구타하더군요. 독이 없다고 잡아먹으려고 달려드는 놈들도 생겼읍니다. 그놈들 큰 입을 피하느라 급히 방향을 틀다 삐어 척추가 휘어서 굼뜬 데다가, 쫓겨다니고 도망다니다 보니, 사냥을 못해 굶기를 밥먹듯 합니다. 어떻게 제게 이런 일이 일어나는지 기가 막히다 못해 신기하기까지 합니다. 제가 아직 살아 있는 건 기적입니다."

"그러니까 하려면 잘 해야지. 쯧쯧, 예전 모습이 좋았는데…. 나는 바빠 이만 간다."

"네, 형님, 앞으로는 조심하겠읍니다. 안녕히 가십시오."

있는 대로 보고 생긴 대로 사는 것은 참으로 어려운 일이다. 자연에 순응해 사는 것은 결코 쉬운 일이 아니다. 그래서 장자는 '학의 목이 길다고 자르지 말고 자라 목이 짧다고 뽑지 말라'고 했다.

물론 기형으로 태어나면 사회 속에서 살기 힘들다. 현대의학은 성형수술이라는 축복을 내린다. 하지만 많은 경우에 미추美醜는 우리의 선입관이다. 외관은 내적 아름다움을 담아내지 못한다. 지혜도 나타내지 못한다. 이런 외관으로 타인을 판단하는 것은 대단히 위험한 일이다.

目종교에 순종하는 사람들이 있다. 어떤 이들은 사이비 종교가 예언한 종말의 날이 여러 차례 빗나가도 계속 믿는다. 집안이 풍비박산이 나도 계속 믿는다! 참으로 기이한 일이다. 사이비 종교에 순종하는 것은 가장 자연에 역행하는 삶이다.

붉은 여왕
: 붉은 여왕과 헬조선

_ 숨도 달리면서 쉬어라
꿈도 달리면서 꾸어라

　　루이스 캐럴은 수학자였지만 인간 본성에 조예를 지녔습니다. 그는 《이상한 나라의 앨리스Alice's Adventures in Wonderland》의 후속편인 《거울 나라의 앨리스Through the Looking-Glass and What Alice Found There》에서 '붉은 여왕'을 소개합니다.

　　이 여왕의 나라에서는 모든 사람이 달립니다. 여왕은 백성에게 외칩니다. '더 빨리 더 빨리.' 같이 달리던 앨리스는 숨이 턱까지 차오르지만, 신기하게도 주변 경치를 보면 하나도 변한 게 없습니다. 모두 제자리에 있습니다. 앨리스가 놀라 묻습니다. '우리 나라에서는 이 정도로 달리면 이미 다른 곳에 와 있는데…' 여왕이 말합니다. '이 나라에서는 장소를 옮기려면 지금보다 두 배는 빨리 달려야 한단다.'

　　붉은 여왕의 나라에서는 모든 것이 달리고 있기 때문에 같이 달리지 않으면 같은 장소에 머물지 못합니다. 장소이동을 하려면 다른 것보다 더 빨리 달려야 합니다.

　　친구들이 매일매일 공부시간을 늘릴 때, 같이 공부시간을 늘리지 않으면 등수가 떨어집니다. 어제보다 두 배로 공부해도, 다른 아이들이 네 배로 공부를 하면 뒤처지게 됩니다. 같은 등수를 유지하려면, 다른 아이들 공부 속도에 맞추어 죽기살기로 공부해야 합니다. 다른 아이들보다 더 나은 성적을 받으려면, 어제보다 더 노력하는 것만으로는 안 됩니다. 다른 아이들보다 더 열심히 노력해야 합니다.

모든 것이 빨리 움직이고 있는 세상에서는 같이 빨리 움직이지 않으면 제자리를 지키지 못합니다.

러닝머신 위에서 제자리를 유지하려면 열심히 달려야 합니다. 바닥이 움직이는 방향과 반대방향으로. 다른 사람들과 생물들의 변화는 우리에게 역방향으로 작용합니다. 그걸 이겨내고 현 위치를 고수하려면 같이 변화해야 합니다.

시간을 거슬러가지 않으면 결국 죽고 맙니다. 영양·건강·일터·의술·약품의 개선이 생명을 늘립니다. 그러다 지쳐 개선을 소홀히 하면, 시간의 거센 물결에 휩쓸려 과거로 떠밀려가 죽고 맙니다. 열심히 시간과 달리기를 하지 않으면 생명을 유지할 수 없습니다.

아프리카 초원에서 하이에나가 무서운 속도로 달립니다. 주변의 경치가 무섭게 뒤로 흘러갑니다. 하지만 추격하는 수사자에게 따라잡혀 살해당합니다. 자기 암컷들을 놀리는 하이에나에게 열받은 수사자가 더 빨리 달렸기 때문입니다. 살아남으려면 다른 놈들보다 더 빨리 달려야 합니다.

주변 국가가 신기술을 개발하여 더 좋은 스마트폰과 더 강력한 무기를 만들 때, 우리는 그대로 있으면 망합니다. 다른 나라들을 향해 '경쟁 없는 느린 세상을 만들자'고 아무리 외쳐도 소용이 없습니다. 다들 빠르게 달리고 있기 때문에 그 말을 따르다가는 낙오하기 때문입니다.

구한말 한반도에 그런 일이 일어났습니다. 문을 걸어잠그고 변화를 거부하던 조선은, 재빠르게 문을 열고 개혁을 한 일본에게 추월당해 잡아먹혔습니다. 시간도 우리를 기다리지 않지만, 다른 사람들과 다른 나라들도 우리를 기다리지 않습니다.

그리고 변화를 하려면, 나라 안에서도 '누가 누가 바른 방향으로 잘 변화하나' 경쟁이 일어납니다. 같은 나라 사람들끼리 서로 경쟁하는 것은 괴로운 일이지만, 이 경쟁을 통해서 나라가 강해지면 다른 나라에 잡아먹히지 않습니다.

빨리 달려야만 하는 상황을 원망할 수 없는 이유가 또 있습니다. 우리 인간이 그런 식으로, 즉 무시무시하게 빠른 속도로 진화의 트랙을 달려서, 생물계에서 가장 우위를 차지하고 다른 동물들을 부리고 잡아먹을 수 있게 되었기 때문입니다. 다른 동물들도, 날개를 만들어 제공권을 장악하고, 유선형의 멋들어진 몸매를 만들어 바람같이 빨리 달리고, 거친 털로 뒤덮인 두터운 가죽과 비늘과 가시를 미늘갑옷과 철갑처럼 두르고, 크고 억세고 뾰쪽하고 날카로운 뿔과 발톱과 부리와 송곳니를 만들어 거세게 대항했지만, 인간에게는 소용이 없었습니다. 총·칼·창·활·차·배·덫·도끼·그물·작살·비행기 앞에서는 한없이 무력합니다. 인간이 다른 동물들보다 더 열심히 손가락을 쓰고 대뇌 신피질을 늘린 결과입니다. 그렇지 않았으면, 지금 편하게 방에 앉아서 소고기나 닭고기를 시켜먹을 수 없습니다.

우리가 헬조선이라고 외칠 때 인간에게 잡아먹히는 동물들과, 인간에게 사냥당해 멸종당한 동물들과, 인간에게 삶의 터전을 빼앗기고 멸종위기에 처한 동물들은 '헬인간'을 외칩니다.

고대의 전투
: 가우가멜라 전투

_ 뱀의 머리를 잘라라

가우가멜라 전투에서 5만의 알렉산더 군대는 다섯 배의 25만 페르시아 다리우스 대왕의 군대를 물리쳤습니다.

BC 331년 10월 1일의 일입니다.

가우가멜라 대평원에 진을 친 군대는 서로 상대방의 약점을 찾기 위해 탐색합니다.

알렉산더는 자기 친위군을 이끌고 다리우스 군 앞을 좌에서 우로 수평 이동을 합니다. 영문을 모르고 다리우스 군도 그리스 군을 따라 같이 수평으로 움직입니다. 그리스 군은 의도된 움직임이므로 질서정연하지만, 페르시아 군은 마지못해 일어나는 수동적인 움직임이므로 질서가 부족해 이동 중에 전열 가운데에 틈이 벌어집니다.

이 틈을 알렉산더는 번개같이 파고듭니다. 그리스 군이 이 틈으로 돌진하자, 페르시아 군은 좌우 두 쪽으로 갈라지고, 중군中軍에 위치한 다리우스 대왕까지 길이 뚫립니다. 알렉산더가 던진 창에 맞을 뻔한 다리우스가 혼비백산魂飛魄散(혼이 하늘로 날아가고 백이 땅으로 흩어짐)해 코끼리를 돌리자 페르시아 군은 대혼란에 빠져 궤멸을 당합니다.

고대의 전쟁은 통신수단이 없다고 해야 할 정도로 부족했습니다. 북·

나팔·깃발이 고작이었습니다. 북소리·나팔소리·깃발움직임에 맞추어 공격·돌격·방어·후퇴·도주를 했습니다.

군대는 부대마다 깃발을 높이 내걸었습니다. 깃발이 서 있는 한 해당 부대는 살아 있는 것이었습니다. 그 깃발을 보고 전의를 세웠습니다. 전체를 조망할 수 없는 전쟁터의 병사들은 사방의 아군과 적군 이외에 보이는 것은 부대기와 장군기뿐이었습니다. 단체여행단의 가이드의 깃발을 생각하면 이해하기 쉽습니다. 그 깃발들이 안 보인다는 것은 곧 부대와 장군에게 이상이 생겼다는 징조였습니다. 깃발이 쓰러지면 병사들은 전의를 잃었습니다. 그래서 로마군은 깃발을 빼앗기는 부대는 모조리 '10분 1형 decimation'이라는 참수형으로 다스렸습니다.

전쟁터 한가운데서 전체 전황을 알 수 없는 병사들은 주변이 도주하면 같이 도주합니다. 그래서 일각이 무너지면 전체가 무너지기 쉽습니다. 도주에 도주가, 공포에 공포가, 도미노 현상을 일으키면 전군이 도미노처럼 무너집니다.

특히 장군이 죽거나 도주하면 끝입니다. 지휘자가 사라지면 하나의 집단으로서 움직이지 못하기 때문입니다. 이런 일이 페르시아 군에 일어난 것입니다.

인류의 역사도 마찬가지입니다. 전체를 조망眺望하는 눈이 없으면 멸망의 길로 갑니다. 나라도 죽음을 두려워하지 않는 위대한 지휘자가 없으면 멸망하듯이, 인류도 죽음을 두려워하지 않는 위대한 과학자와 사상가가 없으면 멸망합니다. 로마와 조선에 이런 일이 일어났습니다.

광신과 맹신에 이성의 깃발이 쓰러지고 빼앗기면 패배는 가속화됩니다. 이런 일이 중세유럽에 유일신 창조설과 왕권신수설과 마녀사냥으로 나타났습니다. 그 결과 모든 사람이, 눈에 보이지 않는 천상의 독재자와 눈에 보이는 지상의 독재자들의, 노예가 되었읍니다.

한 사람이라도 용감하게 이성과 합리적인 정신과 경험증거로 무장하고 왕들과 교황들을 향해 돌진할 때 아무리 견고해 보이는 적들도 마침내 무너집니다. 단지 시간의 문제일 뿐입니다. 깃발이 쓰러지지 않는 한 승리합니다. 기수旗手가 쓰러지면 다른 사람이 바로 이어받아 기를 다시 높이 세우면 됩니다.

가우가멜라 전투는 고대세계에 대지진을 일으켰읍니다. 동양과 서양이 모두 그리스 문명의 영향을 받게 되었읍니다. 지금의 파키스탄과 아프카니탄 지역인 갠지스강 북쪽의 인도가 그리스 세력권으로 바뀌었읍니다. 이곳에선 이후 200년 동안 그리스 왕국들이 흥했읍니다. 한때 이중 한 왕국의 수도였던 탁실라에는 불교역사상 최대 불교대학인 탁실라 대학이 있었읍니다. 석굴암 본존불은, 그리스 문화가 짙게 밴, 인도 내 그리스계 왕국의 중심지인 간다라의 문화가 동쪽 끝까지 전해진 결과입니다.

정신세계의 일도 마찬가지입니다. 위대한 과학자들과 사상가들을 배출해야 나라가 살고 민족이 삽니다.

▤알렉산더는 기병으로 마름모꼴 모양의 대형diamond formation을 짜고 그 선두에 서서 돌진하곤 했읍니다. 장군들은 기겁하고 말렸지만 알렉산더는 아랑곳하지 않았읍니다. 그 결과 수차례 부상을 입었으며 인도에서는 사경을 헤매기도 했읍니다. 알렉산더가 병사들의 절대적인 신임을 얻은 이유 중 하나입니다. 당시 알렉산더와 휘하 장군들은 혈기 넘치는 20~30대 젊은이들이었읍니다. 이들은 어린 시절부터 선왕先王 필립이 초청한 당대 최고의 철학자 아리스토텔레스 밑에서 같

이 배우며 자란 친구 사이입니다. 알렉산더가 점령지를 파괴하지 않
고 보존하고 존중하여 동서문화의 융합을 이루어낸 것은 스승 아리스
토텔레스의 영향이 컸을 겁니다.

무위자연

_ 사슴은 무위자연을 하지 않는다
사자도 하지 않는다
자연계에 무위자연을 하는 자는 없다
심지어 나무늘보도 하지 않는다

사슴이 아무리 평화롭게 살려 해도 사자가 그냥 내버려두지 않는다. 더 빨리 달리기 싫어도, 더 굵게 다리 근육을 키우기 싫어도, 사자가 어제보다 더 빠른 속도로 잡아먹으려 달려오니 오늘같이 빨리 달릴 수밖에 없다.

오늘 사슴이 살아 있는 것은, 사슴 조상들이 자기들 조상들보다 더 열심히 달린 덕이다. 오늘 사슴들이 더 열심히 달리지 않으면 미래의 사슴은 존재하지 않을 것이다.

옛날에는 지금보다 훨씬 더 많은 종류의 사슴이 있었지만, 다 멸종하고 몇 종류만 살아남았다. 살아남은 것은 소욕지락少慾之樂의 소산이 아니다. 우리가 제법 커다란 국가에 사는 것은, 예전에 수많은 부족국가와 소국이 우리나라에 병탄倂呑당하고 정복당해 사라졌기 때문이다.

먼 훗날 인류의 후손들은 우리를 돌아보며 말할 것이다. "그때 우리 조상들은 참 미개했어. 그런데도 그런 줄 모르고 그만 발전하고 자연스럽게 살자고 하던 무리가 있었다더군. 그럴 양이면 아예 처음부터 침팬지처럼 사는 게 나을 뻔했어. 그때 그자들의 말대로 안 된 게 얼마나 다행인지 몰라." 그러고는 쓸 만큼 쓴 낡은 심장·간·콩팥·뇌 등 장기를 줄기세포로 배양한 새 걸로 갈려고 병원으로 갔다. 모두들 나이가 8만 4,000살을 넘었다.

무위자연無僞自然은 함부로 하는 게 아니다. 약소국이 무위자연을 실행하다가는 멸망을 촉진한다. 조금이라도 더 오래 살아남으려면 무위자연을 폐기해야 한다. 포식자 입장에서 가장 좋은 상대는 무위자연을 실현하는 먹이동물이다. 우리가 만물의 영장이 된 것은 그래서 (무위자연을 하고 있는) 다른 동물들을 잡아먹고 사는 것은 무위자연과 반대로 갔기 때문이고, 우리나라가 살아남은 이유도 같다.

권력자가 무위자연을 잘못 실천하면 조직을 혼란에 빠뜨린다. 명나라 만력제는, '무위의 도로 나라를 다스린다'며 30년 동안이나 조정에 나타나지 않고, 자연스러운 본성에 따라 주색을 즐겼다. 신하들이 임금의 얼굴을 잊을 지경에 이르렀다. 명사明史는 이렇게 증언한다.

"기강이 해이해지고, 군신君臣(임금과 신하)이 통하지 않으며, 이익을 좇는 소인배가 분주히 돌아다니며 서로 다퉜다. 명나라는 실로 만력제 때 망한 것이나 다름없다."

명나라는 그의 손자인 숭정제 때 망했다. 그는 중국 역사상 가장 근면한 황제였다. 그런데도 나라가 망한 것은 할아버지 만력제가 백약이 무효일 정도로 나라를 망쳐놓았기 때문이라는 것이다. 이때 만력제가 총애하던 아들 주상순은 반란군 이자성에게 붙잡혀 낙양성 복록연福祿宴에서 잔치음식으로 식인을 당했다. 아비의 무위자연이 아들을 잡아먹히게 만든 셈이다. 이는 자연스러운 결과였을까, 부자연스러운 결과였을까? 충북 화양동에 있는 만동묘萬東廟(만동은 만절필동萬折必東의 축약어인데 황하가 만 번을 꺾여도 결국 동쪽 바다로 가듯이 조선도 무슨 일이 있어

도 중국을 섬기겠다는 뜻)는 만력제와 숭정제를 기리는 사당이다. 임진왜
란 때 나라를 구해준 만력제의 은혜에 대한 보답으로, 송시열의 유언을
받잡은, 그의 제자 권상하에 의해 세워졌다.

자연은 평화로운 곳이 아니다. (생물들 사이에) 무수한 폭력 살해가 항
시 일어나는 곳이다. 예를 들어 나나니벌은 다른 곤충의 애벌레를 침으
로 마취하고 거기에 알을 낳는다. 벌 새끼는 부화한 후, 살아 있지만 근
육이 마비되어 꼼짝 못하는 애벌레를 파먹고 산다. 이런 기생 생물이 전
체 곤충의 10퍼센트나 된다. 자연은 자연스러운 곳이 아니다. 잔혹한 폭
력·살해가 늘 끝없이 일어나는 곳이다. 그 싸움에서 이긴 자가 살아남
는 곳이다. 식물이라고 예외가 아니다. 같은 곳에만 살므로 그리고 움직
이지 않으므로, 아무것도 안 하고 있는 것 같지만, 사실은 나쁜 짓도 한
다. 성장억제 호르몬을 배출하여 다른 나무들이 살지 못하게 한다. 소위
영역 지키기이다. 이런 일은 조작이고 생존은 조작이다. 조작을 하지 못
하면 멸종한다. 본시 그러한 일은 없다. 단순하고 순진한 마음에는 다차
원의 복잡한 '현상과 구조'는 유위有偽이다. 하지만 사물의 이면裏面을
보는 깊은 지혜를 가진 사람의 눈에는 그 역시 무위無僞이다.

무지한 시절에는 자연이 인간의 삶의 지향점이 되었을지 몰라도, 생
명과 우주의 기원과 작동원리를 알게 된 지금은 불가능한 일이다. 모
르고 잘하던 일도 알면 할 수 없는 경우가 있다. 이런 일은 종종 발생한
다. 촌충·편충·회충·요충 등 기생충은 아득한 옛날부터 우리 몸속에
자리를 잡고 산다. 이는 해달海狸(비버)이 나무를 베어 댐을 짓고 물을
가두어 물고기를 잡는 것만큼 자연스러운 일이다. 만약 자연을 귀감으
로 삼는다면, 기생충뿐만 아니라 홍수·태풍·산불·지진·산사태·화산

폭발도 자연스러운 일이므로 피할 일이 아니다. 그리해야 무위자연 아닌가?

하지만 성인聖人인 요순 임금은 황하의 범람에 골치가 아팠다. 우는, 아버지 곤이 실패한, 황하의 홍수를 잡아 순을 이어 임금이 되었다. 성인 순임금이 치수에 실패한 곤을 사형에 처할 정도로 무위無僞인 자연현상을 통제하는 일인, 인간의 유위有僞는 중요한 일이었다.

문명은 자연을 통제하는 가운데 발전한다. 태고 이래로 자연 속에 은신하고 있는 원리 법칙을 밝은 지성의 세계로 끌어낸다. 생명의 역사는 의식발전의 역사이고, 이는 지성발전의 역사이다. 그러므로 자연에 대한 통제는, 만약 이것이 의식의 발전을 돕는다면, 자연스러운 일이고 무위자연이다. 우리 인간의 의식이 침팬지보다 미개한 600만 년 전의 영장류에 머물러야 한다고 주장하는 게 아니라면, 그럴 수밖에 없다.

그보다 까마득히 더 먼 과거인 1억 5,000만 년 전 백악기에 포유류는 쥐새끼보다 작았다. 공룡들 사이에서 숨죽이고 살았다. 그때 무위자연의 삶을 강요당했으면 지금의 포유류는 없다. 침팬지도 없고 인간도 없다.

한나라 이래로 중국 지배계층의 통치 이념은 유학이었지만 삶의 철학은 도가였다. 둘 다 정도의 차이가 있을지언정 '이대로' 철학으로서, 더 이상 변화가 싫은 수구 기득권 계층이기에 가능한 철학이다. 인류가 시종始終 무위자연을 추구했으면 민주주의와 자유주의는 탄생하지 못했을 것이다. 지금도 소수의 지배계층이 다수의 피지배계층을 지배하는 계급사회일 것이고, 지금과 같은 사상의 자유와 다채로운 학문의 만개滿開가 없을 것이다.

자연적인 것이 최고인가

_ 그럼 화장은 왜 하나?

자연적인 것이 가장 좋다는 사상이 있다. 자연법칙을 발견해 자연을 우리 뜻대로 움직이고자 하는 자연과학도로서는 과연 자연적인 것이 가장 좋은 것인지 한 번쯤 생각해보아야 할 문제이다. 과학자의 이상은 자연을 파괴함이 없이 인류의 행복에 기여하는 것이기 때문이다.

동서양을 막론하고 자연으로 돌아가자는 운동이 있다. 그런데 자연에 돌아가 사는 것이 가능한 것은 발달한 과학기술 덕이다. 사회에 부가 쌓여 있지 않으면, 동물처럼 하루 종일 먹을 것과 입을 것을 생산하느라 바빠, 해외여행 등 여유 있는 인간적인 삶은 불가능하다. 어떤 사람들이 산과 들에서 자연적인 삶이 가능하다면, 그것은 다른 사람들이 도시와 공장에서 생필품을 생산하며 비자연적인 삶을 살기 때문이다.

자연은 우리를 죽이려 한다. 수두·홍역·천연두·파상풍·소아마비·디프테리아 등 헤아릴 수 없는 질병과 지진·해일·폭풍·기상이상·화산폭발 등 자연재해로 죽이려 한다. 기근과 가뭄도 있다. 이것들을 용케 피한다 해도 예기치 못한 재난이 닥친다. 6,500만 년 전 백악기의 소행성 충돌은 공룡 등 지구상 생물을 거의 다 죽였다. 지금도 소행성 충돌의 위험은 여전히 존재한다. 지금이야 그런 일이 일어나지 않기를 바라며 운에 맡길 뿐이지만, 언젠가 과학이 발달하면 이것도 막을 수 있을 것이다. 그러므로 죽지 않으려면 자연을 통제해야 한다.

식물과 동물은 유전자를 공유한다. 식물의 유전자는 반 이상이 동물과 일치한다. 그래서 식물의 유전자를 동물이 이용하는 것이 가능하고, 그 역도 가능하다. 일부 진딧물은 식물에서 광합성 유전자를 훔쳐 광합성을 하고, 후손에게 그 유전자를 물려준다. 북극의 어류에게는 부동不凍 유전자가 있는데, 생물학자들은 이를 식물에 이식하여 추위에 얼지 않는 토마토를 만든다.

밀은 이삭이 많이 열리면 쓰러지는 경향이 있다. 과학자들은 소출은 많지만 줄기가 가는 밀과 줄기는 굵지만 소출이 적은 앉은뱅이 야생 밀을 교배시켜, 이삭이 많이 열려도 쓰러지지 않는 줄기가 굵은 신종 밀을 만들어냈다. 소출이 자그마치 기존 밀의 4~5배 정도나 되었다. 인도인들은 유전자 조작식품이라고 반대했지만(인도 오리사 지방정부는 자연을 파괴하고 오염시킨다고 중앙정부가 승인한 포스코 제철공장 건설도 막았다), 멕시코가 도입해 일거에 식량문제를 해결하자, 뒤늦게 받아들여 식량문제를 해결했다.

문명의 역사는 자연을 변형시킨 역사이다. 고대 중국인들은 황하 유역에 모여 살며 농사를 지었다. 문제는 홍수였다. 개간을 하느라 야산의 나무를 베어내자 홍수가 심해졌다. 요임금은 곤鯀을 고용해 9년 동안이나 홍수를 잡으려 했으나 실패했다. 순은 곤을 귀양보내 죽이고 곤의 아들 우禹를 고용해 13년 만에 홍수를 잡았다. 그 과정에서 우는 과로로 반신불수가 되었다. 그만큼 홍수를 잡는 것은 어려운 일었다. 황하는 크게 홍수가 지면 물줄기가 바뀌었다. 자연적으로 바뀌는 물줄기를 운하를 건설해서 인위적으로 손을 본다고 해서 자연에 거스르는 일이라고 비난할 수는 없을 것이다.

4대강 사업이 '숨은 의도는 운하건설'이라는 의심을 받으며 비판의 도마 위에 올랐지만, 인류문명 발전에 지대한 공을 세운 운하는 반자연적反自然的인 일이다. 여러 나라를 흐르는 유럽의 라인 강에는 수많은 갑문이 있다. 갑문은 물고기들의 자유로운 이동을 방해하고 막지만 설치되어 있다. 상류와 하류 사이에 고도 차이가 크면, 갑문을 이용해 배를 상류로 끌어올리는 수밖에 없기 때문이다. 수나라는 항주부터 낙양 인근까지 운하를 뚫었다. 이로 인하여 남방의 농산물이 북으로 이동하여 기아가 해결되고 경제활동도 크게 신장되었다. 명나라는 이 운하를 수도 북경까지 확장하였다.

강을 자연적으로 놓아두면 상류에서 흘러오는 토사로 인하여 하상河床이 높아져 홍수를 유발한다. 주기적으로 준설浚渫이 필요한 이유이다. 지금이야 기계 발달로 준설작업이 용이하지만 옛날에는 거의 불가능한 일이었다. 강둑을 높이는 정도였다. 순임금이 고용한 우는 농로 사이에 수로를 많이 뚫어 범람한 물을 분산시키는 기술을 고안했다.

유엔 건강기구에 의하면 매년 30만 명이 농약 중독으로 죽는다. 주로 후진국에서 일어난다. 과학자들은 유전자 조작 기법으로 박테리아에서 유전자를 뽑아 방글라데시의 주요 농산물인 가지에 주입해 농약사용 없이 병충해를 이기게 만들었다. 도입된 유전자는 해충을 죽이지만 사람과 동물에게는 무해하다. 이 GMO 가지는 맛이 좋고 농약에 오염되지 않아 크게는 50퍼센트 정도 더 비싸게 팔린다.

　　과학기술의 발달은 산업발달을 가져오고, 산업발달은 환경오염을 가져오지만, 과학기술은 다시 환경을 정화한다. 산업발달의 결과로 사회에 부가 쌓이면, 오염정화장치와 시설을 감당할 수 있기 때문이다. 모든 일에는 과도기적인 폐단이 있기 마련이다. 이걸 이유로 과학기술 개발을 멈추면 진보는 일어나지 않는다. 언젠가 환경오염 없이 물질과 에너지를 생산하는 날 인류는 선배들의 희생과 노고에 감사할 것이다.

🗒 2018. 2. 5.

일어날 때까지는 일어나지 않는다

_ 끝날 때까지는 끝난 게 아니다
It ain't over till it's over 〈요기 베라〉

원숭이들이 높은 나무 위에서 놉니다. 이 가지에서 저 가지로 뛰어다 닙니다. 나무에서 나무로 10미터가 넘는 거리를 날아갑니다. 전혀 두려 움이 없습니다.

새가 높은 나무 끝에 앉아 있습니다. 전혀 무서움이 없습니다. 바람에 나무가 흔들리는데 아무렇지도 않게 앉아 있습니다. 매가 허공에 몸을 던집니다. 천길 아래 땅 위에 있는 쥐를 향해 시속 300킬로미터 속도로 급강하합니다.

등반가들이 1,000미터 높이로 수직으로 까마득히 높이 솟은 암벽을 탑니다. 바위 틈과 돌출부위를 잡고 딛고 거미처럼 맨손·맨발로 올라갑 니다. 소위 프리 솔로free solo입니다. 2017년에 요세미티의 900미터 수 직 암벽 엘카피탄El Capitan을 3시간 56분 걸려 올라간 사람이 있습니 다. 알렉스 호놀드Alex Honnold(1985~)라는 미국인인데, 프리 솔로 중에 많은 사람들이 죽었지만 그는 아직까지 살아 있습니다.

스카이다이버들이 비행기에서 뛰어내립니다. 한동안 낙하산을 펴지 않고 맨몸으로 자유낙하합니다. 낙하산을 펼 때를 놓치지 않게 시간을 재다 마지막 순간에 낙하산을 폅니다.

225

사람들이 윙수트wingsuit(날개옷)를 입고 수천 미터 절벽에서 뛰어내립니다. 겨드랑이와 두 발 사이에 달린 비행막을 펴고 날다람쥐처럼 뛰어내립니다. 최고 시속 396킬로미터 속도로 계곡 사이를 슈퍼맨처럼 날아갑니다. 마지막 순간에 낙하산을 폅니다. 지면에 추락하고 암벽에 충돌해 죽어도 사람들은 계속 뛰어내립니다. 히말라야 초호유 7,700미터에서도 알프스 융프라우 3,240미터에서도 뛰어내립니다.

원숭이, 새, 등반가, 스카이다이버, 인간날다람쥐 들이 높은 곳을 두려워하지 않는 이유는, 한 번도 추락한 적이 없기 때문입니다. 손발·날개·머리에 쥐가 나거나 심한 배탈이 난 적이 없기 때문입니다. 사고는 사고가 날 때까지는 나지 않습니다. 죽을 때까지는 죽지 않습니다.

실제로는 생각외로 많은 원숭이, 등반가, 스카이다이버, 인간날다람쥐 들이 추락합니다. 크게 부상을 당하거나 죽습니다. 하지만 그런 일이 일어날 때까지는 두려움이 없습니다. 어떤 난관이라도 다 돌파할 것 같습니다.

생물들은, 특히 사람들은 어떤 일이 되풀이되면 앞으로도 그럴 것이라고 예측을 합니다. 갑자기 파국이 올 거라고는 생각을 하지 않습니다. 오늘까지 수많은 날을 살았듯이 내일도 살 거라고 생각합니다. 어제 그랬듯이 오늘 아침에 눈을 뜨듯, 내일 아침에도 눈을 뜰 거라고 생각합니다. 혹시 눈을 뜨지 못하지는 않을까 걱정하지 않습니다.

그러다 큰 병이나 큰 사고를 당해 죽을 뻔하면 생각이 바뀝니다. 자신이 아직 살아 있고 안전한 것이 결코 자연스러운 일이 아니라는 것을 깨닫습니다. 그리고 고마워합니다. 자신이 아직 살아 있음과 큰 질병에 걸리지 않았음과 큰 사고를 당하지 않았음을.

내가 아직 살아 있는 것은 기적입니다. 지금의 내가 존재하지 않았던 수백억 년의 무기억無記憶에서 일어나, 끝없는 과거를 사유하고 탐구하고 삽니다. 그러다 다시 아무 기억이 없을 무기억의 세계로 사라집니다. 그리고 우리가 사라져도 다른 사람들과 생물들이 생명을 이어갑니다.

무한한 과거와 무한한 미래 사이에서 한순간 존재하는 우리는, 모든 생명은 신비입니다. 이런 신비는 인간을 겸손하게 하고 자기 이익에 집착하지 않게 해, 세상을 평화롭게 만듭니다.

目새가 상하좌우로 흔들리는 나무에 별 불편 없이 앉아 있는 데는 비밀이 하나 있습니다. 상하좌우로 흔들리는 카메라로 풍경을 찍으면 동영상도 상하좌우로 흔들리는 모습으로 나오지만, 우리 눈은 상하좌우로 흔들려도 우리 눈에 보이는 풍경은 흔들리지 않습니다. 뇌가 눈으로 들어오는 시각정보를 바탕으로 풍경을 재구성하기 때문입니다. 인생관을 정립한 사람은 아무리 거센 세풍에도 흔들리지 않습니다. 반석과 같은 마음을 지니게 됩니다. 이런 현상은 종교인들과 철학자들에게 나타나며 무인武人들에게도 나타납니다. 특히 무인들은 전장에서 사령탑 즉 뇌의 역할을 하므로 어떤 위기가 닥쳐도 흔들림이 없어야 합니다.

227

내일 지구의 종말이 오더라도
: 나산 처사와 정약용

정약용은 18년 오랜 유배생활 중 유배지 강진에서 한 불교도와 사귀었읍니다. 어느 날 나산 처사가 정약용이 유배지에서 가꾼 정원을 보고 '다 떠다니는 부질없는 짓'이라 하자, 정약용은 '구름도 달도 해도 지구도 떠다니고 우리 인생도 떠다니지만, 지금 이 순간을 충실히 사는 것이 보람있는 일'이라고 합니다.

정원의 화초·약초·돌·물은 떠 있지만, 떠 있다 서로 만나면 즐겁고, 헤어지면 훌훌 잊을 뿐입니다. 설익은 불교도와 달관한 유학자의, 삶에 대한 시각의 차이를 극명하게 보여주는 장면입니다.

나산 처사가 '나는 여기 붙박이로 살아도 열심히 안 사는데, 임시살이 당신은 왜 그리 열심히 사느냐'고 묻습니다. 그러자 다산은, 떠돌아다니는 건 슬픈 게 아니라 기쁜 거라고 합니다. 범증은 떠돌아다녀서 화를 면했으니 떠돌아다니는 것은 하찮은 일이 아니라고 합니다.

범증은 초나라 항우의 군사軍師(사령관 밑에서 군사 작전을 짜던 사람)였는데 항우와 뜻이 맞지 않자 항우를 떠나 떠돌아다니며 살았읍니다. 만약 항우 옆에 머물렀다면 필시 항우와 비참한 운명을 같이했을 겁니다.

떠돌아다님으로써 목숨을 건지고 천수를 누린 유명한 사례가 있읍니다. 오왕 부처의 노예가 된 월왕 구천을 도와, 구천이 와신상담臥薪嘗膽 끝에 오왕 부처를 격파하고 복수를 하게 도운 재상 범려입니다.

월을 공격하던 오왕 합려가 부상을 입고 죽는 사건이 발생했읍니다. 월왕은 부왕의 복수차 쳐들어온 오왕 부차에게 패하여 노예가 됩니다. 오왕을 충성으로 섬긴 끝에 가까스로 월나라로 돌아온 구천은 와신상담하며 복수를 다짐합니다. 범려와 문종의 보좌로 국력이 강해지자 군사를 일으켜 오나라로 쳐들어갔으며, 패한 부차는 자결했읍니다.

그런데 범려가 갑자기 사직을 하더니 월나라를 떠납니다. 범려는 문종에게 "새를 잡으면 활이 필요없고, 토끼를 잡으면 사냥개를 삶는다. 월왕은 고난은 같이할 수 있어도, 영광은 같이 누릴 수 없는 상相이다. 같이 떠나자"고 권합니다. 하지만 문종은 주저하다가 결국 구천에의해 모반의 누명을 쓰고 자결했읍니다.

제나라로 간 범려는 농사를 지어 큰 부자가 되었읍니다. 소문을 들은 제왕은 범려에게 재상 자리를 내리지만, 범려는 고명高名이 불행의 원인이라며, 사람들에게 재산을 나누어주고 다시 떠납니다. 범려는 산둥성으로 가 장사를 벌여 다시 큰 부자가 되었읍니다. 늙어 은퇴한 후에는 유유자적하게 살았읍니다. 범려는 《사기史記》의 〈화식열전貨殖列傳〉에 등장합니다.

인생이 시공간에 떠다니는 것일지라도, 마르틴 루터가 말했듯이 내일 지구에 종말이 올지라도 오늘 사과나무를 심는 마음이 중요합니다. 행복은 긍정적인 마음으로 매순간 최선을 다하는 사람에게 찾아옵니다. 염세적인 마음으로 세상을 하찮게 보는 사람에게 행복은 찾아오지 않습니다. 건강한 사람이 역병을 피하듯, 행복은 그런 사람을 피해갑니다.

Even if I knew that tomorrow the world would go to pieces, I would still plant my apple tree. _Martin Luther

目 부처님은 임종에 즈음해 이별을 슬퍼하는 제자들에게 유훈을 내렸습니다. 제행무상 불방일정진諸行無常 不放逸精進. "모든 것은 변한다. 게으름 피우지 말고 정진하라"는 뜻입니다.

고집

사람들은 흔히 말합니다. "저 사람은 고집이 세." 실제로 고집이 센 사람이 있고, 약한 사람도 있습니다. 왜 사람들은 고집이 센 사람을 싫어할까요? 그건 고집이 센 사람이 많으면 사회가 하나로서 작동할 수 없기 때문입니다. 많은 개체로 이루어진 사회가 내린 결정을, 자기는 반대한다는 이유로 따르지 않는다면 그 사회가 유지되지 않습니다. 그런 사람들이 반란을 일으키기도 합니다.

사람들은 자기 의견이 있으나 대체로 다수의 의견을 따릅니다. 자기 의견을 확신하지 않기 때문입니다. 얼마나 확신을 가지는지는 그 의견에 얼마나 걸 수 있느냐에 달렸을 겁니다. 전 재산이나 목숨을 걸 수 있다면 진정한 확신이라고 볼 수 있습니다. 인류 역사에서는 실제로 목숨을 건 사람들이 있었고, 이런 사람들 덕분에 자유·평등·박애·과학발전·의학발전이 이루어졌습니다. 모든 물체에 질량을 부여하는 소립자 힉스가 단일체인가 아니면 복합체인가 하는 문제가 있습니다. 세계적인 대가는 단일체일 거라고 했습니다. 하지만 전 재산은 못 걸겠답니다. 필자가 수년 전에 그 대가 옆에 앉아 직접 묻고 들은 내용입니다. 세계적인 학자도 이러할진대 범인들은 더 말할 나위도 없습니다.

인간의 판단력·인식력 등 정신능력이 불완전할 뿐만 아니라, 본인이 가진 정보 자체가 양과 질에 있어 부족하고 불완전하고 거짓이 섞여 있읍니다. 따라서 자신의 의견을 확신할 수 없읍니다. 큰소리로 주장하다가도 '내기를 하자' 하면 단돈 만 원도 두려워합니다. (그래서 다수의 의견을 좇자고 합니다. 다수는 틀리기 힘들다는 가정이 깔려 있읍니다. 판단능력이 부족한 자기에게 누가 다른 소리를 하면 피곤해집니다. 그래서 싫어합니다.)

그런데 문제는, 이런 범인들의 문제를 학자들이나 사상가들에게 강요할 때 문제가 일어납니다. 증거나 합리적인 논증이 없이 일방적으로 의견을 강요할 때 일어납니다. 반대 증거가 확실할 때는 강요하는 측이 고집이 센 것입니다.

정치인들은 고집이 셉니다. 보수주의나 개혁주의 노선은 반석과 같이 유지합니다. 정치적 힘을 잃을지언정 노선을 바꾸지 않읍니다. 하지만 같은 당 내부의 다른 논점에 대해서는, 자기 의견을 죽이고 다른 동지들의 말을 따르는 것은 훨씬 쉬운 일입니다. 논의 사항이 근본 노선보다는 덜 중요한 일이기 때문입니다. 사람들의 고집은 이런 식으로 위계질서가 잡혀 있읍니다. 고집을 피울 정도와 강도가 정해져 있읍니다. 물론 사람에 따라 다릅니다. 예를 들어 어떤 사람에게는 권력이 상위이고, 어떤 사람에게는 종교가 상위입니다.

종교인들은 가장 고집이 셉니다. 목숨을 걸고 교리와 신앙을 지킵니다. 문제는 서로 배척하는 다른 교리를 지닌 다른 종교도 그렇게 한다는 점입니다. 그러므로 이들의 고집은 가장 센 고집입니다. 그럼에도 불구하고 사람들은 이들이 고집이 센 사람이라고 생각하지 않읍니다.

두 사람이 있읍니다. 자주 만나는 친구 사이입니다. 둘이 정치, 경제, 교육 등 사회현상에 대해서 서로 의견이 갈리면, 말을 꺼낸 A가 B의 의견에 밀리는 경우가 많습니다. A는 B가 고집이 세다고 생각합니다. B가 자기에게 논증으로 이겼을지 모르나, 더 고수를 만나면 질 수 있으므로, 누가 옳은지는 알기 힘들다는 겁니다. 그러므로 적당히 타협하고 사는 게 현명하다는 겁니다. 실제로 그런 일이 벌어져, B가 후에 임자를 만나 처참히 깨졌습니다.

의로운 세대

_ 젊음이 의이고 늙음은 악이다

젊은 세대는 늙은 세대를 비판합니다. 부패하고 낡은 세대라고. 그런데 수십 년 전에 군사정권에 항거하던 사람들이 지금은 보수파입니다. 압도적으로 보수정당을 지지합니다. 군사정권이 속했던 바로 그 정당을.

(인류 역사를 통해서 사람은 늙어가면 보수로 변하는 경향이 있습니다.)

세상의 권력은 늙은이들이 쥐고 있습니다. 젊은이들이 이 세상에 나온 것부터가 늙은이들의 의사였습니다. 그들이 사랑을 하지 않았으면 이 세상에 태어날 길이 없었습니다. 태어났을 때 이미 세상은 그들이 만들어 놓은 대로 굴러가고 있었습니다.

이것이 젊은이들의 태생적 한계이고, 젊은이들이 늙으면 보수로 회귀하는 까닭입니다. 낳아준 이를 닮는 것은 세상의 법칙입니다.

(문제는 늙어서도 개혁정신을 유지할 수 있는가 하는 점입니다. 늙어 자기 자식들에게 욕을 안 먹을 수 있습니까? 그럴 자신이 있습니까? 젊은이들이 비하하는 꼰대들도, 자기들이 젊었을 때는 자기 부모 세대를 꼰대라고 부르던 사람들입니다.)

많은 경우에 젊은이들은 늙은이들의 장난감입니다. 권력다툼을 하는 늙은이들 틈에서 희생을 당합니다. 수천만 명을 학살하며, 중국을 처참하게 족히 10년은 후퇴시킨 반문명적인 폭력 난동인 문화대혁명은 마오쩌둥이라는 늙은이가, 자기 권력유지를 위해서 홍위병이라는 젊은이들을 선동해 벌어진 일입니다. (중국 현대사에서 이 10년은 미스터리한 공백입니다. 이 시기는, 아무것도 없는, 문화 학문 역사의 공동空洞입니다. 중국인들은 이를 부끄러워합니다. 큰 정신적인 상처입니다.) 히틀러는 독일 젊은이들을 선동해 유겐트Jugend를 조직했습니다. 이들은 히틀러를 광적으로 추종했습니다. 그 결과가 전 세계를 지옥으로 만든 세계대전이고, 600만 명 유대인 학살입니다. 캄보디아 공산 지도자 폴 포트는 젊은이들의 손을 빌려 자국 인구의 1/3인 200만 명을 학살했습니다.

아프리카 군벌들은 10대 소년들을 끌어다 손에 총을 쥐어줍니다. 이들이 죽이는 것은 반대편 소년병들입니다. 늙은이들의 흉계에 넘어간 것입니다. 소년들은, 늙은이들이 만든 우리에 던져져 서로 물어뜯고 죽이는 투견들입니다. 투계들일 수도 있습니다. 뒷발톱에 달아준 날카로운 면도칼로 상대방을 난자하는 투계들!

태어나 서로 단 한 번도 본 적이 없으니 쌓인 원한이 있을 리 만무한데 살의를 번뜩이며 싸우는 이유를, 개도 아니고 닭도 아닌 우리 인간은, 알 수 없습니다.

젊은이가 항상 옳은 것은 아닙니다. 지식과 경험과 지혜가 없으면 세상의 일면만 보고 교활한 늙은이들에게 속아넘어가기 쉽습니다. 그러면 위와 같은 끔찍한 일들을 저지르게 됩니다.

세상의 모든 전쟁은 늙은이들이 일으킵니다. 살날이 얼마 안 남은, 회색 낙엽처럼 부스스한 늙은이들이 분쟁을 일으키고, 살날이 구만리인, 새순처럼 싱그러운 젊은이들을 죽음의 전쟁터로 내몹니다. 젊은이들은 왜 싸워야 하는지도 모르고 서로 죽입니다. 서로 자기들 부모 세대에게 세뇌를 당했기 때문입니다.

요즘(2016년) 나온 영화 중에 〈프란츠Frantz〉가 있습니다. 제2차 세계대전 중에 독일군 젊은이를 죽인 프랑스군 젊은이가 전쟁이 끝난 후 자기가 죽인 독일인의 고향으로 가 무덤을 찾아 용서를 빕니다. 여러 날을 같이 지내다, 독일 남자의 약혼녀는 자기 약혼자를 죽인 프랑스 남자에게 사랑을 느낍니다. 그래서 그가 떠난 후 그를 찾아 프랑스로 갑니다. 그도 독일 여인을 사랑합니다. 하지만 그에게는 이미 정혼자定婚者가 있습니다. 전쟁 중에 오빠를 잃은 외로운 여인입니다. 그래서 그는 정혼자를 차마 버릴 수 없습니다. 프랑스 남자와 독일 여인은 이루어질 수 없는 사랑에 눈물을 흘립니다. 영화에서 프랑스 사람들과 독일 사람들은, 서로 상대방을 자기 아들들을 죽인 나쁜 놈들이라고 비난하며 상대방에게 강렬한 적대감을 표출합니다. 늙은 자기들이 젊은이들을 죽였다는 생각은 조금도 없습니다.

늙은이들은 이상한 사상·종교 체계를 만들어 젊은이들을 세뇌시킵니다. 이것들은, 세월이 갈수록 크게 자라, 주인이 늙으면 주인을 몰아내고 자기가 주인이 됩니다. (그런데 신기하게도 그 사실을, 쫓겨난 옛주인은 모릅니다. 아직도 자기가 주인인 줄 압니다.) 그리고 이제 나이가 든 젊은이는, 구시대의 사상과 종교라는 낡은 체계의 추종자가 됩니다. 충성스러운 수호자가 되어 젊은이들을 세뇌시킵니다.

젊은이들은 순수한 사랑만 하고 싶습니다. 사랑하는 사람과 자연으로 나가고, 영화를 같이 보고, 술을 마시며, 시를 읊고 싶습니다. 하지만 늙은이들은 가만 놓아두지 않습니다.

젊은 그대들도 늙으면 마찬가지입니다. 그들도 한때는 젊은이들이었
읍니다. 수십 년 후에는 바로 그대들이 그런 짓을 하고 있을 겁니다.

늙은이들의 선동에 넘어가면 안 됩니다. 그리하려면 공부를 해야 합
니다. 지식과 경험을 쌓고 지혜를 길러야 합니다. (공부가 없으면 현실세
계에 들어갈 때 같이 오염이 되고 맙니다.)

지식과 지혜가 없는 정의감과 의협심은 흉기가 되기 쉽기 때문입니
다. 그것이 바로 젊은이들이 혐오하는, 구세대의 특징이고 적폐입니다.

항상 공부하고 고민하고 사유하지 않으면 젊어도 늙은이이고, 사유하
면 늙어도 젊은이입니다.

237

민족
: 동북아시아에 자유주의의 오아시스를 건설하자

_ 정말 그런 게 있나요?

　아주 오래전에 인도인 친구에게 물은 적이 있습니다. 영국의 100년 식민지배에 대해서 어떻게 생각하느냐고. 그랬더니 놀라운 대답이 나옵니다. '미워하지 않는다'는 겁니다. 자기 의견이 아니고, 인도인들 의견이 그렇다는 겁니다. 영국인들이 쳐들어왔을 때 '또 어떤 민족이 하나 쳐들어왔구나' 했답니다.

　사실 그 당시 인도 왕조는 무굴왕조였습니다. 무굴은 인도말로 '몽골'이라는 뜻입니다. 중앙아시아에 흩어져 살던 몽고족의 지도자 티무르의 후손 바부르가 남정南征을 해서 일으킨 왕조인데 아브랑제브 등 위대한 왕을 배출했습니다. 티무르는 칭기즈칸 딸의 후손입니다. 인도인들은 이 몽고족에 대해서 거부감이 없습니다. 우리의 일본에 대한 증오와 달리 증오를 하지 않습니다. 인도는 어마어마하게 역사가 오래된 나라입니다. 이미 BC 3000년경에 모헨조다로 하랍파 문명을 이룬 대문명국인데도 불구하고, 야만적인 유목민족에게 지배를 받은 것에 대해 수치심·굴욕감·억울함이 없습니다.

　인도에는 지금도 수백 개 방언이 있고, 많은 경우에 서로 상대방 말을 알아듣지 못합니다. 외국인들이나 마찬가지입니다. 지폐에는 16개 언어로 액수가 적혀 있습니다.

이 인도 친구가 카슈미르에 있는 '행복의 골짜기 Happy Vally'에 가 보랍니다. 세상에 그렇게 아름다운 곳이 없답니다. 그러면서 하는 말이, 인도에 가서 바가지를 안 쓰려면 영어를 하지 말고 한국어를 하랍니다. 영어를 하면 당장 외국인인 줄 알아차리겠지만(인도인의 영어에는 독특한 억양이 있습니다), 한국어를 하면 소수민족인 줄 알 거랍니다. 실제로 한국인과 똑같이 생긴 종족들이 있습니다. (인도 북동부의 아루나찰프라데시 주에 있는, 인구 100만의 차크마족은 몽고족입니다. 강화도 연등국제선원의 주지 혜달 스님이 차크마족입니다.) 여러 종족이 모여 하나의 나라를 이루고 삽니다. 인도는 동북공정이 필요없는 나라입니다.

오히려 피보다 종교가 더 중요해 보입니다. 이슬람교인 파키스탄과 방글라데시가 힌두교인 인도로부터 분리독립한 것을 보면 그렇습니다. 서로 종교가 다르다는 이유로 싸우다 벌어진 일입니다. 불교국가인 스리랑카도 독립국입니다.

중국은 진시황 때 중국인이란 정체성이 생겼습니다. 한자漢字라는 문자의 통일이 있었기 때문입니다. 진시황이 중국을 통일하기 전까지는 황하 유역에 모여 살던 사람들이 중원으로 퍼진 정도였습니다. 같은 민족이라는 개념도 없었습니다.

인간은 다른 인간을 같은 인간이라는 이유로 더 잘 대해주지 않습니다. 오히려 동물들보다 더 잔혹하게 대했습니다. 인간은 같은 종을 노예로 부리는 유일한 동물입니다. (개미도 있지만, 인간을 그런 미물과 동급으로 비교할 수는 없는 일입니다.) 성경 등 종교 경전은 노예제를 승인하기까지 합니다. 대량살상은 인간을 상대로 벌였습니다. (13세기 가톨릭 교황 그레고리오 9세와 이노첸시오 4세는 각각 이교도에 대한 살해와 고 문을 명령했으며, 교황을 악마라 비난한 루터도 유대인을 '박멸해야 한다'고 증오했습니다. 당시 독일 가톨릭 역시 유대인들을 증오했습니다. 나치독일 이 600만 유대인을 고문하고 살육한 게 일부 독일인들이 벌인 우연한 사건이 아니라는 증거입니다.) 이 점에서는, 인간은 지구라는 투견장(개싸움 우 리)에 던져진 투견입니다. 같은 종족인 개들끼리 미친 듯이 싸우듯, 같 은 종족인 인간들끼리 미친 듯이 싸웁니다. 이는 인류 역사를 보면 명확 합니다. 특히 인류 역사 초기일수록 더욱 그렇습니다. 민족이라는 개념 은 상당히 늦게 나타난 개념입니다.

영국에 침략당할 당시 인도는 수백 개 소왕국으로 갈라져 있었습니 다. 라자(왕)들은 영국보다 인접한 적대국의 라자들을 더 미워했습니 다. 영국은 라자들 사이의 반목과 증오를 이용해 손쉽게 인도를 손에 넣고, 1,000명 정도의 소수의 관리로 수억 인구의 인도를 다스렸습니 다. 소위 '분할 후 정복divide and conquer'입니다.

우리나라 사람들은 일본을 증오합니다. 이민족에게 지배받았다는 것 에 대해서 민족적인 분노를 느낍니다. 여기서, 민족이라는 것에 대해서 생각을 해볼 필요가 있습니다.

지금 한반도에 사는 사람들은 전 세계 어디와도 다른 고유한 전통, 문 화, 언어, 음식, 주거, 의복을 입고 삽니다. 그 점에서는 하나의 민족이 분명합니다.

그런데 이 민족은 어떻게 생겨났을까요? 하늘에서 떨어졌을까요? 신 단수로 내려왔을까요? 지구상의 수많은 민족들은 자기들은 하늘에서 내려왔다고 주장합니다. 일본도 그중 하나입니다.

하지만 진화론의 입장에서 보면 다 헛소리들입니다. 인간은 600만

년 전에 지금의 침팬지와 공통 조상으로부터 갈라져 나왔기 때문입니다. 구태여 따지자면, 인간은 모두 같은 민족이며 심지어 침팬지와도 같은 민족입니다. 그러므로 민족을 논할 때 더 넓은 시각을 가질 필요가 있습니다.

몇 만 년 전인 크로마뇽인 시대에도 지금의 민족이 있었던 것도 아닙니다. 민족이라는 개념 자체가 나온 것도 근대에 들어서입니다. 예를 들어 몽고초원에 있던 몽고족·타타르족·나이만족·옹구트족·케레이트족 등은 같은 민족이 아니라, 이들 중 한 종족에게 있어서 다른 종족들은 잔인하게 학살하고 잡아다 노예로 부리던 개 돼지 말보다 못한 약탈 대상이었을 뿐입니다. 만약 모두 다 같은 민족이었다면 이보다 더 무도한 민족이 어디 있겠읍니까?

하나의 가족이 씨족으로, 씨족에서 부족으로, 부족에서 국가로 커지는 과정에서 낯선 집단을 받아들여 통혼하면서 피가 섞입니다. 심지어 크로마뇽인의 후손인 우리 호모 사피엔스에게는 네안데르탈인의 피도 섞여 있다 합니다. 고구려의 기층민은 말갈족과 여진족이었다고 합니다. 신라가 삼국을 통일하며 이들 중 상당한 수가 신라로 흡수되었읍니다. 이들 중 일부가 양수척楊水尺 무리를 이루었다는 설이 있습니다. 세종 때 이들이 왕명으로 정주생활을 하게 되면서 노비가 되었다는 설도 있읍니다.

한국인들은 같은 민족을 노예로 부린 아주 독특한 역사를 지니고 있읍니다. 세계 역사상 노예는, 전쟁포로이거나 반역 반란 등 중범죄를 진 자들로서, 그 신분이 자기 세대에 그쳤습니다. 그런데 한반도에 있던 조선은 노예 신분을 영원히 세습시켰읍니다. 반계 유형원과 성호 이익 등은 중국의 예를 들며, 이 세습제도를 폐지해야 한다고 비판했읍니다. 고

려시대에 전 인구의 5~10퍼센트에 지나지 않던 노비의 수는, 조선시대
에는, 세종이 종모법從母法(어미가 노비이면 자식은 아비의 신분에 관계없
이 노비가 되는 제도)을 도입함에 따라, 전 국민의 40퍼센트까지 급증합
니다. 70퍼센트였다는 설도 있습니다.

조선은 전쟁포로가 아닌 자국민을 노예로 삼고, 노예 신분을 세습시
켜 인구의 40퍼센트나 노예로 만든 희귀한 나라입니다. 아마 6·25 한국
전쟁 때 무산자들에 의해서 벌어진 유산자들에 대한 대량살상은 유사
이래有史以來 억눌렸던 하층민들의 원한이, 일제시대에 외세의 통치 아
래 숨을 죽이고 있다가 폭발한 것이라고 볼 수 있습니다.

한국인들 중 진짜 양반의 후손은 10퍼센트 정도이고 노비의 후손
은 40퍼센트 정도이므로, 서로 특히 초면에, 상대방의 본관을 묻는 일은
삼가야 합니다. 일제시대 이전부터 대가문이었던 가문의 후손이 아니라
면 대부분이 가짜 성, 즉 '돌성'입니다.

진정한 민족이 되려면 성과 본관을 따지는 일이 사라져야 합니다. 여
기서 우리는 중요한 교훈을 얻습니다. 같은 민족이라는 것보다 더 중요
한 것은 서로를 대하는 태도입니다. 그러므로 이유를 불문한 근본주의
적 민족주의를 내세우는 것은 위험하고 어리석은 일입니다.

피보다 이념이 더 중요합니다. 피가 다른 사람들도, 인종에 관계없
이, 마음이 맞으면 짝을 이루고 살듯이 사람들도 이념이 맞으면 같은 나
라를 이루고 삽니다. 미국이 대표적인 예입니다. 같은 피를 나눈 동족
이 당신을 노예로 만들었다면, 당신은 당신을 자유민으로 만들어주겠다
는 나라로 이주하지 않겠습니까? 설사 그 나라가 이민족의 나라일지라
도. 바로 이런 이유로 임진왜란 때 일본에 포로로 끌려간 사람들 중 상

당수가 조선으로 귀환을 거부했습니다.

이념이 다르면, 국가 간의 이익이 충돌하면, 같은 민족이라도 아무 소용이 없습니다. 700년간 지속된 한반도 삼국의 전쟁과, 6·25 전쟁과, 베트남 전쟁과, 5,000년 중국 역사상 무수한 전쟁이 그걸 증명합니다. 그리고 만약 일부 사람들이 주장하듯이 몽고족과 여진족이 우리 민족이라면, 조선이 원나라와 청나라에 당한 치욕적인 수모 역시 증거가 됩니다.

체제와 이념이 다르면, 같은 민족이라도 같이 사는 게 불가능합니다.

민족주의를 좀 누그러뜨리면 멋진 세상이 올 수 있습니다.

전 세계에서 가장 자유로운 나라 네덜란드는 전 세계에서 사람들을 받아들여, 자유주의 이념 아래 위대한 나라를 만들었습니다. (자유로운 영혼 데카르트 등 위대한 철학자들과 스페인과 포르투갈에 살던 유태인들과 프랑스 위그노들이 사상과 종교의 자유를 찾아 이 나라로 몰려들었으며, 일찍이 1600년대에 전 세계 바다에 무수히 상선을 띄운 전 세계 최대 무역국이었습니다.) 우리가 아시아의 네덜란드가 되면 어떨까 하고 생각을 해봅니다. 전체주의 국가들이 우글거리는 동북아시아에서 '자유주의 오아시스'가 되면 어떨까 상상을 해봅니다.

인생은 고단하다

_ 그럼 달콤할 줄 알았어요?

인생은 고단합니다. 사람만 그런 게 아닙니다. 자연계가 다 그렇읍니다.

생물들은 다른 놈들에게 잡아먹힙니다. 곤충들의 10퍼센트는, 살아 있는 남의 몸에 알을 낳으면 알이 부화해 남의 살을 파먹고 사는, 포식 기생생물parasitoid입니다. 지옥도 있읍니다. 봄볕에 취해 즐거운 마음으로 꿈꾸듯 길을 가다가는, 땅이 꺼지듯 개미지옥에 빠져 생을 마감합니다. 아름다운 꽃을 보고 이제 맛있는 꿀을 따자고 '붕붕' 달려들다가는 파리지옥에 빠져 온몸이 녹읍니다. 덜커덩 삐그덕 지옥문이 닫히면 빠져나올 길이 없읍니다. 새도 대형 거미줄에 걸려 거미의 먹이가 되기도 합니다.

옛날 사람들은 신이 모든 걸 베풀어줄 걸로 생각했읍니다. 신을 잘 섬기면, 신이 자기들을, 모든 걸 다 갖춘 천국과 낙원으로 인도할 걸로 생각했읍니다. 하지만 만약 어떤 남편이 돈은 한 푼도 벌어다 주지 않으면서, 자기를 온몸과 온맘으로 잘 섬기면 나중에 '한꺼번에' 좋은 집도 주방기구도 가전기구도 멋진 옷도 풍성한 음식도 고급 자동차도 줄 거라고 하면, 필시 허풍쟁이이거나 사기꾼입니다. 매달 매년 꾸준히 돈을 벌어다 생활을 향상시키는 사람이 진정한 남편입니다. 그러지는 못하고 '징징대면 불과 칼로 지지고 찌르겠다'고 협박한다면, 같이 살기는커녕 빨리 집을 탈출해 그 즉시 경찰에 신고해야 할 사람입니다.

'죽은 다음에 다 해주겠다'는 게 종교입니다. 또 그걸 안 믿으면, 그걸로 그만이 아니라 반드시 지옥에 보내겠다는 게 종교입니다.

사람들은 전에는 신에게 다 해내라고 하더니 신의 정체를 파악하고는 (즉 사기꾼들이 만든 어른용 산타클로스라는 걸 눈치채고는), 이제는 국가에게 다 해내랍니다.

국가란 기본적으로 남입니다. 남에게 무턱대고 '뭘 내놓으라'고 하다가는, 뺨이나 안 맞으면 다행입니다. 남에게 뭘 내놓으라 하려면 반드시 (그 전에 남에게) 준 게 있어야 합니다.

이 세상에 단 두 사람만 있다고 해봅시다. 자신은 다른 사람에게 아무것도 해준 게 없는데, 다른 사람에게 뭘 내놓으라고 할 수 있읍니까? 무상복지를 제공해 달라고 하겠읍니까? 또 역으로, 당신은 상대방이, 당신에게 아무것도 해준 것 없이, 당신에게 무상복지를 요구해올 때 제공해주겠읍니까? 이 세상 인구가 100명 1,000명, 77억 명이라고 해도 마찬가지입니다.

나라가 다른 나라 사람들에게 복지를 제공하지 않는 이유는 그들이 기여한 게 없기 때문입니다. 그러므로 복지를 요구하기 전에 '자기가 국가에 과연 기여한 게 있는지' 물어야 합니다. 당신은, 국가로부터 무상복지를 기대하면서도, 거지에게는 (좀처럼) 천 원 한 장 안 줄 겁니다. 그가 당신에게 기여한 것이 없기 때문입니다.

부모·형제·자식·연인을 다른 동물들에게, 그중에서도 특히 인간에게 잡아먹힌 동물들은, 헬조선이 아니라 '헬인간' '헬자연' '헬우주'라고 부르짖을 겁니다. 먹이사슬의 최정상에 선 인간은 절대 이 세상을 헬세상이라 부르면 안 됩니다. 동물들은 '그렇게 인간세상이 싫으면, 우리하고 심신心身을 맞바꿉시다' 하고 제안할 겁니다. 지렁이·거머리·이·빈대·벼룩·촌충·편충·바퀴벌레·소·돼지·닭으로 한번 살아보시겠읍니까?

자연계에는 복지가 없읍니다. 구태여 복지가 있다면, 내가 바로 다른 놈들을 위한 복지입니다. 내가 죽지 않고 열심히 먹어 살이 통통히 찌면, 다른 놈들이 나를 잡아먹는 겁니다. 그놈들 입장에서는, 자기들이 내가 살찌는 데 전혀 기여한 바가 없으니 무상복지입니다. 하지만 보편적 복지는 아닙니다. 열심히 일하지 않으면 복지도 없읍니다. 나를 잡아먹으려면 나보다 빨리 달리고, 나보다 근력도 세고, 평소에 열심히 그물도 만들고 독약도 만들어야 합니다.

나 역시 다른 놈들을 무상복지로 삼아 살아왔으니, 설사 내가 남의 무상복지가 된들 그리 억울할 건 없읍니다.

인생은 고단한 겁니다. 생물의 삶은 고단합니다. 무리한 요구는, 그리고 빌붙어살려는 마음은, 그렇지 않아도 충분히 고단한 인생을 더 고단하게 만듭니다.

기억

_ 가장 소중한 게 기억이다
세상을 다 얻어도 기억을 잃으면 허사다

인간은 기억이 없으면 인간이 아닙니다. 살 수가 없습니다. 사실 모든 동물은 길건 짧건 기억에 의지해 삽니다. 먹이와 천적에 대한 기억이 없으면 생존이 불가능합니다. 산양과 고릴라는 소금이 있는 곳을 기억하고 주기적으로 찾아가 암염을 섭취합니다. 우두머리 코끼리는 건기에 물이 있는 곳을 기억하고 무리를 그리 인도합니다.

새로운 경험을 할 때 사람들은 흥분합니다. 하지만 그 경험이 기억으로 저장되면 흥분과 즐거움이 줄어듭니다. 경험이 반복되고 기억이 강화되면, 흥분과 즐거움이 점점 더 줄어듭니다. 궁극에는 자극에 반응하지 않게 됩니다.

선별적으로 기억을 없애면 어떨까요? 예를 들어 설악산에 대한 기억을 다 없애는 겁니다. 그러면 다시 설악산을 '처음처럼' 즐겁게 방문할 수 있습니다.

또는 자기 배우자에 대한 기억을, 결혼식날 이후를, 다 잊어버리는 겁니다. 그러면 다시 가슴 설레는 사랑을 할 수 있습니다. 그 사람이 "여보, 우리가 같이 산 지가 벌써 30년이야" 해도 관계 없습니다. 그 사람을 처음 만났을 때도, 그 사람이 나를 한 번도 본 적이 없음에도 불구하고

'우리 전에 언젠가 본 것 같아요' 했기 때문입니다.

아예 국가가 나서서 모든 국민의 기억을 지워주면 어떨까요? 예를 들어 오늘부로 지난 일 년간의 기억을 다 지워주는 겁니다. 그러면 사람들이 새로운 삶을 살 수 있습니다. 국민들에게 그 사실을 알려줍니다. 일년 후에는 전에 어떻게 결말이 났었다는 것도 알려줍니다. 그러면 사람들은 두 과거를 비교하며 무척 재미있어 할 겁니다. 물론 기억청에 근무하는 관리들은 기억을 잃어버리지 않고 유지합니다. 정직한 사람들로 선출하고 상호견제장치를 만듭니다.

국민들이 때때로 외칠 겁니다. "새로운 삶을 살게 해주세요Let us have second lives!" 목소리가 충분히 크면 국민투표를 실시하고 2/3의 찬성으로 그리해주면 됩니다. 즉 기억을 지워주는 겁니다. 특히 경제 사정이 안 좋아 침체되어 있을 때 좋을 겁니다.

그런데 이런 일은 한 국가만 할 수 없는 일입니다. 지난 일 년 중 특정한 기억을, 예를 들어 한일 축구전에서 패한 기억을 없애는 게 아니라, 모든 기억을 없앤다면 국제관계에 문제가 생기기 때문입니다. 아마 유엔결의가 필요할 겁니다.

윤회론이 (만약 참이라면) 이런 제도일 수 있습니다. (수십 억 년 전에, 우리 자신의 의사로, 우주 주민투표에 의해 채택된 제도일 수 있습니다. 단지 그 사실을 기억하지 못할 뿐입니다.) 누구나 죽을 때, 누가 없애버리는지는 몰라도, 그 사람의 생전 기억을 다 없애버리는 것입니다. 이런 일은 인간의 두뇌용량이 적어서 벌어지는 일일 수 있습니다. 마치 컴퓨터에서 용량이 차면, 필요없는 혹은 덜 중요한 정보를 지우듯이. 하지만 만약 인간의 두뇌 용량이 늘어나면 전생의 기억을 몇 생 정도는 기억하게 될지 모릅니다. (물론 윤회론이 참이라는 가정에서 그렇습니다.) 그러면 사람의 두뇌 용량을 측정하는 단위로 한 생, 두 생, 세 생, 네 생으로 이름 붙일 수 있습니다. 마치 캐나다 사람들이 개 한 마리, 개 두 마리, 개 세 마리, 개 네 마리 하는 식으로 오리털 침낭 보온능력을 표시하듯이.

정형외과에 가면 시력 측정을 하듯이 전생기억을 측정합니다. 그러면 당신의 두뇌 용량이 결정납니다. '두 생 뇌입니다.'

장애인 부부가 있었습니다. 남편은 눈이 멀었고, 부인은 발을 못 썼습니다. 남편은 마사지를 하고, 부인은 봉투 붙이기와 단추 달기를 하고 살았습니다. 집안일을 할 때면 남편에게 업힌 부인이 눈 노릇을 했습니다. 두 사람은 뜨겁게 사랑했고 아들을 낳았습니다. 천성이 착하고 부지런한 아들은 방과 후 부모를 도와 빨래·청소·밥짓기 등 가사일을 하면서도 공부를 잘했습니다. 법학을 전공하고 변호사가 되었습니다. 장애인들의 인권을 보호하고 신장하는 일을 했습니다.

세월이 흘러 부모님이 돌아가셨습니다. 기자들이 그에게 묻습니다. 과거의 기억을 잊어버리고 싶은지.

그는 거절합니다. 첫째, 부모님이 자기에게 베풀어준 크나큰 사랑을 잊기 싫고, 둘째, 두 분 부모님 사이의 헌신적인 사랑을 잊기 싫고, 셋째, 자신의 힘들었던 삶을 잊기 싫답니다. 아이들이 놀리고, 친구들이 왕따를 시키고, 다른 아이들이 즐기는 걸 즐기지 못하고, 학창시절 내내 힘들게 아르바이트를 하고 살았지만, 지금의 자기를 있게 한 과거를 기억하고 싶답니다. 그 기억이 없으면 지금 하는 일을 할 수 없을지 모른답니다. 지금 하는 일이 너무 소중하기에 아픈 기억과 함께하겠다는 것이었습니다.

249

글 그림

_ 알았어요 | see

글은 그림입니다.

하지만 사람들은 '글이 그림과 다르다'고 생각합니다.

그림은 순서가 없어서 아무데서나 감상을 시작할 수 있지만, 글은 첫 글자부터 마지막 글자까지 순서대로 읽어야 하기 때문이랍니다.

사실은 그림도 순서를 따라 봐야 합니다. 반드시 중심 주제가 있습니다. 사람의 시선을 확 끕니다. 그걸 먼저 보고 주변부를 봐야 합니다. 실력이 늘면 주변부도 알뜰하게 감상하겠지만 그때까지는 눈에 띄는 스토리 위주입니다.

글도 경우에 따라서는 순서대로 읽을 필요가 없습니다. 소제목으로 분류되어 있으면 뒤 소제목을 먼저 읽어도 되고, 장으로 나뉘어 있으면 뒷장을 먼저 봐도 됩니다. 그냥 아무데나 들추고 읽어도 됩니다. 재미나는 부분만 곶감 빼먹듯 읽어도 됩니다. 그러다 작가와 친해지고 이해하게 되면 남은 부분까지 읽게 되어, 구멍 난 천이 메워지듯 온전히 한 권 책을 다 읽게 됩니다.

그림에는 색깔이 있지만, 글은 흑백으로 단색이랍니다.

글에도 색깔이 있습니다. 어두운 색깔의 우울함, 밝은 색깔의 유쾌함, 분홍색의 희망, 선홍색의 질투, 검붉은 색의 살의, 회색의 의심, 검은색의 절망 등등 무수합니다. 글은 심리를 색으로 삼은 채색화입니다.

그림은 걸어놓고 보고 또 보지만, 글은 그렇지 않답니다.

한 번 보면 다시 안 보고, 두 번 보면 드문 일이고, 세 번 보면 기적이랍니다. 중고책으로 팔려가지 않으면 다행이고, 최악은 파지가 되어 근斤으로 팔려가는 거랍니다. 출판사 지하 창고에는 얼굴에 울긋불긋 화장을 하고도 햇빛을 못 보는 책들이 산처럼 쌓여 있답니다.

그림은 한 쪽에 모든 걸 담아야 하니 축약적입니다. 축약된 걸 풀어 내려면 보고 또 보아야 합니다. 사람들이 시詩를 반복해서 읽는 이유와 같습니다. 글은 길어 설명하고 또 설명합니다. 그래서 이해가 가면 다시보지 않습니다. 하지만 긴 글 속에도 심오하고 축약되고 정제된 아름다운 부분들이 있습니다. 그런 글은 읽고 또 읽게 됩니다. 종교 경전이 대표적인 예입니다. 《논어》, 《대학》, 《중용》, 《역경》, 《장자》, 《중론》, 《도덕경》, 《금강경》, 《도마경》, 〈요한복음〉 등이 있습니다.

그림은 한 쪽인데 글은 수백 쪽, 너무 많답니다.

듣고 보니 일리가 있습니다. 글이 푸대접을 받는 데는 이유가 있습니다. 너무 장황하게 설명을 합니다. 그렇다고 너무 짧게 쓰면 이해가 안갑니다. 그림처럼 한 쪽으로 줄이면 시가 되지만, 할 말을 다할 수 없고 독자를 이해시킬 수 없습니다. 시를 읽는 사람도 찾기 힘듭니다. 게다가 그림은 '척' 보면 알겠는데, 글은 아무리 읽어도 모르겠답니다.

앞쪽을 설명한다고 뒤쪽을 썼다는데, 그게 더 어렵답니다. 뒤로 갈수록 그렇다고 합니다. 일단 들어가면 깊은 숲에 빠진 것 같은데(책은 나무로 만듭니다), 출구가 보이지 않는답니다.

스토리를 따라가려면 전에 나온 내용을 다 기억하고 있어야 하는데, 이 바쁜 세상에 누가 그걸 다 기억하냐고 합니다.

영화나 드라마를 소설로 쓰면 재미있겠냐고 묻습니다. 영화나 드라마는 보고 느끼면 되지만 소설은 설명을 한답니다. 예를 들어 영화와 드라마에서는 '그냥' 여인이 우는 장면이 나오지만, 소설에서는 그 여인이 '슬퍼서' 운다는 식이랍니다. 학창시절 수업을 듣는 기분이랍니다. 강요받는 느낌이랍니다. 일종의 문자폭력이라나요.

하지만 김훈의 장편소설 《칼》이나 《남한산성》을 읽으면, 영화 〈명량해전〉이나 〈최종병기 활〉이 주지 못하는 깊은 감동을 받습니다. 배우들이 표현하지 못하는 심리 묘사가 오롯이 들어 있습니다.

알퐁스 도데의 단편소설 〈별〉, 〈코르니유 영감의 비밀〉 등을 읽으면, 입안에 상큼한 맛이 돌며 마음에 환한 미소가 가득 찹니다. '세상은 참 아름다운 곳이구나' 하고 느낍니다. 작가는 등장인물을 통해서 아름답고 오묘하고 아기자기한 내면의 세계로 독자들을 인도합니다. 이런 맛은 영화나 드라마를 통해서는 얻을 수 없습니다.

그림은 색과 색이 겹치고 선과 선이 겹치며 메시지와 스토리를 만들어내고, 글은 사유와 사유가 겹치고 장면과 장면이 겹치며 메시지와 스토리가 만들어집니다.

인생도 그림이고 사랑도 그림입니다. 시간을 따라 순서대로 살기에 글인 줄 알지만, 시간을 거슬러 반추하고 상상하는 동물인 인간에게는 시공을 초월한 그림입니다. 다채로운 감성·이성의 색깔과 가지가지 무형의 마음의 모양을 지닌 그림입니다. 구상화이고 추상화입니다.

품평회

_ 인간의 본성은 아전인수이다

사람들이 웅성웅성 모여 있습니다. 마을에 어느 집은 박하고, 어느 집은 후하고, 어느 집은 고만고만하답니다. 이처럼 거지들이 품평회를 하고 있었습니다. 몇 해 전 나라에 대흉년이 들었을 때 흘러들어온 외지 사람들인데, 절대 굶어죽지 않겠노라고, 쉰밥도 감지덕지 허겁지겁 먹던 사람들입니다. 그때는 한술 밥에도 감격하던 사람들이, 목숨을 건지고 몸에 살이 붙더니 이제는 당당해졌습니다.

253

이들은, 이 마을 사람들이 자기들을 우습게 본다고 불평합니다. 가장 인심이 후한 집을 절대 기준으로 삼아, 그보다 박한 집들을 도매금으로 비난합니다. 매정하고 박정하고 모진 집들이라고.

예전에는 처량하고 애수에 젖어 들을 만하던 각설이 타령도, 전투적 공격적으로 큰소리로 부릅니다.

남의 일이 아닙니다. 바로 우리 일입니다. 어머니는 짜고 아버지는 후하답니다. 삼촌1은 세뱃돈을 쥐꼬리만큼 주고, 삼촌2는 최저임금 주듯 주고, 삼촌3은 시세에 따라 주고, 삼촌4는 '아이구, 내 조카' 하며 넉넉히 주고, 삼촌5는 자기 자식에게 주는 1년 용돈보다 더 많이 준답니다.

삼촌5가 기준임에도 삼촌4까지는 참을 만하지만, 나머지는 어쩌다 저런 삼촌을 가지게 되었는지 모르겠답니다. 차라리 없는 게 낫답니다.

친척이 아니라면 세배를 하고 싶어도 할 수 없습니다. 덕담 한마디 들을 수 없습니다. 그래도 친족의 품은 남보다 따뜻합니다.

어느 중소기업 사장의 평입니다. 본청회사1은 악덕 자본가고, 본청회사2는 임금착취형이고, 본청회사3은 중소기업 10은 잡아먹었고, 본청회사4는 처음부터 생겨나서는 안 될 회사랍니다.

이 사람은 2차 하청회사 사장이 찾아와 납품가를 올려줄 수 없느냐 사정하자 '누군 흙 파먹고 사는 줄 아느냐'고 꾸짖습니다.

본청회사에는 하청을 하겠다는 회사들이 줄을 서 있고, 하청회사 밑에는 2차 하청회사들이 줄지어 기다립니다.

그것도 안 되는 사람들은 자영업을 합니다. 새벽부터 자정까지 죽도록 일합니다. 사람이 왜 저리 힘들게 살아야 하나 눈물이 납니다.

어제 다른 동네에서 거지떼가 한 무리 들어왔습니다. 얼마나 못 먹었는지 해진 옷 사이로 갈비뼈가 앙상하게 드러나고 광대뼈 아래 볼은 울진 불영계곡처럼 깊게 패였습니다. 오늘을 넘기면 기적일 듯합니다. 우리 동네 거지들이 마을 입구를 막아서고 못 들어오게 합니다. 여기는 자기들이 터를 닦은 곳이니 다른 데로 가랍니다. 제발 오늘 하루만 묵어가게 해달라고 사정해도 소용이 없습니다. 좀더 찾아보랍니다. 자기들도 이 마을을 찾아 정착할 때까지는 그들보다 더한 죽을 고비를 여러 번 넘겼답니다.

해가 뉘엿뉘엿 서산으로 넘어가는데 발길을 돌리는 거지들의 그림자가 길고 두텁게 거지들 발걸음을 무겁게 잡아끕니다. 그중 반은 마을

앞 개울에서 물로 빈 배를 채우다 구부린 허리를 다시 세우지 못했읍니다. 나머지 반은 어둠 속에 묻혔읍니다. 그리고 그 어둠 속으로 물은 흘러갑니다.

어떤 사람이 열심히 자기 친구들 욕을 합니다. 사업을 하다 급전이 필요해 돈을 빌려달라 했더니 겨우 1,000만 원을 빌려주더랍니다. 나쁜 놈이랍니다. 다른 친구는 겨우 500만 원. 이놈은 더 나쁜 놈이랍니다. 또 한 친구는 100만 원. 이것도 돈이냐고 팽개치고 나왔답니다. 그런데 5,000만 원을 빌려준 친구가 있답니다. 이 사람을 빼고는 모두 나쁜 놈들이랍니다.

모두 어려운 형편에도 친구라고 형편껏 돈을 만들어 건넸는데 욕만 실컷 얻어먹었읍니다. 메마른 세태에 친구가 아니라면 만 원 한 장 빌려줄 사람 없읍니다. 그런데도 그는 친구들 욕만 하고 있읍니다.

어떤 사람은 아무리 작은 도움을 받아도 도움 받은 총량이 늘어난다고 좋아하고, 어떤 사람은 아무리 큰 도움을 받아도 여전히 목표한 양에 한참 못 미친다고 불평합니다.

어떤 사람은 살아온 날을 계산하고 부자가 되고, 어떤 사람은 살 날을 계산하고 빈자가 됩니다. 시간이 흘러감에 따라, 산 날은 늘고 살 날은 줄니다. 산 날을 계산하면 행복하고 살 날을 생각하면 불행합니다.

이 세상에 태어난 것은 덤이고, 살다 도움을 받으면 횡재입니다. 150억 년 전에 빅뱅이 일어날 때, 설마 아니, 지금 내가 생겨나도록 예정되어 있었겠읍니까?

꼬리가 몸통을 흔든다

_ 당신은 몸통이 아니라 꼬리예요
한 번도 꼬리를 흔든 적이 없잖아요

착한 마음이 착한 행동을 하게 할까? 아니면 착한 행동이 착한 마음을 만들까?

사람들은 두 개의 선택지가 주어지면 그중 하나에 답이 있다고 생각하는 경향이 있다. 제삼의 길이 있을 수 있다는 걸 간과한다. 이는 '질문자가 정답을 알고 있을 것'이라는, 뼛속 깊이 새겨진 고정관념이다.

인간이 35억 년 전 단세포 시절에는 착한 마음도 착한 행동도 없었다. 그 후 언젠가 착한 마음과 착한 행동이 생겼다. 생겼어도 한꺼번에 다 생긴 것이 아니므로 조금씩 생긴 것이다. 현재 가지고 있는 착한 마음은 하나도 없는 상태에서 어느 순간 갑자기 한꺼번에 다 생긴 게 아니라 조금씩 생긴 것이고, 착한 행동도 그렇다. 마음이건 행위이건, 착한 정도도 시간에 따라 점차 강해진 것이다.

사람들은 흔히 먼저 착한 마음을 가져야 착한 행동이 나올 수 있다고 생각한다. 하지만 먼저 어떤 이유로건 일단 착한 행동을 하면 뒤이어 착한 마음이 나오는 경우가 있다. 그래서 행동치료요법이 있는 것이다.

예를 들어 평소에 밥과 설거지를 안 하던 사람도 일단 해보게 되면 밥하고 설거지하는 일의 어려움을 알게 되어, 밥하고 설거지해주는 사람에게 고마움을 느끼게 된다. 빨래와 청소도 마찬가지이다. 어려운 사람들을 도와주어 보면, 그들의 어려움을 몸과 마음으로 경험하게 되어 배려하는 마음이 생기게 된다. 법원이 범법자에게 징역형 대신에 사회봉사를 명하는 까닭이다.

착한 행동은 착한 마음을 만들고, 착한 마음은 착한 행동을 만든다. 기존의 착한 마음과 착한 행동을 강화하고, 새로운 착한 마음과 착한 행동을 만든다.

부모와 선배와 스승의 시범과 가르침을 통해, 평소에 안 하던 새로운 착한 행동을 시도하면 새로운 착한 마음이 생긴다. 그러면 그 후 같은 착한 행동을 되풀이하게 된다. 나쁜 짓인 도둑질도 해본 사람이 하고 또 잘한다고 하는데, 착한 행동도 마찬가지이다. 해본 사람이 하고 또 잘한다.

착한 행동을 하면, (그게) 평소에 하던 행동이라면 기존의 신경회로가 강화되고, (그게) 평소에 안 하던 새로운 행동이라면 뇌에 새로운 신경회로가 생긴다.

운동하는 사람들이 같은 동작을 반복하는 이유이다. 어려운 동작을 배우는 경우에도, 쉬운 것에서 시작하여 어려운 것으로 난도를 높여가며 배운다. 차츰차츰 근육과 신경을 키우고 만드는 것이다.

마음도 마찬가지이다. 좋은 마음과 좋은 행동은 마음의 근육과 신경을 만들고 키우는 것이다. 몸을 반복 운동하듯이, 마음도 반복 운동해야 한다.

사람들은 몸만 피트니스 운동이 필요하다고 생각하는데, 그렇지 않다. 마음도 피트니스 운동이 필요하다. 가꾸어야 좋은 몸을 얻듯이, 가꾸어야 좋은 마음을 얻는다. 가꾸는 것이 바로 좋은 행동이다.

몸을 피트니스 교본에 따라 가꾸듯이, 마음도 피트니스 교본에 따라 가꾸어야 한다. 마음 피트니스 교본에 해당하는 것이 좋은 책, 좋은 사례, 좋은 가르침이다.

몸을 건강하게 하려면 음식에 주의하듯이, 마음을 건강하게 하려면 마음의 음식인 보고 듣고 읽고 경험하는 것에 주의해야 한다. 좋은 마음이건 나쁜 마음이건, 마음은 저절로 생기는 게 아니다.

마음은, 짧게는 지금까지 삶의 총화總和이며, 길게는 35억 년간 지구 동식물과 환경의 총화이다. 작게는 하늘과 땅의 총화이고, 크게는 시공時空과 우주의 총화이다.

사람들이 흔히 생각하듯이, 마음이 몸통이고 행동이 꼬리라면, 행동이 마음을 만드므로, '꼬리가 몸통을 흔든다'는 말은 빈말이 아니다. 행동은 기존의 마음을 강화하고, 새로운 마음을 만든다. 우리가 하는 일체의 행동은 우리 마음에 흔적을 남긴다. 얕게 혹은 깊게 홈을 판다.

그래도

_ 선의 평범성 banality of good

어제 택시를 탔다. 운전기사는 요즘 흉악 범죄가 너무 많이 일어난다고 분개했다. 그렇다고 맞장구를 치다가 내가 물었다. "아저씨 생각에는 세상에 나쁜 놈이 더 많읍니까, 좋은 놈이 더 많읍니까?" "당연히 좋은 사람이 더 많지요." 험악한 세태를 매섭게 비판하던 사람의 입에서 나온 답이라 깜짝 놀라 다시 물었다. "왜요?" "안 그러면 어떻게 세상이 이 정도라도 유지되겠읍니까?" 참으로 동감하지 않을 수 없었다.

때로는 험한 꼴을 당하지만, 기가 막힐 정도로 억울한 일을 당하지만, 필자도 그런 일을 당한 적이 있지만, 전체적으로 보면 이 세상에는 착한 사람이 더 많다는 걸 인정하지 않을 수 없다.

가끔 전쟁이 나서 아름다운 도시들과 행복한 사람들이 처참하게 파괴되고 살해당할 때 '정말 착한 사람이 더 많은 게 맞아?' 하고 의심이 들기도 하지만, 가까스로 살아남은 도시와 사람들이 결국 극복하고 다시 일어서는 걸 보면 '착한 사람이 더 많다는 걸' 인정하지 않을 수 없다.

　　만약 사람들이 착하지 않다면, 어떻게 수천만 명이 학살당한 그 참혹한 두 차례 세계대전의 폐허 속에서, 전쟁 전보다 훨씬 더 화려하고 견고한, 지금의 문명과 평화를 이룩할 수 있었을까?

발칙한 사람이 되자

_ 과학의 역사는
선인들이 틀렸다는 걸 증명하는 과정이다

한국 사람들은 목이 탄다. 우리나라에서도 노벨 과학상 수상자가 나오기를 애타게 기다린다. 이웃국가 일본은 벌써 22개나 탔다. 문학상과 평화상까지 하면 25개이다. 우리에게는 무슨 문제가 있을까?

우리는 일본에게 문물을 전해주었다고 자랑스러워하고 항상 일본에 우월감을 느낀다. 유교와 불교는 백제가 이른 시기에 전해주었지만 (각각 4세기와 6세기), 성리학은 늦은 시기인 가마쿠라 막부(1185~1333) 때 중국으로부터 전해졌다.

일본은 임진왜란을 일으킨 16세기 말에 이미 조선을 앞질렀다. 도쿠가와 막부 시절에 일본을 방문한 통신사 일행은 일본의 풍요로움에 놀랐다. 일본열도는 넓이도 한반도보다도 크고, 인구도 역사 이후 내내 한반도를 앞질렀다. (각각 2.5배 정도 크다.)

일본은 성리학이 조선만큼 발달하지 못했다. 임진왜란 때 끌려간 강황을 통해서 성리학 연구가 본격적으로 시작되었지만 크게 발달하지는 못했다. 성리학 세상이 된 조선과 달리, 경직된 성리학이 발달하지 않은 것이 일본 발전의 주요 이유일지도 모른다. 조선은 위화도 회군 이후 중국의 조공국이 되었지만, 일본은 본국 백제를 구하기 위해 수만 명의 군대를 보낸 백촌강 전투 패배 이래로, 받들어 섬긴 나라가 없다. 일본이, 한국과 달리 성리학을 추종하지 않고, 실용주의 노선으로 중국을 앞질러 독자적으로 발달한 이유일 것이다.

한국 학생들은 질문을 하지 않는다. 서양학문의 근본은 질문하기이다. 질문을 금기시하고 절대적인 믿음을 강요하던 중세기독교를 극복하고 온갖 질문이 터져나온 게 르네상스이고 산업혁명이며, 지난 200년간의 과학역사이다. 반면에, 한국은 유교문화의 영향으로 부모와 동격인 스승의 말에 이의를 달지 않고 무조건 복종하다보니 질문을 하지 않게 되고, 그게 몸에 배어 과학이 발달하지 못한 것이다.

한국 학생들은 미국 명문 대학에 많이 입학하지만 중도 탈락률이 거의 50퍼센트에 달한다고 한다. 왜 이런 현상이 생길까?

성리학자들은 답은 성인聖人들이 경전에 다 밝혀놓았으므로 경전에서 답을 찾고 경전을 달달 외우면 된다고 생각하는 경향이 있다. 이게 서양의 신학문을 공부하는 데까지 영향을 미쳤다. 성인의 의견에 이의를 달면 사문난적斯文亂賊이다. 정조 때 송시열과 쌍벽을 이루던 대학자 윤휴는 사약을 받고 죽었다. '공자의 해석에 있어서 왜 주자의 의견만 따라야 하느냐, 왜 나는 새로운 해석을 못하느냐'고 한 게 문제였다.

학문을 '이미 밝혀진 진리를 외우는 것'으로 간주하는 주입식 전통이, 전 세계에서 가장 IQ가 높은, 한국 학생들의 유학 실패로 나타난다.

학생들은 수업시간에 좀처럼 질문을 하지 않는다. 문제는 질문을 하지 않으면 새로운 사실을 발견할 수 없다는 점이다. 남의 걸 외우고 모방만 해서는 남이 발견하지 못한 걸 발견할 수 없다. 질문은 일종의 벤처사업이다. 엉뚱한 질문을 하더라도 그중 100에 3 정도가 의미 있는

질문이고 또 그중 하나라도 괜찮은 질문이면 노벨상을 탈 수도 있다. 수
학사에서도 남들이 안 한 것을 그리고 남들로부터 특히 당시 대가들로
부터 사이비 수학이라는 비난을 무릅쓰고 한 게 대단한 위업이 된 게
있다. 예를 들어 여러분들이 배우는 복소해석학이 있다. 이것은 아직까
지도 풀리지 않고 있는, 수학 역사상 가장 유명한 미해결 문제인 리만가
설을 탄생시켰다.

　스승의 연구만 따라해서는 자기 고유의 독창적인 연구가 있을 수 없
고, 그 결과 자기 고유의 사상을 담은 저서도 낼 수 없다. 진리는 발견하
기도 하지만 만들기도 한다. 우리가 진리라 생각하는 것은 많은 경우에
진리 그 자체가 아니라 진리를 묘사하는 방법일 뿐이기 때문이며, 묘사
는 창조이기 때문이다.

　한나라 때 대학자 왕충王充(AD 25~?)은 저서《논형論衡》에서 '유생
들이 스승을 맹신하며 성현의 말은 모두 거짓이 없다고 여긴다'고 비판
했다. '성인이라고 해서 선천적으로 예지능력이 있는 것이 아니라, 많은
독서와 사유를 통해 능력을 함양했을 뿐이다'라고 지적한다. 왕충은 당
시에 성인으로 추앙받던 공자·맹자·묵자를 가차없이 비판한 대단히
발칙한 자였다.

　왕충은, 배운 자 못 배운 자 할 것 없이 누구나 믿는 것과 달리, '천
둥과 번개가 하늘이 악한 자를 벌하는 행위가 아니라 단지 자연현상일
뿐'이라고 주장했다. 건초 4년(서기로 79년) 6월, 회계 은현 지방에서 낙
뢰落雷에 맞아 죽은 양 다섯 마리를 구체적인 예로 들며, '양에게 무슨
잘못이 있어 그런 일이 일어났을까' 하고 의문을 표시한다.

　또 왕충은 '유가들이 주장하듯이 해와 달이 완벽한 구체인 것은 아니
며 그리 보이는 것은 멀리 떨어져 있기 때문'이라고 했다. 그 증거로, 하

늘에서 떨어진 울퉁불퉁한 운석을 예로 들었다. 이는, 1609년에 자신이 만든 망원경으로 달 표면을 관찰함으로써 달이 완벽한 구체가 아니라는 것을 증명한 갈릴레오보다 무려 1500년이나 앞선 것이었다. 이처럼 왕충은 당시 통념에 도전한 발칙한 사람이었다. 만약 이런 전통이 이어졌다면 동양이 서양에 뒤처지는 일은 일어나지 않았을 것이다.

자연과학과 철학의 역사는 발칙한 자들의 역사이다. 한때 발칙한 생각들이 진부한 생각들로 바뀌는 게 학문의 역사이다. 우리 모두 두려워하지 말고 발칙해지자. 우리와 인류를 위해서.

目 2016. 9. 7.

갈릴레이, 아리스토텔레스
: 섭리와 연기법

_ 만물의 본성은 정지인가 움직임인가?
유일신교는 정지로 보고 불교는 움직임으로 본다

중세 기독교의 우주관을 극복하는 '자연과학적 종교개혁'의 기폭제
가 되었던, 갈릴레오 갈릴레이의 사상을 소개한다. 그의 사상은 우리 불
교계에 많은 교훈을 던진다. 기독교가 이미 400년 전에 문제 제기하고
극복한 것을, 불교는 아직 문제 제기도 하지 않은 상태이다. 유일신교인
기독교보다도 더 신비주의에 빠져 부처(마음)와 불경을 절대화하고 있
다. 생명과 우주의 기원과 발전에 대한 진리의 유일한 원천으로 간주한
다. 그래서 불경을 문자 그대로 해석한다. 이는 갈릴레이가 당시 기독교
에 대해 극렬히 비판한 점이다.

(아래 문단에서 따옴표한 부분은 갈릴레이의 발언이다.)

"성서를 해석함에 있어서, 언제나 문자 그대로의 의미만 고수하는 것
은 심각한 일이다. 성서의 언어와 서술은 단순하고 무지한 사람들을 위
해 서술되었다". 천국 지옥 등 인과응보설因果應報設을 무지한 대중을 위
한 가르침으로 보는, 규봉 종밀(780~841, 중국 화엄종 제5대 조사)의 견
해와 유사하다. "성서는 천문학 교과서가 아니다". 불경도 그렇다. "하
지만 성서는 현명하게 해석되면 과학과 충돌하지 않는다. 깨인 기독
교 신자들은 이런 열린 자세를 갖고 있다. 유대교도 성서 내용 중 과학

과 어긋나는 내용은 상징이라고 주장한다". 대단히 유연한 자세이다. 불교가 배워야할 점이다. "신은 성서와 자연이라는 책에 자신을 계시한다. 신은 두 책 모두의 저자이다". 연기법은 불경과 자연이라는 책에 자신을 계시한다. 진화론과 빅뱅에 계시한다. 연기법은 불경과 자연이라는 두 책 모두의 저자이다. "과학이론들은 성서해석의 도구가 되어야 한다. 즉, 성서의 해석은 자연과학에 맞게 조절되어야 한다". 불경의 해석도 자연과학에 맞게 조절되어야 한다. 달라이 라마의 주장인 '불경과 자연과학이 충돌하면 자연과학을 따르겠다'가 이런 맥락이다. 유심극락도 이런 맥락이며, 필자의 유심윤회唯心輪廻도 같은 입장이다. 여기서 유심윤회란 유심정토와 유사한 견해이다.*

교회가 갈릴레이의 입장을 수용하지 못한 이유는 이렇다. 첫째, 성서해석에 있어서 신학자들의 권위에 도전했다. 둘째, '과학 종교 간 갈등 해소 권한이 신학자들에게 있는지' 의문을 제기했다. 셋째, 그는 과학자가 우주에 대해서 성서를 옳게 해석할 수 있다고 보았다. 하지만 가톨릭교회는, 성서의 해석을 가톨릭 교회가 아닌 개인들 특히 과학자들에게 맡길 수 없었다.

한국불교 승단은 과학자들의 입장을 수용하지 못한다. 그 이유는 이렇다. 첫째, 승단은 '과학자들이 승려들의 독점적 불경해석 권위에 도전한다'고 생각한다. 둘째, 승단은 '과학과 종교 간 갈등을 승려들이 풀 수 있다'고 믿는다. 하지만 깨인 과학자들만이 과학과 종교 간 갈등을 해결할 수 있다. 왜냐하면 두 분야 사이의 갈등을 초래하는 것은 도덕적 가르침이 아니라 서로 다른 '생명과 우주의 기원과 발생에 대한 이론'인데, 이런 이론은 종교의 영역이 아니라 과학의 영역이기 때문이다.

현대인들은 갈릴레이 시절과 달리 학교 교육을 통해 고도의 과학을 배워 갈릴레이보다 훨씬 더 유식하다. 그러므로 성직자들이 비과학적인 태도를 갖는 것은 지적 태만 또는 범죄이다.

아리스토텔레스는 '물체가 지속적으로 움직이려면 지속적으로 힘을 받아야 한다'고 생각했다. 정지상태가 자연스러운 상태라는 것이었다. 따라서 움직이는 물체는 계속해서 힘을 받지 않으면 멈춘다는 것이다. 얼핏 보면, 정지상태의 물체가 움직이려면 힘을 받아야 하니, 그의 주장에 설득력이 있었다. 그런데 갈릴레이는, 아리스토텔레스와 정반대로, 움직이는 물체는 아무 힘을 받지 않는 한 계속 움직일 것이라고 했다. 같은 방향과 같은 속력으로. 아리스토텔레스가 놓친 점은, 지상이나 공중의 움직이는 물체가 멈추는 것은 공기저항·마찰력·지구중력이 물체의 움직임을 늦추고 땅으로 잡아끌어 방향을 변경시키기 때문이라는 사실이다.

인간의 마음도 이와 같다. 작동 중인 마음은, 어느 쪽으로 어떤 대상을 향해 움직이든지, 다른 힘이 작용하지 않는 한 그 움직임을 같은 방향으로 계속한다. 그런 움직임을 멈추거나 방향을 틀려면 추가적인 힘이 필요하다. 그런 힘이 종교적 가르침으로부터도 올 수 있다. 하지만 문제는, 잘 가고 있는데 종교에서 받은 힘으로 말미암아 이상한 쪽으로 방향을 트는 경우이다. 그걸 광신이라 한다.

아리스토텔레스에 의하면 정지가 본성인 사물을 특히 천체를 움직이고 그 움직임을 유지하려면 지속적으로 힘을 가하는 존재가 있어야 하는데, 그는 그런 존재를 부동의 원동자The Unmovable Mover라고 불렀으며, 기독교인들은 하나님이라고 부른다.

하지만 불교는 거꾸로 말한다. 만물의 본성은 움직임이다. 반대 방향으로 힘이 가해지지 않는 한 움직이는 물체는 움직임을 계속한다. 그걸 무상無常, impermanence이라 한다. 무상이란 (끝없는) 변화이고, (끝없는) 변화는 (끝없는) 움직임이기 때문이다. 본래 동적 상태에 있는 사물들과 생명들과 의식들과 현상들이 서로 접하면 새로운 사물과 생명들과 의식들과 현상들이 만들어지는데, 그걸 연기緣起라고 한다. 실제로 원자와 소립자들은 끝없는 움직임(진동)과 상호작용 속에 있다. 무작위적인 브라운 운동을 하는 기체뿐만이 아니라 액체와 고체도 끝없이 운동을 한다. 다만 우리 육안에 포착되지 않을 뿐이다. 육안의 정밀성이, 적당히 생존에 도움이 될 정도이기 때문이다.

마음도 끝없는 움직임 속에 있다. 이걸 불교는 심무상心無常이라고 하며 사념처四念處 수행을 이룬다. 마음은 한순간에도 수천 번 바뀌며, 바뀌지 않는 것처럼 보이는 선정 상태나, 마음이 멈춘 듯 보이는 멸진정滅盡定 상태에서도, 끝없이 바뀐다. 우리 마음(활동)의 대부분을 차지하는 무의식은 우리 의지와 독립적으로 활동하기 때문이다. 이 무의식에 해당하는 게 알라야식이다. 특히 그 안에서 (내외경과 연기하여) 만들어지고 심어진 후에 때를 기다리다가 인연을 만나면 발아하는 심층의식인 종자식種子識은, 대부분이 표면의식과 의지와 독립해서 자체적으로 활동하기에, 현대과학이 발견한 무의식과 일치한다. 기절상태나 멸진정에서 호흡작용·체온유지·혈액순환을 담당하는 미세식微細識으로서의 알라야식은, 현대과학이 발견한 자율신경과 일치한다.

적어도 정신적인 움직임에 관한 한, 계정혜戒定慧라는 '방향과 속력을 바꾸는 수단'이 있으며, 이는 개인의 의지에 달려 있지 초월적인 존재와는 아무런 관련이 없다. 그래서 불교를 인본주의적 종교라 하고 심지어는 종교가 아니고 철학이라고 한다.

하지만 마음을 세세히 분류하고 그 작용을 치밀하게 사유 연구하고 명상을 통해서 경험적으로 실증하려 했다는 점에서는, 과학이다. 불교는 눈부신 과학의 시대에 가장 걸맞은 종교이다. 이 점을 집중적으로 부각시키면 불교에 제2의 전성기가 찾아올 수 있다. 어느 시대이건 고통이 있고 고통을 겪는 생명체가 있고, 그런 생명체에게 생명과 마음과 고통에 대해서 불교만큼 심오한 통찰과 깊은 위안을 주는 종교가 없기 때문이다.

＊　유심정토란 정토 淨土 즉 극락이 사후세계로서 실재하는 것이 아니라 우리 마음이 청정하면 정토라는 설이다. 유심윤회도 마찬가지로, 윤회란 사후에 벌어지는 일이 아니라 우리가 동물의 마음을 내면 그 순간 우리는 동물이라는 관점이다. 물론 천사의 마음을 내면 천사이고, 악마의 마음을 내면 악마이다. 그런데 마음의 상태는 고정되어 있지 않고 끝없이 한 상태에서 다른 상태로 변한다. 즉 하나의 마음이 죽고 다른 마음으로 태어난다. 먼저 마음을 인因으로 하여 나중 마음이 태어난다. 그래서 윤회이다. 순간순간 마음의 생멸을 윤회라고 보는 것이다.

솔론, 크로에수스, 키루스

: Solon, Croesus, Cyrus

_ 동서양을 관통하는 삶의 지혜

수천 년 전 아시아에 크로에수스라는 몹시 부유한 왕이 살았다. 나라는 작았지만 백성들은 번성했고 부유하기로 유명했다. 왕은 어느 날 바다를 건너온 당시 최고의 현자 솔론이 나라에 들르자, 자신의 화려하기 그지없는 궁전으로 초청했다. 솔론은 아테네의 법을 만든 사람이었다.

왕은 솔론에게 이 세상에서 가장 행복한 사람이 누구냐고 물었다. 솔론은 텔루스를 들었다. 그는 열심히 일해 번 돈으로 자기 아이들에게 최고의 교육을 시켰으며 아이들이 장성해 독립한 뒤에는 조국 아테네를 위해 용감히 싸우다 전사했다. 크로에수스는 솔론이 자기를 들지 않은 것에 실망했지만, 두 번째로 행복한 사람이 누구냐고 물었다. 솔론은, 어려서 아버지를 잃고 몹시 가난했지만 열심히 일해 허약한 어머니를 봉양했고 어머니가 죽자 죽을 때까지 사랑하는 조국 아테네에 봉사한 젊은이 둘을 들었다.

두 번째에도 끼지 못한 왕은 화가 나서 따졌다. 솔론의 대답은 이랬다. "사람의 운명은 알 수 없는 일이므로 어떤 불행이 기다리고 있는지 아무도 모른다. 따라서 어떤 사람이 행복한 삶을 살았는지는 그 사람이 죽은 뒤에야 평가할 수 있다. 그러므로 어느 누구도 다른 사람에 대해서 그 사람이 죽기 전에는 행복한지 안 한지 말할 수 없다."

세월이 흘러 바빌론에 무척 힘센 위대한 왕이 등장했다. 키루스 대왕 (BC 539~530 재위)은 주변의 여러 왕국을 점령하여 자기 제국 페르시아에 복속시켰다. 크로에수스 왕도 예외가 아니었다. 끈질기게 저항했지만, 아름다운 궁전은 불타고 과수원과 정원은 파괴되었으며, 자신은 포로가 되고 말았다. 키루스 대왕은, 주변 국가들에 대한 본보기로, 크로에수스를 조리돌린 후 화형시키려고 했다. 장작더미에 올려진 피투성이 크로에수스는 고통스럽게 솔론의 이름을 불렀다. 그에게 자초지종을 들은 키루스 대왕은 깊이 사유한 끝에, 자기도 언젠가 힘을 잃고 자기 적에게 같은 신세가 될지 모른다는 걸 깨달았다. 그는, 자기가 '자기 적이 자기에게 관용을 베풀길' 희망하듯이, 자기도 자기 적에게 관용을 베풀기로 했다. 그래서 크로에수스를 풀어주고 평생 친구로 삼았다.

부처님이 말씀하신 것처럼 '싸워 이기면 적과 원수가 늘어나고, 패하면 괴로워 누워도 편치 않다. 이기고 지는 것을 모두 다 버리면, 누우나 일어나나 고요히 즐겁다.' 《잡아함경》 제46권 〈전투경戰鬪經〉)

그 후 키루스 대왕은 바빌론 제국을 정복했다. 그는 70년 전에 바빌론 왕 느부갓네살에게 정복당해 노예로 끌려온 유대인들을 유대땅으로 돌려보냈다. 이들의 슬픔을 그린 노래로 오페라 합창곡 〈히브리 노예들의 합창〉과 팝송 〈By the rivers of Babylon〉이 있다. 유대인들이 바빌론의 강가에서, 두고온 조국 유대땅을 눈물을 흘리며 그리워하는 노래이다. 이들은 고향으로 돌아간 후에 느부갓네살에 의해 파괴된 솔로몬 성전을 키루스 대왕의 도움을 받아 재건했다. 그리고 키루스 대왕을 야훼 신에게 기름부음을 받은 자로 칭송했다(〈이사야서〉 45장).

하지만 키루스 대왕의 최후는 비참했다. 북쪽 스키타이 왕국에 쳐들어가 그곳 왕자를 사로잡았으나 결국 패하고 전사했다. 스키타이 여왕은 그의 목을 잘라 핏속에 담그고는 "만족을 모르는 괴물아, 갈증이 해소될 때까지 핏물을 들이켜라" 하고 저주했다. 하지만 키루스가 정복전쟁에 나선 것은 '세계가 하나의 나라가 될 때 평화가 찾아온다'는 자신의 철학에 따른 것이었다. 사실, 중국 역사를 보면 이 말은 맞는 말이다. 중국은 여러 나라로 분열되어 있을 때 끝없이 전쟁이 일어났으며, 통일될 때 200년씩 평화를 누렸기 때문이다. 한·당·송·명·청이 다 그랬다. 이는 한나라에 앞서 진이 중국을 통일해 전쟁으로 점철된 500년 춘추전국 시대를 종식시켰기에 가능했다. 일본도 마찬가지다. 도요토미 히데요시와 도쿠가와 이에야스는 일본을 통일해 전국시대를 끝내고 200년간의 대평화 시대를 열었다. 아무튼 키루스가 전에 '자신도 크로에수스 같은 신세가 될지 모른다는 걸 깨닫고 크로에수스를 살려주었는데' 결국 적에게 머리가 잘리고 만 것이다. 사람도 마찬가지이다. 인생관이 정립되기 전에는 자기 마음 안에서 수많은 마음이 서로 갈등하고 투쟁하지만 그래서 마음에 평화가 없지만, 인생관이 정립되면 그 인생관이 심왕心王 노릇을 하게 되어 갈등과 투쟁이 종식된다.

솔론이 바로 앞에 앉아 말을 건넨다. "마지막 죽음의 순간까지는 어느 누구도 어떤 사람이 행복한지 안 한지 말할 수 없습니다." 동양의 현자가 옆에서 말을 보탠다. "거꾸로, 어떤 사람이 죽기 전까지는 어느 누구도 그 사람을 정신적 실패자라고 말할 수 없습니다. 물질적인 성취와 달리, 마음을 바꿔먹는 건 한순간에도 가능하기 때문입니다."

인도 대륙을 역사상 처음으로 통일한 아소카 대왕은 적군 10여 만 명을 학살한 칼링가 전투에서 받은 (인간의 잔혹함에 대한) 충격으로 회심하여 성군이 되었다. 그는 살생과 동물학대를 금하고 동물병원까지 세웠다. 무려 2,200년 전의 일이다.

중국 남북조 시대의 양 무제도 황제가 되기 전에는 잔혹한 사람이었지만, 황제가 된 후 회심하여 불심천자佛心天子가 되었다. 전국에 수많은 절을 세웠으며, 수도 건강은 수백 개의 절이 처마를 잇고 늘어서서, 달마대사가 불국토가 따로 없다고 감탄할 정도로 장관이었다고 한다.

이렇게 훌륭한 양 무제도 만년에 후경의 난을 당해 유폐당한 끝에 굶어죽었다. 솔론의 말마따나 어느 누구라도 다른 사람에 대해 그 사람이 행복했는지를, 그 사람이 죽기 전에는 말하기 힘들다. 양 무제가 어떤 마음으로 죽었는지는 아무도 모른다. 분노에 찬 마음이었을까? 아니면 평안한 마음이었을까? 만약 달마대사와의 문답이 사실이라면 그리고 그 후로 변한 게 없다면, 아마 전자일 것이다.

앙구리마라는 사람을 99명이나 죽이고 그 손가락뼈로 목걸이를 만들어 걸고 다닌, 사이코 연쇄 살인마였다. 부처님께 귀의하고 치열한 수행 끝에 아라한이 되었지만, 그의 과거만 기억하는 사람들이 마구 던진 돌에 맞아죽었다. 솔론이 말한 것처럼 사람의 운명이란 죽는 마지막 순간까지 요동한다. 하지만 앙구리마라는 평온한 죽음을 맞았다. 사람의 내면 세계는 타인이 알기 힘들다. 특히 초기불교 최고 경지인 아라한의 내면은 아라한이 되지 않는 한 짐작조차 불가능하다. 그래서 《금강경》은 '실무유법명아라한實無有法名阿羅漢'이라고 한다. '아라한이라는 법은 없다'라는 뜻이다.

인간의 앞날은 알 수 없다. 아무리 부귀영화를 누려도 끝은 비참할 수 있다. 하지만 마음의 평안을 얻은 이는 항상 행복하다. 매순간 참되게 살면 언제 죽어도 당당하고 후회가 없다.

▤아라한은 초기불교 불교인들이 수행을 통해 도달한 최고의 경지였다.

05장

종교적 주장은 거의가 사실이 아니다. 지구상의 종교는 서로 상이한 주장을 하므로
종교적 주장은 거의 다 거짓말이다. 그중 가장 대표적인 것이 기적인데, 사악한 종
교인들은 이걸 미끼로 신도들의 재산을 갈취한다. 기적은 까마득한 옛날에나 일어
났고 아무리 빨라야 천 년 전 과거에나 일어났고, 지금은 일어나지 않으며, 설사 일
어난다 해도 극소수의 추종자들에게나 은밀하게 일어난다. 기적은 인류에게 집단
적으로 혜택을 줄 수 없다. 그럼에도 마치 그런 일이 가능한 것처럼 거짓말을 한다.
고등종교일수록 거짓말을 잘한다.

종교, 세뇌, 기적, 미신, 속임수

단성생식, 처녀잉태

_ 종교적 가르침을 물질적으로 해석하면 모순만 드러나
고 유익함이 없다
_ 기왕에 물려받은 재산, 정신적으로 해석해 유용하게
써야 한다
_ 구라를 설명하려면 더 큰 구라가 필요하다

예수는 아비가 없다. 요셉이 정자를 주지 않은 것은 분명하다. 마리아
가 처녀였다고 하기 때문이다. 당시에는 현대와 같은 인공수정 기술이
없었으므로, 처녀가 성행위를 통하지 않고 인간의 애를 낳는 것은 불가
능했다. 하나님의 아들이라 하지만, 하나님의 DNA를 받았을 리도 없
다. 어디 하나님에게 DNA가 있겠는가? 자신이 천지창조 때 모든 생물
을 종에 따라 다르게 창조했는데 어디 진화의 산물인 DNA를 가지고
있겠는가? 게다가 그건 피조물의 소지품이 아닌가?

그러므로 예수는 단성생식單性生殖의 결과물이다. 그렇다면 예수의 유
전자는 xx일 가능성이 있다. 하지만 예수는 남성적인 용모를 하고 있
으며, 성전에서 환전상과 비둘기상을 판매대를 뒤엎으며 쫓아낸 사례
에 비추어보면 (몹시) 남성다운 성격도 있으므로, 마리아가 xxy일 가능
성이 있다. 그러면 xy를 가진 자식을 낳을 수 있다. 조류 중에는 이런 일
이 발생한다. 나중에 하늘로 승천했다고 하므로 더욱 그럴 가능성이 있
다. 제트엔진이 없던 시절이니, 날개가 있어야 날아갈 것 아닌가. 조류
는 암컷이 xy이므로 단성생식을 통해서 수컷새끼를 낳는 것이 가능하
므로, 여성이 남성 없이 남아를 낳는 일에, 더욱 유사하다.

종교계에서는 단성생식을 초자연적인 기적으로 떠받들지만, 아비 없이 애를 낳는 단성생식은 자연계에는 흔하다. 지금도 일어나고 있다. 우리가 안 보는 사이에 여기저기서. 그것도 변변치 않은 하등동물들이, 감히 인간을 비웃는 듯, 마음껏 구사한다. 옛날에는 과학이 발달하지 않아 이런 사실을 몰랐을 뿐이다.

물벼룩·전갈·진드기·꿀벌·개미·기생말벌과 일부 어류(아마존 송사리, 일부 톱상어 등)와 조류·양서류·파충류 등 70여 종의 생물에게 일어난다.

더 힘든 것은 어미 없이 애를 낳는 남성 단성생식이다. 생명이 자라는 데는 알과 난황이 필요하기 때문이다. 또 출생 후에는 젖이 필요하다. 예수도 엄마 젖을 먹고 큰 것은 아무도 부정하지 않는다. 그런 성화가 수천 점 남아 있다. 아기 예수가 엄마 마리아의 젖을 빠는 성화가 전 세계 성당과 박물관과 미술관에 즐비하다. 거룩한 일이다. 자연계에서는 수컷 혼자, 암컷의 도움이 없이, 즉 난자를 받아 이용하지 않고, 새끼를 만드는 것이 불가능하지만, 종교계(의 망상체계)에서는 가능하다. 뿌리깊은 남존여비 사상 때문이다. 그래서 불교 최고 천국인 무색계 사천(공무변천·식무변천·무소유천·비상비비상천)에는, 낮은 단계의 천국인 사천왕천·도리천·야마천·도솔천·화락천·타화자재천 등 욕계6천과 달리 모두 남성뿐이고 단성생식으로 애를 낳는다(홀연히 생긴다). 하지만 자연계에는, 종교적 환망공상의 세계와 달리 어미 없이 홀아비에게 태어난 남자도 없고 영웅도 없다.

아비에게 태어난 사례가 없는 것은 아니다. 《산해경山海經》에 의하면 중국 황제인 우는, 사람들이 '죽은 지 3년이 되었는데도 썩지 않는 아비 곤의 배를' 가르자 그 속에서 나왔다. (인류 최초의 제왕절개수술이다.) 문제는 《산해경》이 '꼬리가 아홉 개 달린 구미호가 실존한다, 미인이 되는 약 순초荀草가 있다, 인어가 있다, 인조人鳥(몸통이 새인 사람)가 있다, 앞과 뒤에 하나씩 머리가 둘 달린 동물이 있다'는 등 믿을 수 없는 내용으로 가득하다는 점이다. 우의 협력자 백익의 저서라는 설이 있다.

자연계에는 부활도 흔하다. 개구리는 얼어붙은 상태로 겨울을 나고 봄이 오면 기적같이 부활한다. 식물 씨앗은 죽은 듯 숨을 죽이고 있다가 수천 년 만에 발아하기도 한다. 습기 한 점 없이 건조한 사막에서 죽은 것이나 다름없던 생명이, 하늘에서 비를 타고 내려오는 물을 만나면, 기적적으로 살아난다. 이는 말라비틀어진 난자가 수천 년 만에 정액에 실려온 정자를 만나 세포분열하여 아이를 탄생시키는 것과 같다.

정자나 꽃가루가 난자를 자극해 세포분열을 촉발하지만, 난자에 전혀 유전자를 제공하지 않는 경우가 있다. 일부 어류, 조류, 꽃에서 발생하는 현상이다. 하나님이 마리아에게 자기 유전자를 제공하지 않았고, 기독교에서 주장하듯이 (마리아가) 성령으로 (아이를) 잉태하였다면, 성령이 바로 난자의 세포분열을 촉진하는 촉매역할을 한 것이다! 전형적인 단성생식 현상이다.

수컷이 암컷(난자)에게 정자(정보)를 제공하고 잡아먹히는 생물들이 있다. 거미와 사마귀가 있다. 예수가 복음을 전해주고 죽었고, 그로 인해 주요 생명체(사람)들이 다시 태어난다면(거듭난다면), 그나마 높이사고 이해할 만한 일이다. 즉 예수의 탄생과 죽음은 육체적 사건이 아니라 정신적 사건으로 보아야 한다. 부활은 육체적 부활이 아니고 정신적 부활이다. 예수는, 하나님의 사랑을 실천하는, 사람들의 마음속에 부활하여 영생을 누린다. 그런 사람의 마음에는 한가운데에 하나님의 옥좌가 설치되고 예수는 하나님의 우편에 좌정坐定한다.

옛날에 처녀잉태를 주장한 이유는 생명현상에 무지했기 때문이다. 생물계와 DNA를 알았으면 벌어질 수 없는 일이다. '무식하면 용감하다' 는 말이 바로 이 경우이다. 그래서 함부로 시끄럽게 주장하고, 그걸 안 믿으면 잔인하게 고문하고 불에 태워 죽였다. 크게 반성할 일이다. 과학 이 발달한 오늘날에도 이런 주장에 넘어가는 사람들이 있다. 참으로 기 이한 일이다.

目문: 단성생식 처녀잉태에 대한 합리적 설명이 가능할지 모릅니다. 황 당하지만 외계문명인이 유전공학으로 지구인을 창조했다고 믿는 라 엘리안이란 종교 공동체도 있습니다. 독특한 것은, 기독교의 뿌리이 지만, 정경에서 제외된 외경인《요한비서》, 조로아스터교 경전인《조 로아스터서》, 심지어 수메르 신화인 〈길가메시〉에도 신들의 인체합 성, 인공수정 등을 시사하는 문구들이 나옵니다. 이러한 신화는 현대 의 프랑켄슈타인 같은 예술에도 영향을 끼칩니다. 어쨌든 인류가 저 희 세대에 유전공학적 생명창조에 성공한다면, 고대인들이나 지적생 명체들(神일지도 모르는)이 인류를 창조했다는 가설은 흥미있게 볼만 한 포인트가 있습니다.

目답: 이 경우 (그들이) 어느 시점의 인간을 창조했느냐입니다. 100만 년 전? 화석증거에 의하면 최소한 600만 년 전으로 거슬러 올라가야 합 니다. 그럼 1,000만 년 전? 인간과 동물의 유전자가 반 이상 일치함 을 볼 때 그리고 식물과도 반 이상 일치함을 볼 때, 누군가 인간을 인 공적으로 합성했다면 식물과 동물도 그리했어야 한다는 결론이 나 옵니다. 그러면 결국은 공통 조상인 35억 년 전 단세포 생물을 창조 했다는 말이 되는데, 이는 결코 인간을 창조한 것과는 다른 이야기 입니다. (이는, 단세포 정도의 생물의 창조가 지금도 어느 정도 가능함을 볼 때, 그렇게 큰일이 아닙니다.) 이처럼 화석증거와 분자생물학에 의한 DNA 조사는 창조설이 무의미함을 보여줍니다.

目플라톤에 따르면 사물에는 완벽한 주형이 있다. (소위 이데아form이다.) 모든 사물은 완벽한 주형의 불완전한 복제품이라는 것이다. 예컨대 완벽한 책상, 완벽한 자동차의 이데아 등을 들 수 있다. 그리스인들은 인체의 아름다움을 찬양하여 나체 조각상들을 만들었다. 생식기도 그대로 나타냈다. 현실에 존재하지 않는 완벽한 인체를 묘사하고자 했다. 그런데 그리스 사상의 영향을 받은 기독교를 플라톤식으로 해석해, 신이 완벽한 DNA를 지녔다고 해석할 수는 없을까? 아담은 창조될 때 이 완벽한 (완벽하게 일을 처리하는 하나님이 하자가 있는 불량품을 만들어 넣어줄 리는 없으니까) DNA를 받았는데, 그만 야훼 하나님의 명을 어기고 타락해 유전자에 변형이 온 것이라고 할 수는 없을까?

흄, 혜성, 정자

:

_ 하나님의 아들 예수의 탄생에도
성령이라는 중계자가 필요한데
하물며 피조물에 지나지 않는
별들의 자식인 행성의 탄생이랴

데이비드 흄(1711~1776)은 별(항성)들이 짝짓기를 하면 행성이 태어나는데, 별의 생식세포가 혜성이라고 생각했다. 혜성은 둥근 대가리에 긴 꼬리를 늘어뜨리고 우주공간을 유영한다는 점에서, 난자보다는 정자에 가깝다. (그의 탄생 34년 전에 레벤후크에 의해 개량된 고성능 현미경이 발명되고 정자가 발견되었다. 레벤후크는 부인의 질에서 꺼낸 자기 정액을 현미경으로 관찰해 정자를 발견했다. 난자는 흄 사후 51년 만인 1827년에야 발견되었다.)

혜성은 광활한 허공을 헤엄쳐 까마득하게 멀리 떨어져 있는 별들을 연결함으로써, 애타는 별들의 생식욕구를 풀어주는 역할을 한다는 것이다. (양자역학에 의하면, 떨어져 있는 별들을 서로 이끌어주는 역할을 하는 중력은 중력자graviton라는 소립자가 둘 사이를 바삐 오가며 일어난다. 혜성이 아니라 그보다 무한히 작은 중력자가 연결책連結責이 되는 것이다. 이들이 없으면 우주는 하나로 유지되지 못한다. 지극히 작은 것이 지극히 크다는 역설이다. 설마 중력자가 정자 모습을 하고 있는 건 아니겠지.)

태양이, 가장 가까운 별인 센타우리와 짝짓기를 하려면 혜성이 빛의 속도로 달려도 4.3년이나 걸릴 것이다. 실제로는 혜성의 최대 속력이

(빛의 속력보다 한참 느린) 초속 500km 정도이므로 2,500년이나 걸릴 것이다. 별들은 짝짓기 한 번 하기 힘들겠다. 사랑하는 사람의 손을 잡으려고 내민 당신의 손이 상대방의 손에 닿기까지 2,500년이 걸린다고 상상해보라. 과연 그 긴 시간을 참을 수 있겠는가? 계몽주의 철학의 선구자인 흄이 이런 기이한 생각을 했다는 사실이 기이하다.

뉴턴도 혜성에 대해서 망상을 했다. '인간의 영혼이 주로 혜성에서 왔다'고 생각했다. 중력의 법칙을 발견하여 천체의 움직임을 규명한 뉴턴이, 그리고 혜성이 타원궤도를 그리며 태양을 공전한다는 것을 증명한 뉴턴이, 이런 기이한 생각을 했다는 것 역시 기이하다.

천재들도 시대의 한계를 뛰어넘을 수 없다는 걸 보여주는 훌륭한 사례들이다.

하물며 망상의 대가들인 종교인들이야 더 말할 나위가 있을까.

🗐 참고도서:《코스모스》, 칼 세이건, 175쪽, 178쪽

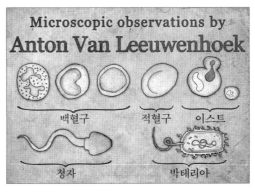

레벤후크(1632–1723)가 정자 등 세포를 현미경으로 관찰하고 남긴 그림

나도 왕년에는
: 광어와 도다리

_ 언어가 사고를 지배한다
한자를 쓰지 않음에 따라 왕년에도 사라졌다

지금은 한자漢字를 잘 안 써서 그렇지, 옛날에는 '왕년往年에'라는 말이 흔히 쓰였습니다. 보통 '나도 왕년에는'라는 꼴로 사용되었습니다. '나도 옛날에는' 혹은 '나도 한때는'이라는 뜻입니다.

'나도 왕년에는 한가닥 했다.' '나도 왕년에는 힘 좀 썼다.' '나도 왕년에는 한 재산 했다.' '나도 왕년에는 한 인물 했다.' '나도 왕년에는 여자들 좀 울렸다.' 뭐, 이런 식으로 쓰였습니다.

그런데 꼭 별 볼일 없어 보이는 사람들이 이런 말을 합니다. 나도 왕년에는 이가 32개나 있었다는 합죽이 할아버지의 말은, 진실되기 그지없고, '왕년에'가 더할 나위 없이 적절하게 쓰였지만, 이런 일은 드뭅니다.

'왕년에'만 붙이면 무슨 말도 가능할 것 같습니다.

'내가 왕년에 하나님이었다.' '내가 왕년에 세종대왕이었다.' '내가 왕년에 이순신 장군이었다.'

전지전능은 고사하고 자기 가족 하나 못 먹여살리는 무능한 놈들이나, 리더십이라고는 한 개도 없이 멍청하게 생긴 놈들이나, 전쟁만 나면 도망갈 듯하고 매국노같이 생겨먹은 놈들이 하는 말이지만, 그래도 이 정도는 참을 수 있습니다.

정말 참을 수 없을 정도로 화가 나는 것은 작고한 부친과 모친을 들먹이는 것입니다. '내가 왕년에 니 애비였다.' 자기가 전생에 내 아버지였다는 소리입니다. '뭐라고? 이 나쁜 놈아' 하는 소리가 안 나올 수 없습니다.

갑오경장 이후로 반상班常(양반과 상놈)의 제도가 허물어지긴 했어도 양반에 대한 갈망은 여전했습니다. 하지만 절대다수가 상놈출신이다 보니 양반이라고 자처하는 놈들이 의심스럽지 않을 수가 없었습니다. 이 놈들에겐, 상놈 출신들도 눈에 심지를 돋우고 불순한 눈초리를 보냈습니다. 그래서 더욱 허풍이 세졌지요. '나도 왕년에는'을 남발하면서.

하도 허풍을 치다 보니, '돈 없으면 집에 가서 빈대떡이나 부쳐먹지. 한 푼 없는 건달이 요리집이 웬말이냐. 기생집이 웬말이냐'는 유행가 가사까지 있었습니다.

'왕년에는'은 지금도 좀 남아 있습니다. 한번은 택시기사에게 '경주 요석궁이 맛은 있지만 값이 비싸다'고 했더니 '자기는 왕년에 30만 원짜리 요리를 먹었다'고 자랑하는 것이었습니다. 자못 믿음을 강요하는 심각한 표정으로 그러더군요. 기본요금을 건네는 제 손이 부끄러웠습니다. 대단한 왕년이었습니다.

광어와 도다리는 눈이 얼굴 한쪽에 몰려 있습니다. 왼쪽에 있으면 광어이고, 오른쪽에 있으면 도다리입니다. 소위 좌광우도입니다.

그런데 광어와 도다리가 큰소리칩니다. 자기들도 왕년에는 눈이 양쪽에 있었다는 겁니다.

진화론에 정통하다고 자부하는 제가 코웃음을 쳤지요. 애들도, 물속에는 살아도 바닥에는 붙어 살지 않던, 수천만 년 전 아주 먼 옛날에는 당연히 그랬을 것이기 때문이죠.

그런데 그게 아니랍니다. 불과 몇 달 전의 일이라는 겁니다. 광어와 도다리는 치어 시절에는 두 눈의 위치가 다른 물고기와 다름이 없읍니다. 그런데 성체가 되면서 한쪽 눈이 다른 쪽으로 서서히 이동합니다. 광어는 좌측으로 도다리는 우측으로. 그러다 이동이 완결되면 그날이 위대한 광어와 도다리가 탄생하는 성인식이 벌어지는 날입니다. 그날 이후로 광어와 도다리는, 점잖게, 바닥에 각각 오른쪽과 왼쪽으로 누워 물 샐 틈 없이 붙은 다음 위만 보고 삽니다. 축복과 재앙은 둘 다 위에서 오기 때문입니다.

그러니 참으로, '왕년에'라는 말이 이처럼 적절할 수가 없읍니다. 이 말이 없으면 얘들은 얼마나 아쉬울까요.

그런데 이상하게도 '나도 왕년에는 선인 성인이었다'는 사람은 없읍니다. 악인도 누구나 자기는 항상 선인이기 때문이라는 겁니다. 그런데 성인들은 거꾸로, 항상 자신이 죄인이라고 고백합니다.

악인은 전생이, 자기 주제를 모르는, 광어와 도다리가 아닐까 의심이 듭니다.

종교 경전은 모두 왕년의 이야기입니다. '왕년에는 경'입니다. 거기서는, 모세가 홍해바다를 가르고, 여호수아가 태양이 지지 못하게 하늘에 붙들어 매어두고, 예수가 무덤에서 부활하고, 마호메트가 날개 달린 백마를 타고 하늘로 승천하고, 핑갈라 존자가 허공으로 몸을 솟구쳐 장대 끝에 매달린 발우를 내려오고, 밀라레파가 풀만 먹어 파랗게 변한 몸으로 공중을 날아다닙니다.

하지만 모두 옛날 일들입니다. 지금은 아무것도 보여줄 게 없습니다. 이들은 종이 밖으로 나오면 하얗게 부서져 먼지가 되어 사방으로 흩어져 날려갑니다.

종교는, 소위 표층종교와 통속종교는, 한 번도 눈이 제대로 달린 적이 없는 광어와 도다리입니다. 물론 심층종교는 다릅니다.

目옛날과 달리 요즈음은 '나도 왕년에는'이라는 말을 쓰기 힘들어졌다. 인터넷의 발달로 거의 모든 게 검색 가능해졌기 때문이다. 특히 유명한 사람일수록 힘들다. '왕년에 서울대학교에 다녔다'고 거짓말을 했다가 망한 사람들이 있다. 조계종 총무원장 설정이 그랬다가 물러났다. 아직 안 망한 사람도 있다. 선승으로 유명한 혜국 스님이다. 〈중앙일보〉 인터뷰에서까지 그리 거짓말을 했는데 아직 무사하다. 부처님의 가피를 입고 있는 걸까.

옛날에는 술을 먹고 산문으로 들어오다가 신장에게 얻어맞고 즉사하곤 했다고 하는데 요즘은 인터넷에 맞아 즉사하곤 한다. 신장의 무기가 인터넷으로 바뀐 걸까?

신상털기

_ 털릴 게 없는 사람도 있다

경주에는 최 부잣집이 있읍니다. 옛 신라 왕궁터인 반월성 바로 옆에 붙어 있읍니다. 지금은 99간 대저택의 일부가 고급 한정식집 요석궁으로 바뀌었읍니다.

최 부자는 조선조 300년 동안 만 석을 유지한 위대한 역사를 만들었읍니다. 부자가 3대 가기 힘들다고 하는데 자그마치 12대나 간 것입니다. 이 가문은 동학란 때에도 안전했읍니다. '사방 백 리 안에 굶어죽는 사람이 없게 하라'는 가훈을 철저히 지켜서 인심을 잃지 않았기 때문이라고 합니다.

이 가문은 한 해 소출의 1/4을 손님 접대에 썼읍니다. 그래서 수백 개 일 인용 소반이 남아 있읍니다. 조선시대에는 신문방송이 없었읍니다. 새소식을 얻는 유일한 방법은 소문이나 길손을 통해서 얻는 것이었읍니다. 주인은 손님을 접대하고 손님은 타지방 소식과 재미나는 이야기로 답례했지요. 손님 접대 비용은 어느 정도는 정보취득 비용이었읍니다.

문제는 이런 소문과 전언(傳言)이 사실인지 확인할 길이 없다는 것입니다. 전해주는 사람의 이야기도, 많은 경우 자기가 여행 중에 다른 곳에서 전해들은 이야기였기 때문입니다. 지금이야 신상털기를 하면 그 즉시 또는 며칠 안 가 다 드러날 일이지만, 옛날에는 방법이 없었읍니다.

예를 들어 '속초 영랑호수에서 이무기가 용이 되어 승천했다'고 하면 무슨 수로 그게 사실인지 확인이 가능하겠읍니까? 확인차 대관령을 구비구비 걸어 넘어가려면, 한양서 한 달은 족히 걸렸을 겁니다. (요즘이라면 그런 일이 일어나면 목격자가 그 즉시 스마트폰으로 찍어 유튜브에 올리지 않겠읍니까?)

오대산 중대 적멸보궁이나 설악산 봉정암 적멸보궁에 보름밤마다 석가모니 부처님이 현신한다 하면, 또는 사리탑이 방광放光한다 하면, 무슨 수로 가서 확인할 수 있겠읍니까? (요즘이라면 목격자는 사람들로부터 '스마트폰 두었다 어디다 쓰냐? 당장 찍어 인터넷에 올리지 않고 뭐 하냐'고 꾸짖음을 당하겠지요. 그리고 네티즌들은 열심히 근처에 지진은 없었는지, 공동묘지에서 발생한 인광은 아니었는지, 군사훈련은 없었는지 즉 조명탄이 반사된 것은 아닌지, 그리고 천체에 특이사항이 없었는지 즉 커다란 별똥별이 떨어지지 않았는지 조사할 겁니다.)

청도 운문사 사리암에 석가모니 부처님의 10대 제자인 빈두로 존자가, 석가모니 부처님의 부촉을 받고 열반에 들지 않고 석가모니 부처님 당시부터 그때까지, 살고계신다 해도 확인 차 가볼 수 있었겠읍니까?

한라산 백록담에 흰 사슴이 산다 해도 진위를 확인할 길이 없었읍니다.

그래서 온갖 기괴한 이야기가 떠돌았읍니다. 소문의 진앙지에서 충분히 멀면 무슨 소리를 해도 괜찮았읍니다. 진시황은 동쪽 끝 봉래산에 불로초가 있다는 소리를 듣고 서복徐福을 시켜 구해오라 했읍니다. 서복은 여행자금과 불로초 구입자금으로 쓸 보물과, 봉래산 신선에게 뇌물로 줄 신선용 애완동물인 동남동녀를 잔뜩 싣고 떠났지만 종적이 묘연해 졌습니다.

서복은 인류 역사상 최초의 먹튀일 가능성이 있습니다. 불로초 소문도 자기가 만들어 퍼뜨렸을 가능성이 있습니다. 요즘 말로 하자면, 기괴한 사업 아이템으로, 예를 들어 '물로 가는 자동차' 개발 사업으로, 또는 줄기세포나 태반에 기반한 불로장생약 개발 사업으로, 투자자를 유치한 후 거액의 투자금을 들고 튄 거죠. 베트남, 캄보디아, 아프리카, 중앙아시아, 남아메리카로 튀는 겁니다. 모두 중국과 범죄인 인도조약이 안 되어 있는 나라들입니다. 이들을 잡으려면 교통통신이 발달한 요즘도 힘든데 그 옛날에야 얼마나 어려웠겠습니까?

게다가 사진까지 없었으니 누가 누군인 줄 어떻게 알아보고 잡을 수 있었겠습니까?

옛사람들은 꿈속의 일도 진짜로 알았습니다. 꿈에 예언의 기능이 있다고 믿었습니다. 꿈속에서 아주 낯선 곳에 가면 하늘나라에 다녀왔다고 믿었습니다. 동서양이 다 그랬습니다. 플라톤, 요셉, 스웨덴보리, 관정 스님, 대행 스님의 예가 있습니다.

특히 대행은 수십 년 전에 '한마음 과학원'을 만들어 물로 가는 자동차를 개발하다 사기꾼들에게 (당시 액수로) 수십억 원을 날렸다 하며 '바닷속 깊은 곳에 암을 치료하는 신비한 약초가 있다'고 주장했다 합니다. 해초라면 식물일진대 햇빛 한 점 안 드는 수만 리 깊은 해저에서 도대체 무슨 수로 살 수 있을까요?

대행은 또 수성·금성·화성·목성에 외계인이 살고 있고 이들이 UFO

를 지구로 띄워 지구인들을 상대로 의학실험을 한다고 주장했는데, 화성에 미국 우주 탐사선 피닉스Phoenix(불사조)호가 착륙함으로써 그 구라가 장쾌하게 뽀록났습니다. 젊은 세대가 범주적으로 종교를 안 믿는 이유 중 하나는 아마 이런 황당한 얘기를 믿는 구세대의 정신상태에 대한 불신이 한몫하고 있을 겁니다.

피닉스호의 화성착륙은 대행 사망 4년 전인 2008년 5월 25일이었는데, 그때 대행은 다행히도(?) 이미 치매에 걸린 상태였습니다. 따라서 대행에게 자신의 구라가 탄로난 걸 일러주었어도 알아듣지 못했을 겁니다. 치매의 장점(?) 중 하나입니다. 예언자는 치매에 걸리는 게 복입니다. 큰 예언을 했을수록 더 큰 복입니다. 물론 예언자가 예언한 사건이 일어날 날짜보다 먼저 죽는 게 가장 큰 복이지요.

그들은 기괴한 꿈일수록 더 믿었으며, 우리 뇌에 기억창고(영상자료·희곡자료·효과음향자료 보관소)와 문예창작부와 영화촬영소가 있다는 걸 몰라서, 웬만하면 다 진짜로 알았습니다.

291

부모의 꿈에, 과거 보러 한양에 간 아들이 기생집에나 출입하는 게 보여도 그게 사실인지 아닌지 확인할 길이 없습니다. 아무리 발이 빠른 하인을 보내도 부산서 한양까지는 반 달이 걸립니다. 지금은 스마트폰 한 통이면 그 즉시 확인이 가능하지요. '네 이놈, 네 주변 풍경을 당장 찍어 보내라' 하고 명령하면 되지요.

요즈음 더 이상 종교 기적이 없는 이유는 그래서입니다. 부활도 없고, 물위를 걷는 일도 없고, 병을 고치는 일도 없습니다. 물위를 걸을 일이 있으면 배를 타면 됩니다. 웬만한 데는 다리가 놓여 있어서 물위를 걸을 일도 없습니다.

설사 깊은 믿음으로 물위를 걷다가도, 강풍을 만나 큰 물결이 일고 그에 따라 몸이 덩달아 흔들리다가 혹은 '어제 본 막장드라마가 오늘 어떻게 결말이 날까' 등으로 딴 생각하다가, 신심이 흔들리거나 집중력이 흐트러지면 익사합니다. 물위를 걸을 때도 흔들린 믿음이 물에 빠져 다 죽게 생겼는데 다시 생기겠읍니까?

현대인들은 종교인일지라도 일단 아프면 병원부터 갑니다. 그래도 낫지 않으면, 밑져야 본전이라는 심정으로 종교에 빌어봅니다. 하지만 전재산 또는 상당한 양을 기도비로 바치는 일은 없읍니다. 그만큼 안 믿는다는 소리입니다.

목사·신부·승려·도사 등 성직자가 아프면 혹은 그 가족이 아프면, 병원에 가겠읍니까, 아니면 용하다는 기도처에 가겠읍니까?

옛날에는 '어느 성당의 신부가 기도할 때마다 공중으로 부양한다'는 소문이 나도, 그게 먼 나라 독일에서 그것도 북부 도시 함부르크에서 벌어진 일이라면, 이탈리아 남부 도시 나폴리 사람은 확인할 길이 없읍니다. 심한 경우는 나폴리에서의 소문이 역수입되어, 문제의 함부르크 성당 신부의 이적을 강화합니다. 먼 나라 이탈리아의 나폴리까지 소문이 난 것을 보면 기적이 분명히 사실이라고. 심지어 어떤 나폴리 주민에게 '천사가 나타나 그 성당에 가면 병을 고칠 수 있다고 알려주었다'는 파생소문이 나면, 원 소문의 진실성은 걷잡을 수 없이 심각해집니다.

다른 예를 들자면, 모세가 홍해를 가르고 유대인들이 그 바다를 건널 때 누가 스마트폰으로 그 장면을 찍어, CNN이나 〈뉴욕타임스〉 등 신문방송으로 보내면 전 세계 사람들이 다 여호와 하나님 신자가 될 겁니다.

하지만 지금은 스마트폰이 생기고 수백 개 통신 위성이 하늘을 꽉 채우고 날아다니는데도, 어찌된 영문인지 종교가 너무 힘들어졌읍니다.

스마트폰과 인공위성 이놈들 때문에, 오히려 기적이 불가능해졌습니다.

또 어떤 처녀가 신의 아들을 낳았다 주장하면, 몰래 그 아이의 뒤를 밟다가 머리카락을 하나 줍든지, 그게 여의치 않으면 머리를 한 대 '콩' 쥐어박아 주위를 분산시킨 후에, 재빨리 한 올 뽑아서 동네 남정네들 DNA와 조사해 보면 끝장납니다. 유전자 검사DNA test는 처녀잉태자, 즉 단성생식인간을 멸종시켰습니다. 소중한 인류의 유산이 하나 사라지고 말았습니다. 그렇지 않았으면 희귀생물종이나 유네스코 문화유산으로 지정되었을 텐데요. 무척 안타까운 일이 아닐 수 없습니다.

종교가 복고적이고 과거 지향적인 데는 다 이유가 있습니다. 옛날에는 사업환경이 너무나 좋았기 때문입니다.

目조선시대에는 〈조보朝報〉라고 중앙정부에서 발행하는 일간 소식지가 있었습니다. 전날 있었던 일을 정리해 전국의 관아로 보내는 것이었습니다. 이로 인하여 지방의 사대부들은 전날 조정에 무슨 일이 있었는지 알 수 있었습니다. 물론 〈조보〉는 공적인 일만 담았기에 이를 통해서는 다른 일들은 알 수가 없었습니다.

종교 독점금지법
: 무당과 고등종교

_ 강요당하는 것 치고 좋은 게 없다

종교가 낯선 땅에 들어갈 때 토착종교의 거센 저항을 받는다. 서로 미워한다. 상권이 겹치기 때문이다. 고등종교가 무속 등 토착종교의 교리가 미개하다고 미워하는 게 아니다. 그냥 상권을 갉아먹기 때문이다. 소줏집이 잘되면, 포도주집이 잘 안되기 때문이다.

종교의 자유란 독점금지법이다. 중세 유럽에는 기독교 독점법이 있었다. 아랍과 중국에는 각각 회교 도교 독점법이 있었지만, 종교재판과 마녀사냥을 동원한 중세 유럽만큼 강제적이지도 않았고 잔인하지도 않았다.

종교독점법, 즉 국교란 자동차는 무조건 포드만 사게 하는 것과 같다. 현대나 디이第一나 타타TATA나 도요타를 사면 감옥에 가두고 지독하게 고문을 하는 것이다. 이걸 직접 보게 되거나 그걸 목격했다는 증언을 들으면, 공포에 사로잡혀 아무도 현대·디이·타타·도요타를 사지 않을 것이다.

고등종교도, 황당한 교리라면 무속과 흑마술 못지않다. 기독교《구약》(〈민수기〉 31:17~18)에 보면 야훼가 모세를 통해서 이민족인 미디언족을 모조리 죽이라고 명령하는 것이 나온다. 남녀노소를 불문하고 다 죽여야 하는데 유일한 예외가 있다. 아직 남자를 모르는 여자는 살려두고 취하라 한다. 즉, 그 여자의 부모·형제·친구·친척을 모조리 죽인 다음 그 여자를 강간해서 애를 낳으라는 소리다.

야훼가 인신공희를 받는 얘기도 나온다. 그는 〈레위기〉(27:28~29)에서 자기에게 바친 사람은 무를 수 없으며 반드시 죽여야 한다고 말한다. 희생자들이 살아날 기회를 영원히 차단하는 몹시 잔인한 신이다.

이런 교리를 지닌 종교가 고등종교라면 세상에 고등종교 아닌 게 없을 것이다. (이런 불합리한 점 때문에 어떤 기독교인들은《구약》의 하나님이《신약》의 하나님과 다른 존재라고 주장한다. 필자의 동료 교수 중에도 있다.《구약》의 야훼 하나님을 물질세계를 부실하게 창조한 하급신 데미우르고스로 보는 영지주의자들의 주장과 유사한 주장이다.《신약》의 하나님은 이 데미우르고스 위에 있는 우주 최고의 신이라는 것이다.)

재작년 네팔에 큰 지진이 났다. 그때 학회 차 갔던 네팔에서 부랴부랴 탈출하던 길에 카투만두 공항 대한항공 라운지에서 젊은 이스라엘 군인 네다섯 명을 만났다. 의무복무 중 제대를 얼마 안 남기고 기념여행을 나온 것이었다. 심심하던 참에 말을 걸었다. 이스라엘의 팔레스타인에 대한 반인륜적 탄압을 비판하자 놀라운 답이 나왔다. "인류 역사는 강자의 역사이므로 강자인 이스라엘이 그렇게 해도 무방하다"는 것이었다. 근처에 앉아 있던 60살 가까운 서양인이 '저런, 저런 나쁜 놈들이 있나' 분노하며 두 주먹을 불끈 쥐고 부르르 떨었다.

3,200년 전에 여호수아가 이집트에서 탈출한 후 40년 동안 사막을 헤매던 유대인들을 이끌고 약속의 땅인 가나안 땅으로 쳐들어갈 때 가나안인들을, 사실은 숨쉬는 것들을, 모조리 도살하라고 명령하던(〈신명기〉

20:16~18), 유대교 《구약》의 야훼 하나님의 잔인한 이야기들이 현실감 있고 생동감 있게 다가왔다.

아쉽게도 그때 깜빡 잊고 반문하지 못한 게 있다. '2차 세계대전 당시 나라 없이 떠돌던 힘없는 유대인들이 유럽최강국 나치 독일의 히틀러에게 600만 명이나 학살당한 것에 대해서 어떻게 생각하느냐'이다.

〈욥기〉(9:12)에 의하면, 야훼는 창조주의 권리를 가지고 있으므로 아무도 그에게 '(도대체) 무얼 하는 겁니까' 하고 물을 수 없다. 〈시편〉(115:3)에 의하면 '하늘에 계신 야훼 하나님은 뭐든지 자기 좋은 대로 할 수 있기' 때문이다.

당산목堂山木이나 거암이나 산과 강과 바다에 소원을 비나, 산신이나 조상신에게 소원을 비나, 야훼 하나님에게 소원을 비나, 차이가 없을 것이다. 어차피 그런 신들은 없기 때문이다. 인간을 대량학살하고 잡아먹는 신은 오히려 없는 게 더 낫다.

전쟁에 승리하는 것은, 자기 신이 상대방 신보다 더 세거나 더 진짜이기 때문이 아니라, 무기와 전투력이 더 우수하기 때문이다.

스페인과 포르투갈이 중남미를 정복한 것은 그리고 유럽이 아프리카와 동남아시아를 식민지로 만든 것은, 기독교 야훼 하나님이 토착신들보다 더 세기 때문이 아니라 무기와 전투력이 더 우수했기 때문이다. 똑같은 신을 믿던 유럽인들이 중세에 이베리아반도와 북아프리카에서 회교도들에게 힘을 못 쓴 것이 그 증거이다.

알라를 믿는 대제국 호라즘은 몽고 토속신 텡그리Tengri(배달민족의 하느님)를 믿는 칭기즈칸에게 멸망했으며, 유럽도 몽고족에게 오스트리아 빈까지 파죽지세로 밀렸다. '알라와 텡그리 두 신 중 누가 더 세냐'

또는 '야훼와 텡그리 두 신 중 누가 더 세냐'의 문제가 아니다. 그냥 무기와 전투력에서 밀렸기 때문이다.

그러다 유럽이 죽기 일보 직전에 살아난 것은, 몽고 황제 오고타이가 갑자기 죽자, 원정군 사령관 수부타이와 바투가 몽고 수도 카라코룸에서 열리는 황위계승회의인 쿠릴타이에 참석하기 위해서, 급히 군사를 돌렸기 때문이다.

무속에는 원래 지옥이 없다. 기독교처럼 인간을 영원히 가두어놓고, 영원히 불로 태우고, 물에 끓이고, 칼로 찌르고, 온몸을 토막내고, 껍질을 벗기는 지옥은 없다. (기독교나 회교는 자기들을 믿지 않는 사람들을 모두 지옥으로 보내 영원히 살려두고 영원히 고문을 한다.)

이런 반인륜적 고문실은 고등종교의 발명품이다. 겁을 주어 신도로 만들려는 새로운 판매전략이다. 소위 공포전략이다. 공포를 못 견디고 돈을 내면, 천국에 보내준다고 약속함으로써, 지옥행 공포에서 벗어나게 해준다. 그게 중세 기독교의 면죄부 판매이다.

중세 로마 가톨릭 교회는 종교 독점을 유지하기 위해서 고문실을 만든 사악한 종교 집단이다. 수백 년 동안 무어인, 유대인, 신교도 들을 처형했다. 사랑과 청빈을 실천한 아시시의 프란체스코(1182~1226) 성인 같은 분들을 모독하는 무리였다.

따라서 교리만 보자면 고등종교가 토속종교보다 별로 더 나을 게 없다. 뭐가 고등인지 도무지 알 수가 없다. 종교재판·마녀사냥·종교전쟁 등 지금까지 성직자들과 종교인들이 신의 이름으로 부추기고 자행한 잔인한 행위들은 그렇게 하라고 경전에 쓰여 있기 때문이다.

달에서 성찬식

_ 마호메트가 달을 두 쪽으로 가르기 전에
달에 간 게 다행이다

예수가 제자들에게 '이것은 나의 몸이요 피다' 하면서 빵과 포도주를 주었다. 그 후로 예수를 믿는 이들은 빵과 포도주를 마시며 이 일을 기념한다.

298

그런데 달에서 성찬식을 거행한 사람이 있다. 1969년에 아폴로 우주선을 타고 달에 간 우주인 버즈 올드린Buzz Aldrin이다. 그는 닐 암스트롱에 이어 두 번째로 달 위를 걸었다. 이때 그는 준비해간 휴대용 개인 성찬도구로 성찬식을 거행했다. 달 표면에 포도주를 뿌리고 빵을 먹었다고 한다. 지구로 귀환하는 아폴로 우주선에서 텔레비전 중계하에 지구와 교신할 때, 장로교도인 그는 시편 8장 3~4절을 인용했다. '주의 손가락으로 지으신 주의 하늘과 주가 베풀어두신 달과 별을 제가 보오니, 사람이 무엇이기에 주께서 저를 생각하시며 인자가 무엇이건데 저를 권고하시나이까.'

인류 최초의 우주인인 소련의 유리 가가린은 우주에 나가 '여기 신이 없네There is no God up here'라고 했다. 올드린이 자기가 표현한 것처럼 황량하기 그지없는magnificent desolation 달에서 종교적 성찬식을 한 것은, 어린 시절에 벌어진 종교적 세뇌의 결과일 것이다. 그런 세뇌가 없었던 가가린이기에 '우주에 신이 보이지 않는 데' 대해서 놀랐다.

한 미국인이 올드린에게 물었다. '태양에 가볼 생각은 없으신지요?' '거긴 너무 뜨겁읍니다.' '그럼 겨울에 가면 어떻읍니까?' '거긴 항상 뜨거워요. 하하하.'

두 종류의 기적

_ 진짜 기적은 따로 있다

종교(신, 참나, 주인공 등 초월적 존재)는 어마어마한 능력을 자랑한다. 죽은 사람을 살리고 구름을 가르고 비를 내리고 문둥병을 고친다.

그런데 종교가 하지 못하는 일이 있다. '부러진 이를 붙인다. 빠진 이를 다시 나게 한다. 썩은 이를 정상으로 바꾼다. 산산이 조각난 등뼈를 원상복귀시킨다. 잘려나간 척추신경을 다시 자라게 한다. 잘려나간 팔·다리·손가락·발가락을 다시 자라게 한다. 잘려나간 목을 다시 붙인다. 빠져나간 안구를 다시 자라게 한다. 대머리의 머리가 다시 나게 한다. 적출당한 폐·간·방광·콩팥·심장이 다시 자라게 한다. 파열된 심장동맥을 다시 붙인다. 터진 뇌 핏줄을 다시 붙인다. 죽은 뇌세포를 다시 살린다.' 죽은 사람도 살린다는 종교가 그보다 훨씬 못한 이런 일들은 하지 못한다.

그러므로 기적은 두 종류로 분류되어야 마땅하다.

첫째는 종교가 할 수 있는 기적이고, 둘째는 '종교가 할 수 없는 일이 있다'는 기적이다.

두 번째가 기적인 이유는 전능한 존재가 어떤 일을 하지 못한다면 기적이기 때문이다. 본시 기적이란 불가능한 일이 일어나는 걸 일컫기 때문이다. 전지전능한 존재가 모르는 게 있고 할 수 없는 일이 있다면, 진정 기적이 아니겠는가?

필시 이것이 최고의 기적일 것이다. 종교가 어떤 일을, 예를 들어 위에 거론한 일들을 못하는 건 진정한 기적을 보여주기 위해서일 것이다. 본시 할 수 있는 걸 하는 건 이에 비하면 별게 아니다. 아무것도 아니다.

불교는 다르다. 부처도 할 수 없는 게 있다고 한다. 소위 부처 삼불능三不能이다. 첫째로, 부처는 인연 없는 중생은 구하지 못한다. 둘째로, 부처는 모든 중생을 일시에 구하지 못한다. 셋째로, 부처는 다른 중생의 과보는 어쩌지 못한다.

그런데 부처도 못하는 일을 할 수 있다고 주장하는 불교도 무리들이 있다. 소위 '주인공'주의자 또는 '참나'주의자들이다. 이들은 '주인공 참나는 모든 걸 할 수 있다'고 주장한다. 하지만 주인공과 참나 역시 이 글 모두冒頭에 언급한, 빠진 이빨과 잘려나간 팔과 대머리의 머리가 다시 자라게 하지 못하는 걸 보면, 이들도 기적을 행하고 있다. '전지전능한 이가 특정한 일은 하지 못하는' 기적을!

'주인공이 모든 걸 할 수 있으니 모든 걸 주인공에게 맡기라'고 가르치던 그리고 본인은 주인공을 찾았다는, 한마음선원 창시자 대행 스님은 치과 치료를 받았다. 그런데 그 치료가 부실해서 볼이 움푹 들어갔다. '모든 것을 할 수 있다'는 주인공이 자신의 임무를 태만히 한 것이다. 진정한 기적이다!

진실로 삼천대천세계는 기적으로 가득하다. 해도 기적이고 못 해도 기적이다!

훗날 과학이 발달하여 모두에 언급한 일들을 성취하게 되면 종교는 외칠 것이다. "그건 아무것도 아니야. 신과 참나 주인공은 더한 걸 할 수 있어. 그리고 인간이 그런 일을 할 수 있는 것은 신이 인간을 창조할 때 그런 능력을 부여했기 때문이야. 인간은 자기 안에 숨어 있는 참나 주인공에게 있는 무한한 능력 중 하나를 발견했을 뿐이야." 이런 신·참나·주인공은 부하가 세우는 공마다 자기가 한 거라고 가로채는 상사와 뭐가 다를까?

인간의 역사는 기적의 역사다. 과거에 불가능했던 걸 가능하게 만들어온 역사다. 간·심장 등 장기이식수술을 통해서 전에는 죽을 수밖에 없던 사람들을 살린다. 또 우주가 생긴 이래로 어느 종교인들도 갔다 오지 못한 달에 사람을 보냈다.

인간이 만들어온 기적은 구체적이고 자연의 이치를 이용한 것이다. 모든 인간이 기나긴 세월을 서로 협심하여 이룩한 것이다. 이에 비해 종교적 기적은 개인적이며 즉각적이다. 혼자서 소원을 빌며 기도하면 어느 날 순식간에 이루어진다. 그렇게 되어야 하는 이치가 있는 것도 아니다. 그냥 신과 참나 주인공의 뜻일 뿐이다. 그러니 설사 기적이 이루어진다 한들 다른 데다 응용할 수도 없다. 자연법칙을 따른 것이 아니기 때문이다. 신과 참나 주인공은 자연을 초월한 존재이므로 그냥 기적을 일으킬 뿐이지 (인간이 따라할 수 있는) 어떤 자연법칙을 행사한 것이 아니기 때문이란다. 물론 종교인들의 주장일 뿐이다.

자연법칙은 평등하지만 종교는 불평등하다. 특히 종교인들이 그렇다.

방언

_ 입은 삐뚤어져도 말은 바로 하라 했다

안 배운 외국말을 하는 일은 없으면서도, 아무도 알아듣지 못하는 말을 하는 걸 기적이라 한다. 심지어 자기도 알아듣지 못한다. 소위 방언이다. 수천 명이 모여서 중얼중얼 이상한 말을 한다. 그런데 아무도 아무 말을 이해하지 못한다. 그러므로 말이 아니라 소리이다. 의미없는 소리이다. 시끄러운 소리이다.

알아들을 수 없는 옹알이를 하던 아이가 드디어 '물' '엄마' '아빠' 등 알아들을 수 있는 말을 몇 마디 하면 부모는 뛸 듯이 기뻐한다.

그런데 옹알이를 떼고 말문이 트인 이후로 수십 년간 알아들을 수 있는 말을 하던 어른이 갑자기 알아들을 수 없는 소리를 한다. 그것도 무수히. "야루렐할 야루렐할 야루렐할 야루렐할" 끝이 없다.

'멀' '음머' '아바' 하며 이제 겨우 말을 배우는 어린 조카와 손자 앞에서 부끄러운 줄 알아야 한다.

말이란 소통의 수단인데 소통이 불가능한 말이 무슨 소용이 있다는 말인가?

동물 재판

_ 악마의 변호인도 있는 판에 동물 변호쯤이야

서양에는 동물들에 대한 재판이 있었다. 주 대상은 가축들(특히 돼지)과 해로운 동물인 쥐·메뚜기·바구미 등이었다.

죄를 지은 가축을 죽이더라도, 그냥 죽이지 않고, 재판을 한 것은 대단히 흥미로운 일이다. 아마 가축에 대한 처벌이 그 소유자의 재산권을 침해한다는 점이 이유일 것이다. (아래에 소개하는 1450년 돼지 재판을 보기 바란다.)

《구약》에 동물에 대한 처벌규정이 나온다. 사람을 뿔로 들이받아 죽인 황소를 돌로 쳐죽이고 그 고기를 먹지 못하게 하였다. 그러나 주인의 죄는 묻지 않았다. (《출애굽기》 21:28)

중세유럽은 동물 재판을 하였다. 기소된 동물은 보통 추방이나 사형을 당한다. 간혹 동물 측에 변호사가 배정되기도 하였다.

현존하는 가장 이른 기록은 1266년에 돼지가 처형당한 재판이다. 프랑스 시골 마을에서 벌어진 일인데, 돼지가 식인 죄로 고발당했다. 가톨릭 승려가 재판관이 되어 유죄를 선고했고 돼지는 공개 화형을 당했다.

1450년에 영국 버건디 지방에서 일어난 사건이 있다. 어미 돼지가 여섯 마리의 새끼와 다섯 살 난 어린아이의 시신과 함께 있는 것이 발견되어 체포당했다. 여덟 사람이 법정에 나와 증언을 했다. 어미 돼지가 집에 들어가 아이의 얼굴과 목을 뜯어먹어 아이를 죽였다는 것이었다. 어미 돼지는 교수형을 당했다. 돼지 새끼들에 대해서는 주인이 보석금을 내고 데려갈 수 있다는 판결이 내려졌다. 공범이라는 확실한 증거가 없었기 때문이다. 물론 나중에 증거가 드러나면 주인이 돼지새끼들을 법정에 출두시켜야 한다는 조건이 붙었다. 하하하.

여기서 흥미로운 점은, 위에 소개한 《구약》의 정신에 따라 돼지 주인은 처벌을 받지 않았다는 점이다.

1474년에 수탉이 알을 낳은, 사악하고 자연에 위배되는 범죄를 저질러 재판을 받았다. 마을사람들은 그 알이 사탄에 의해 잉태되어 그 속에 계사鷄蛇(닭 대가리를 한 뱀)가 들어 있지 않을까 근심했다.

소설 《해리포터》에서도 사람에게 작은 부상을 입힌 마신응두馬身鷹頭(말 몸에 매 대가리) 히포그리프Hippogriff가 참수형을 선고받았다.

1750년에 암탕나귀가 수간獸姦, bestiality 혐의로 재판을 받았다. 사람들이 그녀의 덕과 평소 덕행을 증언해주어 풀려났지만, 상간相姦한 남성은 사형선고를 받았다. 이런 경우 동물은 거의 벌을 받지 않았다. 이 사형선고 역시 '수간을 사형으로 처벌하라'는 《구약》의 하나님 야훼의 명령에 따른 것이다.

동양에는 그런 명령이 없었다. 그렇지 않았으면, 자기 자서전에서 암탉에게 자기 동정을 바쳤다고 고백한 ㅎㅂ 큰스님은 목숨을 유지하지 못했을 것이다. 그러면 후에 깨달음을 얻어 자신의 안목眼目을 담은 선어록을 내는 일도 불가능했을 것이다.

동양의 윤회론에 의하면 동물과 인간은 서로 교차윤회交叉輪廻를 할 수 있다는 점에서 평등하다. 심지어 암소·원숭이·코끼리를 신으로 섬기기도 한다. 그래서 수간에 대한 사형이 없었을 것이다. 인도 카주라호 사원은 수간을 부조로 생생하게 묘사하고 있다. 한두 점이 아니라 아예 벽면을 뒤덮고 있다.

인류 역사에서 생물만 기소를 당한 게 아니다. 때로 시체와 무정물도 기소를 당했다. 쓰러진 상statue, 무너진 빌딩이 예이다. 조선의 부관참 시와 중국의 역적의 집을 허물어 못pond으로 만든 게 이에 해당한다. 고 대 중국인들은 권력을 잡으면 원수의 무덤을 파고 관을 열어, 분이 풀릴 때까지 시체에 채찍질을 가하곤 했다. 지금도 사람들은 화가 나면 자동 차를 발로 걷어차고 골프채 허리를 꺾는다. 과거사위원회를 만들어 이 미 죽은 사람들을 재판한다. 시체와 무정물無情物(사물)을 기소하던 오 래된 습성의 흔적이다.

306

서양에서 동물에 대한 재판이 있었던 것은 윤회론이 없었기 때문일 수 있다. 서양인들 생각에, 동물은 영혼이 없으므로 사후에 처벌을 받 지 않는다. 지옥에도 가지 않고 더 열악한 환경으로 윤회를 하지도 않는 다. 그래서 생전에 처벌하기로 했을 수 있다.

이에 비해 동양은 윤회론을 믿었으므로, 나쁜 짓을 한 동물은 사후에 처벌을 받는다.

예를 들어 사자가, 사슴이나 하이에나를 재미로 죽이는 나쁜 짓을 하 면, 사슴이나 하이에나로 환생한다. 애완동물이, 자기 주인을 물어뜯어 크게 부상을 입히면, 보신탕용 똥개나 투견으로 환생한다. 언젠가 잡아 먹히고 끓여지고 물어뜯긴다. 그래서 재판을 하지 않았을 수 있다. 게다 가 동물은 이미 처벌을 받고 있는 생이다. 사람이나 천인天人(하늘나라 사람)이 벌을 받고 동물로 태어나 인간 틈에서 살며 혹사당하고 잡아먹히기 때문이다. 그런 동물을 재판까지 해서 공식적으로 범죄자로 만드는 것은 너무 가혹하기 때문일 것이다.

이에 비해 서양인들은 하나님이 심판하지 않는 동물을 자기들이 심판하기로 했다. 하나님이 처벌하지 않으면 자기들이 처벌하겠다는 것이다. 신의 섭리를 거스르는 일종의 신성모독이다.

서양도 근대에 들어서면서 죄가 되려면 '의식적인 의도intention'가 필요하다고 생각하게 되었다. 이 정신에 따라 어린아이나 정신박약아나 정신이상자의 죄를 묻지 않게 되었다. 오히려 치료를 해주게 되었다. 이에 비해 대승불교는, 이미 수천 년 전에 의도가 있어야 죄가 된다고 생각했다. 그래서 동양에서는, 인간보다 의식과 정신이 훨씬 미약한 동물을 상대로 재판을 열고 동물에게 죄를 묻기가 더욱 어려웠을 것이다.

로버트 챔버스의 〈민속집〉에 실린 삽화

1457년 프랑스에서 열린 돼지 재판을 그린 그림.

틱쾅둑 소신공양

_ 죽음이 모든 걸 정당화하는 것은 아니다

베트남 전쟁(1954~1975)이 한창이던 1963년 6월 월남의 고승 틱쾅둑Thich Quang Duc은, 베트남을 성처녀 마리아에게 봉헌한 가톨릭 신자인 디엠 대통령의 '불교탄압과 인권탄압'에 대한 항의로, 앉은 채로 소신공양燒身供養(분신자살)을 했다. 분신 전에 그는 예언을 했다.

"내가 앞으로 쓰러지면 흉한 것이니 해외로 도피해라. 내가 뒤로 넘어지면 투쟁이 승리하고 평화가 올 것이다."

틱은 뒤로 넘어졌다. 그리고 12년 후 베트남이 공산화되면서, 공산당에 의해 수십만 명이 강제수용소에 구금당했고, 100만 명이 비인도적으로 잔인하게 살해당했으며, 수많은 사람들이 조그만 배로 탈출하다 태국해협과 남중국해에서 물고기 밥이 되었다. 종교도 금지되었다. 월맹에 의해서, 월남과 비교할 수 없을 정도로, 총체적인 인권탄압과 불교탄압이 자행되었다. 틱의 예언은 처참하게 어긋났다. 베트남은 뒤늦게 자본주의로 수정하고 있으나 정치체제는 여전히 공산당 일당독재다.

환망공상은 끝이 없다. 종교수행을 오래 하면 어느 순간 자기가 절대적으로 옳다는 망상이 생긴다. 틱 스님의 예언이 바로 그런 경우이다. 무서운 일이다. 문제는, 종교에 빠져 있는 한 이게 망상이라는 것을 깨달을 수 없다는 점이다. 성직자들이 무조건 믿어야 한다고 신도들을 세뇌시키기 때문이다. 성직자들은 자기들 전통에 전해져 내려오는 수많은 경전과 서적의 영향으로 세뇌를 당해 망상을 갖는다.

'성직자들이 정치 · 경제 · 과학에 대해서 누구보다도 탁월한 견해와 미래 예측 능력을 가졌다'는 망상의 근원은 무엇일까? 매번 틀리는데도 왜 여전히 믿는 사람이 그리 많을까? 정말 신비로운 현상이다. 우리나라도 그런 사람이 있었다. 탄허 스님이다. 그는 초대형 예언을 여러 개 했지만 다 어긋났다. 1977년에 김일성이 죽고(1994년에 죽음), 1999년에 지축이 바로 서고, 2000년경에 포항에서 석유가 발견되고, 일본은 물밑으로 가라앉고, 서해안 해저 땅이 융기하고, 만주가 우리 땅이 되고, 남북통일이 될 것이라 했지만 다 어긋났다.

그런데도 지금도 그가 대단한 예언가이고 도가 높은 승려인 줄 아는 사람들이 있다. (도가 높은 사람은 함부로 예언을 하지 않는다. 그리고 하면 반드시 맞는다.) 이들은 과연 '목성에 외계인이 살고 지구로 UFO를 날려 지구인을 의학적으로 조사한다'는 괴이한 주장을 한 문제투성이 승려 대행을 승려의 길로 인도한 사람이 탄허인 줄 알까?

몸이 화염에 싸여 타들어 가는 중에 미동도 하지 않고 앉아서 죽는 걸 대단한 경지인 줄 알지만 전혀 그렇지 않다. 중국 선불교 일화가 있다. 자기 견해가 옳다는 걸 보여주기 위해 향이 다 타기 전에 선정에 들어 스스로 열반에 든 승려에게, 구봉선사가 좌탈한 그의 등을 쓰다듬으며 한 말이 있다. "살고 죽는 것은 마음대로 할지 모르지만 불법은 꿈에도 보지 못하였구나."

불교의 최고 경지는 지혜이다. 지계持戒도 아니고 선정禪定도 아니고

지혜이다. 지혜가 없으면 중생을 떼로 멸망의 길로 인도한다. 틱 스님이
바로 그런 예이다.

그는 분명히 선한 사람이지만, 비극은 선함과 지혜가 별개라는 점이
다. 선하지만 무지한 사람이 가장 위험하다. 사람들이 그의 선함에 감
동을 받아 아무 의심없이 그의 말을 따르다 죽음의 길로 들어가기 때
문이다. 그래서 '지옥으로 가는 길은 선의로 포장되어 있다'는 말이 있
다. 때로는 일견—見 악해 보이는 사람이 다른 사람들을 사는 길로 인도
한다. 인간 세상의 모순이다. 미스터리이다. 누구든지 감히 하늘과 땅의
일을 다 안다고 큰소리 칠 일이 아니다.

베트남이 공산화된 해인 1975년에 12명의 비구·비구니가 공산당의
종교탄압에 항의해 분신자살을 했다. 그로부터 열두 해 전에 종교탄압
에 항의해 분신자살한 틱쾅둑 스님은 과연 누구를 위해 분신을 한 것
일까?

目평화를 사랑하는 불교 승려들의 고결한 이상을 폄훼하고자 하는 뜻은
  전혀 없다. 단지 선의가 항상 선한 결과를 가져오는 것은 아니라는 점
  을 지적할 뿐이다.

1963년 월남 고승 틱쾅둑의 소신공양 말콤 브라운, 1963년.

당시 베트남의 참상을 서구로 알리던 사진기자 말콤 브라운은 틱쾅둑
스님의 소신공양 사진으로 풀리처상을 수상했다.

311

재림예수 호주인

_ 재림예수 세계대회는 안 열리나?
재림예수 국제연합은 안 생기나?

자신이 재림예수라고 주장하는 호주 사이비 교주 밀러AJ Miller(1963~).
자기는 2000년 전에 죽은 자는 살렸지만 물위를 걷거나 물을 포도
주로 만든 적은 없다고 주장한다. 그때 일을 다 기억한다고 주장한다.

열세 살 연하의 부인은 막달라 마리아의 환생이란다. 그녀 역시 막달
라 마리아였던 자신의 전생을 기억한다고 주장하며 자신의 소울메이
트soulmate 예수가 십자가에 매달리던 날 자신이 느낀 극심한 고통을
회상하며 눈물을 흘린다.

밀러는 교주가 되기 전에 여호와의증인 성직자였는데 부적절한 행
위, 즉 성적 추문으로 쫓겨났다. (이 종단에는 이런 일이 종종 있다. 이방인
들과 결혼을 억누르기에 그로 인한 남자 부족현상이 있기 때문이다. 필자의
중학교 동창 한 사람도 같은 이유로 쫓겨났다. 중학생 때부터 시작한 수십 년
신앙생활이 허사가 되었다.) 여호와의증인은 예수의 신성을 인정하지 않
는다. 그 역시 하나님의 피조물일 뿐이다.

밀러는 여러 여자에게 그들이 막달라 마리아라고 하며 그들과 관계
를 맺었다.

추종자들은 그의 설교를 들으며 감동해 눈물을 흘린다. 인간은 모순

에 싸인 불가사의한 존재이다. 절대 함부로 믿을 일이 아니다. 아무리 상대방이 확신에 차서 말할지라도 믿으면 안 된다. 아주 맛이 간 자보다도 적당히 간 자들이 더 위험하다. 다른 면에서는 정상이기에, 엄청난 설득력으로 다가오기 때문이다.

이자는 수년 내로 지구에 엄청난 지질학적 변화가 와 어떤 나라는 완전히 사라질 것이라고 주장한다. 전형적인 종말론 교주이다. 2017년에 그런 주장을 했는데, 아직까지 아무 조짐이 없다.

目어린 소녀가 신도 아빠 엄마가 있느냐고 묻자, 자칭 재림예수 밀러는 자기가 지금까지 받은 가장 어려운 질문이라고 하며 2000년 전에도 그리고 지금도 모른다고 대답했다.

目본문의 내용은 아래 유튜브에서 확인할 수 있다.
https://m.youtube.com/watch?v=VjtQj4eJsqI&feature=share

뛰는 놈 위에 나는 놈

_ 육식동물이 육식동물을 잡아먹는 드문 일이 일어났다

어제(2017년 6월 27일) 놀라운 기사가 떴다. '사기꾼이 사기꾼을 속여 돈을 갈취했다'는 것이다. 그 액수가 3억 원에 이르는 거액이다. 가해자 사기꾼이 '산에 숨겨놓은 수표·채권·달러를 현금화하려면 비용이 든다'고 주장했는데, 피해자 사기꾼이 이 말에 넘어가 돈을 건넸다. (이런 식으로 남을 속이는 걸 직업으로 삼아온 자들이 이 말에 넘어가는 신비스러운 일이 발생했다.) (큰) 돈을 찾으려면 (작은) 돈이 필요하다는 전형적인 사기수법이다. (가짜) 돈 놓고 (진짜) 돈 먹는 사기이다.

이런 수법은 종교가 즐겨 사용하는 수법이기도 하다. '하늘나라에서 영원히 낙을 누리고 살려면 헌금을 해야 한다'는 것이다. '큰 돈을 찾으려면 작은 돈이 필요하다'는 주장과 하나도 다르지 않다. 성직자들은 큰 돈인 부처와 하나님을 팔아 신도들을 속여 (무한히 늙은 우주의 주인에게는 푼돈에 지나지 않을 코흘리개들의) 재물을 갈취한다.

사기꾼들이 종교를 믿으면 성직자에게 사기를 당하는 것이다. 기본적으로 부당하게 돈을 버는 자들은 다 사기꾼들이다. 이들을 지옥에 보내겠다고, 협박해서 돈을 갈취하는 게 성직자들이다. 말은, 지옥에는 자기들이 아니라 하나님이 보낸다고 하지만, 그 하나님은 자기들이 만들었거나 또는 남들이 만들어 범행에 사용하던 걸 주워다 사용하므로, 사실은 자기들이 협박하는 것이다. 흉기습득 무단사용죄에 해당한다.

성직자들 중에 어느 종교 성직자들이 사기꾼들인지 모를지라도, 전체적으로 보면 성직자 집단은 사기꾼들 집단이다. (물론, 당연히, 선하고 깨인 성직자들도 많다.)

패터슨 사건이 있다. 이태원 나이트클럽 화장실에서 한국인이 미국인에게 살해당한 사건이다. 체포된 용의자 둘 중 하나가 범인이 확실한데, 어느 놈인지 알 길이 없었다. 재판과정에서 둘은 서로 상대방이 죽였다고 증언했다. 이들은, 한국 검찰이 어느 쪽이 범인인지를 증명하지 못해 풀려났다. 그러다 다시 재판이 열렸고 패터슨이 20년 징역형을 받았다. 해결하는 데 근 20년이나 걸렸다. 종교의 역사가 이렇다. 그 많은 종교 중에 분명히 가짜가 있는데(종교들은 서로 모순된 교리를 주장을 하므로 모두 참일 수는 없다), 사실은 대부분이 가짜인데(사실은 모두 가짜일 가능성이 가장 크다), 어느 놈이 가짜인지 알 길이 없다. 수천 년이나 지났는데도 그렇다. (이에 비하면 패터슨 사건은 별게 아니다. 피해자는 한 사람뿐이고, 해결되었고, 겨우 20년밖에 안 걸렸다.) 지금도 자기들끼리 죽이고 폭탄테러를 하고 난장판이다. 얼마 전에도 그랬다. 중동에서 벌어진 전쟁들은 거의 다 종교전쟁이었다. 중동전쟁, 이란-이라크 전쟁, 사막의 폭풍 등이다.

잊을 만하면 이메일이 온다. 자기는 (나라 이름도 생소한) 아프리카 어느 독재자의 아들인데, 죽은 아버지가 남긴 (혹은 숨겨놓은) 재산을 찾는데 드는 비용을 대주면, 재산을 찾아 크게 사례하겠다고 한다. 통이 크게도 반을 뚝 잘라 수천억 원을 주겠다고 한다. 아주 장중한 문체의 영문英文이다. 넘어갈 사람이 어디 있다고 저런 헛수고를 할까 싶은데, 놀랍게도 가끔 속아넘어가는 사람들이 있다. 그중에 우리나라 모 대학 교수가 있다. 연구비를 대주겠다는 말에 넘어가 1억 원에 가까운 돈을 송금했다고 한다. 불과 몇 년 전의 일이다.

종교도 그렇다. 잊을 만하면 말도 안 되는 소리로 전도를 한다. 생시가 여의치 않으면 꿈속에서 한다. 어젯밤 퇴근 후 집에 가니 한 종교인이 찾아와 가족들에게 전도하고 있었다. 꿈이었다. 참으로 끈질긴 자들이다. 하지만 성공률이 너무 높아 자그마치 수십 억 명이 거기 넘어가니, 그만두기 힘들 것이다. 보통 세속의 사기꾼들에게는 당하면 (당했다는 걸) 금방 알게 되지만, 초월적인 사기꾼들에게 당하면 (당했다는 걸) 한참 시간이 지난 후에도 알기 힘들다. 대체로 평생 동안 알아차리지 못한다. 왜냐하면 세속적인 사기꾼들은 즉각적인 보상을 약속하지만, 초월적인 사기꾼들은 사후에 보상을 약속하기 때문이다. 자기가 죽은 다음에 이익금을 받는 사업에 투자할 사람은 없을 것이다. (설사 있더라도 드물 것이다.) 단돈 만 원도 안 할 것이다. 그런데 종교는 이런 짓을 한다.

어리석게도 즉각적인 보상을 약속하다 망하는 종교가 있다. 사이비 종교들이다. 이들은 겨우 5년, 10년 뒤에 말세가 온다고 하다가 망한다. 세월이 무척 빠르다는 걸 망각한 행동이다. (예언이 일어나는 시점은) 적어도 100년 뒤로는 잡아야 한다. 그래야 생전의 안전을 보장할 수 있다.

믿음이 먼저

_ 잘 생각해보라, 뭐가 먼저인지

종교인들이 착각하는 게 있다. 자기들 종교가 합리적이라는 걸 발견하고 비로소 믿게 되었다고 착각한다. 그런데 정확히 거꾸로가 참이다. 먼저 믿고 나중에 그 믿음을 합리화한다. 사람들의 신앙은 대체로 모태신앙母胎信仰이다. 어려서부터 부모를 따라 특정 종교에 나가다 보면 저절로 믿게 된다. 엄마 말을 배워 말을 하는 것과 동일한 현상이다. (수많은 언어 중에 특정한 언어를 하는 것은 본인의 선택이 아니다. 주어진 것이다. 엄마를 통해서. 결코 세계 여러 나라의 수천 종 언어 중에서 가장 아름답고 합리적인 구조를 지닌 걸 고른 게 아니다.) 부화하기 직전의 새는 알 속에서 깨어나오기 전에 (얇은 알 껍질을 통해 들려오는) 어미 새의 노래를 듣고 따라 부르며 배운다. 과학자들이 알 속에 초소형 카메라와 마이크를 설치해 알아낸 일이다. 새끼에게 인위적으로 처음부터 다른 새의 노래를 들려주면 깨어난 후에도 그 노래를 부르게 된다. 새마다 멜로디가 조금씩 다른데 새끼는 그걸 배워 가문의 노래를 전승한다.

새끼는 다른 새의 노래를 어미의 노래가 아니라는 걸 판단할 능력이 없다. 아직 어미의 얼굴과 목소리를 보고 들은 적이 없는데 무슨 수로 판별할 수 있겠는가? 새끼는 알 속에서 청각이 완성된 후에 처음으로

그리고 지속적으로 듣게 되는 소리를 어미의 소리로 인식하게 되는 것
이다. 이것을 각인刻印, imprint 효과라 한다.

사람들의 신앙은, 여러 종교를 공부해보고 그중 하나를 자기 종교로
선택한 게 아니다. 새가 어미 목소리만 듣듯이, 어미의 종교만 들은 것
이다. 아이들은 자기 엄마가 이 세상에서 제일 예쁘다고 생각한다. 먹여
주고 보살펴주고 사랑해주는 엄마라서 예쁜 것이다. 그러다 크면, 다른
여자들이 더 예뻐 보이게 된다. (엄마가 아들에게 배신감을 느끼는 가장 큰
이유이다.)

유사한 현상이 신앙생활에 발생한다. 아직 지력이 약할 때는 자기 종
교가 가장 훌륭해 보이지만, 지력이 자라면 자기 종교의 허점이 보이기
시작한다. 그러면 진정한 의미에서 종교를 믿을 자격이 생겨난다. 드디
어 선택을 할 수 있는 지력이 생겼기 때문이다. 각인의 우악스러운 구속
을 벗어날 힘이 생긴 것이다.

불합리한 자기 종교를, 불합리한 논리로 방어하는 것은 각인의 노예
가 된 것이다. 각인은 사람의 눈을 멀게 하여 '진화론·우주론' 등 합리
를 불합리로 보게 하고, '창조론·지적설계론·마음설계론·참나설계
론·천인하강설·종불변론·정상우주론' 등 불합리를 합리로 보게 만
든다.

기우제

_ 언제까지 빌 겁니까? 이루어질 때까지요
기다리면 믿음이 없어도 이루어진다

기우제를 지내고 비가 왔다는 기록들이 있다. 전설에도 있고 《조선왕
조실록》에도 있다. 그런데 기우제를 지내고 '며칠 안에' 비가 와야 기우
제 덕분에 비가 온 것일까? 설마 기우제를 지낸 후 내리는 비는 모두 기
우제 덕분일까? 한 달 후에 와도, 석 달 뒤에 와도, 일 년 후에 와도 기우
제 덕일까? 기우제 후 내리는 첫 비만 기우제 덕일까? 아니면 그 후로
내리는 비도 모두 다 기우제 덕일까? 첫 비는 찔끔 내리고 며칠 후에 제
법 큰비가 내렸으면 그게 기우제 덕일까? 일 년 동안 비 한 방울도 없다
가, 일 년 후에 내려도 기우제 덕일까?

설사 기도로 비를 부르는 일이 가능하다 하더라도, 혹시 기우제를 지
낸 사람이 남의 공을 가로채는 것은 아닐까? 그때, 즉 가뭄이 들었을
때, 전국의 사찰에서, 암자에서, 혹은 속세에서, 이름 모를 도인들이 숨
어 기도를 해서 비가 온 것은 아닐까? 감히 그게 아니라고, 즉 그런 사
람들이 전혀 없다고 주장할 수 있을까?

기우제를 지내고도 비가 안 온 경우를 조사해보면 재미있을 것이
다. 기우제 실패율은, 통계를 내보면 일 년 중 강우일 비율에 반비례할
가능성이 크다. 물론 여기서 실패율이란 엄밀히 정의해야 하며, 그게 어

려운 경우, 기우제 후 '얼마 만에' 비가 왔냐에 따라 상중하로 등급을 나누면 된다. 그리고 가중치를 두어 합계를 내면 된다.

세상에는 신이나 불보살佛菩薩에게 빌어 병이 나았다고 주장하는 사람들이 있다. 그런데 빌고도 병을 고치지 못한 사람은, 수천 수만 수백만 배 더 많다. 그래도, 기도로 병을 고칠 수 있다고, 믿는 사람들이 많다. 치유기도에는, 설사 병이 낫지 않더라도, 병에 대한 걱정을 (병이 나을 거라는 믿음으로) 몰아내는 효과가 있다. 마음이 걱정으로 가득 차 있으면 괴로운 일이고 또 삶의 질을 떨어뜨리므로, 일단 몰아낼 수만 있으면 좋은 일이다. 그런데 그 정도의 확신이 일어나려면 그동안 (신과 불보살에) 들인 시간과 재물과 정성이, 그리고 희생당한 건강한 세상 낙이 대단한 양에 이를 것이므로 결코 '게으른' 죄인에게 내리는, 신이나 불보살의 은총이 아니다.

절대다수 종교인들은, 열심히 믿는데도 병이 낫기는커녕 다른 종교의 지옥으로 떨어진다(통계로 보면 부인할 수 없는 진리이다). '세상에 공짜는 쥐덫 위의 치즈밖에 없다'는 속담이 이 경우만큼 옳을 수도 없다.

유일신교와 무신교처럼, 혹은 서로 다른 신을 믿으면서 상대방을 악마로 간주하는 유신종교처럼, 서로 대립하는 교리를 지닌 종교인들의 '기도를 통해 병이 나았다'는 주장은 대부분이 거짓이다. 왜냐하면 모든 신과 종교가 동시에 다 참일 수는 없기 때문이다.

그러므로 기우제로 비가 내렸다는 주장도 대부분 거짓일 수밖에 없다. 각 종교가 100퍼센트 확신으로 주장해도, 수학적으로 보면 그럴 수밖에 없다. 인간은 자신의 (잘못된) 확신을 절대적으로 (옳다고) 확신한다. 참으로 기이한 일이다.

사주

_ 믿음은 사랑과 같다
빠지면 방법이 없다

조선시대에 사주를 좋아한 왕이 있었다. 왕은 간경도감刊經都監에 명해서 사주책을 (금속활자로) 찍어내 널리 보급하고자 했다. 그때 한 대신이 말했다. "전하, 사주에 의하면 사주의 총 가짓수는 51만 8,400에 지나지 않나이다. 이 말은 조선 백성은 자기와 사주가 같은 사람을 10명씩 가지고 있다는 말이옵니다. 어찌 이 10명의 운명이 같으오리까? 소신이 듣기로, 황공하옵게도 한양 성벽 아래 움막을 짓고 사는 거지가 전하와 같은 사주를 가졌다고 하더이다. 전하, 부디 통촉하소서." 왕은 사주책 인쇄를 포기할 수밖에 없었다. (《조선왕조실록》에 나오는 실화이다. 독자들의 재미를 위해 약간 각색을 했다.)

사주는 사람이 태어난 년·월·일·시가 사람의 운명을 결정한다는 이론이다. 년은 60갑자로, 월은 12개월로, 일은 다시 60갑자로, 시는 12시로 돌아가므로, $60 \times 12 \times 60 \times 12 = 518,400$이 나온다.

사람이 태어나는 년·월·일·시가 사주를 결정한다면, 외계인들도 그래야 할 것이다. 그런데 외계인을 만났다거나 외계행성에 다녀왔다는 사람들 중에는, 왜 외계인 사주책을 봤다는 사람이 없을까? 신통력(숙명

통·천안통·신족통)을 자랑하는 불교인들 중에 천인들의 사주책을 본 사람은 왜 없을까? (부처님의 사주를 분석한 사람은 왜 없을까?)

사주가 그렇게 훌륭한 이론이고 잘 들어맞는다면, 왜 서양에 수출하지 않는 것일까? 혹시 서양인들에게는 사주가 없는 걸까? 왜 영문으로 서양인용 사주책을 내지 않을까? 서양의 유명인사들, 예를 들어 미국의 역대 대통령들과 영국의 역대 수상들의 사주를 분석한 책을 내지 않을까? 수출상품으로 그만일 터인데….

사주학계나 명리학계가 '국립사주연구소'를 설립하라고, (용한 사주쟁이들을) 무형문화재로 선정하라고, 청와대에 청원을 넣어야 할 것 같은데, 무슨 이유인지 몰라도 조용하다.

(천인天人〔하늘나라 사람〕의 사주 가짓수는 무지막지하게 커야 한다. 하늘나라의 하루가 지구보다 너무너무 길기 때문이다. 예를 들어 도솔천의 하루는 지구 시간으로 환산하면 400년이다. 자그마치 14만 6,000일이다. 그러므로 도솔천인들의 사주 가짓수는, 최소한 〔지구인보다〕 14만 6,000배는 되어야 한다. 즉 최소한 756억 8,640만〔518,400×146,000〕 가지가 되어야 한다. 욕계 최고천인 타화자재천의 경우에는 최소한 3,027억 4,560만 가지가 필요하다. 천국에 가는 사람들은 참으로 적다는데, 왜 이렇게 많은 가짓수가 필요할까?)

시간여행을 하면 사주는 어떻게 되는 것일까? (시간여행 후) 10년 젊어지면 그 이후로 사는 10년간의 삶은, 사주가 맞으려면 되풀이되어야 할 것 같은데 이게 말이 되는 소리일까? 그러므로 사주가 맞으려면 시간여행은 불가능해야 한다. 사주와 물리학이 이렇게 밀접한 관계에 있을 줄은 몰랐다.

동물들에게는 사주가 없을까? 불교 윤회론에 의하면 사람과 동물은 서로 교차해 환생하므로, 동물에게도 사주가 있어야 할 것이다. 예를 들어 개에게는, '개 같은 운명'과 '개팔자 상팔자'가 따로 있는 것일까? 보신탕 신세가 되는 개는 보신탕 사주를 타고나고, 애완용 개는 상팔자를 타고나는 것일까? 제왕절개로 강아지들의 태어나는 연·월·일·시를 조정해 개팔자를 추적조사하는 실험을 해보면 어떨까?

곤충들은 사주가 없을까? 제비먹이 사주, 박쥐먹이 사주, 살충제 피살 사주, 족압사足壓死 (발에 밟혀 죽을) 사주가 따로 있는 것일까?

우리나라 사람들 중에는 사주를 신봉하여 자기 자식에게 좋은 사주를 주려고 길일을 택해 시간까지 맞추어 제왕절개 수술로 출산을 하는 사람들이 있다.

이제 컴퓨터의 용량이 무지막지하게 커져서 예전에는 불가능하던 계산을 하게 되었다. 어마어마한 규모의 데이터를 처리할 수 있게 되었다.

예를 들어, 스마트폰에 들어 있는 칩의 용량은, 1976년에 그때까지 20년간 세계 체스 챔피언 자리를 지키던 카스파로프를 격파한, IBM의 슈퍼컴퓨터 딥블루Deep Blue보다 커졌다. 작년(2016년)에는, 100년 내로는 불가능할 걸로 예상되던, 바둑에서 컴퓨터가 인간을 이기는 일이 발생했다. 전 세계 1,000여 대의 컴퓨터를 연결한 구글의 알파고AlphaGo가 전 세계 챔피언 이세돌을 4:1로 격파했다.

신용카드와 스마트폰이 생산하는 방대한 정보를 처리해 유용한 정보를 얻는 빅데이터Big Data 연구가 놀라운 성과를 내고 있다. 한국통신KT은, 운전사들의 스마트폰들이 남긴 위치자료를 분석해, 사료운반트럭이 조류독감 전파의 원인임을 (세계 최초로) 밝혀 효과적으로 추후 감염을 예방한 사례가 있다.

이 빅데이터 처리Big Data Crunch 기술을 응용하면 사주의 진위眞僞를 가릴 수 있을 것이다. 건강보험공단에 저장되어 있는 수천만 명의 진료기록을 분석하면 질병과 사주 사이의 상관관계를 발견할 수 있을 것이며, 국세청에 저장되어 있는 수천만 명의 세금자료를 분석하면 수입과 사주 사이의 상관관계를 발견할 수 있을 것이며, 교육부에 저장되어 있는 수천만 명의 수능성적을 분석하면 학업성적과 사주 사이의 상관관계를 발견할 수 있을 것이다.

사실은 더 쉬운 방법이 있다. 무작위로 1,000명 정도의 60대 사람들을 선정해서 그들의 생년·월·일·시와 그들의 삶을 묘사한 글을 분리해서 따로따로, 사주전문가들에게 주고 어느 생년·월·일·시가 어느 글과 일치하는지를 판별하게 하는 것이다. 사주의 진위가 순식간에 밝혀질 것이다. 틀리고 나서, 사주이론은 옳으나 자기들이 틀린 것이라고 항변하면, 이렇게 대꾸해주면 된다. '그렇다면 무슨 이유로, 계속 틀리면서도, 계속 영업을 하느냐'고.

서양과 인도는 사주가 없고 점성술을 신봉한다. 성경에도 나오지만 중동사람들은 별점을 신봉한다. 별이 사람의 운명을 결정한다는 이론이다. 옛날 사람들은 별이 무엇인지를 알지 못했다. 그리스인들은 신이라고 생각했다. 신이라면 사람의 운명을 결정할지 모르지만, 어떻게 돌덩어리·가스덩어리인 별이 인간의 운명을 결정할 수 있다는 말인가. 태어날 때의 하늘의 별자리 모양이 인간의 운명을 결정한다는 주장은, 동양의 풍수지리설과 유사하다. 풍수지리설에 의하면, 태어나거나 죽는 장소(의 모양)가 인간(과 그 후손)의 운명을 결정한다.

둘을 결합하면 어떨까? 동양의 풍수지리와 점성술을 결합한, 우주(풍수)지리설을 창안하는 것이다. 줄여서 '우풍지설宇風地設'이다!

점성술은 별자리가 결정하므로 (일종의 별자리 사주이다), 우주에서 가장 별자리가 좋은 행성이 존재할 것이다. 왜 동양의 무한대 크기의 신통력을 자랑하던 도인들은 이에 대해서 전혀 언급이 없었을까? "선업을 쌓아라. 그러면 다음 생에 별자리 사주가 가장 좋은 행성에 태어날 수 있다. 그곳에서는 아무리 못해도 지구 최고의 별자리 사주보다 낫다. 그곳의 주민은 누구나 뛰어난 별자리 사주를 가지고 태어나 그다음 생에는 극락에 환생하거나 성불한다." 그런 행성을 찾으려면 모든 별과 행성의 자료가 다 모아질 '우주적 빅데이터 시대'를 기다려야 하는 것일까?

우리나라의 양반들이 사주를 안 믿었다는 설도 있다. 거절하기 곤란한 청혼이 들어올 때 사주를 핑계로 거절했다는 것이다. '우풍지설'을 개발하면 보기에도 끔찍하게 생긴 외계인 권력자가, 거절하면 거대한 별똥별을 충돌시키거나 수소폭탄을 터뜨려 지구를 날려버리겠다고 협박하며, 청혼해 올 때 유용하게 쓰일까?

目서양에는 이미 개 사주 책, 묘 사주 책이 나와 있다. 제목은《Dogstrology》,《Catsrology》로 루나 말콤Luna Malcolm이 2019년에 펴냈다.

영지 영험한 곳
: 영지와 복권 판매소

_ 그곳은 엄청 위험한 곳이래요
작년에 사람이 십만 명이나 죽었대요
우리 마을은 열 사람밖에 안 죽었는데요
〈인구 100명 시골마을 사람이, 서울로 이사간다는
이웃에게 하는 말〉

많은 사람들이 소원을 이루는 영험한 종교 성지들이 있다. 이곳에서 고질병을 앓는 병자가 난치병을 고치고 못생긴 노처녀와 무능한 노총각이 짝을 만나는 이적이 일어난다.

복권이 유달리 많이 당첨되는 복권 판매소들이 있다. 다른 곳들은 한 명도 배출하기 힘든 일등을 십 단위로 배출한다. 이들은, 확률의 하늘을 '무작위' 비행random flight'으로 날아다니는, 복을 쏘아 지상으로 떨어뜨리는 탑건top gun이다.

거꾸로 재앙이 유달리 많이 일어나는 곳도 있다. 횡단보도이다. 여기선 차에 치이는 횡사가 횡단보도가 없는 곳보다 훨씬 더 일어난다. 그래서 어떤 이들은 횡단보도 무용론을 넘어서 횡단보도 폐지론까지 들고 나온다. 과연 더 재수 없는 곳이 있을까?

답은 '없다'이다. 사고가 많은 이유는 간단하다. 그냥 사람들이 많이 지나다니기 때문이다. 길을 건널 때 절대다수가 횡단보도를 이용하기 때문에 교통사고가 많이 나는 것이다. 사람이 없는 곳에서는 당연히 교통사고도 드물다. 치일 사람도, 즉 잠재적 교통사고 피해자도 별로 없을 것이기 때문이다. (아예 길이 없으면 교통사고도 일어나지 않는다!)

복권당첨도 같은 이치이다. 당첨자가 많이 배출되는 곳은 판매량이 많다. 많이 팔리니 당연히 당첨자도 많이 나온다. 극단적으로 한 곳에서만 팔면, 그 판매소는 (모든 당첨이 모두 그곳에서 일어나는) 100퍼센트 당첨률을 기록할 것이다. 당첨은 판매량에 비례한다. 싱거운 결말이다.

종교성지도 마찬가지이다. 아픈 사람이 많이 찾아가는 성지聖地일수록 병도 많이 낫는다. 만약에 모든 사람이 한 성지만 찾아가면(그곳이 아무리 시원찮은 곳일지라도), 치병은 그 성지에서만 일어난다. 거꾸로, 죽는 사람이 가장 많은 곳은 대도시이고, 그중에서도 병원이다. 대도시에는 사람이 많기 때문이고, 병원은 죽을 병에 걸린 사람들이 가는 곳이기 때문이다. (원인과 결과가 전도되면, 어리석은 이들처럼 '대도시에 살기 때문에 죽고 병원에 갔기 때문에 죽는다'고 주장하게 된다.)

모두 확률의 장난이다.

사실은, 역설적으로 지금까지 사람이 안 죽은 '마을과 병원'이 제일 위험하다. 생활여건이 좋지 않아 주민이 많지 않거나, 의사가 시원찮아 환자가 찾아가지 않을 가능성이 크다. 그래서 가면 변을 당할 가능성이 크다.

요점은 절대 수가 아니라 확률이다. 병을 고치고 소원을 이룬 사람들이 방문자 중 몇 퍼센트나 되느냐가 중요하다. 수가 아니라 비율이 중요하다.

이름난 성지聖地에는, 갈 때까지 간 중환자들이 찾아가므로, 가면 죽을 확률이 다른 곳보다 더 크다. 단지 방문자가 많으므로, 통계적 확률보다 더 많은 사람들이 병을 고치는 것처럼 보일 뿐이다. 그것도 자연치유일 가능성이 크다. 성지를 방문하지 않은 환자들과 사망률을 비교 조사해 보면 엉뚱한 결과가 나올 수 있다. 종교인들에게는 몹시 실망스럽

게도, 그리고 의료업 종사자들에게는 신나게도, 이미 유사한 연구결과
들이 나와 있다.

조류독감과 메르스를 탁월하게 막아낸, 빅데이터 연구가 본격화되면
성지의 실상이 폭로될 수 있다. 그것도 과학적으로! 그러므로 종교의 힘
을 빌려 믿음의 힘으로 병을 고치고 소원을 이루려면, 그런 일이 일어나
기 전에 성지를 방문해야 한다! 빅데이터 연구가 완성된 후에는, 방문하
고 싶은 마음이 일어나기도 힘들고, 설사 어렵게 마음을 내어 방문하고
병이 낫더라도 성지에서 나았다고 확신하기도 힘들 것이기 때문이다.

전설의 꽃 우담바라와 고승 비석의 체루涕漏현상이 풀잠자리알과 결
로結露현상이라는 게 밝혀진 후에 해당 성지를 찾는 신자들이 급감했음
을 기억하라. 그 결과, 찾아 소원을 비는 이가 급감하고, 당연히 필연적
으로 소원을 이루는 이들도 급감하고, 당연히 필연적으로 찾는 이가 다

시 추가로 급감하는 악순환, 아니 선순환이 일어났다. (이는 일종의 환멸
연기還滅緣起[원인을 없애 결과가 일어나지 않게 하는 것]이다. 망상을 쳐부
수어 무명을 없애기 때문이다. 그 결과 미신에 기초한 어리석은 행이 일어나
지 않는다.)

아예 길이 없으면 교통사고도 일어나지 않는다. 태어나지 않으면 죽
음도 없다. 하지만 그렇다고 길을 없앨 수 없듯이, 이미 태어난 인생, 죽
음이 두렵다고 움츠러들 수만은 없다. 지옥행 등 종교적 협박에 넘어가
면 안 된다. 행복하게 살려면 우리를 불행하게 만드는 망상을 몰아내는
지혜가 필요하다. 지혜는 마르지 않는 맑은 행복의 샘물이다.

개 사주

서양에서는 개 사주에 해당하는 천궁도가 나와 있다. 인간만큼 때로는 인간보다 더 친밀하고 소중한 반려견에게 사주가 없을 수 없다. 한국인들은 분발하라. 속히 개 사주학을 연구개발하기 바란다.

2019년에《개 점성술Dogstrology》이란 제목으로 책이 나왔다.

《개 점성술》표지 루나 말콤 지음
───
북두칠성이 그려져 있다,

이 책 서문이 명문(?)이다.

우주는 광활하고 혼란스러운 곳이다. 점성술은 인간이 수백 년 동안
자신과 자신의 삶에 대한 비밀을 해독하기 위해 이용한 수단이다.
이제 처음으로, 이 신규 시리즈 책들을 통해 당신은 점성술의 원리
를 당신의 애완 개와 고양이에게 적용할 수 있다.
우리는 이 차갑고 어두운 우주 공간을 돌진하는 별과 행성 들에 영
향을 받는다. 우리의 친구 털복숭이들도 그렇지 않을 이유가 없다.

《개 점성술》 서문에서, 루나 말콤

칭기즈칸

_ 결국 죽을걸…

중앙아시아에서 전쟁을 치르던 칭기즈칸이 북중국의 구처기丘處機 (1148~1227)를 부릅니다.

구처기는 당시 중국에서 신선으로 추앙받던 인물입니다. 용문산 전진교全眞教 장문인입니다. 도교의 이상은 장생불사長生不死입니다. 오래오래 살아 끝까지 죽지 않는 겁니다. 그리고 실제로 그게 가능하고 그런 사람이 실존한다고 중국인들은 믿었습니다. (소위 신선입니다.) 학발동안鶴髮童顔 구처기가 그런 사람 중 하나였습니다.

도호가 장춘진인長春眞人입니다. 장춘長春, 길고 긴 봄이라니, 단약을 먹으면 다시 젊어진다는 회춘回春을 연상시키는 말입니다. 칭기즈칸도 그런 소문을 듣고 구처기를 불렀을 겁니다. 수억 중국인들이 믿으니 그냥 부정하기가 힘들 겁니다. '저 많은 사람들이 믿을 때는 뭔가 있을 거야'라는 게 인류에게 태곳적부터 전해 내려온 강력한 논리입니다. 칭기즈칸, 일 년 동안 수천 킬로미터를 달려온 늙은 구처기에게 묻습니다. "노사老師, 장생불사長生不死하는 법을 알려주세요." 구처기의 대답이 싱겁습니다. "욕심을 줄이고, 사람을 많이 죽이지 말고, 잘 먹고 잘 주무세요." 겨우 그 말을 들려주려고 그 먼길을 온 겁니까? (1219년 우즈베키

331

스탄 아무르에서의 대화입니다.)

그런데 구처기가 깜빡 잊고 말하지 않은 게 있습니다. '화살을 조심하세요!' 구처기와 회동 후 칭기즈칸은 서하西夏를 상대로 전쟁을 벌이다 독화살에 맞아 죽었습니다. (마르코폴로의 《동방견문록》과 몽골제국 건국 사인 《성무친정록聖武親征錄》의 기록입니다.) 가장 귀여워하던 손자의 죽음에 대한 복수전을 벌이다 일어난 일이었습니다.

그 한 달 전에 구처기도 79세의 나이로 죽었습니다. 시간은 화살처럼 빠르다고 하는데 맞는 말입니다. 너무 빨라서 피하지 못하고 다들 시간이라는 화살에 맞아 죽습니다. 아마 그래서 구처기가 칭기즈칸에게 '화살을 조심하라'고 말하지 않았을 수 있습니다. 자기도 피하지 못할 뿐더러 어느 누구도 피하지 못하고 결국 맞아 죽기 때문입니다. (그의 사후에 제자 이지상이, 이 여행을 기념하여, 《장춘진인서유기》를 편찬했습니다.)

그런데 전진교는 대부분의 중국 도교들과는 달리 신선술이나 불로장생술 등을 인정하지 않았습니다. 결국 칭기즈칸이 엉뚱한 사람을 부른 것입니다.

모든 신선은 다 죽었습니다. 그런데도 신선도를 닦는 사람들은 안 죽은 신선들이 있다고 믿습니다. 깊은 산속 어딘가에 숨어살고 있답니다. 반격하기 힘든 이론입니다. 지구상에 공룡이 없다는 걸 무슨 수로 증명할 수 있습니까? 아마존 깊은 밀림 속에 살고 있는지 누가 알겠습니까? 1938년에 7,000만 년 전에 멸종한 줄 알았던 물고기 실러캔스가 발견된 충격적인 사건도 있으므로, 신선 역시 어디서 갑자기 나타날지 누가 알겠습니까?

수행자들은 설사 다들 실패했어도 자기는 성공할 거라고 믿습니다. 대단한 자신감입니다. 이들은 모든 게 기氣라고 믿습니다. 천지에 가득한 기를 흡수하면 영원히 살 수 있다고 믿습니다. 그러면서 현대과학을 비웃습니다. 너무 물질주의라는 겁니다. 그런데 모든 게 기로 이루어져 있다면 물질도 기일 터이니, 이 '기' 철학 또한 물질주의 아닙니까?

아이러니하게도 물질주의 과학이 인류를 장생불사하는 길로 인도하고 있습니다. 질병 음식 한서寒暑(추위와 더위) 기계 등의 해결과 개선을 통해 생활향상과 노동환경 향상이 이루어져, 전보다 세 배 가까이 장수하게 되었습니다. 레이 커즈와일 등 일부 미래학자들은 인류가 생명공학과 유전공학을 통해서 30년 내로 장생불사할 길을 찾아낼 것이라고 예측합니다. 자신만만하게 주장하고 있습니다.

도가적인 삶은 아직도 사람들의 마음을 끕니다. 어떤 사람들은 '자연으로 돌아가자'고 하며 전원생활을 꿈꿉니다. 그런데 이들이 착각하고 있는 게 있습니다.

첫째, 이들은 결코 초가집을 짓고 살지 않습니다.

멋진 양옥이나 우아한 한옥을 짓습니다. 그리고 그 안에는 난방용 보일러, 가스스토브, 냉장고, 에어컨, 전기밥솥, 스마트폰, 텔레비전, 컴퓨터 등 있을 건 다 있습니다. 집 옆에는 자동차가 대기하고 있습니다. 화장실도 친환경적인 푸세식이 아니라 도시문명적인 수세식입니다.

이들이 꿈꾸는 자연적인 삶이란, 안으로는 과학문명을 다 이용하고 밖으로 외양만 자연인 삶입니다. 즉 과학문명을 갖추고 자연 속에서 사는 겁니다. (마치 문명은 필요 없고 자연만 필요한 듯 꾸미는) 위선이자 (문명을 훔쳐 자연에다 가져다 둔) 도둑놈 심보입니다.

초가집은 이·빈대·벼룩의 소굴입니다. 이놈들도 자연의 일부이지만 (자연주의자들은) 결코 이놈들과 같이 살지 않을 겁니다. 살충제로 박멸할 겁니다. 특히 페스트를 옮기는 쥐벼룩을 그럴 겁니다.

늙음·질병·죽음도 자연의 일부이지만 이들은 받아들이지 않습니다. 설사 이들이 자연 속에서 잘산다 하더라도, 그 삶 뒤에는 아프면 하시라도 도시의 병원으로 (도망)갈 수 있다는 어마어마한 심리적 의지처가 있습니다. (문명의 이기를 갖출 건 다 갖춘 위장된 자연 속에서 사는 수행자들도 병이 들면 도시에 거주하며 통원치료를 받거나 아예 입원을 합니다.)

아마 이들 중 어느 누구도, 설사 시간여행이 가능하다 해도, 결코 조선시대로 돌아가 살지 않을 겁니다. 가면, 90퍼센트 확률로 피지배계급이 되고, 40퍼센트 확률로 노비가 되고, 50퍼센트 확률로 소아마비·천연두 등에 걸려 불구가 되거나 어릴 때 죽으며, 애를 낳다가 죽을 확률도 크고, 필경 60살을 못 넘기고 죽을 겁니다. 그래서 안 갈 겁니다.

둘째, 이들은 자연적인 삶이 얼마나 혹독한 삶인지 모릅니다.

50살이면 이는 다 빠지고, 피부는 나무껍질같이 거칠어지고, 허리는 휘어진 버드나무 가지처럼 굽습니다. 자연은 결코 생명체에게 인자하지 않습니다. 예를 들어 어린아이를 아나콘다에게 음식으로 하사하는 게 자연입니다.

셋째, 이들은 인류 역사가 도시화의 역사라는 걸 잊고 있습니다.

사람들은 모여 살아야 분업과 협업을 통해 생산성이 높아지고, 정보의 교환이 쉬워지고, 서로 즐겁게 해줄 수 있습니다. 침팬지는 서로 털을 골라주는 게 공동생활의 유일한 엔터테인먼트적 즐거움인데, 인간은 말로 (마음의) 털을 골라주는 희한한 엔터테인먼트를 발명했습니다. 대화와 잡담이 즐겁지만, 때로는 지겹습니다. 그래도 열심히 상대방의 말을 들어줍니다. 그래야 상대방이 자기 말을 들어주기 때문입니다.

그런데 이상하게도 '상대방이 자기 말을 지겨워할지 모른다'는 생각은 거의 하지 않습니다. 그리고 마구 떠듭니다. 참으로 신기한 일이 아닐 수 없습니다.

조선시대 대학자 하서河西 김인후가 노래했읍니다. '청산도 절로절로 녹수도 절로절로. 산 절로 수 절로 산수 간에 나도 절로. 이 중에 절로 자란 몸이 늙기도 절로 하리라.' 하지만 그런 삶은 자연에는 존재하지 않습니다.

자연계의 동물들은 무수한 질병에 시달립니다. 암·피부병·기생충·관절염·심장병·간질환·영양부족 등 헤아릴 수 없이 많습니다. 그렇지 않으면 수의사와 동물병원이 왜 필요하겠읍니까? 질병 기아 한서寒暑(추위와 더위) 횡사橫死(뜻밖의 재앙으로 죽음)로부터 벗어난 안락한 삶은 결코 그냥 오지 않습니다. 자연적으로 오지 않습니다.

아마 김인후가 양반이 아니었다면 이런 노래를 부를 수 없었을 겁니다. 대신 일해주는 종들이 있었기 때문에 가능했을 겁니다. (하지만 종들은 절대로 이런 노래를 부르지 않습니다. '양반들이 인위적으로 만든 불평등한 세상. 때려부수자'고 소리쳤을 겁니다. 꼭 노래를 해야 한다면, '청산도 절로절로 녹수도 절로절로. 산 절로 수 절로 나만 홀로 아니 절로. 이 중에 노비로 태어난 몸, 죽기도 주인에게 맞아 죽으리라', 이렇게 불렀을 겁니다. 몹시 씁쓰름한 표정으로.)

현대인들이 '자연으로 돌아가자'고 노래할 수 있는 것도, 과학기술과 기계문명이라는 하인이 있기 때문입니다.

죽을 때까지는 죽지 않습니다. 정말로 죽지 않는 세상이 올지 누가 알겠읍니까? 열심히 사시기 바랍니다. 그리고 그런 멋진 세상을 만드시기 바랍니다.

'그런 세상이 설마 가능하겠냐'고 비웃던 사람들의 코를 납작하게 해 주시기 바랍니다. 떡이 있으면 떡고물이 있다고, 큰 꿈을 가지면 꿈고물이라도 떨어질 겁니다. 설사 꿈이 꿈꾼 대로 이루어지지 않더라도.

인류는 허공에서 기氣를 뽑아쓰는 상상을 했습니다. 수련을 해서 기를 받으면 못할 일이 없다고 생각했습니다. 그게 잘 안 되면 죽어 천국에 가서 이룰 수 있다고 생각했습니다.

그런데 정말로 그런 일이 벌어졌습니다. 원자력발전의 발명으로 조그만 원자에서 거의 무한대로 에너지를 꺼내 쓸 수 있게 되었습니다. 그뿐만 아니라 핵융합발전으로 물의 2/3를 차지하는 수소원자에서 무한대로 에너지를 꺼내 쓸 날이 머지않았습니다.

동서양의 민담과 신화에 등장하는 도깨비는 소원을 들어주고 돈벼락을 내려주는 힘이 있었습니다. 이제 과학기술이 도깨비 역할을 하게 된 것입니다.

인류는 하늘을 나는 꿈을 꾸었습니다.

힌두교와 불교는 종교수행을 통해 가능하다고 말합니다. 《아함경》에는 부처가 하늘을 나는 이야기가 나오며, 티베트에는 밀교 수행자 밀라레파가 하늘을 날았다는 전설이 전해져 내려옵니다.

그리스 신화에서 이카루스는 양초로 만든 날개로 하늘을 날았습니다. 가톨릭 성자들은 공중부양을 해 성당 안을 날아다녔습니다. (지붕이 없었으면 승천했을지 모릅니다. 위대한 신부님을 지상으로 귀환케 한 지붕께 감사를. 할렐루야.) 동양에서는 얼마나 그 꿈이 강했는지, 이미 꿈이 이루어진 지금도 하늘을 나는 꿈을 꿉니다. 그것도 맨몸으로.

19세기 초일류 과학자인, 영국 왕실학회 회장 켈빈 경 Lord Kelvin (1824~1907)은 '공기보다 무거운 기구로 하늘을 나는 것은 불가능한 일'이라고 경고했지만, 많은 사람들이 공중을 날고자 시도했고 결국 성공했습니다. 그의 생전인 1903년에 라이트 형제가 최초의 비행을 했습니다.

인간은 투명인간이 되는 꿈을 꾸었습니다.《동의보감》에 투명인간이 되는 법이 나옵니다. 소위 은형법隱形法입니다. '흰 개의 쓸개와 통초(말린 등칡의 줄기)와 계심(계피의 노란 속)을 섞어 가루로 만든 뒤, 꿀에 반죽해 알약으로 만들어 먹으면, 몸이 다른 사람에게 보이지 않게 가리워진다. 푸른 개의 쓸개가 더 좋다.' 아주 구체적인 처방입니다. 왜 직접 만들어 복용하는 실험을 안 해보는지 알 수 없는 일입니다. (그런데 왜, 흰 개보다 푸른 개가 더 좋은지 설명이 없습니다.)

반대로, 견귀방見鬼方이라고, 투명생물인 귀신을 보게 하는 처방도 있습니다.

'생마자(역삼씨 생것) 석창포 귀구(풀 이름)를 각각 같은 양으로 꿀에 반죽하고 달걀 노른자위 크기의 알약을 만들어 한 번에 1알씩 매일 아침 해를 향하고 먹는데 100일이 지나면 귀신을 볼 수 있다.' 흐흐흐. 정말 재미있지 않습니까? 왜 아침해를 향하고 먹어야 할까요? 저녁해면 안 되나요? 정말 실험을 해보고 하는 말인가요?

대승불교 조사 용수보살도 젊은 시절에 투명인간이 되어서 궁중에 침투해 후궁들과 놀아나다 죽을 뻔한 일이 있습니다. 후궁들이 이유 없이 임신을 하자 왕은, 신하의 조언에 따라, 후궁 처소 바닥에 밀가루를 뿌립니다. 그 위에 생기는 발자국을 향해 무사들이 휘두른 칼에 같이 침투한 투명인간 친구들이 다 죽고, 용수 혼자 겨우 탈출합니다. 그때 죽었으면 대승불교는 흥하지 못했을 겁니다. 만약 그때 무사들이《동의보

《감》의 견귀방을 복용하고 후궁의 방으로 쳐들어갔으면 용수는 살아날 길이 없었을 겁니다.

그런데 드디어 투명인간이 되는 법이 발명되었습니다. 다른 연구를 하다가 부산물로 나온 것입니다.

고대 종교인들의 로망이었던 몸속을 들여다보는 격벽투시隔壁透視술이, 122년 전인 1895년에 현실화되었습니다. 엑스선의 발견입니다. 이것 역시 다른 실험을 하다가 우연히 발견한 것입니다.

메디페시아 등 탈모방지제는 전립선비대증을 치료하던 중 우연히 발견된 것입니다. 전립선비대증 환자들의 머리가 잘 안 빠지는 걸 보고 전립선비대증 치료약에서 탈모방지성분을 추출한 겁니다.

경구피임약도 우연히 발명된 것입니다. 호르몬 프로게스테론은 임신 기간 중 배란을 방지합니다. 이 호르몬을 인공적으로 합성하고 투여하여 배란을 막는 것이 경구피임약입니다. 고대 이집트인들은 아카시아 열매를, 가루로 만든 대추야자와 꿀과 섞어 좌약坐藥(앉은 자세로 질·요도·항문에 집어넣는 약)으로 만들어, 피임약으로 이용했는데 발효된 아카시아 열매는 살정충제殺精蟲劑입니다. (좌약을 흡수한 면을 질에 넣었습니다.)

고대인들은 힘들게 땅속 깊이 굴을 파고 금을 캘 게 아니라 지상에서 금을 만드는 법을 찾고자 했습니다. 지천至賤에 깔린 시시한 금속을 금으로 바꾸는 법을 탐구했습니다. 그러면 (금을 캐다) 굴이 무너져 죽을 일이 없습니다. 그게 연금술입니다. 결코 성공하지 못했지만, 화학을 탄생시켰습니다. 화학은 금을 만드는 것보다 수억 배로 유용한 학문입니다. (화학은 어느 학문보다도 폭넓고 다양하고 어마어마하게 인간 삶을 향상시켰습니다. 빅뱅이 있었다는 걸 몰라도 사는 데 별 문제가 없지만 화학제품이 없으면 크게 불편합니다.) 다른 금속을 금으로 바꾸는 것은, 결코 그걸 의도하지 않았던, 물리학에 의해서 실현되었습니다. 그런데 비용이 너무 많이 들어, 그 돈이면 그냥 금을 사는 게 훨씬 더 이익입니다.

이처럼 과학발전은 최선을 다할 때 찾아오는 우연한 부산물인 경우가 많습니다. 그러니 큰 꿈을 가지고, 그 꿈을 이루기 위해 열심히 살아야 합니다. 그러면 예기치 않은 선물이 내려옵니다. 아무도 모르는 곳으로부터.

통일도 되고 세계 최고의 문명국이 될 수도 있을 겁니다. 인류 최초로, 평화를 사랑하는 착한 나라가 인류와 만국을 이끌어가는 기적이 일어날 수 있습니다.

기적의 치료

_ 기적은 오직 극소수에게
은밀히 그리고 모호하게 일어난다

며칠 전에 고등학교 동창과 43년 만에 통화를 했다. 두 시간이나 했
다. 자기 마음대로 예언을 남발하는 사이비 종교 지도자 차 모 씨 추종
자였다.

동창의 주장은, 물질세계를 초월한, 신비한 세계가 존재한다는 것이
었다. 그러면서 에드가 케이시Edgar Cayce(1877~1945)를 예로 든다. 그
사람의 처방으로 병을 고친 경우가 있다는 것이었다. 나는 "왜 고치지
못한 경우는 고려하지 않느냐"고 물었다. 홀짝을 100번 하면 50번은 맞
힌다. 맞힌 50번을 보면 '와! 이 사람은 신통력이 있구나' 하는 생각이
들지 모르지만, 못 맞힌 나머지 50번을 보면 그런 생각이 싹 사라질 것
이다. 또 에드가 케이시는 괴이한 예언을 했지만 다 틀렸다. 예를 들어
1998년에 예수가 재림하고 미국 서해안이 2000년경에 융기하여 고대
문명이 드러날 거라 했지만 그런 일은 일어나지 않았다.

동창은 탄허가 대단한 예언가라 하면서 맞춘 예를 들었다. 나는 그
가 남발한 빗나간 초대형 예언들의 예를 들었다. 그는 '서기 2000년경
에 일본열도가 바다 밑으로 가라앉고, 서해가 융기하여 국토가 늘어나
고, 만주가 우리 땅이 되고, 통일이 된다'고 큰소리쳤지만 모두 어긋났

다. (통일이 되지 않고 만주가 우리 땅이 되는 일은 불가능하다. 그런 일은 몽고가 우리 땅이 되는 일과 비슷하다. 그러므로 만주가 우리 땅이 되려면, 먼저 통일이 되어야 한다.) 석유가 펑펑 날 거라고 했지만 이것도 틀렸다.

동창은 자기가 8년 동안 고생하던 날갯죽지 통증을 어떤 도인이 단 일주일 만에 기로 고쳤다고 했다. 내가 혹시 마사지로 고친 게 아니냐 했더니 아니란다. 나는 큰아들이 죽고 싶을 정도로 통증을 호소하던 8년 된 고질병痼疾病인 요통을 동네 추나요법사가 추나요법으로 한 달 만에 고친 걸 예로 들며 이것도 신통력이냐고 물었다.

설사 동창에게 그런 일이 일어났다 하더라도 그 치료가 정말 병을 고쳤는지는 알 수 없다. 그냥 동시에 일어난 사건일 수 있다. 선행한 사건이 후행한 사건의 이유일 필요는 없다. 인과관계를 입증하려면 반복 실험이 필요하다. 치료의 경우는 임상실험이다.

만약 이런 일을 증거로 들어 신비한 세계가 있다고 주장한다면, 과학이 이룩한 경이로운 일들을 증거로 들어 신비한 세계가 있다고 주장하는 것이 더 옳다. 사람들은 큰 신비를 보지 않고 작은 신비만 본다. 과학은 종교인들의 신통력보다, 훨씬 더 큰 신비이다. (실제로 필자는 스마트폰이나 인공위성이나 비행기나 알파고를 보면, 어떻게 저런 일이 가능할까 하면서 크고 깊은 신비감을 느낀다. 혼자 산 하나를 다 깎는 포클레인을 봐도 어처구니없는 신비감을 느낀다.) 설사 신통력으로 방 안에 앉아 미국에 있는 사람을 볼 수 있다 하더라도, 스카이프가 훨씬 더 낫다. 그런 도인도 분명히 스카이프를 사용할 것이다.

그런 유의 종교적 신통력은 자기가 원하는 때에 맘대로 나타나는 것도 아니고, 대체로 임의로 나타나며, 잘 나타나지도 않는다. 안정성이 없는 그걸 믿고 스카이프 사용을 거부할 수 있겠는가?

종교적 신통력은 쓸모가 거의 없다. 극소수의 사람들에게만 혜택을 주며, 공짜도 아니다. 비싼 값을 지불해야 한다. (거기 비하면 과학이 주는 혜택은 거저나 다름없다.) 후원금이란 미명美名으로. 종교인들은 쓸모도 없는 신통력을 팔아 물질적 부를 얻어 일도 안 하고 잘산다. 그리고 병들어 죽을 때 (심지어 신비의 치병 신통력이 있다는 도인도), 병원에 입원해 누운 채로 온갖 기구로 몸을 기계에 연결하고 비몽사몽간에 죽는다. 중증 치매에 걸리기도 한다. 참으로 신비로운 현상이다.

고대 종교 교주들이 신통력으로 현대의 과학적 신통력을 봤으면 다 집어치우고 과학을 연구하자고 했을 것이다. 그리고 앞으로 어떤 일이 가능할지, 자기가 본 것을 바탕으로, 입에 침이 마르도록 묘사했을 것이다. '불설스마트폰경'이 탄생했을 수 있다. 농담이 아니다. 실제로 이와 유사한 경전이 있다. 2000년 전에 쓰여진《미륵하생경》은 앞으로 지구상에 건설될 유토피아인 용화세계를 묘사하고 있는데 현대 물질문명의 삶과 유사한 삶을 묘사하고 있다. 용화세계는 기독교의 '하나님의 왕국Kingdom of God'에 해당한다. 기독교와의 차이는, 기독교에는 이 하나님의 왕국에 대한 묘사가 거의 없지만 불교는 용화세계에 대해 상세하게 묘사하고 있다는 점이다.

그런데 그런 일은 없었으므로 미래를 본다는 신통력은 거짓이다. 이렇게 살기 좋은 세상이 올지 아무도 몰랐다. 종교 경전에 전혀 언급이 없다. 오히려 수명이 짧아지고 몹시 살기 힘든 세상이 온다고 주장했다. 앞으로도 계속 그리될 거라고 했다. 그런 세상에 안 태어나려면 자기들 낙원에 가야 한다고 주장했다. 당연히 혹세무민이다.

현대인들의 종교적 망상은, 고대 종교인들이 남긴 망상의 관성으로 생기는, 관성 망상이다.

무당의 환불

_ 뜻하지 않은 곳에서 발견한 정직함

재미나는 일화를 소개합니다. 환불을 해주는 무당이 있습니다. 부산 무당인데 'AS 확실합니다' 하고 길가에 큼지막하게 현수막을 내걸었 읍니다. 하도 신기해서 현수막 위에 적힌 휴대폰 번호로 전화를 걸었읍니다. AS 내용이 뭐냐고 묻자, 소원이 안 이루어질 경우, (추가 비용 없이) 소원을 더 빌어주거나, 돈을 돌려준다는 것입니다. 예를 들어 치성비로 500만 원을 받았으면, 250만~300만 원 정도를 돌려준다고 했읍니다. 왜 '다' 안 돌려주느냐고 물었더니 '쌍방과실'이랍니다. 참으로 전문 직업인으로서 부족함이 없읍니다.

'주변에 환불을 하는 무당들이 또 있느냐'고 묻자 자기 혼자랍니다. '왜 혼자만 하느냐' 했더니, '그만큼 자신이 있다는 소리가 아니겠냐'고 합니다. 걸걸한 목소리에 여장부 스타일입니다.

'환불제도를 도입한 지 얼마나 됐느냐'고 하자, 한 5~6년 되었답니다. '그동안 클레임을 건 사람이 없냐'고 묻자, 놀랍게도 딱 한 사람 있었답니다. (제가 그만 치명적인 실수를 하고 말았읍니다. 깜빡 잊고, 그 손님이 그동안 유일한 손님이었는지를 묻지 못했읍니다.) 손님이 승진 치성을 드리러 찾아왔는데 5월 승진을 바랐답니다. 자기는 8월에 된다고 했는데도 하도 5월을 고집하길래, 일단 기도를 드렸지만 승진이 안 되었답니다.

환불요청을 해 오길래 300만 원 중 150만 원을 돌려주었답니다. 그런데 공교롭게도 3개월 후인 8월에 승진이 되었답니다. 하지만 그 손님이 환불해간 돈을 돌려주지 않더라고 억울해했습니다.

(참고로 2017년 11월 25일 자 〈조선일보〉는, 지난 10년 사이에 무당이 두 배로 늘어 50만 명이 되었다고 보도합니다. 경쟁이 치열해진 게 상기 무당이 AS를 도입하게 된 이유일 수 있습니다.)

이 무당은 놀라운 '영적 시장주의자'입니다. 이 일화를 통해서, 자본주의의 근본 철학인 자유주의의 공산사회주의에 대한 우위를 확실히 깨달았습니다. 시장이 마구 진화를 해서, 개인의 운명을 바꾸는 영적 사업에도 시장논리가 도입된 것입니다. 그 결과 이용자들의 피해가 줄어들었습니다. 아마 세계 최초의 영적靈的(귀신적) 환불 사례가 아닌가 합니다.

무당은 사후세계보다 주로 승진·득남·치병·결혼 등 현세의 일을 다루는지라, 용한지 안 한지 여부가 그대로 드러납니다. 소위 칼 포퍼가 말한 '허위입증falsifiability'이 가능합니다. 그래서 환불제도 도입이 가능할 겁니다. 하지만 불교의 49재나 생전예수재 등은 불가능합니다. 이들은 째째한 현세의 복보다 통 크게 내세를 다룹니다. 문제는 '고인이 어디로 갔는지'는 증명할 길이 없다는 점입니다. 그래서 환불제도가 없을 겁니다.

제가 낸 책《이상한 나라의 수학자》에서 종교도 AS와 환불을 해야 한다고 제안했는데, 이미 실행하고 있는 종교인이 있었던 겁니다.

신도가 신에게 일대일로 소원성취를 비는 게 아니라 종교인이 둘 사이에 끼어들어 (전문인으로서) 힘을 보태는 경우에, 기도의 성공 여부는 신도나 종교인 어느 한쪽에 달린 것이 아닐 겁니다. 둘 다 어느 정도 책임이 있을 겁니다. 이게 환불제도의 이론적 근거입니다. 이 환불제도가 우리나라에서 정착한 다음 전 세계로 퍼져나가기를 기원합니다. 영적 세계를 더 친근하고 합리적으로 만들 걸로 기대합니다.

장

부자, 빈자, 가난, 천국

: 제로섬 경제와 종교

　인류는 산업혁명 전까지 생산성이 거의 증가하지 않았다. 제로섬 경제 체제에서 살았다. 이에 따라 대체로 부자가 되려면 남의 걸 빼앗아야 했다. 물론 빼앗긴 사람들은 가난해진다. 종교가 부와 부자를 비난하고 가난과 빈자를 칭송하는 이유이다. 종교는 산업혁명 이전에 생겼기 때문이다. 종교가 엉터리라면 바로 이 점 때문이다. 즉 종교는, 생산성 향상이 가능하다는 것을 그것도 폭발적으로 가능하다는 것을 보지 못하고, '제로섬 경제' 시각에 갇혀 있었기 때문이다. 종교가 말하는 악은 남의 걸 빼앗는 것이고, 종교가 부르짖는 종말의 날은 이런 악인들이 다 처벌받는 날이다.

　종교적 천국이 물질적 욕망이 충족되는, 물질적으로 풍요로운, 다시 말해 누구나 부자가 되는 곳인 이유이다. 물론 가난한 사람들은 천국에 가 부자가 된다. (천국이 그렇게 부유하다면 부자도 같이 가면 안 될 게 없어 보인다. 부자도 기본적으로 '제로섬 경제' 체제하에서 살았기에 남의 걸 빼앗은 것인데, 천국처럼 무한히 풍요로운 곳에 가면 이미 부자이므로 남의 걸 빼앗지 않고 착하게 살 것이기 때문이다. 다시 말해 무한히 풍요로운 곳에 어떻게 악이 있겠는가? 악은 부족함으로부터 생긴다.)

현대에 와서 종교가 망하는 진짜 이유는 생산성 향상에 따라 거의 누구나 과거에 비하면 엄청나게 부자가 되었기 때문이다. 구태여 천국을 상상하지 않아도 되기 때문이다.

目옛날에는 먹고살 게 없으면서도 애는 죽어라고 많이 낳았다. 그래서 더 가난해졌다. 물론 다른 오락이 없어서, 그리고 사망률이 높아서 그랬겠지만 좀 심했다. 흥부는 자식을 20명이나 낳았다. 왕들도 그랬다. 타지마할의 주인인 왕비 뭄 타즈는 14번째 아이를 낳다 죽었다. 둘도 많다고 하나만 낳겠다고 하는 한국 여성들이 보면 기절할 일이다.

347

06장

사람들은 다른 사람들의 경험과 감성을 기록한 글과 영상을 통해 자신의 슬픔과 고통을 극복한다. 그런데, 많은 경우, 슬픔과 고통은 타인으로부터 온다. 타인은 지옥이자 천국이다. 아이러니가 아닐 수 없다. 사회적 동물의 운명일 것이다. 사람들은 다른 사람들을 고문하고 죽이는 걸로 모자라 지옥이란 걸 만들어 사후의 세계까지 쫓아가 괴롭힌다. 곱게 죽게 내버려둘 수는 없다고 이를 간다. 종교인들은 천국이라는 미끼로 세를 불려 자기가 증오하는 자들을 지옥에 보내는 걸 실현하려고 한다. 천국과 지옥은 인류 역사상 최대 히트 상품이다. 이걸로 수많은 종교인들이 수천 년 동안 먹고살았다.

천국,
지옥

천국과 지옥

_ 생각이 가능한 건 존재한다〈데카르트〉

1. 인간계에는 다양한 종교를 믿는 사람들이 혼재混在해 같이 사는데 왜 지옥과 천국은 그렇지 않을까?

2. 지옥과 천국에 대해서 정말 이상한 점이 있다. 지옥에는 온갖 다양한 사람들이 있다. 수감자로서 백인·흑인·황인·홍인 등 인종을 가리지 않으며, 미국인·러시아인·일본인·중국인 등 국적을 가리지 않으며, (불교 지옥의 경우) 술취해 동물원에 들어간 취객을 잡아먹은 사자도 캘리포니아 해안에서 서핑을 하는 서퍼 다리를 뜯어먹은 상어도 있으니(잠깐, 지옥에도 바다가 있나?) 포유류 어류 등으로 종을 가리지 않는다. 하지만 천국은 그렇지 않다. 아랍인들만 있거나 백인들만 있거나 황인종들만 있다. 소수의 예외가 있을 수 있으나 대체로 그렇다. 이슬람 천국, 기독교 천국, 불교 천국은 대체로 인종별로 나뉘어 있다. 정말 이상한 일이다. 천국은 정말 좁은 문이다. 누구나 다 갈 수는 없는 좁은 길이다.

3. 지옥과 천국도 그래야 하는 게 아닐까? 다양한 사람들이 한 공간에

서, 행복하게 불행하게, 부유하게 가난하게, 정상으로 불구로 사는 지구

처럼 지옥과 천국도 그래야 하는 게 아닐까? 쉽게 말해서 지옥은 마이

너리그, 인간계는 정규리그, 천국은 슈퍼리그가 되어야 하지 않을까?

천국 지옥

_ 그런 게 어디 있어요?

종교인들은 천국과 지옥이 있다고 주장합니다. 그 근거를 대라 하면 전세대前世代 사람들의 글을 증거로 듭니다. 하지만 그 사람들의 글을 보면, 자기들 주장의 근거로, 자기들 전세대 사람들의 글을 듭니다. 이렇게 뒤로 거슬러가다 보면, 결국 경전에 등장하는 한두 줄 모호한 글에 다다릅니다. 결국 그 외에는 다 후인들이 덧붙인 환망공상들입니다. 그게 모여 엄청난 분량의 글과 책이 된 것입니다.

353

큰 강의 수원지는 물 한 방울 크기라 할 정도로 작습니다. 아래로 흘러가면서 여기저기서 물이 흘러들어와 몸집이 커지는 것입니다. 그러다 하류에 이르면 폭이 수 킬로미터에 달하기도 합니다.

종교가 바로 이런 경우입니다. 교주의 말은 한두 마디였지만, 추종자들이 거기에 무수한 말을 붙이고, 다시 거기에 후대인들이 무수한 말을 붙였습니다. 이런 과정이 시간을 따라, 수십 수백 수천 번 반복되면서 엄청난 몸집으로 커진 것입니다. 얼마나 커졌는지 도서관을 채우고도 남습니다.

《신약》을 보면 예수의 말은 얼마 안 됩니다. 그것도 대부분이 비유로 이루어져 있습니다. 현대 기독교인들이 생각하는 명시적이고 구체적인 천국과 지옥은 등장하지 않습니다.《신약》은 대부분이 예수가 아닌 다른 사람들의 말입니다.

바울의 말이 가장 많이 있습니다. 바울은 예수를 생전에 한 번도 만난 적이 없는 사람인데 뭔 말이 그렇게 많은지 알 수 없습니다. 하지만 예수를 신으로 인정하는 순간 몸은 죽어도 그의 영은 살아 있을 것이므로, 예수 생전에 예수를 못 만난 바울이 영적 존재로서의 예수를 만났다 해도 할 말이 없을 것입니다.

그뿐만 아니라 바울은 예수를 자주 많이 만난 것 같지도 않습니다.《신약》을 도배할 정도로 많은 말을 했으면(《신약》 27권 중 13권이 바울의 말입니다), 적어도 하루 한 번은 예수를 만났을 것 같은데 그것도 아닙니다.

예수는 교회의 반석이 될 것이라고 하며 교단의 미래를 맡긴 베드로에게는 부활 후에 (부활 직후에 단체로 만난 한 번을 빼고는) 아예 안 나타난 것 같습니다. 바울과 반목하던 베드로가 "내가 어제 예수님과 대화를 했는데 바울 네 말이 틀렸다고 하시더라" 하고 말하는 경우가 없기 때문입니다. 아무튼 괴이한 일이 아닐 수 없습니다.

기독교《구약》에는 지옥이 없습니다. 유대인들은 지옥을 믿지 않습니다.《신약》에도 지옥이 없습니다. 지옥hell은 스올(무덤), 게헤나(쓰레기 하치장 및 소각장), 하데스(잠 또는 죽음)의 번역어일 뿐입니다. 지옥은 초기 기독교 교부들이 신플라톤주의 철학의 영향을 받아 도입한 것입니다. 사람들은 '옛날 사람들을 지금 사람보다 더 많이 알고 더 깊이 알았을 것'이라고 믿지만, 전혀 그렇지 않습니다. 그 사람들은 그 시대 사람들이 보기에는 그저 그런 사람들이었으며, 그 시대 사람들은 자기들 이전의 사람들을 대단한 사람들로 보았습니다.

불교에는 경전이 엄청나게 많습니다. 8만 4,000권이나 있습니다. 경전 이외에도 어록과 문집 등 수없이 많은 서적이 있습니다. 불교인들은 오래된 경전이나 책이라면 더 권위를 부여합니다. 하지만 인류 역사에 있어서, 수학·화학·물리학·천문학·우주학·생물학·고고학·인류학 등에 있어서, 옛사람들의 견해가 더 뛰어난 경우는 거의 없습니다. 현대는 거대 종교들이 탄생하던 시점보다 거의 무한대로 생명과 자연과 우주에 대해서 알게 되었습니다. 종교는 흔히 과학에 대해서 과학이 모르는 것도 있다고 공격하지만, 이는 초등학생이 아인슈타인에게 당신도 모르는 게 있다고 공격하는 것과 같습니다. 그것도 전교 꼴등이 말입니다. 종교가 생명과 자연과 우주에 대해서 알고 있는 것은 아예 없다고 해야 할 정도로 없습니다. 경전을 한번 살펴보기 바랍니다. 그런데도 자기들 신과 교주는 모든 걸 다 알고 있다고 선언합니다. 시험만 치면 백지 답안지를 내는 전교 꼴등 초등학생이, 자기는 모든 답을 알고 있는데 다만 답안지에 적지 않을 뿐이라고 말하는 것과 같습니다.

당신도 엄청난 확신으로 천국과 지옥에 대해서 글을 써보시기 바랍니다. 후일 미래인들은, 특히 같은 종단의 사람들은, 당신의 글을 근거로 천국과 지옥이 있다고 주장할 것입니다. 그것도 입에서 침을 튀기면서.

영적인 종교
: 종교는 물질적

_ 재개발도 리모델링도 없어요?
그러니까 인기가 떨어지지요

흔히 사람들은 종교를 영적이라고 생각한다. 하지만 전혀 그렇지 않다. 오히려 세속보다 더 세속적이다.

많은 사람들이 종교를 믿는 이유는 천국에 가기 위한 것이다. 천국은 온갖 낙을 누리며 사는 곳이다. 멋진 집을 짓고, 가벼운 옷을 입고, 맛있는 음식을 먹으며, 그림같이 아름다운 환경에서 산다. 세속인들의 꿈도 같다. 그러므로 종교는 세속적이다.

지옥은 영국의 지하감옥dungeon보다 더 끔찍한 곳이다. 세속에서는 고문이 일정한 한도를 넘으면 죽지만, 그래서 더 이상 고문을 당하지 않지만, 지옥에서는 아무리 심한 고문을 당해도 죽지 않는다. 가지가지 고문을 수십억 년 동안 당한다. 영원히 당하기도 한다. 아무리 먹어도 배가 부르지 않은 고문 뷔페이다. 앞으로 생물학이 발달하면 독재자들은 정적들을 죽거나 말거나, 마음껏 고문한 다음 죽으면 다시 살려내 고문할 것이다. 그런데 그런 곳이 이미 있다. 종교의 지옥이다!

한고조 유방이 죽자, 그의 총애를 받던 후궁 척부인은, 그녀에게 유방의 사랑을 빼앗긴, 여태후에게 사지가 잘리고 눈알이 뽑히고 혀가 잘리고 (귀에는 유황이 넣어져) 고막이 뚫려 살덩어리 · 봉사 · 벙어리 · 귀머거리가 된 후에 돼지우리에 던져졌다. 그런 척부인도 결국 죽었고, 그럼으로써 여태후의 손에서 벗어났다. 하지만 종교 지옥에서는 벗어날 길이 없다. (이 고통스러운 세상을 떠날 수 있는 죽음은 축복이다. 왜 종교인들은 이 죽음의 세계를 지옥으로 만들까? 절대 그대로는 보내줄 수 없다고 공갈협박하는 것일까?)

세속인들은 종교인들보다는 덜하다. 속세에는 지옥보다 더 끔찍한 감옥은 존재하지 않기 때문이다. 종교인들이 얼마나 자기 종교를 믿지 않는 자들을 혐오하거나 증오하면 그런 곳을 만들었겠는가? (이교도들을 사탄의 자식이라고 부르기도 한다.)

여호와의증인들은, 한 줌도 안 되는 자기들에게만 입주권이 주어지는, 지상낙원에서 땅을 3,000평씩 받는다고 믿는다. 예수가 악마들을 상대로 벌이는 아마겟돈 전쟁이 끝나면 지상이 낙원으로 변한다. 패배한 악마들은 전범재판을 받고 무저갱無底坑(땅밑에 있는 밑이 없는 감옥)에 갇힌다. 지상낙원에 세워질 여호와의증인들의 집은, 거대한 지하감옥을 갖춘 대저택이다.

옛사람들은 죽은 사람들이 다시 살아나 살 것이라고 생각했다. 부활은 육체적 부활이었다. 그래서 종교적 천국은 육체를 가지고 사는 곳이다. (비물질적 천국은 후대의 발명품이다.) 예를 들어 기독교 천국인 '신의 왕국Kingdom of God'에서는 모두 20~30대의 몸을 갖는다. 불교 천국 두 개는 아예 지상에 있다: 수미산(히말라야 카일라스산) 중턱에 사천왕천이 있고, 정상에 도리천이 있다. 거기에 사는 사람들은 당연히 인간처럼 육신을 갖고 있고 짝짓기도 한다.

56억 7,000만 년 후에 미륵부처가 건설할 지상낙원인 용화세계에서는 나무에 저절로 열리는 얇고 부드러운 옷을 따 입고, 껍질이 없는 향기로운 쌀을 먹고, 변을 보기 전에는 열리고 변을 본 후에는 닫히는 (수세식 변기와 유사한) 땅에서 산다. 밤마다 (주민들이 자는 사이에) 섭화羅剎라는 나찰귀신이 마을과 거리를 청소한다. (용화세계는 이 지구상에 있는 천국이므로 낮과 밤이 있다. 그리고 50억 년 후에 태양이 소멸할 때 같이 소멸할 것이다. 지금도 우주에서는 매순간 어느 태양계에서인가 태양이 소멸한다. 77억 인구 중에 매순간 누군가 죽듯이 100해[*] 개 태양도 매순간 어느 것인가 소멸하는 것이다.)

종교가 세속적이라는 사실은, 사이비 종교를 보면 확실하다. 사이비 종교와 정통 종교의 차이는 믿는 신이나 (세속인들이 보기에는 사소한 그리고 구별하기 힘든) 교리의 차이뿐이다. 따라서 사이비 종교가 세속적이라면 정통 종교도 세속적이다. 특히 천국과 지옥을 믿는 종교가 그렇다. 천국과 지옥처럼 세속적인 게 어디 있는가? 자기 맘에 안 드는 놈들은 지하 감옥에 가두어놓고, 찌르고, 자르고, 때리고, 끓이고, 태우고 고문하는 지옥보다 더 세속적인 게 있는가? 포도주가 시냇물을 만들고 흐르는 동산에서 72명의 아름다운 처녀로부터 상상 가능한 온갖 시중을 받는 천국보다 더 세속적인 게 있는가?

물론 올바른 종교는 그렇지 않다. 진정한 종교는 탐욕과 증오와 무지 대신에 무욕과 사랑과 지혜를 가르친다. 이런 종교는 영적이다.

---

[*]　경(京)의 만 배가 되는 수. 즉, 10^{20}을 이른다.

천국의 크기

_ 신은 말을 한 적이 없다

천국은 얼마나 클까? 크기가 정해져 있을까? 분양객 수가 정해져 있을까?

사람 수에는 한계가 있을까? 지구 인구는 10만 년 만에 1,000명에서 77억 명으로 늘었다. 그럼 천국도 770만 배로 커졌을까? 하나님의 정부에도 건설부가 있을까?

지구 인구야 그렇다 쳐도 우주의 지적 생명체의 수는 얼마나 될까? 다중우주론에 의하면 무한히 많은 우주가 있다는데 그럼 지적 생명체도 무한히 많을까?

천체신학astrotheology은 이런 외계인의 구원 문제를 논한다. 그렇다면 천체 천국과 천체 지옥도 논할 수 있겠다.

천국은 무한히 클까? 아니면 우주 인구가 불어남에 따라 증축되는 걸까? 빅뱅이 일어나기 전에는, 즉 하나님이 우주를 창조하기 전에는, 생명체가 없었을 것이므로 (좋은 놈도 없고 나쁜 놈도 없어서) 그들을 보낼 천국과 지옥이 없었을 것이므로, 천국과 지옥은 천지창조 이후에 생긴 것이리라. 유신교에 의하면, 모든 것은 스스로 존재하는 것이 아니라 하나님이 창조한 것이므로 반드시 시작이 있다. 모든 게 한꺼번에 생긴 걸 천지창조라 한다. 한꺼번이라 해도 문자 그대로 같은 때가 아니라 6일 기간에 걸쳐 (피조물에 따라 창조 시점에) 며칠씩 시차가 있으므로, 스케일을 크게 잡으면 지금도 천지창조가 일어난다고 볼 수 있다. 그러면 생명체도 늘어날 수 있다. 그리고 사실 늘어나고 있다.

하나님이 처음부터 생명체를 완벽하게 좋은 놈으로 창조했을 리는 없으므로 (그럼 처음부터 천국에 살게 했지 지구에 살게 했을 리 없다), 분명코 천국은 작은 규모로 시작했다가 인구가 늘어남에 따라 점차 커진 것이리라. 하나님이 모든 영혼을 일시에 만든 것은 아니므로, 영혼의 수는 시간이 지남에 따라 늘어난 것이다. 그럼 천국도 커져야 한다.

전지전능한 사랑의 하나님이 미리 지옥으로 가게 예정된 놈들을 창조했을 리는 없으므로, 얼마나 많은 수가 지옥에 갈지는 아무도 모른다. 그럼 지옥의 크기도 나쁜 놈들의 증감에 따라 같이 증감할 것이다.

혹시 다중우주론多重宇宙論, multiverse theory이 참이라면, 각 우주마다 독립적으로 천국과 지옥이 있는 것이 아닐까? 각 우주의 크기와 외계인 수에 따라 천국과 지옥의 크기가 다른 것은 아닐까? 이 이론의 장점은, 각각의 천국 거주민들의 모습이 서로 달라도 아무 문제가 없다는 점이다. (일부 유일신교 신자들이 믿듯이, 인간이 사후에 육체적으로 부활해서 천국에 가는 것이 참이라면, 외계인들도 그럴 것이다. 그러면 천국에서도 생전의 모습으로 살게 된다. 각 우주마다 따로 천국이 있다면, 전 우주에 천국이 하나만 있는 경우처럼 다른 우주의 외계인들이 사후에 천국에서 서로 만나 상대방의 괴상한 혹은 혐오스러운 모습에 놀라지 않아도 좋다.) 생물체는, 진화론에 의하면, 환경이 달라지면 다른 모습으로 진화하기 때문이다. 지구상에서도 지역에 따라 서로 다른 모습의 (수많은) 생명체들이 나타나는데 하물며 다른 행성이랴. 지구의 심해에는 (심해 아귀 등) 결코 아름답지 않은 정말 괴이한 모습의 생명체가 사는데, 다른 우주에도 그럴 가능성이 있다. 그럼 외계인은, 인간보다 지능이 더 높고 더 발달한 문명을 이루고 있을지라도, 하나님의 모습에 따라 창조한 것이라고 볼 수 없게 된다는 난점이 생긴다. 왜냐하면 지구인의 모습이 하나님의 모습이라면, 지구인과 몹시 다르게 생긴, 예를 들어 문어처럼 생긴, 외계인은 하나님의 모습일 수 없기 때문이다.

그러므로 다중 우주론이 참이라면, 유일신교는 '지구와 똑같은 환경의 행성에만 외계인이 있어야 한다'는 무리한 주장을 하고 있는 셈이다.

아무튼 각각의 우주에 각각 천국이 있어야 한다면, 각각의 천국의 크기는 인구의 증감에 따라 증감이 있어야 할 것이다.

그런데 천국과 지옥의 크기에 대한, 하나님의 해명이란 게 아무리 봐도 구차하다. 하나같이 인간의 지력을 넘어서지 못하고 오히려, 허겁지겁 뒤쫓아오면서 조작하는 듯한 느낌이 든다. 너무 나이를 많이 드셔서 그럴까?

갠지스강

_ 내가 뭘 잘못했는지 기억나게 해주세요

올해 인도 우타라칸드주 고등법원이 갠지스강에 법인격法人格이 있다고 판결을 내렸다. 이에 따라 강은 오염이 되면 대리인을 통해 오염자에게 소송을 걸 수 있게 되었다. 주 정부는 '홍수가 나면, 피해자들이 강에 피해보상청구 소송을 제기하는 일이 일어날 수 있다'고 지적하며 항소했고, 인도 대법원은 '갠지스강에 인격이 있다는' 고등법원 판결을 뒤집었다.

인도인들이 믿듯이 갠지스강이 신이라면 왜 스스로를 방어하지 못할까? 오염당하면, 왜 그 즉시 홍수를 내려 오염시킨 자를 처벌하지 못할까? 초자연적인 힘은 두었다 어디다 쓸까?

하나님은 왜 마녀를 직접 처벌하지 않고 방치해서, 중세 유럽인들이 마녀재판을 열어 처벌해야 했을까? 마녀가 빗자루를 타고 밤하늘을 날아다닐 때 왜 벼락으로 정조준해 격추시키지 않았을까? 알라가 악마에게 별똥별을 던지는 것처럼(《코란》 67:5에 의하면 별똥별은 알라가 악마에게 던지는 미사일이다). 신자들이 마녀가 추락하는 멋진 광경을 보며 엄청나게 감격했을 터인데.

"우르릉 꽝 번쩍. 저기 한 마리 떨어진다!" "뿌지직 꽝 번쩍. 저기 또한 마리 떨어진다!"

노릿하게 살 타는 냄새를 뿌리며, 검은 치마에서 붉은 화염과 연기를 길게 뿜으며, 하늘에서 땅으로 떨어지는 장면은 장관이었을 겁니다.

그리고 왜 하나님은, 무고한 사람들이 마녀로 몰려 못이 달린 의자에 앉혀 찔리고, 수레바퀴에 묶여 사지가 뒤틀리고, 익사당하고 화형을 당할 때 침묵하셨을까? 왜 벼락을 내려 잔인한 종교재판소 고문관들과 심판관들의 사악한 손발을 마비시키지 않았을까? 혹시 더 큰 벌을 주려고 잠시 살려두었다가 지옥에 보낸 걸까? 그렇다면 왜 지옥에 갔다왔다고 간증하는 사람들은 아무도 그런 사실을 말하지 않을까?

그게 불타는 떨기나무를 보여주거나, 홍해를 가르거나, 해를 꼼짝 못하게 공중에 묶어두는 일보다 더 어려운 일이었을까? 훨씬 더 어려운 일이었을까?

천둥과 번개로 요란하게 죄인을 벌주는 하나님은, 왜 중세 유럽의 신구교도들이 서로 수백 만 명을 학살할 때, 그리고 600만 명의 유대인들이 수용소에서 살해당해 모포와 비누로 만들어질 때 침묵을 지키셨을까?

그리고 왜, 수백만 유대인들이 당신의 침묵에 분개하며 등을 돌리고 떠나갈 때 여전히 침묵하셨을까?

천지창조 이래로 광야·골방·동산·수도원을 가리지 않고 수많은 수도자들에게 나타나 생생한 목소리로 속삭이던 당신이, 왜 아우슈비츠 가스실에 나체로 갇힌 채 죽음의 문턱에서 애타게 당신의 이름을 부르짖는 사람들에게는 단 한 마디도 건네지 않으셨을까? 그게 그렇게 어려운 일이었을까?

왜 안 믿는 자들에게 나타나 "나는 창조주 하나님이다. 네가 감히 나를 안 믿는다면서? 지옥불 맛 좀 볼래?" 하며 무시무시한 지옥의 환상을 보여주어, 깜짝 놀라게 하지 않으실까?

무신론자 과학자들에게는 당신이 창조하신 우주의 오묘한 비밀을 낱낱이 드러내면서도, 당신의 종들에게는 감추어서, 그들이 무저갱無底坑 같은 깊은 무지 속에서 당신의 이름을 더럽히게 하는가?

인류 역사를 통해서 신은 항상 침묵하고, 신의 사자를 자처하는 자들이 설치고 다니며 온갖 악행을 저지른다.

≣위 판결은 2017년의 일이다.

지옥 기억

_ 지구상의 종교 중에
진짜 종교가 있는지 없는지 아무도 모른다
지구상의 종교는 모두 가짜일지 모른다

예로부터 윤회론을 믿는 나라에선, 사람들에게 전생에 대한 기억이 하나도 없는 게 큰 문제였다. 그래서 그걸 설명하려고 '망각의 물'이란 걸 고안했다. 이승에서 저승으로 넘어갈 때 강을 지나가는데, 그 강의 물을 마시면 전생의 기억을 다 상실한다는 것이다. 물론 강제로 마시게 될 것이다.

업業, karma을 믿는 곳에서는 오히려 전생의 기억을 새롭게 하는 업경대業鏡臺라는 걸 고안했다. 그 거울 앞에 서면 전생에 한 짓이 다 나타난 다는 것이다. 물론 기억도 다 날 것이다. 망각의 강물과 정확히 반대의 개념이다. 그런데 신기하게도 환생을 할 즈음이면 기억을 다시 잃어버린다. 즉, 업경대에서의 기억 회복은, 죄인으로 하여금 자기가 받을 벌을 인정할 수 있도록 하는 임시 장치였을 뿐이다. 전생에 지은 업에 따라 환생할 곳이 정해지면, 기억은 맡은 바 소임을 다했으므로 사라지는 것이다.

그런데 예외가 있다. 지옥이다. 만약 죄수들이 자기가 지은 죄를 기억하지 못한다면 처벌효과가 없기 때문이다. 죄수들은 왜 자기들이 지옥에서 고문을 당해야 하는지 납득할 수 없을 것이다. (당신이 어느 날 아침 눈을 떠보니 감옥에 들어와 있다 생각해보라. 그것도 상상 가능한 모든 고문기구를 갖춘 지하감옥에. 하지만 어제까지의 기억이 하나도 안 난다면, 그래서 나쁜 짓을 한 기억이 전혀 없다면, 몹시 황당하지 않겠는가? 날벼락이라고 생각하지 않겠는가? 필시 사방에 탄원서를 쓰고 야단법석을 떨 것이다.) 서로 '당신은 무슨 죄를 짓고 이 험한 꼴을 당하느냐'고 물어보겠지만, 아무도 모를 것이다. 너무 억울하다고 폭동을 일으킬 수도 있다. 지옥 옥졸들을 인질로 잡고, 지옥당국에 납득할 만한 해명을 요구할 것이다.

지옥당국은 특단의 조치를 취한다. 각 죄수들의 기억을 개인적으로 회복시켜준다. 단 프라이버시를 위해서 집단적으로 공개하지는 않는다.

그런데 이런 일이 가능하려면 한 가지 조건이 필요하다. 지옥중생들이 여러 가지 말을 배워야 한다는 점이다. 그래야 전생에 인간사회에 일어난 복잡한 일들을 이해할 수 있고, 전생에 자기가 한 말과 사고를 이해할 수 있기 때문이다. 자기가 한 말과 생각을 자기가 이해하지 못한다 하면 얼마나 당혹스러운 일이겠는가?

특히 다생多生에 저지른 악행으로 지옥에 온 경우는, 자기가 살았던 여러 나라 말을 다 기억해내야 한다. 그게 불가능하면(하지만 지옥보다 한참 높은 세상인 인간계에서도 불가능한 일이 지옥에서 가능하겠는가?), 새로 인간계 외국어 교육을 받아야 한다.

잠깐, 지옥의 언어는 무엇일까? 지상의 곤충계와 축생계와 인간계에는 서로 알아들을 수 없는 고유한 언어가 수천만 종이 있는데, 지옥이라고 다를 게 있을까? 설마 단일어를 쓸까? 중국어 같은 고립어일까? 영어 같은 굴절어일까? 한국어 같은 교착어일까? 지옥도 지방에 따라 말이 다를까? 불교에 따르면, 지옥에는 최소한 136개 지방이 있다. 그러므로 일단 지옥에 가면 지옥말을 배워야 한다. 그리고 거기 더해서 여러 생에 걸쳐 인간계에서 했던 말들을 다 배워야 한다.

그런데 고문을 가하면 학업능력이 떨어지므로 최소한 이 기간에는 고문이 없을 것이다. 이 학습이 끝나면 여러 전생에 자기가 했던 악한 말, 악한 생각, 악한 행동을 보며 왜 자기가 지옥에 떨어졌는가를 이해하게 된다. 종교인과 사상가라면, 자신의 사악한 교리와 사상으로 수많은 사람들을 죽음의 길로 내몬 것을 이해하게 된다.

그런데 여기서 질문이 하나 생긴다. 지구상에서도 지옥 못지않게 고통을 겪고 사는 사람들이 있는데, 왜 그 사람들의 전생 기억은 회복되지 않는 것일까?

이걸, 그럴만한 인연이 있을 거라고 하며 적당히 넘어가려 하는 것은, 말문이 막히면 신의 뜻이라고 얼버무리는 유일신교와 다를 바가 없는 행동이다.

신, 지옥
: 종교인이 지옥 갈 확률이 더 크다

사람들은 신을 안 믿어도 아무 문제 없이 산다. 유일한 단점은 지옥에 갈지 모른다는 점이다. 하지만 그건 죽은 다음의 일이다. 그리고 갈지 모르는 지옥은 많다. 역대 모든 종교의 지옥이 다 후보이다. 천만다행인 것은 이 모든 지옥에 다 가는 게 아니라, 많아야 한 지옥에만 간다는 점 이다. 세상에 종교도 많고 지옥도 많지만, 가야 하는 지옥은 많아야 하나다.

종교를 믿는 사람이라고 지옥에 안 가는 것은 아니다. 다른 종교 지옥에 갈 공산公算이 크다. 왜냐하면, 서로 대립하는 종교들은 많아야 하나만 참일 것이므로, 나머지 종교를 믿는 사람들은 다 지옥행이기 때문이다. 죽었다 깨어보니, 듣도 보도 못한, 아주 이상한 지옥에 떨어진 걸 발견할 수도 있다. 외계인의 지옥 말이다.

최악의 경우에는, 자기가 믿는 종교의 지옥에 갈 수도 있다. 자기는 열심히 믿었는데 자기 종교 신이나 교주가 보기에는 한참 미흡할 수 있기 때문이다.

심지어 모든 종교인들이 다 지옥에 갈 수도 있다. 아직 인류가 진짜 종교를 발견하지 못했을 수 있기 때문이다. (진짜 종교를 발견했다는 보장이 없지 않은가?) 하지만 이 경우에, 무종교인들은 지옥에 안 갈 수 있다. 아예 발견하지 못하는 것은, 엉터리를 발견해놓고 진짜를 발견했다고 거짓말하는 것에 비하면, 죄라고 할 수 없기 때문이다.

종교가 100개 있다면, 그중 한 종교를 믿는 것은, 지옥에 안 갈 확률을 많아야 겨우 1퍼센트 정도밖에 높이지 못한다. 우주에 있는 10조 개가 넘는 외계인들의 종교들까지 고려하면, (한 종교를 믿음으로써) 지옥에 안 가게 될 확률은 10조 분의 1로 격감한다.

신을 안 믿어도 사는 데는 전혀 지장이 없다. 종교는 사후세계에 대한 가르침이므로 지금 세상을 살아가는 데는 도움이 안 된다. 종교인들은 가 보지도 않은 사후세계에 가 본 것처럼 100퍼센트 확신으로 묘사한다. 신비롭게도, 그 순간 반대쪽 종교인들도 전혀 다른 사후세계를 100퍼센트 확신으로 묘사한다.

종교를 믿으면 오히려 사는 게 힘들어진다. 지옥에 안 가려면 '이리해야 한다, 저리해야 한다, 이렇게 하면 안 된다, 저렇게 하면 안 된다' 하면서 끝없이 옭아맬 뿐만 아니라, 성직자들이 신자들을 딴생각 못하게 묶어두려고, 시도 때도 없이 종교시설에 나오게 하기 때문이다. 그들 말대로 하다가는 자기 시간도 없어지고 자기 생각도 없어진다.

아무튼 종교를 믿어도 지옥에 안 갈 확률은 10조 분의 1이다. 확률 50분의 1인 자동차 사고로 죽을까 무섭다고 차를 타지 않는다면, 그보다 이천억 배는 일어나기 힘든 지옥행이 무서워 종교를 믿을 이유는 없다.

게다가 만약 (일부 물리학자들이 주장하듯이) 우주가 무한 개라면, 외계인이 사는 행성의 개수도 무한하고 종교의 개수도 무한할 것이므로

(좁쌀만 한 지구에 그렇게 종교가 많다면, 무한한 우주에는 당연히 종교가 무한히 많을 것이다), 어느 한 종교를 믿는다 해도 지옥에 안 갈 확률은 영이다. 그러므로 지옥에 안 가려고 종교를 믿는 것은 어리석은 일이다.

차라리 로마제국 시인 호라티우스의 '카르페 디엠carpe diem(이 순간에 충실하라)'을 실천하는 게 나아 보인다.

⊟가톨릭 성지 중의 성지인 포르투갈 파티마에 나타난, 성모 마리아의 유령이 세 어린이에게 가르쳐준 〈파티마 기도문〉에도 지옥이 등장한다. 기도문은 단 두세 문장으로 이루어져 있는데, 그중 1/3이 지옥에 대한 내용이다. 순결한 어린이의 마음을 지옥이라는 망상으로 더럽히다니! (어린 시절에 이런 망상이 각인되면, 별일이 없는 한, 평생 지워지지 않는다.)

"오 나의 예수님. 우리 죄를 사하여 주옵소서. 우리를 지옥불에서 구해주시고 모든 영혼을 천국으로 보내소서. 특히 당신의 자비가 필요한 사람들을. 아멘."(〈파티마 기도문〉)

승려들은 지옥의 공포라는 병을 주고 동시에 그 병을 이기는 약을, 예를 들어 〈파티마 기도문〉을 준다. 물론 공짜는 아니다. 재물을 바쳐야 한다. 그렇지 않으면 약효가 없다. 전형적인 약탈적 '병 주고 약 주기'이다.

실제로 파티마에 나타난 성모 마리아의 유령은 아이들에게 '사람들이 하나님에게 희생물sacrifice(가축 재물)을 바치지 않아, 지옥에 빠진 이들을 구하지 못한다'고 말했다.

신에게는 가장 소중한 것을 바치는 법이다. 처음에는 사람을 바치다가 가축을 키우게 되자 가축을 바쳤다. (유대인들도 사람을 바치다가 가축으로 전환했으며, 가축이 많았던 인도와 중국은 일찍부터 가축을 바쳤고, 가축이 없던 잉카제국은 스페인에 정복당할 때까지 사람을 바쳤다.) 그러다 인권이 발달하고 돈이 생기자, 사람과 가축 대신 돈을 바치게 되었다. 돈이 가장 소중한 물건이기 때문이다. 성직자들은 신도들에게 가장 소중한 것을 바치라고 말한다. 하지만 원시시대 성직자들과 달리 사람 목숨은 원치 않는다. 그러면 사람보다 소중한 돈을 낼 사람이 사라지기 때문이다. 바야흐로 물질을 얻기 위해 신을 부리는 물신物神의 시대이다.

07장

인간의 고통은 대부분 물질적 궁핍窮乏·결핍缺乏으로부터 온다. 의식주와 질병 등
이 그렇다. 사람이 죽는 것은 몸이 죽기 때문이지 정신이 죽기 때문이 아니다. 몸은
멀쩡한데 마음이 멈추면서 죽는 경우는 없다. 예컨대 사인死因 중에 정신 파멸로 인
한 죽음은 없다. 그런 경우가 있다면 처형당하는 등 강제적인 죽음이 있는 정도이
다. 당장 죽을 사람도 자기 마음은 청춘이라고 한다. 괴테는 70대에 10대 소녀에게
청혼을 했다.

물질적인 궁핍窮乏·결핍缺乏은 경제로 해결된다. 심리적인 고통과 정신적인 고통
은 그 후의 일이다. 사회에 경제적인 부가 쌓이려면 인구 증가가 필수적이다. 그래
야 협업과 분업이 가능하고 과학기술이 발달하여 생산성이 는다. 하지만 인구가 늘
면 사람들 사이의 분쟁이 증가한다. 딜레마이다.

종교는 물질적인 부를 생산한 적이 없다. 그럼에도 물질 중의 물질인 돈을 요구한다
는 점에서 가장 물질적인 속성을 지녔다. 결코 영적靈的이 아니다. 그중 가장 대표적
인 것이 이슬람이다. 알라에 대한 영적인(?) 복종에 대한 대가로 가는 천국에는 72명
의 눈이 아몬드처럼 생긴 가슴 큰 처녀들이 기다리고 포도주가 흐르는 강이 있다.

경제

볼테르
: 돈과 사상

_ 수입이 안정돼야 마음도 안정된다 〈맹자〉

볼테르는 프랑스 중산층 가정에 막내아들로 태어났다. 반항적인 기질의 그는 젊은 시절 여러 차례 프랑스 정부와 충돌했다. 그 결과 파리에서 추방되기도 했으며, 한번은 악명높은 바스티유 감옥에 일 년 가까이 수감되기도 했다.

볼테르의 사상이 세상에 남게 된 데는 남다른 사연이 있다. 수학이다!

당시 프랑스 정부는 재정난을 타개하기 위해서 채권을 발행했는데, 불황으로 인한 낮은 채권이자에 대한 보상책으로, 채권 한 장당 복권 한 장의 구입권리를 주었다. 문제는 복권 매입 가격이 정액이 아니라 채권 가격의 1000분의 1이라는 점이었다. 따라서 같은 액수의 돈을 채권에 투자하는 경우, 소액 액면가의 채권을 여러 장 사는 것이 고액 액면가 한 장을 사는 것보다 유리했다. 왜냐하면 같은 양의 돈으로 여러 장의 복권을 구입할 수 있기 때문이다. 예를 들어 총 1,000만 원어치의 채권을 사는 경우, 1,000만 원짜리 채권 한 장을 사면, 1만 원을 지불하고 복권을 한 장만 살 수 있지만, 1,000원짜리 채권 만 장을 사면 복권한 장당 겨우 1원만 지불하고 복권을 만 장이나 살 수 있다. 어느 경우나 총 복권구입 비용은 1,000만 원의 1,000분의 1인 1만 원으로 동일하다. 하지만 (후자의 경우) 당첨 확률은 만 배로 폭증한다.

　이처럼 같은 비용으로 엄청나게 더 많은 복권을 구입함으로써 당첨 확률을 엄청나게 더 높여 볼테르는 금방 부자가 되었다.

　그는 이 돈을 다른 사업에 투자하여 엄청난 부를 이루었다. 성공요인은 내부자 정보를 이용하여 적시에 사고판 것이었다. 지금은 이것이 불법이지만 자본주의 초기 단계인 그때는 합법이었다. (다른 예를 들자면 특허는 국제적으로 보호를 받지 못해서 다른 나라의 특허를 훔쳐 자기 나라에 등록하면 그만인 시절이었다.) 케네디 대통령의 아버지도 내부자 정보를 이용한 공매도를 통해 거부를 이루었다. 그 당시는 미국 증시에서 작전세력의 작전도 합법이었으며, 〈뉴욕타임스〉 같은 메이저 신문들은 작전과정을 상세히 중계보도까지 하였다.

　아무튼 복권(의 허점)과 내부자 정보를 이용해 엄청난 부를 이룬 볼테르는 이후 의식주 걱정에서 해방되어, 자기 사상을 마음대로 펼칠 수 있게 되었다. 위대한 계몽주의 사상이 탄생하고 다듬어지고 남게 된 사연이다.

　과연 돈의 힘은 대단하다.

공산주의 동물의 세계

_35억 년 동안 지구는 불평등했다

자연계는 각자 능력에 따라 사는 세상이다. 세상은 불평등하다. 나면서 가지고 태어나는 육체적·정신적 능력의 차이가 있다. 바로 그 능력의 차이로 인하여, 인간은 먹이사슬 최정상을 차지하고 다른 동물들을 매년 수십 조 마리나 잡아먹고 부려먹는다. 다른 동물들의 생존권과 행복권을 부정한다. 그들의 사지를 절단하고 가족과의 생이별을 강요한다. 새끼를 어미로부터, 어미를 새끼로부터 생이별시킨다. 그리고 도살장으로 끌고 간다. 동물들은, 사랑하는 연인들도 언제 강제로 헤어져 아우슈비츠로 끌려갈지 모른다. 하지만 인간들은 마음에 찜찜함도 없다. 동물들을 산 채로 각을 떠 잡아먹으면서도 이 맛있는 걸 안 먹을 수 없노라고, 즉 맛을 포기할 수는 없다고 외친다. 하지만 자기에겐 맛이지만 남들에겐 생존이다.

이게 다 (동물들 사이의) 능력의 차이로부터 나온 것이다. 만약 인간이 두 손을 자유롭게 쓸 수 없다면 일어날 수 없는 일이다. 사자는 크고 날카로운 송곳니가 있기에, 독수리는 크고 날카로운 발톱이 있기에 다른 동물들을 잡아먹고 산다. 여우도 독수리 발톱에 걸리면 벗어날 수 없다. 갈고리처럼 휘어진 부리에 갈기갈기 찢겨 독수리 밥통 속으로 들어가는 수밖에 없다. 인간은 길다란 손가락이 열 개나 달린 손으로 크고 날카로운 무기를 만들어 동물들을 잡아먹는다. 뾰쪽한 화살이 노루의 심장을 관통하면, 누구 어미나 누구 자식이 사망한 게 아니라, 발이 달린 음식의 발이 멈춘 것에 지나지 않는다.

이 점에서는 엄밀하게 보자면, 인간들 사이의 평등은 근거가 없다. 인간은 각자 능력에 따라 살 뿐이다. 능력차이에 따른 꿈성취와 생산소득 차이를 깡그리 없애려 하는 행위는, 굽은 나무와 곱사등을 펴겠다고 그 위에 올라가 발을 구르는 행위이다. 부러지지나 않으면 다행이겠다.

사람들이 동물들을 학대하고 잡아먹는 이상, 공산주의 사회는 불가능하다.

자연계의 모든 생물들이 각자 능력에 따라 생산하고 각자 필요에 따라 가져다 쓸 수 있다면 얼마나 좋을까? 하지만 (인간과 동물의 관계가 보여주듯이) 그게 불가능하다면 공산주의도 불가능하다. 그리고 이 사실은 이미 인류 역사가 증명했다. 1990년경 소련과 동유럽 국가들과 중앙아시아 국가들과 중화인민공화국이, 떼를 지어 공산주의를 탈출한 사건이 있었다. 지금 유일하게 남은 건 북한이지만, 유교와 결합하여 김일성을 아버지로 모시는 사이비 종교적 전체주의 왕조로 변한 지 수십 년이다.

이웃 마을에 사는 당신 반만 한 몸집의 게으른 사람이 부지런한 당신에게 당신이 생산한 농산물을 공평하게 반씩 나누자고 제안하면, 당신은 그러자고 하겠는가? 아프리카의 어떤 가난한 나라가 '한국이 이룩한 부를 공평하게 반씩 나누자'고 요구하면 용납하겠는가? 이상한 논리라구요? 천만의 말씀이다. 다음 설명을 보시라. 한 나라의 부를 그 구성원들이 공평하게 혹은 필요에 따라 마음껏 가져다 쓸 수 있어야 한다면, 국가들 사이에서도 당연히 그래야 할 것 아닌가? (지구는 모든 지구 생명체들의 공유물이기 때문이다.) 당신은, 다른 행성에 사는 게으른 외계인들이 몰려와 부지런한 지구인들의 생산물을 서로 공평히 나누자고 하면, 용납하시겠는가? (우주 역시 모든 우주생명체들의 공유물 아닌가?)

평균보다 잘 사는 사람들에게 '자기 재산 중 평균을 넘는 부분을 평균보다 못사는 사람들에게 나누어주어 평등을 구현하자'고 제안하면, 몇 사람이나 선선히 동의할까? 다들 자기가 피땀 흘려 이룩한 재산인데 왜 다른 사람에게 넘겨야 하느냐고 반문할 것이다. 이들은 '잘사는 사람들이 세금을 왕창 더 내서 평등을 구현해야 한다'고 하지만, 자기들은 납세자에서 예외이다.

이런 사람 중 강남에 사는 500억대 재산가가 있었다. 잘사는 사람들이 세금을 더 내야 한다고 열불을 내는 그에게 물었다. '어느 정도 살아야 잘사는 겁니까?' 그의 대답이 놀라왔다. '1,000억대는 되어야지요.' 가난한(?) 자기는 세금을 더 낼 수 없다는 소리였다.

두 명의 친구가 있었다. 한 사람은 안빈낙도安貧樂道하겠다고 산속으로 들어갔다. 다행히 뜻이 맞는 여자를 만나 화전을 일구며 무난하게 살았다. 다른 한 사람은 도회지로 나가 고등교육을 받았다.

어느 날 화전민의 아이들이 그에게 묻는다. "아버지 저기 높이 날아가는 은빛 새가 뭐래요?" "비행기란다." 아이들은 호기심에 자꾸 물었고 그는 자꾸 대답했다.

그러던 어느 날 깊은 산속에 등산객들이 지나갔다. 아이들은 그들이 가진 스마트폰에 정신을 빼앗겼다. 토끼·사슴·독수리가 그 안에서 뛰어다니며 놀고 있었다. 비행기도 날아다니고 있었다. "아부지 우리도 저 거 갖고 싶어요."

화전민은 다음 날로 산을 내려가 친구를 찾았다. "천하는 공물公物인데 어찌 너 혼자 잘사는가? 긴히 쓸 데가 있으니 네 돈을 좀 내놓아라." 친구는 버럭 화를 내었다. "이놈아, 전자공학을 공부하겠다는 나에게 물질에 정신을 빼앗긴 놈이라고 비웃음을 던지며, 도를 닦으면서 안빈낙도하겠다고 산으로 들어간 게 너 아니냐? 네 자식들이 본 스마트폰은 내가 개발한 것이다. 그걸 개발하느라 얼마나 고생했는지 아니? 네가 맑은 자연의 공기를 마시며 아무 스트레스 없이 살 때, 나는 탁한 도시의 매연을 마시며 연구 스트레스 속에 살았다. 말하는 걸 보니 도를 헛닦았구나. 썩 물러가라. 내가 네 것을 빼앗은 적이 없거늘 어디 와서 억지를 부리느냐. 정 돈이 필요하면 내 회사에 와서 일을 해라." 화전민은 욕만 실컷 얻어먹고 바로 산으로 돌아갔다. 친구 회사에서 일할 생각은 전혀 없었다. 단순한 삶에 익숙해진 몸과 마음에, 복잡한 도시 삶을 하루도 감당할 엄두가 나지 않았기 때문이다. 자초지종을 들은 아이들은 '자기들처럼 착한 사람들이 이처럼 가난하게 사는 것은 옳지 못하다'고 분개하며 빨치산이 되었다. 어려서부터 누비던 산이라 산짐승처럼 잽싸게 요리조리 토벌대를 피해 다녔지만, 어느 그믐밤에 방심하고 잠에 떨어진 사이에 조명탄이 터지고 깜짝 놀라 몸을 일으키다 사살당했다. 그날 밤 착한 산토끼도 놀라 우왕좌왕하다 화전민 가족이 놓은 덫에 걸려 죽었다. 자식을 잃은 화전민은 산에 들어올 때보다 더 가난해졌다. 자식이야 본래 있던 게 아니지만, 그사이에 젊음이 사라졌기 때문이다. 안빈낙도를 시험할 좋은 기회이건만, 그의 마음에는 부인의 흐느낌을 실은 냉습한 바람만 쓸쓸히 불었다. 너와지붕 아래서 산토끼국이 차갑게 식어갔다. 그리고 산토끼 유족들은 아무 일도 없었다는 듯이 산을 뛰어다녔다.

이 세상에, 모든 생명체에 대한 동체대비를 설하는 불교가 있고, 불교도가 아니더라도 채식주의자들이 있는 것은 인간의 마음에 누구나 가지고 있는 자비의 씨앗이 있기 때문이다. 이것만은 누구나 평등하게 가지고 있는 마음이다. 그리고 이걸 아름답게 여기는 마음이 있고, 아름드리 나무로 키우자는 마음이 있고, 그렇게 키우는 솜씨 좋은 마음도 있다. 이런 일에 (사람에 따라) 재능의 차이가 나는 것을 누구도 불평등하다고 불평을 하지 않는다. 누구나 자기 능력에 따라 세상을 더 살기 좋은 곳으로 만들면 된다. 진정한 평등이란 이런 것이리라.

외계인 무역금지법

_ 평등은 더 가진 자 것을 **빼앗아** 이루는 게 아니라
덜 가진 자에게 주어서 이루어져야 한다 〈불교〉

어느 날 외계인들이 지구를 찾았습니다. 거대한 컨테이너 UFO를 몰고 와서, 지구인들의 물건을 후한 값에 대량으로 사 갔습니다. 지구상에 실업은 사라지고 일감이 넘쳐났습니다. 그래서 지구인들의 삶이 훨씬 더 나아졌습니다. 의료보험과 국민연금이 해결되었습니다. 그런데 어떤 사람들이 데모를 시작했습니다. 외계인들과 거래를 하면 안 된다는 것이었습니다. 그들 말에 의하면, 알고 보니 그 외계인들은 지구에서 구입한 물건들을 다른 행성의 다른 외계인들에게 10배 이문을 붙여 팔아먹는다는 것이었습니다. 그런 엄청난 폭리를 취하다니 '우주에 이런 나쁜 놈들이 또 있겠느냐'는 소리였습니다. 이처럼 지구인들이 외계인들에게 착취를 당하는 것을 막아야 한다고 외쳤습니다.

외계인들과의 무역을 금하면, 지구 밖으로의 판로가 막힌, 가난한 나라의 지구인들이 부유한 나라의 지구인들에게 착취를 당하지 않느냐는 반론이 먹히지 않았습니다. 평소 입에 거품을 물고 미국과 유럽의 자본주의적 침탈을 비난하던 남아메리카 아프리카 아랍국들도 인류는 하나라며 분개하고 나왔기 때문입니다. '우리 인간끼리는 형제지간이므로 서로 착취하고 착취당해도 무방하지만, 인간과 종이 다른 외계인에게

착취당하는 것은 참을 수 없다'는 것이었읍니다.

결국 각국 의회는 유엔 주도하에 '대對외계인 무역금지법', 즉 '우주적 반反종속자본주의 법'을 만들었고 지구인은 다시 가난해졌읍니다. 외계인들이, 행성이 헤아릴 수 없이 많은 우주에서 다른 행성으로 구매처를 옮겼기 때문입니다. 지금 우리가 기억할 수 없는 아득한 옛날에 벌어진 일이라고 합니다. 인간궁핍의 근원이라고 합니다.

외계인들이 지구를 떠나며 남긴 말이 있읍니다. "너희 지구인들은 '우주생명체들이 모두 평등하므로 외계인들이 지구인들을 착취하면 안 된다'고 말하면서 왜 지구동물들을 잡아먹는가? 그것도 한 해에 200억 마리씩이나! 너희는 우리가 너희를 잡아먹지 않는 걸 다행으로 알라."

383

물레방아와 깨지지 않는 유리

_ 지옥으로 가는 길은 선의로 포장되어 있다
The road to hell is paved with good intentions

여러 해 전에 황남대총에서 진귀한 유물들이 쏟아져 나온 적이 있읍니다. 그중에는 다수의 유리제품들이 있었읍니다. 푸른색의 유리잔인데 로마산이었읍니다. 옛날에는 유리가 보석에 들어갔읍니다. 옥·비취·마노·호박 등과 더불어 귀한 대접을 받았읍니다. 문제는 이 귀한 유리가 잘 깨진다는 점입니다. 유리를, 장식품인 반지·귀걸이·목걸이와 달리, 물잔·찻잔·술잔 등 생활용품으로 만들어 쓰다 보면 여러 가지 이유로 깨기 쉽읍니다.

로마 티베리우스 황제 시절에 한 유리 장인이 황제를 찾아왔읍니다. 깨지지 않는 유리를 발명했다는 겁니다. 황제가 묻읍니다. "너 말고 이 비법을 알고 있는 사람이 있느냐?" "없다"는 답이 나오자 황제는 이 장인을 죽입니다. 이 기술이 퍼지면 수많은 유리공들이 직업을 잃게 된다는 것이 이유였읍니다.

동양에도 비슷한 일이 있었읍니다. 고대 중국 황제에게 놀라운 발명품을 들고 온 사람이 있었읍니다. 수력을 이용한 물레방아였읍니다. 황제는 그 기술을 이 사람만 안다는 것을 확인한 후 이 사람을 죽여버립니다. 그 이유는 티베리우스 황제와 같았읍니다. 방아 찧는 일에 종사하는 많은 사람들이 일자리를 잃을 거라는 것이었읍니다.

이런 일화는 다시, 거의 2,000년 만에 산업혁명 시절 영국에 등장합니다. 일자리를 잃을 위기에 직면한 방직공들이 방직기계 도입에 반대하는 운동을 일으켰읍니다. 소위 러다이트 운동Luddite Movement입니다. 하지만 모두冒頭에 소개한 두 일화와 다른 점이 있읍니다. 당시 영국왕은 발명을 적극 장려했읍니다. 중상주의重商主義에 입각해 식민지 인도에서 수입한 목화를 면으로 만들어 수출하려면, 면을 싼 가격으로 대량생산하는 방직기계가 필요했기 때문입니다.

20세기 말이 되어 식자공植字工들이 직업을 잃게 되었읍니다. 컴퓨터의 발달에 따라 활자 인쇄에서 컴퓨터 인쇄로 돌아섰기 때문입니다. 활자 인쇄가 주는 묘한 아름다움이 있었지만 도도한 시대의 흐름을 거스를 수 없었읍니다. 식자공들은 방직공들과 달리 데모를 하지 않았읍니다.

모두冒頭에 소개한 깨지지 않는 유리와 물레방아 일화에 사람들은 어처구니없다고 웃을지 모르지만, 종교인들은 웃으면 안 됩니다. 종교도 기술개발·발명에 반대하기 때문입니다. 대부분 기독교인들은 피뢰침 발명에도 반대했고 백신 발명에도 반대했으며, 피임약에는 지금도 반 정도가 반대합니다. 상당히 많은 기독교인들은 원시적인 생활을 하는 원시공동체를 꿈꿉니다. 가장 극단적인 예로는 기계사용을 거부하는 기독교 공동체 아미쉬Amish가 있읍니다. 이들은 트랙터도 사용하지 않읍니다. 대신 우마차를 씁니다.

옛날에는, 불과 100년 전만 해도 전 세계적으로 농가가 인구의 95퍼센트를 차지했읍니다. 기술개발·발명에 반대한다면 지금도 절대다수의 사람들이 농사를 짓고 살아야 합니다. 그것도 인력과 짐승의 힘으로만.

인류 역사에 있어서 기득권층은 변화에 반대했읍니다. 그도 그럴 만한 것이, 사회가 급격히 변할 때 기득권층도 몰락하기 때문입니다. 변화를 수용하고 시대의 변화와 더불어 변하지 않으면 도태되어 사라집니다. 그래서 기득권층은 '지금 이대로 가자'고 합니다. 구한말 지주 계급이 상당수 몰락했읍니다. 일제식민 시절에 도입된 자본주의와 기계생산과 그 후 대한민국 출범 2년 만에 시행된 토지수용령 때문이었읍니다. 당신이 대지주라 해봅시다. 사회에 급격한 변화를 몰고 올 기술개발·발명에 찬성하겠읍니까?

지금은 농업혁명, 농기구혁명, 생명공학혁명, 화학비료혁명 등에 힘입어 생산성이 기하급수적으로 커져 인구의 5퍼센트 정도만이 농사에 종사합니다. 미국은 1퍼센트입니다.

우리가 과거 농경사회로 돌아가길 찬성하지 않는다면, 기술개발·발명에 반대해선 안 됩니다. 인류 역사에 있어서 기술개발·발명에 반대할 정도로 만족스러운 시대는 없었읍니다. 이미 개발한 기술에 문제가 있을지라도, 그 부작용을 해결해 훌륭한 기술로 만들어온 게 인류의 역사입니다. 수많은 기형아를 배출한 초기 피임약 등이 그 예입니다. 부작용이 두렵다면 어떤 약도 만들지 말아야 합니다. 기술개발·발명에 대처할 뿐이지 반대할 일이 아닙니다.

그런데 종교는 아직도 원시 수렵채집사회와 농경사회와 목축사회를 꿈꿉니다. 채집사회인 에덴동산이 바로 그런 예입니다. 그 이유는 종교가 바로 그런 시대에서 멀지 않은 시기에, 즉 청동기 시대에 만들어졌기 때문입니다.

지금도 매년 수십만 건의 기술특허가 출원出願되고 승인을 받읍니다. 그리고 인간의 삶은 향상되고 있읍니다. 여기서 우리가 잊지 말아야하는 점은, 이런 기술은 하나님이 주는 게 아니라 인간이 만드는 것이라는 점입니다.

目네덜란드는 풍차를 이용해 저지대의 바닷물을 퍼내 국토를 늘리고 풍력을 배를 만드는 데 써서 해양대국이 되었읍니다. 1600년대 네덜란드의 황금기는 풍차가 없었으면 불가능했읍니다.

공산주의

_ 공산주의를 하지 못하는 이유는 교통 문제 때문이다

사회적 동물은 무리를 짓고 산다. 늑대·사자·침팬지 등이다. 결코 일정 수를 넘지 않는다. 넘으면 분가를 한다. 지금도 석기시대에 사는 아마존 원시인들은 200명 정도를 넘지 않는다. (이들도 이 수를 넘기면 분가를 한다. 침팬지 무리의 최대 크기도 이와 비슷하다.) 공동으로 채집수렵을 하고 공동으로 식사를 하지만 무기는 개인 소유이다. 배우자도 개인 소유인데, 권력이 세지면 여러 명을 거느린다.

개미는 수렵채집인들보다도 더 고도의 문명을 이루고 있다. 수가 많기 때문이다. 많으면 한 군락이 2,000만 마리에 이른다. 이들은 높이 6미터에 이르는 성채를 짓고(인간으로 환산하면 에베레스트산보다 높은 1만 2,000미터짜리 빌딩을 지은 것이다), 육아·농사·전쟁·노예사냥·계급제도 등 분업과 공동노동을 한다. 수가 많지 않으면 불가능한 일들이다.

집단이 커지면 생활반경이 커지고, 주변부에서 공동취사 지역까지의 거리가 멀어진다. 예를 들어 한반도에서 공동취사를 하려면, 한양을 취사지역으로 하는 경우에, 부산에서 한양으로 오려면 빠른 걸음으로도 2주나 걸린다. 밥을 먹고 내려가려면 다시 2주가 걸린다.

제주도나 울릉도에서 오는 것은 거의 불가능하다. 밥 한 끼 먹으려다 풍랑에 휩쓸려 바다에 빠져 죽기 십상이다. 밥을 먹는 것은 살기 위한 것인데, 밥 먹으러 가다가 죽을 수는 없는 일이다. 지리적 장벽은 원시 공산주의 확장을 막아 작은 규모로 가둔다.

생산도 마찬가지이다. 자기가 땀흘려 거두고 만든 농산물과 생산물을, 생산성이 낮은, 산과 강과 바다 건너편 사람들에게 나누어 줄 의무를 느끼지 않는다면, 넓은 지역에 걸쳐 생산물을 공유하는 것은 불가능하다.

생산성이 낮은 외계인에게 우리 지구인의 생산물을 줄 생각이 없다면, 더욱 불가능한 일이다. (이 점에서 국가는 일종의 보험이다. 한쪽이 굶주리면 국가의 힘으로 식량을 푼다. 낙후하면 발전시켜 삶의 질을 향상시킨다. 넓어진 영토는 거주 이전의 자유와 직업의 자유를 보장한다. 한 지역이 수많은 작은 부족이나 소국으로 나누어지면, 넓은 의미의 거주의 자유는 존재할 수 없다. 많은 경우에 타 지역으로의 이주는 죽음이다. 무정부주의자들은 납세·병역의 의무 등 국가의 간섭을 혐오하지만, 이런 간섭은 일종의 보험에 해당한다.)

지리적 자연적 장애를 극복하는 방법은 무형의 기술을 사용하는 것이다. 인간은 과학기술을 이용해 이런 한계를 극복한다. 교통·통신을 이용해, 소통 시간을 줄이고 유형·무형(정보와 물질)의 교류량을 폭발적으로 늘린다.

한 무리가 많은 개체수(높은 인구밀도)를 유지하려면 분업이 아니면 불가능하다. 분업은 생산성을 높여 문명을 발달시키며, 높아진 생산성은 다시 인구를 증가시킨다. 100만 명이 각각 다른 물건을 만들어 서로 교환하면, 100만 명이 각각 100만 개의 물건을 쓸 수 있다. 현대문명이 정확히 이렇다. 높아진 생산성은 사유에 필요한 여유 시간을 제공하며, 이는 과학기술의 발달을 촉진한다. 그리고 과학기술의 발달은 삶의 질을 향상시킨다.

사람들은 (교통통신이 발달하지 않아 갇혀 사는 듯한) 부탄 같은 저개발 국가를 행복한 나라로 동경하면서도, 새장에 갇혀서도 하루 종일 노래를 부르는 카나리아나 앵무새는 왜 부러워하지 않을까? 문명은 거꾸로 흐르지 못한다. 의식의 발달과 같은 방향으로 흐른다. 의식이 발달하면 이미 과거와 다른 존재이다. 더 발달하고 더 행복한 사회를 꿈꿀지언정, 덜 발달한 사회로 돌아갈 수는 없다. 그런 사회에, 지금 우리가 문명사회에서 누리는, 천재지변과 질병으로부터의 해방과, 전제적 정치체제로부터의 억압의 소멸과, 물질적·정신적 자유와 풍요로움이 있을 거라고 생각하면 망상이다.

능력대로 일하고 필요한 만큼 가져다 쓰는 공산주의는 불가능하다. 인구가 일정 수를 넘어가면 불가능하다. 사람들이 제각각 노동강도가 다른 서로 다른 물건을 만들기 때문이고, 생산시설과 주거시설과 취사시설을 공유할 수 없기 때문이다. 전 세계 공산주의가 모두 예외 없이 망한 이유이다.

효율적인 시장

_ 신은 시장을 창조한 적이 없다
효율적인 시장은 더더욱 창조한 적이 없다

'가격은 누가 결정하느냐' 하는 어려운 문제가 있습니다.

공산주의와 같은 계획경제에서는 국가가 결정합니다. 물건의 종류·양·가격을 모두 결정합니다.

이에 비해 자본주의에서는 시장이 결정합니다.

(예를 들어, 어떤 물건의 값은 그 물건이 더 필요한 사람이 더 높은 가격을 지불함으로써 결정됩니다. 하지만 가격을 결정하는 단일한 주체는 없습니다. 공급자에게 가격 결정권이 있기는 하지만, 소비자의 뜻을 거스르면, 팔리지 않아 망합니다. 자본주의 시장은 가격 경쟁력을 잃고 사라진 수많은 기업들의 거대한 공동묘지입니다. 자본주의는 도덕이 아닙니다. 손해가 나더라도 꼭 있어야 하는 물건이므로 만드는 게 아닙니다. 시장이 외면하는 물건은 필요하지 않은 것입니다. 시장이 도덕을 결정하지, 도덕이 시장을 결정하는 게 아닙니다.)

수많은 물건들이 양과 가격을 놓고 경쟁합니다. 이천 쌀, 여주 쌀 등 동종끼리 경쟁하기도 하지만, 쌀과 스마트폰 등 이종끼리 경쟁하기도 합니다. (먹을 걸 줄여 스마트폰을 사기도 합니다. 그걸 비도덕적이라고 비난할 수 없읍니다. 애플을, 밥도 제대로 못 먹게 할 정도로 높은, 비윤리적인 가격을 책정했다는 식으로 비난할 수도 없읍니다.) 소비자에게 외면당하면, 시장에서 퇴출당합니다. 이 과정에서 품질혁신과, 전에는 상상도 하지 못한, 놀라운 기능을 가진, 새로운 물건들이 탄생합니다.

이 체제는 진화론과 유사합니다. 진화론에 의하면, 설계자가 없어도 가지가지 생명체와 인간이 만들어집니다. 인간이라는 이런 위대한 존재를 만드는 것이 (초자연적인 지적 생명체나 신이 아니라) 자연적인 진화라면, 시장을 (진화론에 가까운) 자유주의에 맡기는 것도 한 방법일 듯합니다. 시장이 자연에 해당합니다.

그렇다고 해서 진화가 무작위적인 것은 아닙니다. 생존하고 번성하려면 (의식적이건 무의식적이건) 지켜야 할 일정한 법칙이 있읍니다. 마찬가지로 시장에도 법칙이 있읍니다. 인간은 독점금지법과 공정거래법 등의 법을 만들어 시장을 통제합니다. 그래야 기업이 번성합니다. 자본주의의 근본이자 꽃인 주식회사의 한정 책임은 상법으로 보장됩니다.

시장주의자들은 오랫동안 시장이 효율적이라고 가정했읍니다. 이들은, 정보의 유통은 즉각적이고 경제의 주체인 인간은 절대적으로 합리적이라고 가정했읍니다. 이 가정하에 학자들은 100년이 넘게 이론을 전개하고 논문을 양산해 왔읍니다. 이 가정하에서는 수학적 이론 전개가 용이해서, 무척 아름다운 결과들을 얻을 수 있었기 때문입니다. 하지만 '어떤 것이 아름답다는 것'과 '그것이 잘 기능하냐'는 별개의 문제입니다. 심장병에 걸린 창백한 여인이 짓는 찡그린 미소에 반하면 자손을 못 얻을 가능성이 큽니다.

최근에 효율적 시장 이론은 다 무너졌읍니다. 정보의 유통은 즉각적이지도 않고, 인간은 합리적이지도 않습니다. 지금처럼 인터넷이 발달해 정보가 빛의 속도로 이동하는 시대에도, 정보 비대칭성이 있는데, 하물며 인터넷이 없었던 옛날에야 더 말할 나위가 없었을 것입니다.

(워털루 전쟁 당시에 영국이 지고 있다는 소문이 퍼져 영국 주식회사 주식들이 폭락하고 있었습니다. 당시 국제기업을 운영하던 로스차일드가는 유럽 전역의 지점들을 통해서, 거꾸로 이미 영국이 승리하고 있다는 것을 알았지만, 대중이 한동안 그 사실을 모를 거라는 가정하에 공매도를 통해 주가를 더 하락시킨 다음 낮은 가격으로 대량 매수하는 방법으로 큰돈을 벌었다고 합니다. 정보 비대칭을 이용한 투자로 유명한 예입니다.)

인간에게 있는 도박 성향은, 상황을 자기에게 유리하게 해석하는 아전인수我田引水격의 망상에 기인합니다. 거액을 걸 정도로 딸 수 있다는 엄청난 확신에도 불구하고, 잃은 쪽은 망상을 하고 있었던 것입니다.

러일 전쟁이 일어날 당시, 한 조선상인은 (일본의 악착같은 끈질김과 러시아의 거대한 국력이 부딪치면) 전쟁이 오래갈 걸로 보고 전 재산을 털어 군용품인 쇠가죽을 매점매석하다시피 사 모았습니다. 하지만 전쟁이 생각보다 일찍 끝나면서(겨우 1년 반 정도 걸림) 쇠가죽 가격이 폭락해 파산했습니다. 쌓아둔 쇠가죽이 썩어갔지만 제 가격을 받고 팔 길이 없었습니다. 다음 전쟁인 1937년 중일 전쟁까지는 32년이나 남아 있었습니다.

'효율적 시장' 가설이 학계에서 득세할 때도, 상아탑 밖 야전의, 전설적인 개인투자가들은 이 이론을 비웃었습니다.

예를 들어, 효율적 시장론자가 길을 가다 100불을 발견하면, 이게 진짜 돈이라면 이미 다른 사람이 주워 갔을 것이므로, 가짜 돈이 분명하다는 결론을 내리고 줍지 않는다고 합니다. 하지만 이들은 자신이 최초의 발견자일지 모른다는 사실을 간과하고 있읍니다.

세상에 정보는 절대로 누구에게나 동시에 같은 속도로 전달되지 않읍니다. 이론 전개가 용이하다는 이유로 효율적 시장 가설에 끌렸다면, 이는 '어두운 곳에서 잃은 물건을 밝은 곳에서 찾는' 꼴입니다. 우물가에서 숭늉을 찾는 것이나 연목구어緣木求魚에 해당합니다.

설사 다들 동일한 정보를 가지고 있다 하더라도 그 정보를 해석하는 능력은 사람에 따라 차이가 납니다. 옳게 해석한 사람이 성공하게 됩니다. 왜냐하면 대부분 정보는 처리되지 않은 날정보 상태로 주어지기 때문입니다. 효율적 시장론자들은 이런 간단한 이치를 간과한 것입니다.

칼 포퍼의 제자이자 세계적 개인 투자가인, 조지 소로스 같은 이는 아예 철학자를 자처하며《재귀성과 경제학Reflexivity and Economics》이란 책까지 냈읍니다. 시장참여자의 참여 자체가 시장을 변화시킨다는 이론입니다. (다시 말해서, 시장참여자는 시장의 일부이고, 시장에 대한 그들의 견해가 시장 자체를 바꾼다는 것입니다.) 적어도 수천만 명에 이르는 투자자들이 실시간으로 변화를 일으키는 세계 시장은, 몹시 복잡한 역학계dynamical system이므로 (시장 참여자들이) 모든 정보를 다 안다는 것은 불가능하다는 겁니다. 즉각적으로 아는 것은 더욱 불가능합니다.

과거를, 즉 시장에 대한 정보를 옳게 해석하고 미래를, 즉 시장이 움직일 방향을 미리 예측한 사람들은 꾸준히 돈을 벌었읍니다. 이 점은 '효율적 시장' 가설이 틀렸다는 또 하나의 증거입니다.

경제학이 어려운 이유는 실험이 거의 불가능할 정도로 어렵기 때문입니다. 어떤 이론을 검증하려면, 나머지 조건은 다 같으나 딱 하나만 다른 상황을 만들어야 하는데 이게 너무 어렵읍니다. 물리학이나 화학에서는 가능하지만, 많은 경우에 경제학에서는 불가능합니다. 사람과 끝없이 변하는 마음과 삶의 터전이 개입하기 때문입니다. 너무 많은 요소가 개입하고 이들이 실시간으로 (전과 다르게) 변하므로, 바뀐 그 단일한 요소가, 결과를 변하게 한 원인인지 판단하기가 어렵습니다. 가정이 개입하는 이유입니다.

폴 새뮤얼슨Paul Samuelson이 노벨 경제학상을 받을 때 한 우스갯소리가 있습니다.

세 사람이 무인도에 표류했습니다. 아무것도 먹을 게 없는데, 통조림 하나가 해안에 밀려왔습니다. 물리학자가 말했습니다. "돌로 깡통을 때려 열자." 화학자가 말했습니다. "일단 불을 피워 깡통을 덥히자." 경제학자가 말했습니다. "우리에게 깡통따개가 있다고 가정해보자." 그러고는 경제학자는, 그날 저녁 깡통을 따먹은 걸로 가정하고 잤답니다.

효율적 시장론자들이 한 짓도 비슷합니다. "시장이 효율적이라고 가정하자." 그러고는 효율적 시장에 안심하고 정신적으로 잠을 잔 거지요. 100년이 넘는 오랜 기간을.

돈이란 무엇인가

돈이란 신비한 물건입니다. 모든 물건에 질서를 부여합니다. 완전히 서로 다른 대상들을 가격이라는 하나의 잣대로 줄을 세웁니다.

사물은 무게·부피가 있지만 없는 것도 있습니다. 노래, 음악, 미술, 공연은 무게도 부피도 없습니다. 하지만 가격은 붙습니다.

한 사람이 소유한 것들의 가격을 다 더하면 재산이 나옵니다.

가격은 소유자가 정하는 것이 아니라 다른 사람들이 정합니다. 사물의 가격은, 그 가격에 사려는 사람이 있어야 성립합니다.

쌀 보리 등 같은 종류의 물건들 사이에도 가격이라는 줄 세우기가 가능하지만, 쌀과 옷 등 다른 종류의 물건들에도 줄 세우기가 가능합니다.

만 원어치 빵을 10만 원어치 옷과 바꾸지는 않지만, 하나는 만 원이고 다른 하나는 10만 원입니다.

돈

_ 돈은 인간이 만든 제도 중 가장 신뢰할 만한 것이다
_ 신을 섬긴다는 종교인들 중에도
  사실은 돈을 섬기는 사람들이 많다

돈을 버는 것은 행복을 버는 것입니다. 종교는 돈을 혐오했습니다. (그 결정적인 증거는 천국에 돈이 없다는 점입니다. 물론 공장도 없고 상점도 없습니다. 뭐가 필요한지 모르겠지만, 필요한 대로 가져다 쓰면 됩니다. 꼭 공산주의 같습니다.) 그 영향을 받아 사람들은 돈을 혐오하지만, 돈은 본시 그런 게 아닙니다. 쌀을 벌고 옷을 벌고 집을 버는 것을 혐오하지 않는다면, 돈을 버는 것도 혐오할 수 없습니다. 돈이 바로 쌀이고 옷이고 집이기 때문입니다. 그리고 쌀·옷·집이 없이는 행복할 수 없습니다. 도인道人이 아니라 평범한 사람이라면 말입니다. 그래서 돈을 버는 것은 행복을 버는 것입니다.

돈은 서비스이기도 합니다. 내가 생산하는 서비스가 가치가 있다면 다른 사람들은 돈을 주고 살 것입니다. 그러므로 다른 사람이 소유한 돈은 (아직 생산하지 않은) 내 서비스에 대한 잠재적 평가자이자 구매자입니다. 다른 사람에게 돈이 없다면 내 서비스를 살 수 없기 때문입니다.

과거의 돈에 대한 혐오는 돈의 기능을 잘 몰랐기 때문에 발생했다고 볼 수 있습니다. 단순히 물질로만 생각했을 수 있습니다.

돈은 기능입니다. 예를 들어 운송수단입니다. 쌀과 옷과 집을 가지고 다닐 수 없으므로, 다른 형태로 가지고 다닐 수 있도록, 돈을 만든 것입니다. 하지만 큰 돌덩어리를 돈으로 쓰는 나라에서는 물건 교환이 자유롭게 이루어질 수 없습니다. 그래서 작고 가벼운 종이돈이 발명된 것입니다.

돈은, 물질을 실제로 움직이지 않고 움직일 수 있으므로, 운송수단입니다. 예를 들어, 소를 한국에서 미국으로 옮기고 싶을 때, 소를 실제로 옮길 필요가 없습니다. 한국에서 팔고 미국에서 사면 됩니다. 옮기지 않고 옮기는 법입니다. 집도 마찬가지입니다. 미국으로 이사갈 때, 한국에서 살던 집을 가져갈 필요가 없습니다. 여기서 팔고 저기서 사면 됩니다. 옮김이 없이 옮기는 법입니다. 이런 일은 돈이 없으면 불가능한 일입니다.

또 직접 미국에 갈 필요도 없습니다. 한국에 앉아서도 살 수 있습니다. 그래서 종이돈이 만들어진 것입니다.

이처럼 돈은 상품을 시공을 통해 자유롭게 이동을 시킵니다.

종이돈은 실물돈과 달리 입출이 자유롭습니다. 금은을 화폐로 이용할 때는 금은의 운송이 큰 문제였습니다. 안전한 수송을 담당하는 표국鏢局이 중국에서 성행했습니다. 범선으로 수백 톤 금은을 나르다 폭풍에 난파하거나 적대국의 군함 또는 사략선私掠船, privateer에 약탈당하기도 했습니다. (근자에 남미 콜럼버스 근해에서 최대 11조 원의 금은을 실은 스페인 난파선이 발견되어 인양 작업을 하고 있습니다. 남미 해안에서 수백 척 범선이 난파했다 합니다.) 하지만 종이돈이 발명되고 전자결제 수단인 신용카드가 발명된 후에는 돈을 가지고 다닐 필요도 없어졌습니다.

돈은 제도에 대한 신뢰입니다. (칸트는 '화폐제도는 국가가 만든 제도 중 가장 신뢰할 수 있다'고 했읍니다.) 국가가 함부로 돈을 찍지 않고, 제 맘대로 화폐개혁을 하지 않고, 돈의 가치를 안정적으로 유지할 것이라 는, 국가의 통화제도와 화폐제도에 대한 신뢰입니다.

돈은 교환수단입니다. 돈이 없으면 불편하기 그지없을 물질교환을 편리하게 만듭니다. 만약 돈이라는 제도가 없다면, 옹기장이는 여행을 갈 때 옹기를 지고 가야 합니다. 그걸로 여관비도 내고 밥값도 내야 합 니다. 설사 옹기를 쌀로 교환해 등에 지고 가더라도 여전히 큰 짐입니 다. 비행기를 타려면 삯으로 낼 쌀을 수십 가마 지고 가야 합니다. 아울 러 목적지에서 쓸 쌀도 수십, 수백 가마를 지고 가야 합니다. 배(탑승비) 보다 배꼽(화물운송비)이 더 크겠읍니다.

돈은 보통의 방법으로는 저장할 수 없는 것을 저장할 수 있게 합니 다. 한 살짜리 소를 그 상태로 몇 년 후까지 저장하는 것은 불가능합 니다. (몇 년 후면 이미 한 살이 아닙니다.) 하지만 돈을 통하면 가능합니 다. 지금 팔고 몇 년 후에 다시 한 살짜리 소를 사면 됩니다. 소고기도 마찬가지입니다. 수십 년간 저장이 가능합니다. 그것도 싱싱하게! 지금 팔고 나중에 사면 됩니다.

이처럼 생산한 물건을 돈으로 저장할 수 있으므로 사람들은 열심 히 생산합니다. 유형의 물건도 생산하지만 무형의 서비스도 생산합니 다. 그 결과 돈은 사회를 부유하게 합니다. 부유함이란 그 사회가 생산 한 모든 유형무형의 상품과 생산기술과 발전가능성의 총화이기 때문입 니다.

한 사회에 있는 돈(구성원들이 종이돈과 은행 예치금 형태로 소유한 돈)

의 총량은 단순히 사회가 소유한 물질의 합이 아닙니다. 돈의 가치에
는, 즉 그 사회 모든 동산·부동산의 가격과 물건값에는, 미래의 생산력
이 반영되어 있습니다.

돈은, 구체적인 물건에 대한 욕망이 아닌, 돈 자체에 대한 욕망을 만
들어냅니다. 이로 인하여 사회에 생산이 늘어나고 사회가 부유해집니
다. 이처럼, 지나치지만 않다면, 돈에 대한 욕망은 순기능을 합니다. 하
지만 인간의 욕망이라는 것이 그 대상에 관계없이 지나치기 쉬운 경향
이 있으므로, 돈이라고 해서 특별할 것은 없습니다.

돈은 생산수단입니다. 돈을 빌려 사업을 하면 새로운 상품을 만들
어내, 사회의 부를 늘립니다. 이런 일은 돈이 없으면 일어나기 힘듭니
다. 하지만 돈이 있으면 쉽고, 은행이 있으면 더 쉽습니다. 왜냐하면, 많
은 사람을 일일이 찾아가 사업에 필요한 수많은 물품을 빌리는 대신
에, 한 곳을 찾아가 돈을 빌리면 되기 때문입니다. 개인들의 부가 돈을
매개체로 하여 상호작용을 하면 부는 물물교환을 할 때보다, 비교할 수
없을 정도로, 빠른 속도로 늘어납니다. 금융제도가 발달하면 이 현상은
가속화됩니다.

이처럼 돈에는 단순히 교환과 저장의 기능만 있는 게 아닙니다. 돈에
는 이동(물류), 생산촉진, 생산수단, 소유(구체적인 물건을 소유함이 없이
소유), 보험, (물건·상품)지수의 기능도 있습니다.

돈은 보험입니다. 갑자기 무슨 이상한 소리냐구요? 제 설명을 한번
들어보시기 바랍니다. 쌀·집·옷·철·구리·소금 등은 그 자체에 가치
가 있지만 가격이 변동하므로, 이들 중 일부를 저장하면 그 가치가 하락

할 수 있지만, 돈은 훨씬 더 안정적입니다. 이 모든 것의 평균이기 때문입니다. (물론 정부가 무분별한 통화정책을 펴지 않는다는 가정하에 그렇습니다.) 이 점에서 돈은 일종의 보험입니다. 인플레이션, 즉 통화가치 하락은, 돈 대신에 특정 물품으로 보관하다 당하는 손해에 대한 보험료로 볼 수 있습니다. 만약 모든 물건을 조금씩 저장할 수 있다면 좋을지 모르지만 그게 가능한 일이겠습니까? 증시에 지수상품이란 게 있습니다. 모든 주식의 값을 (가중) 평균을 낸 게 지수입니다. 돈이란 모든 물건의 값을 평균을 낸 '물건지수'입니다.

쌀을 잔뜩 가지고 있는 사람이, 쌀값의 변동에 일희일비하기 싫으면, 쌀을 팔아 돈으로 바꾸면 됩니다. (팔고 나서 값이 내리면 이익이고 오르면 손해입니다.) 돈으로 바꾸면 평균입니다. 변동성이 심한 물건일수록 팔아 현금화하면 심한 변동을 벗어날 수 있습니다. 쌀값은 혼자 요동칠 수 있지만, 돈의 가치는 그렇지 않습니다. 돈의 가치는 (그 돈을 이용하는 집단에 있는) 전체 물건값의 평균이기 때문입니다.

개별 주식이 다른 주식에 비해 크게 오르내려도, 전체 주식의 평균인 지수는, 그 오르내림도 모든 오르내림의 평균이므로, 상대적으로 덜 오르내립니다. 이 점에서 돈은 지수입니다. 모든 물건값의 평균입니다. 사실은 가중평균값입니다. 돈 정도로 교환성이 있는 물건이 있다면, 그것도 '물건지수' 역할을 할 수 있지만, 아직 그런 물건은 없습니다. 금만 해도, 현재는 교환의 수단으로 쓰기 힘듭니다. 거래가 상대적으로 적게 일어난 과거와 달리 무수히 거래가 일어나는 현대사회에서는, 일일이 금의 무게와 순도가 맞는지 조사할 수 없기 때문입니다.

남대문 시장에 가면 물건값이 저렴합니다. 하지만 거기까지 가려면, 많은 경우에, 절약하는 액수보다, 차비와 시간이 훨씬 더 듭니다. 물건에 따라서는 물건값보다 수십 배 더 들 수도 있습니다. 집 근처 소매 상점의 물건이 더 비싸더라도, 차비와 시간을 함께 고려하면, 이게 도매 상점에 직접 가서 사는 것보다 훨씬 더 저렴합니다. 보험의 기능은 개인의 피해를 집단의 평균피해로, 즉 모든 구성원들이 당하는 총피해의 평균으로 회귀시키는 것입니다. 보험료라는 것은, 그 일을 대신 해주는 데 대한, 수수료로 보면 됩니다. 돈도 마찬가지입니다. 인플레이션은 위험 분산에 대한 수수료입니다.

돈에 많은 기능이 있다면, 돈도 하나의 기능 상품입니다. 이슬람 샤리아 법*은 돈을 빌려주고 이자를 받는 것을 금지하고, 초기 기독교도 돈놀이를 금지하지만, 만약 물건이나 기능을 빌려주고 그 대가로 돈을 받을 수 있다면, 돈을 빌려주고도 돈을 받을 수 있어야 합니다. 소를 빌려주고 임대료를 받을 수 있다면, 그 소 판 돈을 빌려주고도 임대료를 받을 수 있어야 합니다. 소가 재화를 생산하듯이 기능을 지닌 돈도 재화를 생산할 수 있기 때문입니다. 우리 옛말처럼, 돈을 지불하고 대추·밤을 사는 게 아니라, 거꾸로 '대추·밤을 지불하고 돈을 산다'는 생각도 가능하기 때문입니다.

어떤 기이한 신화에 의하면 이렇습니다. '돈이 제일 먼저 창조되고 나중에 물건들이 창조되었습니다. 그래서 사람들은 물건을 주고 돈을 샀습니다.'

* 샤리아 법: 《코란》과 선지자 무하메드의 가르침에 기초한 이슬람의 법률.

제로섬 경제, 무위자연

_ 천국의 가장 큰 장점은
제로섬 경제가 아니라는 점이다

남태평양에 큰 섬이 있습니다. 어부는 물고기를 잡고, 농부는 농사를 짓고, 야금쟁이는 철을 만들고, 장인들은 배·그물·바늘·작살·통발·식기·가구·농기구 등을 만들며 잘살았습니다. 그런데 어느 날 무슨 이유에서인지 주민들이 일을 안 하기 시작했습니다. 어부는 물고기를 잡지 않고, 농부는 농사를 안 짓고, 야금쟁이는 철을 안 만들고, 장인들은 기구를 안 만들었습니다. 다들 가난해졌습니다.

한 사회가 잘살려면 구성원들이 열심히 일해야 합니다. 물질적 욕망을 충분히 가져야 합니다. 삶의 질을 높이는 고도의 문화를 만들어내려면, 정신적 욕망도 충분히 가져야 합니다.

옛날에 욕망이 죄악시되고 ('부자가 천국에 들어가는 것은 낙타가 바늘구멍을 통과하는 것보다 더 어렵다'는 식으로) 부자가 미움을 받은 이유는, 경제가 제로섬 경기zero sum game였기 때문입니다. 한 사람이 잘살수록 다른 사람들은 더 못살게 되는 구조였습니다. 생산력은 인간과 동물의 노동력에서 나왔으므로, 매년 1인당 생산량이 일정했습니다. 인구가 늘지 않으면 생산량은 고정되었습니다. 제로섬 경기의 근거입니다.

그래서 통치자들은, 유목민이 가축 수를 늘리듯 인구를 늘리고자 했읍니다. 하지만 지배계급은, 자식을 많이 낳아서 금방 인구수 증가를 따라잡았읍니다. 모든 새 왕국이 처음에는 번성하지만 시간이 감에 따라 망하는 이유입니다: 구 지배세력을 제거한, 신 지배세력은 처음에는 몸집이 작아서 수탈의 양이 적지만, 자식 수를 늘려 몸집이 커지면서 수탈의 양이 늘어납니다. 여자를 많이 차지하고, 자식을 많이 낳고, 그렇게 태어난 자식들은 잘 먹고, 많이 살아남읍니다. (청나라 4~6대 황제인 강희제·옹정제·건륭제는 총 135명의 부인과 99명의 자식을 두었읍니다. 많이도 두었읍니다!) 그리고 탐욕과 사치가 늘어, 전보다 더 많이 수탈합니다. 그러면, 더 이상 견딜 수 없어, 반란이 일어나 망하고 새 지배계급이 들어섭니다. 그 과정에서 인구도 많이 줄어들어, 1인당 경작 가능한 농지가 늘어나, 살아남은 자들이 살기에는 더 좋읍니다. 어느 나라나 초기에는 태평성대가 펼쳐지는 이유입니다. (이런 일이 주기적으로 일어났읍니다. 중국이 대표적인 예입니다. 한 왕조의 평균수명은 대략 300년입니다.)

가까운 과거에 세계경제는 노예경제였읍니다. 노예제 경제에서는 일을 안 하는 게 이익입니다. 열심히 일해서 생산을 한들 지배자들에게 빼앗기면 무슨 소용이 있겠읍니까? 무위자연 철학이 위세를 떨친 이유입니다. (이들에게 지배계층의 폭력과 약탈은 가장 극단적인 유위입니다. 현실적으로는 이로부터 벗어날 길이 없으니, 추상세계로 도피합니다. 종교의 세계로 도피하기도 합니다.) 일부 기득권층이 무위자연 철학에 기울어진 이유는, 일을 안 해도 굶어죽지 않으니 혹은 먹고살 만하니, 그만 욕심을 부리자는 것이었읍니다. 이처럼 기득권층은 피지배층과는 다른 이유로 무위자연을 좋아했읍니다.

그런데 과학기술이 발달하면서, 자연계에 숨어 있는 힘과 물질과 에너지를 꺼내 쓰게 되었습니다. 인간이 만드는 석유화학제품은 자연계에 자연적으로는 존재하지 않는 물건들입니다. 인도네시아 고무나무 숲에는 자동차 타이어가 열리지 않습니다. 중동 산유 지역 땅에서는 플라스틱 그릇들이 솟아나오지 않습니다. 내연기관 역시 존재하지 않습니다. 전기는 자연상태로는 전기뱀장어나 번개로 존재하지만, 그리고 핵융합은 까마득히 먼 태양에나 존재하지만, 인간은 인위적으로 만들어 쓰게 되었습니다.

과학기술 발달에 따라 거의 무한정 에너지를 만들고 신물질을 만들어 쓰게 되었습니다. 제로섬 경제가 무너졌습니다. 지구 35억 년 생물 역사상 처음으로 발생한 일입니다. 그러므로 (먼) 과거로 돌아가자는 운동은 어리석은 일입니다. 1900년대 초기의 다람살라를 이상향으로 삼는 사람들은 반성해야 합니다. 그런데 이상하게도, 이런 사상을 가진 한국사람 중에는 조선시대나 고려시대나 신라시대로 돌아가 살고 싶다는 사람은 없습니다. (그리하면 수십 퍼센트 확률로 노비가 되거나 90퍼센트 확률로 피지배층이 됩니다.) 사실 이들의 속마음은 '지금 여기에 살되 남들보다 더 잘살고 싶다', 혹은 그게 안 되면 '최소한 남들과 같은 정도로 살고 싶다'일 겁니다. 그게 원시공산사회입니다.

그런데 한 번쯤 생각해봐야 할 문제가 있습니다. 자동차가 마음껏 기름을 먹고 살아도, 의식이 없는 로봇이 잘먹고 잘살아도, 사람들은 이것들에 대해서 시샘이 안 날 겁니다. 왜 의식이 없는 대상에는 시샘을 느끼지 않을까요? 사람들이, 잘먹고 잘사는 고래나 사슴이나 사자에게는 시샘을 안 느끼는 것을 보면, 꼭 (어떤 대상에) 의식이 있다고 해서 반드시 (그 대상에 대해서) 시샘을 느끼는 것은 아닌 것 같습니다.

안드로메다나 오리온좌에 사는 외계인들이 우리보다 일 억 배나 잘 산다 해도, 그리고 그 사실을 알게 되어도, 우리는 시샘하거나 배 아파 하지 않을 겁니다. 같은 우주에 살고 있어도 말이죠. 혹시 우주선을 만들어 약탈하러 가자 할까요?

그런데 같은 지구인들에게는 엄청난 시기심과 질투심을 느낍니다.

이런 감정이 (지구인이라는) 동족에게만 발현된다는 점은, 참으로 신비롭기 그지없습니다. (아마 그 이유는, 지난 35억 년 동안 각인된 제로섬 경기에 대한 끈질긴 기나긴 기억 때문일 겁니다. 타인이 잘되면 내가 망하므로, 타인이 강해지면 그에게 약탈을 당하거나 그의 노예가 되므로, 타인은 지옥이라는 겁니다. 이런 일은, 정도의 차이는 있을지언정, 지금도 변함없이 끊임없이 벌어지고 있습니다.)

어떤 이들은 고대 이상사회로 돌아가자 하지만, 이미 벌어진 현 상황에서는 지금처럼 열심히 일을 하고 사는 수밖에 없습니다. 지금처럼 77억이나 되는 많은 인구는 과학기술의 힘이 없으면 살 수 없으므로(화학비료와 농업기계가 없이는 십억 명분의 식량밖에 생산할 수 없습니다), 고대 이상사회와 같이 살려면(그런 사회가 존재했는지도 의심스럽고, 설사 있었다 하더라도 과연 그 정도로 이상사회였는지도 의심스럽지만, 만약 그렇다 한다면), 인구를 줄여야 합니다. 하지만 인구를 줄여 고대로 돌아갈 수는 없는 일입니다. (당신과 당신 가족부터 죽어 사라질 용의가 있습니까?) 그러다가는 오히려 고도의 문명이 발달했던 현대를 전설로 그리워할 것입니다.

지금은 제로섬 경기도 아니고 노예제 경제도 아니므로 열심히 일해야 합니다. 무위자연으로 살 일이 아닙니다. 우리 후손에게 더 멋진 나라와 세상을 길이 물려주려면, 더욱 열심히 일해야 합니다. (일부가 더 잘사는 것은, 사회 구성원들의 평균적 삶의 질을 높이기 위해 지불하는 사회적 보험료입니다. 우리나라는 반세기 전보다 수십 배나 더 잘살게 되었지만, 이게 다른 나라들을 전보다 더 못살게 만들지는 않았습니다. 오히려 더 잘살게 만들었습니다. 싸고 좋은 물건을 만들어 다른 나라들에 공급했기 때문입니다. 윈윈 게임이었습니다. 멋진 나라를 만들었습니다.)

참, 모두冒頭에 소개한 남태평양 섬 주민들이 일을 안 하게 된 것은, 어느 날 해류를 따라 흘러들어온 노자《도덕경》 탓이라고 합니다.

리카르도 비교우위

_ 경제학이 어려운 이유는
개인이 인식하기 힘든 집단적인 현상을 다루기 때문이다

1218년 칭기즈칸의 대규모 사절단이 호라즘Khwarezm 제국의 변경도시 오트라르에 도착했습니다. 오트라르의 영주는 재물이 탐이 나서 교역을 요청하는 몽고 상인들을 다 죽였습니다. 이 일은 중동과 동유럽이 몽고 말발굽에 짓이겨지고 수백만 명이 반월도에 목이 날아가게 된 도화선이 되었습니다.

1220년, 분노한 칭기즈칸의 공격에 성주는 도살당하고, 주민들은 학살당했으며, 도시는 철저히 파괴되었습니다. 같은 해에, 차례로 대도大都 부하라와 수도 사마르칸트가 떨어졌고 술탄은 도주했으나 카스피 해안의 작은 섬에서 숨을 거두었습니다. 무능하고 방탕한 삶의 끝이었습니다.

중국 북쪽 척박한 땅에 살던 유목민들은 주기적으로 남으로 쳐내려와 양식과 옷감을 약탈했습니다. 농경을 통해 풍부한 식량과 비단 도자기 등 다양한 물품을 생산하던, 순한 남쪽 정주민들은 수는 백 배나 많았지만, 북쪽의 사나운 유목민들을 당할 수 없었습니다. 한 고조 유방도 흉노에게 포위되었다가 보물을 주고 풀려난 후 해마다 조공을 바쳤으며, 당 태종도 토번 왕 송첸감포松贊干布의 공격으로 장안이 위협을 받자

문성공주를 바치고 위기를 벗어난 적이 있습니다.

유목민들은 흩어져 있을 때는 힘이 없었지만, 강력한 지도자 아래 뭉치면 무서운 힘을 발휘했습니다. 만주에 흩어져 살던 한 줌도 안 되는, 여진족이 누르하치라는 걸출한 지도자를 만나 중국 대륙을 삼켰읍니다. 흉노족은 영웅 아틸라의 인도 아래 로마제국의 간담을 서늘하게 하였읍니다. 만약 그가 돌연사하지 않았더라면, 지금 이탈리아 반도에 는 백황白黃 혼혈족이 살고 있을 가능성이 있읍니다.

칭기즈칸은, 몽고 초원에 살던 다양한 부족들이 자신에 의해 통합됨으로써, 더 이상의 약탈 대상이 없어지자, 서방의 호라즘과 교역을 요청한 것입니다. 빼앗을 수 없을 때는 다른 수가 없읍니다. 상대에게 필요한 것을 주고, 그 대가로 나에게 필요한 것을 받아야 합니다. 서로 필요한 걸 교환하는 게 교역입니다.

인류는 태곳적부터 교역을 했읍니다. 기원전 수백 년 전에 이미 인도 와 중국·중동·이집트 사이에 무역이 성행하였으며, 기원전 200년경에 이미 중국과 로마 사이에 교역이 있었읍니다. 당나라 시대는 더 말할 것 도 없읍니다. 그래서 진왕파진악·무秦王破陣樂·舞란 중국 음악과 춤이 로 마에 유행했다고 합니다. 이는 당 고조 이연을 도와 당나라를 세우는 데 혁혁한 공을 세운, 진왕 이세민이 역도 유무주劉武周의 진을 깨뜨리는 걸 주제로 삼은 춤과 노래입니다.

동서 간에 무역이 흥한 이유는 교역이 서로에게 이익이었기 때문입니다. 리카르도David Ricardo(1772~1823)의 수학으로 뒷받침된 비교우위comparative advantage 무역론이 아니더라도, 본능적으로 무역의 이점을 파악한 것입니다. 무역로상의 나라들도 상인들을 보호했읍니다. 통행료와 중개무역으로 얻는 이익이라는 황금알을 낳는, 국제무역 상인이라는 닭을 죽이지 않았습니다.

지리적 격리는 서로 다른 물건을 만들게 하였습니다. 예를 들어 중국은 차·비단·도자기 등을 만들었고, 서방은 은·유리·회청回靑(푸른색을 내는 도자기 안료)·향신료·양탄자 등을 만들었습니다. 서로 생산하는 물건이 달랐으므로 교역은 순조로웠습니다.

하지만 대항해시대를 거치면서 지리적 장벽이 상당히 해소되자 여러 나라들의 생산품이 겹치는 사태가 발생했습니다. 이때 나온 것이 리카르도의 비교우위 무역론입니다. 예를 들어, 두 나라가 동일한 두 생필품을 생산하는 경우에, 각자 둘 중 더 이익이 나는 걸 생산해서 교역하면 둘 다 이익을 본다는 이론입니다. 설사 한 쪽이 둘 다 상대방보다 더 싸게 생산한다 하더라도, 둘 중 더 이익이 나는 걸 생산하고, 상대도 둘 다 더 비싸게 생산한다 하더라도 둘 중에 더 이익이 나는 걸 생산하면, 양쪽이 전보다 더 이익을 본다는 겁니다. 묘한 이론이지만 그 타당성이 수학적으로 증명 가능합니다. 더 쉽게 설명하면 이렇습니다. 사장이 비서보다 타이프를 더 잘 친다 하더라도 타이프는 비서에게 맡기고, 자기는 그 시간에 사업구상을 하는 것이 더 이익입니다. 사장은 자기가 할 수 있는 일 중 가장 잘하는 사업을 하고, 비서는 자기가 할 수 있는 일 중 가장 잘하는 타이프를 치는 겁니다. 여기서 초점은 남보다 잘하는 일을 하는 게 아니라 자기가 할 수 있는 일 중 가장 잘하는 일을 하는 겁니다. '타고난 저마다의 소질을 살린다'는 것이 이런 일입니다. 이렇게 해야 모두에게 최선이라는 겁니다.

410

리카르도의 이론이 나올 때까지는, 유럽 국가들은 수출은 장려하고 수입은 억제하는 중상주의重商主義, mercantilism 정책을 채택했읍니다. 무역을, 한 나라가 이익을 보면 다른 나라는 손해를 보는, 제로섬 경기로밖에 보지 못했기 때문입니다. 이로 인하여 생산품의 판로를 뚫기 위해 식민지 쟁탈전을 벌였읍니다. 식민지는, 원자재만 생산해 식민모국植民母國에 싸게 팔고 그걸로 만든, 완성품을 식민모국으로부터 비싸게 사는 약탈을 당했읍니다.

현재 세계평화는 무역이 내재적으로 갖고 있는 상호이익성에 눈을 뜬 결과입니다. 인류는, 뒤늦게나마 전쟁을 통한 약탈보다는 교역을 통해 서로 돕는 게 이익이라는 걸 깨달은 것입니다. 이것이 현재의 국제무역질서로 구현된 것입니다. 기본적으로 각 나라가, 자기들이 만드는 물건 중 가장 이익이 남거나 잘 만드는 걸 만들어 파는 겁니다.

원나라는 전 국토에 일정한 거리마다 말과 숙소를 갖춘 역참驛站을 설치했읍니다. 이 역참을 따라, 원나라 100여 년 동안, 동서무역이 (그때까지의) 인류 역사상 가장 활발하게 이루어졌읍니다. 마르코폴로도 이 역참을 따라 이탈리아 반도에서 중국으로 무역을 하러 온 것입니다. 결과적으로, 무역을 요청하던 몽고가 (중간에 위치한) 걸림돌인 이슬람 제국을 와해시키고, 서방과 직접 교역을 하게 된 것입니다.

분배

_ 분배를 요구할 권리는 천부 권리일까?

요즈음 우리나라의 화두는 분배이다. 빈부 차이를 줄이기 위해서 부를 분배해야 한다는 것이다.

인간세상에는 빈부의 차이가 생길 수밖에 없다. 예를 들어 열심히 일한 사람은 부유해지고 게으른 사람은 가난해진다. 화전민이라도 그렇다. 그런데 후자가 전자에게, 전자의 생산물을 자기에게 분배해달라고 요청할 권리가 있을까? 당신이 전자라면, 후자에게 그런 권리가 있다고 동의하고, 당신이 힘들게 쌓은 생산물을 나누어줄 것인가? 그것도 한 해가 아니라 매년을?

한 사람은 덩치가 크고 근력이 세서 슬렁슬렁 일해도 덩치가 작고 근력이 약한 다른 사람보다 생산을 많이 한다. 후자가 불공평하다면서 전자의 생산물을 자기에게 분배해야 한다고 주장하면 당신은 동의할 것인가? 만약 당신이 전자라도?

한 사람은 덩치가 크고 근력이 세지만 게을러 생산을 적게 하고, 한 사람은 덩치가 작고 근력이 약하지만 두 배 더 일을 해서 전자보다 생산을 많이 한다. 전자가 불공평하다면서 후자의 생산물을 자기에게 분배해야 한다고 주장하면 당신은 동의할 것인가? 만약 당신이 후자라도?

국가가 모든 것을 소유하고 국민들은 국가의 소작인인 나라에서
는, 국가가 모든 걸 배부해서 빈부의 차이를 거의 영으로 만들 수 있
다. 하지만 이런 나라는 가난하다. 소작인이 주인을 위해서 열심히 일하
는 법이 없기 때문이다. 또 하나 이유는, 만약 남보다 더 열심히 일하나
더 게으르게 일하나 같은 보수를 받는다면, 사람들은 열심히 일하지 않
을 것이기 때문이다.

국민들에게 자유로운 경제활동을 허용하고 시장에서 돈을 벌어가게
만든 경제 체제에서는 국민들은 열심히 일해, 국가가 지주인 체제에서
보다 부유해지지만, 반드시 빈부 차이가 생긴다.

당신에게 선택권이 주어진다면 당신은 다음 두 나라 중 어느 나라에
살고 싶으신가?

첫 번째 나라는 느리게 성장한다. 하지만 분배가 공평해 빈부 차이가
거의 없다. 두 번째 나라는 급속히 성장한다. 빈부 차이가 크다. 하지만
첫 번째 나라보다 20배는 부자다. 제일 못사는 사람도 첫 번째 나라의
가장 부자보다 10배는 잘산다. 이 두 나라는 동시에 존재한다. 이웃나라
들이다. 당신은 어느 나라에 살고 싶으신가?

선택이 어렵다면 나라를 하나 추가해 드리겠다.

세 번째 나라는, 두 번째 나라만큼 부유하지만, 급속히 증가하는 부를
쌓아놓기만 하고, 그 대부분을 국민들에게 분배하지 않는다. 미래에 완
벽한 분배제도가 만들어질 때까지 분배를 유예한다. 하지만 그때가 언
제가 될지는 아무도 모른다. 그래서 국민들은 첫 번째 나라 정도로 가난
하다.

당신의 선택은 어느 쪽인가? 부를 공평하게 분배하려면 각 사람이 얼마나 기여를 했는지 결정해야 한다. 기여한 만큼 받지 못했다고 생각하면 (전처럼 열심히) 일을 안 해서 부가 감소할 것이기 때문이다. (그 기여도를 시장이 결정하게 하는 것이 자유시장 체제이고 이 체제에서는 보상도 시장이 한다.)

자신은 그 부의 생산에 얼마나 기여했을까? 누가 그 사실을 알려줄 수 있을까? 각자 결정하는 것일까? 그걸 결정할 사람들은 어떻게 선정해야 할까? 투표를 통해서 해야 할까? 그 투표방법은 어떻게 정해야 할까? 전문가들에게 맡기면 안 될까? 만약 당신 의견은 반대라면, 발전소 연구소 건설 등은 전문가에게 맡기는 데 동의하면서 '왜 이건 안 된다'고 하는 것일까?

왜 단지 인간이라는 이유로 혹은 같은 나라 국민이라는 이유로 다른 사람들이 이룬 부에 대한 권리가 생기는 것일까?

죽은 후에 받는 법도 있다. 하나는 천국에서 받는 법이고, 하나는 내생에서 받는 법이다.

어떤 사람들은 완벽하게 분배하는 존재가 있다고 믿는다. 지금 당장 분배하는 게 아니고 사후에 조정을 한다. 지금 잘못된 분배는 사후에 상벌을 통해 조절이 된다. 신은 완벽한 존재이므로 그게 가능하다. (그래서 불의한 분배에 항의해서 폭탄띠를 두르고 테러를 한 사람들이 포도주와 처녀들이 기다리는 천국에서 보상을 받는다.) 그런데 만약 신이 완벽한 존재라면 왜 지금 바로 안 될까? 왜 죽은 다음까지 기다려야 할까?

완벽하게 분배하는 시스템이 있다고 믿는다. 지금 당장 분배하는 게 아니고 사후에 내생을 통해서 한다. 왜 지금 하면 안 될까?

사람들이 내생을 생각한 이유는 현생에 정의가 이루어지지 않는 것을 목격했기 때문이다. 하지만 정의란 주관적인 것이다. 동물들에게 지구에 가장 해를 많이 끼친 게 누구냐고 물으면 답은 당연히 인간이다. 환경을 파괴하고 동물들을 잡아먹고 멸종시킨다. 인간은 같은 인간에게도 그런 짓을 했다. 그러므로 부자들과 재벌들의 부의 축적방법을 비난한다면, 인간종이 부를 축적한 방법도 비난을 받아야 한다.

우리보다 문명이 만 배는 발달해서 전혀 공해도 없고 환경파괴도 안하는 외계인의 눈에는, 인간은 아름다운 은하계를 더럽히는 거머리나 바퀴벌레 같은 해충에 지나지 않을 수 있다.

사람들은 원가가 100원인데 1만 원에 판다고 악덕 기업이라고 비난한다.

그런데 천문학적인 돈을 받는 운동선수들의 원가는 얼마일까? 가지고 태어난 것은, 즉 (운동하기에 좋은) 몸은 원가 산정에는 들어가지 않을 것이다. 빛을 못 보고 사라진 수많은 무명 선수들도 비슷한 정도로 노력을 했을 것이므로 노력 원가는 비슷할 것이다. 그런데 한쪽은 겨우 굶어죽지 않을 정도로 돈을 받고 다른 쪽은 천문학적인 돈을 받는다. 원가로 따지면 정말 부당하지 않은가?

영화도 그렇다. 수천만 원을 들인 영화가 수백억 원을 들인 영화와 같은 관람료를 받는 것은 부당하지 않은가? 그런 영화가 가끔 대박을 치는데, 원가주의의 입장에서 보면 부당한 가격책정 아닌가?

발명품들이 대박을 치는 경우가 있다. 연필·볼펜·만년필·가시철조망 등의 발명 원가는 얼마인가? 수백억 원, 수천억 원 등 어떻게 그런 천문학적인 수익을 올릴 수 있는가? 원가 입장에서 보면 부당하지 않은가?

인간이 사용하는 물건들 중에는 없어도 생존하는 데는 영향이 없는 물건들이 많다. 많은 경우에 기호품이다. 기호품은 안 사면 그만이다. 그러면 가격이 내려간다. 시장이 가격을 결정한다.

분배도 시장에 맡기는 방법이 있다. 각자 다른 사람들이 필요한 물건과 서비스를 생산해 제공함으로써, 사회에 쌓인 부를 가져가는 것이다. (많이 팔릴수록 많이 가져가는 셈이다.) 한마디로 하자면, 사람들을 즐겁게 해준 만큼 받아가는 것이다. 그리고 얼마나 즐겁게 해주었냐는 나라가 아니라 시장이, 즉 사람들이 결정한다. (좋아할수록 더 많이 사고, 싫어할수록 더 적게 산다.) 이것이 가장 공정한 분배일 것이다.

어떤 사람들은 시장주의를 비난하지만 시장주의가 국가 간의 무역을 촉진시켜, 지금 우리가 살고 있는, 인류 역사상 유래가 없는 풍요롭고 평화로운 세상을 만든 것은 부인할 수 없는 사실이다.

目 일화 1

사막을 건너가는데 목이 탄다. 죽을 지경이다. 그때 홀연히 물수레가 나타나 물을 나누어준다. 어떤 사람에게는 한 병, 어떤 사람에게는 두 병을 주고, 또 어떤 사람에게는 열 병을 준다. 당신은 불공평하다고 거부하겠는가 아니면 받아 마시겠는가? 아니면 일단 받아 마시고 살아남은 다음, 나중에 특검을 설치해 분배 농단을 조사하고 처벌하겠는가?

물수레가 온 것은 특공대가 빠른 걸음으로 달려, 물이 조금만 남아 있는, 사라지기 직전의 오아시스를 발견했기 때문이다. 그게 가능했던 이유는 사람들이 길을 떠나는 특공대에게 물을 걷어주었기 때문이다.

물을 많이 낸 사람은 많이 받아야 한다고 주장했다. 그리고 준 것보다 더 많이 받아야 한다고 주장했다. 그 사이에 갈증으로 겪은 고통이 다른 사람들보다 더 크기 때문에, 그에 합당한 보상을 받아야 한다는 것이었다. 사실 그런 사람 중 일부는 탈수증으로 죽었다.

어떤 사람들은 그래 봤자 구조될 가망이 없다고 물을 기부하지 않았다. 죽기 전까지 조금이라도 더 마시겠다고 했다. 또 어떤 사람들은 자기들은 죽으면 천국에 갈 터이니 천국에 가서 시원한 물을 마시겠다고 했다. 그러면서 특공대를 보낼 필요가 없다 하며 물을 내놓지 않았다. 이런 사람일수록 물수레가 올 때까지 더 많이 살아남았다.

또 어떤 사람들은 '특공대가 오아시스를 찾은 것은 자기들이 신에게 기도해서 신이 특공대를 그리 인도했기 때문이므로 자기들이 더 많이 받아야 한다'고 주장했다. 문제는 서로 다른 신을 믿는 자들이 각기 그런 주장을 한다는 점이었다.

특공대는 자기들이 오아시스를 발견했으므로 가장 많이 받아야 한다고 주장했다. 그러자 다른 사람들은 "당신들은 우리에게 받은 물을 먹으며 오아시스를 찾아나섰으므로 사실상 처음부터 생존율이 가장 높았다. 당신들이 오아시스를 발견한 그 순간에도 사람들이 죽어가고 있었다. 하지만 당신들은 살아남지 않았느냐. 그 자체로 이미 보상을 받은 것이므로 물을 더 받을 자격이 없다"고 반격했다. 그러자 특공대는 "작열하는 태양 아래서 여러 날 동안 하루 종일 빠른 속도로 걸어봐라. 그 고통은 차라리 죽는 게 나을 정도이다"라고 반발했다. 영생한다는 이유로 (소멸해 사라지는 것보다) 지옥행을 택하지 않는다면, 그런 주장을 하면 안 된다는 것이었다.

합의가 이루어지지 않자, 서로 물을 더 많이 차지하려고 다투다가, 그 와중에 물수레가 떠밀려 전복하고 물이 다 땅에 쏟아져버리고 말았다.

☰일화 2

어떤 나라에서 남에서 북으로 수천 킬로미터 길이의 운하를 건설했다. 엄청난 세금이 들어갔다. 서쪽 끝에 사는 사람들이 불평을 했다. 왜 자기들이 낸 돈을 거기다 쓰냐는 것이었다. 정부는 그 사업으로 나라가 발전하며 당신들에게도 이익이라고 말했지만, 이들은 '이익을 피부로 못 느끼겠다' '설사 이익이라 해도 과연 돈을 낸 것만큼 이익인지는 따져보아야 한다'고 주장했다. 그리고 '언제 이익이 생길지 알아봐야 한다'는 것이었다. 너무 오래 걸리면 그래서 자기들 죽은 뒤에 생기면 소용이 없고, 또 '운하 때문이 아니라 그 사이에 생긴 다른 이유로 이익이 생긴 것인지 어떻게 알겠느냐'고 했다.

인생이 짧다는 점이 문제이다. 잘못하면 자신이 살아 있는 동안에는 그 결과를 볼 수 없다. 유럽에서 밀라노 대성당처럼 수백 년에 걸쳐서 하나의 성당을 건설한 것은, '죽어도 몸만 죽을 뿐이고 영혼은 죽지 않는다'고 믿었기 때문이다.

사람은 꿈을 먹고 산다. 꿈을 꾸고 그 꿈이 이루어지는 걸 상상한다. 꿈이 현실에서 이루어지도록 실제로 작업이 시작되면, 꿈의 실현가능성이 높아져, 꿈을 꾸는 즐거움이 배가된다. 이런 일은 죽은 후 내생이 있느냐 없느냐와는 관계가 없다. 내생이 없다고 생각하는 사람들도 하기 때문이다.

산

_ 주객이 전도되는 일은 생각보다 흔하다

어느 지방에 아름다운 산이 있었습니다. 해마다 많은 사람들이 찾아왔습니다. 관광객들로 수입이 늘었습니다. 문제는 숙박시설과 음식점이었습니다. 산 입구의 들판을 개발해 호텔, 여관, 음식점을 지었습니다. 산 정상에서 미끄럼을 타고 내려와 달리던 바람들이 갈 곳을 잃었습니다.

마을의 관광객도 늘고 수입이 늘었습니다. 가족단위로 오는 사람이 늘자 아이들을 위해 물놀이동산을 만들었습니다. 다시 들판이 줄어들었습니다.

들판을 흐르던 강물은 놀이동산으로 직행했습니다. 강물이 부르던 흥겨운 노래는 물장구 튀기는 소리에 묻혀 사라졌습니다.

수입이 늘고 방문객이 늘자 산 아래 숲을 자르고 숙박시설과 음식점과 기념품 상점을 늘렸습니다.

바다 건너서 커피 열풍이 불어왔습니다. 마을 사람들은 산을 조금 깎아 스타벅스, 카페베네, 엔제리너스 등을 유치했습니다.

그러자 관광객이 더 늘었습니다. 때 맞추어 개통된 수도까지 잇는 고속도로 덕분에 차가 밀려들었습니다. 마을은 산을 뚫어 지하주차장을 만들기로 했습니다. 수천 대를 수용할 수 있는 거대한 지하주차장이 생겼습니다. 운전객들이 주차장을 나와 산을 올라가는 게 번거롭다 불평하자, 지하주차장에서 정상까지 수직으로 굴을 뚫어 초고속 엘리베이터를 설치했습니다.

관광객은 두 배로 늘고 마을 사람들은 부자가 되었습니다.

엘리베이터를 타고 정상에 올라갔다가 하산하는 사람들이 늘자 산 중턱에 음식점, 휴게소, 커피숍을 설치하자는 의견이 나왔습니다. 우려의 목소리도 있었지만 이미 본 돈 맛을 이기기 힘들었습니다. 그래서 산 중턱의 나무를 베어내고 건물들을 지었습니다. 짓는 김에, 엘리베이터를 타고 올라갔다 도보로 내려오다 지친 노인들을 위해 호텔도 지었습니다.

노인들을 따라온 자식들이 산에서 자보더니 자기들끼리 오기 시작했습니다. 그에 맞추어 하나둘씩 호텔, 음식점, 커피숍이 늘더니 산정상까지 뒤덮어버렸습니다. 치열한 수주 경쟁 끝에 최정상에는 하얏트호텔과 스타벅스가 들어섰습니다.

산은 하나의 거대한 위락시설로 변했습니다. 처음 찾는 사람들은, 그게 산인 줄 모르고, 어떻게 저렇게 높고 거대한 복합 건축물을 지을 수 있느냐고 건축 기술에 감탄했습니다. 여기저기 남아 있는, 건물들 사이로 삐죽삐죽 솟은, 나무를 보고는 테라스와 옥상에 정원을 설치한 친환경 건물이라고 칭찬했습니다.

산 위에서 내려오는 생활하수는 복개된 계곡을 따라 지하로 흘러 바다로 흘러들어 갔습니다.

산도 계곡도 나무도 물도 사라졌습니다. 나무 대신 호텔이, 계곡 대신 하수도가 생겼습니다.

스웨덴 복지
: 인공지능, 무병장수, 불로장생

_ 결과만 보고 원인은 보지 않는다
씨는 뿌리지 않고 수확을 보려 한다

사람들은 기계문명과 인공지능을 두려워합니다. 기계문명은 사람의 직업을 빼앗아가고, 인공지능은 사람의 하인이 아니라 오히려 주인이 되어 사람을 노예로 부릴까봐 겁을 냅니다.

사람들은 스웨덴의 복지를 부러워합니다. 스웨덴은 북해에서 나는 석유가 있읍니다. 인구가 천만에 지나지 않는 소국이니 복지정책을 펴기에 충분한 양입니다.

남미의 베네수엘라가 파산 일보 직전입니다. 세계 2위의 매장량을 자랑하는 석유로 국민들에게 마음껏 돈을 나누어주었읍니다. 같은 좌파 노선을 가진 다른 나라에도 퍼주었읍니다. 국내외로 복지정책을 펴던 차베스 대통령은 어마어마한 인기를 누리며 장기집권하다 병으로 죽었읍니다. 그러다 수년 전부터 북미대륙에서 셰일석유·셰일가스가 대량 채굴되면서 석유값이 폭락하자 나라 재정도 거덜났읍니다. 배럴당 200달러 가까이하던 게 자그마치 20달러 근처까지 떨어졌읍니다.

사람들이 석유자원이 고갈되니 에너지를 아껴써야 한다고 외치던 중에, 채굴 기술혁신이 일어나면서, 천문학적인 양의 셰일석유·가스 채굴이 본격화된 겁니다. 앞으로 전 세계가 100년간이나 사용할 수 있는 양이랍니다.

종말론자들 말대로라면 인류는 벌써 멸망했어야 합니다. 하지만 인류는 번영을 거듭하고 있습니다. 그들이 예언한 암울한 미래를 다 극복했습니다. (한 번이 아니라 여러 차례입니다.) 종말론자들은 어려운 현재만 보지, 인간 집단에게 감추어진 놀라운 난국 타개 능력을 보지 못합니다.

스웨덴은 첨단산업을 발달시켰기에 석유가격 폭락에도 불구하고 복지를 줄이는 것으로 대처가 가능했지만, 베네수엘라는 산업은 발달시키지 않고 퍼주기만 하다가 망한 것입니다. 지금 연 수백 퍼센트의 살인적인 인플레이션에다 먹을 것이 없어 기아에 시달리고 있습니다. 그동안 석유 판 돈으로 들여온 싼 수입 음식물 값을 못 이기고 국내농업이 축소된 것이 식량사정을 더 악화시키고 있습니다. 한때의 축복이 저주로 변한 것입니다.

사람들은 도깨비 방망이를 좋아합니다. 두드리면 쌀이든 옷이든 집이든 뭐든지 다 나오는 방망이 말입니다. '열려라 참깨'도 있습니다. '열려라 참깨'라고 주문만 외우면 보물창고가 열리고 마음껏 보물을 꺼내 씁니다. 복지라고 부르면 복지가 나오고, 세금은 걷으면 걷히는 것으로 생각합니다. "복지할 돈이 부족하다구요? 세금을 더 걷으세요." 참 쉽기도 합니다.

어느 집에 쌀이 떨어져 굶고 있습니다. 배가 고프다고 울던 아이가 묻습니다. "엄마, 은행에 가서 돈을 찾아오면 되잖아?"

어린아이에게 은행은 도깨비 방망이로 보입니다. 그런데 정말로 도깨비 방망이가 있습니다. 과학기술입니다.

불과 60년 전만 해도 우리나라 노동 인구의 95퍼센트가 농사에 종사했습니다. (100년 전에는 전 세계가 다 그랬습니다.) 지금은 5퍼센트에 지나지 않습니다. 힘든 육체노동을 안 해도 되니 복지 중의 복지입니다. 육체노동은 기계가, 정신노동(생각)은 컴퓨터가 다 해줍니다. 사람들은 기계와 컴퓨터를 부리면 됩니다. 동물을 부리던 게 기계와 컴퓨터를 부리는 걸로 바뀐 겁니다.

휴가철마다 비행장이 인산인해입니다. 거대한 비행기가 사람을 수백 명씩 태우고 바다와 대륙을 넘어갑니다. 복지도 이런 복지가 없습니다.

옛날에 지식과 사유思惟란 지배계층의 독점물이었습니다. 육체노동에 시달리는 민중은 문자와 사상을 배울 물질적 정신적 여유가 없었습니다. 지배계층은, 속계이건 종교계이건, 민중이 유식해지는 걸 원치 않았습니다.《도덕경》의 '허기심 실기복虛其心 實其腹(마음은 비우고 배는 채워라)'이 대표적인 우민정책愚民政策이라는 설이 있습니다.

당신은, 당신의 애완견이 머리가 좋다고 우쭐대지만, 소·양·닭·돼지·낙타의 머리가 좋아지기를 원하겠습니까? 가능하다면 이들에게 문자를 가르치겠습니까?

이들이 성경을 읽고 다음과 같이 항의하면 어떻게 할 겁니까? 광화문 광장과 시청 광장을 점령하고 촛불시위를 벌이면 어떻게 할 겁니까?

"하나님이 우리를 인간의 먹이로 주었다니 이게 말이 되는 소리냐? 그런 잔인한 하나님은 인간들 너희나 믿어라. 노아홍수 직후에는 식물이 자라지 못해, 할 수 없이 동물을 잡아먹었다 해도, 지금은 농산물이 홍수를 이루는데 왜 우리를 잡아먹느냐? 노아홍수 이전으로 돌아가 식물만 먹어라. 동물권動物權, animal right을 보호하라. 그리고 노아홍

수 얘기는 믿을 수 없다. 인간들이 신의 말씀을 왜곡하고 있는 게 분명하다. 왜냐하면 노아홍수 때 생물은 거의 다 익사하고 살아남은 건 방주에 한 쌍씩 실린 동물들뿐이었는데, (노아홍수 후에) 어떻게 동물들을 잡아먹었단 말인가? 만약 너희들이 좋아하는 (한 쌍뿐인) 소·양·닭·돼지·낙타를 잡아먹었으면 어떻게 지금 소·양·닭·돼지·낙타가 있느냐? 우리가 허깨비란 말이냐?"

데모를 진압하느라 대형 유혈사태가 나면 그 후로는 잡아먹어도 무척 찜찜할 겁니다. (좋은 수가 있기는 합니다. 기독교《구약》의 〈창세기〉에 보면 동물들을 한 쌍이 아니라 일곱 쌍을 태웠다는 또 다른 설이 나옵니다. 한 쌍 설을 폐기하고, 이 '일곱 쌍 설'을 채택하는 겁니다. 그럼 노아 가족은, 1쌍은 남겨두고, 나머지 6쌍을 잡아먹으면 식물이 다시 자라 씨앗을 맺을 때까지 충분히 버틸 수 있습니다.) 특히 보신탕을 좋아하는 사람들이 괴로울 겁니다. 개들이 (자기들이) '무척 억울하다'는 절규를 사람 말로 사람들에게 SNS로 날리면 개고기 맛이 뚝 떨어질 겁니다. 지금도 보신탕 팻말을 걸어놓고 영업을 하는 종로5가 으슥한 뒷골목에 숨어서 먹는다 해도 그럴 겁니다. '멍멍멍, 이 나쁜 놈들아!' 하고 외치는 소리가 인간의 말로 들릴 겁니다.

동물도 이럴진대 사람이야 더 말할 필요가 없습니다. 그래서 ('이대로!'가 구호인 기득권 지배계층이) 우민정책을 편 것입니다.

글쓰기도 지식층의 전유물이었읍니다. 지금은 페이스북 등 SNS를 통해서 글이 봇물처럼 터져나옵니다. 대단한 복지입니다.

우주는 넓고 에너지는 많으니 걱정할 필요가 없읍니다. 우주는 광대하고 지구는 티끌 같으니 걱정할 게 없읍니다. 바다에서 물고기가 '혹시

물이 마를까' 걱정하는 것과 같습니다. 가져다 쓰는 게 문제이지, 부족한 게 아닙니다. 물질을 에너지로 바꾸면 됩니다. 그게 원자력 발전입니다. 삶이란, 현실에 안주하고 살든지 위험을 감수하고 더 좋은 세상으로 나아가든지, 둘 중 하나입니다. 자동차 사고로 죽는 게 두려우면 명승지 관광은 접어야 하고, 비행기 사고로 죽는 게 두려우면 해외여행은 접어야 합니다. 우주선 사고가 겁나면 달나라 방문은 꿈도 꾸지 말아야 합니다. 그런데 부자들이 그때가 오기를 학수고대하고 있답니다. 우주여행 기업 스페이스 엑스SpaceX의 일론 머스크Elon Musk 회장은 2018년 2월에 민간인 우주 여행자 두 명을 달에 보내겠다고 발표한 바 있습니다. 시공이 변함에 따라 욕망도 변합니다. 없던 욕망이 생겨납니다. 도대체 왜 달에 가고 싶을까요?

농업은 (태양) 빛 에너지를 음식으로 바꾸는 것이고, 석유화학 공업도 결국은 (태양) 빛 에너지를 석유화학 제품으로 바꾸는 것입니다. 물레방아는 중력 에너지를, 풍차는 공기의 운동 에너지를, 맷돌의 회전운동으로 바꾸는 것입니다. 증기기관은 석탄의 에너지를 수증기의 운동 에너지로 바꾼 다음 그걸 기계의 직선운동·회전운동으로 바꾸는 것입니다. 내연기관은 석유 에너지를 바로 직선운동으로 바꾸는 겁니다.

건강한 신체를 가진 사람이 일은 안 하고 '열려라 참깨' 주문만 외우고 있으면, 가족은 굶어죽습니다. 그런데 종종 그런 사람을 추앙하여 같이 주문을 외우면 종교가 됩니다. 이들의 의식주는 언젠가 '열려라 참깨' 주문을 통달하여 노동하지 않고 살 멋진 삶을 꿈꾸는 사람들이 제공합니다. 성직자들은 노동하지 않고 사는 꿈을 이미 실현하고 있지만, 신도들은 그 사실을 모릅니다.

개미가 높은 풀 위로 기어 올라갑니다. 소가 풀을 뜯어먹으면, 같이 먹혀서, 소 몸속으로 들어갑니다. 개미 몸속에 살던 기생충이 소 몸속에서 산란합니다. 그 알이 쇠똥을 통해 밖으로 나오면 그 똥에서 먹이를 찾는 개미에게 옮겨갑니다. 기생충은 개미 뇌 속에서 살다가 산란기가 되면 개미 뇌를 조정하기 시작합니다. 그러면 개미는 '높은 풀 위로 올라가야 한다'는 알 수 없는 충동에 사로잡혀 풀을 찾아갑니다. 그리고 저 높은 곳을 향해 올라갑니다.

종교도 이와 같습니다. 신도는 개미, 기생충은 성직자, 소는 종교, 쇠똥은 교리입니다. 물론 여기서 교리란 엉터리 교리를 말합니다. (물론 훌륭한 교리도 많고 훌륭한 성직자들도 많습니다.)

과학기술이 발달하여 신도들의 삶이 풍요로워지면, 신도들의 헌금이 늘고, 그에 따라 성직자들의 삶도 풍요로워집니다. 이처럼 은총은 과학기술로부터 온 것이지, 열려라 참깨, 즉 신으로부터 온 게 아닙니다. 인류 역사를 통해서 성직자들의 삶이 꾸준히 향상된 것은 신의 은총 덕분이 아니라 과학기술의 발달 덕분입니다. 성직자들의 부가 인류집단의 부를 넘을 수 없기 때문입니다. 이 점은, '벌거벗고 맨발로 사는 뉴기니 무당들의 삶'과 '좋은 옷차림으로 자동차를 몰고 사는 한국의 성직자들의 생활 수준'을 비교해 보면, 명확합니다.

없는 걸 줄 수 없습니다. 사기꾼이 아니라면 이런 일은 불가능합니다. 석유와 석탄은 고대로부터 존재했지만, 심해와 심층에서 석유 채굴이 가능해진 것과 다양한 용도로 사용하게 된 것은 근래의 일입니다. 수학·화학·물리학·지질학·기계공학이 발달하지 않으면 불가능한 일입니다.

과학기술이 발달하지 않으면, 바로 눈앞에 있는 무한한 자원과 에너지를 꺼내 쓸 수 없습니다. 침팬지와 원숭이가 돌로 코코넛을 깨는 기술을 발견하지 못하면 (다른 먹이가 없는 경우에) 지천至賤에 널린 음식을 앞에 두고도 굶어죽을 수 있습니다. 물새가 조개를 공중에서 바위 위로 떨어뜨려 깨는 기술을 개발하지 못하면, 그리고, 까마귀가 씨앗을 도로 위에 놓고 질주하는 자동차 바퀴의 힘을 빌려 깨뜨리는 기술을 개발하지 못하면, 해변과 숲에 거의 무한대로 깔린 조개와 씨앗을 먹을 수 없읍니다.

허공 에너지가 바로 그런 에너지일 수 있습니다. 무한한 허공에 깔린 무한한 에너지. 고대의 도사들이 허공에서 마음대로 뽑아썼다는 기氣를 미래 과학이 가능하게 할 가능성이 있습니다. 물론 그 기氣가 아니라 다른 종류의 기氣이긴 하지만 말입니다.

과학기술이 바로 도깨비 방망이이고 '열려라 참깨'입니다. 과학기술은 경제체제라는 토양 위에서 성장합니다. 그 방망이와 주문으로 얻은 부를 공정하게 분배하는 게 좋은 정치제도입니다.

오늘 먹고 싶고 입고 싶은 걸 다 먹고 입어서는, 내일을 위해 저축할 수 없습니다. 자본의 축적이 일어나지 않습니다. 그러면 산업 발전도 과학기술 발전도 불가능합니다.

과학기술이 발달하면 언젠가 허공 에너지를 꺼내 쓰는 날이 올 겁니다. 그러면 환경오염은 걱정할 필요가 없을 겁니다. "글쎄, 미국의 허공에 구멍이 났대요. 너무 허공에서 에너지를 뽑아 썼다나요." "에이, 허공은 원래 빈 건데, 어떻게 허공에 구멍이 나나요? 그건 하늘에 구멍을 뚫는다는 말과 같잖아요." 혹시 이런 대화가 오고갈진 몰라도….

먹고살 만한 사람들에게 최고의 복지는 병 없이 오래 사는 것입니다. 살기 힘든 사람들에게는 죽음이 안식처가 될 수 있지만, 살기 좋은 사람들은 무병장수無病長壽가 꿈입니다. 병이 들고 나이가 들면, 집문서·땅문서·빌딩문서·통장을 손에 들고 꼼짝없이 죽어야 합니다. 병상에 누워 수십 년을 버텨봐도 소용이 없습니다. 어느 날 의식을 잃으면, 식물인간이 되어, 죽는 줄도 모르고 죽습니다. 가족이 구명줄을 차단하고 손에서 부동산 문서와 통장을 빼앗아 갑니다. 병에 안 걸리고 죽지만 않을 수 있다면, 벌어지지 않을 일입니다. 그들의 원통한 마음이 한동안 병실을 무겁게 짓누릅니다.

진시황제와 명나라 세종 등 여러 중국 황제들은 수은·납 등 중금속 중독으로 죽었습니다. 불로장생을 보증한다는 단약丹藥을 먹고 벌어진 일입니다. 은빛으로 신비로운 빛을 발하며 흘러내리던 수은이 저승사자가 된 것입니다. 칭기즈칸도 불로장생을 희구希求하였지만 찾지 못하고 화살에 맞아 죽었습니다.

황제도 누리지 못하던, 불로장생을 과학기술이 줄 날이 멀지 않았다고 합니다. 지금 추세로 생물학이 발달하면, 30년 내로 올 거라고 합니다. 레이 커즈와일Ray Kurzweil 등 여러 미래학자들의 예측입니다. 므두셀라Methuselah(969살을 산 성경 속 최장수 인물)라는 이름의, 수명연장 연구를 지원하는, 비영리 재단도 있습니다.

설사 30년 내로는 아닐지라도, 앞서가는 나라에서 평균수명이 급격히 늘어나면 다른 나라 사람들이 불평할 겁니다. "옆 나라는 평균수명이 300살인데, 우리는 겨우 150살이라니, 이것도 복지냐?" 하면서. 그러면 각국에 경쟁이 붙어 생물학 연구에 박차를 가해, 불로장생이 100년 안으로는 실현될 가능성이 있습니다.

설사 영혼이 있다 해도 영혼은, 육체가 살아 있을 때는, 육체를 벗어나지 못합니다. 그런데 (육체가) 영원히 살게 되면 (영혼은) 꼼짝없이

영원히 육체에 갇힐 겁니다. 하지만 그때는 (빨리) 죽어 천국에 가자거
나 (빨리) 죽어 다른 몸을 받자는 사람들이 사라질 것입니다. 천국과 내
생은 오직 사고로 생을 마감한 운 없는 사람들이 가는 운 없는 곳으로
변할 겁니다.

불로장생이라는 최고의 복지 실현 가능성 앞에서, 인공지능 컴퓨터의
반란은 하찮은 일입니다. 그건 그때 가서 걱정할 일입니다.

새, 고양이

_ 과거의 성공이 미래의 성공을 보장하는 건 아니다

수년 전에 전 카페베네 대표가 자살했읍니다. 할리스 커피를 창업해 성공시키고, 카페베네를 맡아 공룡 스타벅스를 누르고 국내 커피 매출 1위를 하게 만들어 '커피왕'이라는 별명까지 얻었으나, 카페베네를 떠나 새로 벌인 망고식스 사업에 실패한 후에 벌어진 일입니다. 얼마 후 카페베네도 기업회생을 신청했읍니다. 고투 끝에 법정관리를 탈출했지만 창업자는 경영권을 잃고 말았읍니다. 미국과 중국에 총 330여 개 지점을 내며 해외진출까지 했지만 주저앉고 만 것입니다. 감자탕으로 성공한 후 커피로 전환했다 벌어진 일입니다. 한 봉우리를 오른 후 다른 봉우리를 오르다 추락했읍니다.

'하룻강아지 범 무서운 줄 모른다'는 말은 있어도 '하이에나 사자 무서운 줄 모른다'는 말은 없읍니다.

하이에나 한 마리가 암사자를 약올립니다. 암사자가 쫓아갈라치면 재빨리 도망갑니다. 암사자는 둔하고 하이에나는 재빠릅니다. 아무리 힘이 세도 민첩성과 기동력에 밀리니 방법이 없읍니다. 하이에나는 재미를 붙였읍니다. 암사자 꼬리를 깨물고 도망갑니다. 암사자가 쫓아오다

멈춥니다. 하이에나가 다시 골려주려고 몸을 돌리는 순간, 어딘선가 홀연히 수사자가 검은 갈기를 휘날리며 질풍처럼 달려옵니다. 사바나 초원의 근경이, 원경을 밀어내고, 거대한 수사자 대가리로 가득 찼습니다. 깜짝 놀라 급히 다시 몸을 돌려 도망치지만 점점 거리가 좁혀집니다. 혀가 나올 정도로 죽을 힘을 다해 달렸건만 결국 죽었습니다. 뜨거운 사자 입김이 부드러운 귀 뒤 피부를 간지르더니, 다음 순간 목이 사자 입속으로 들어간 것입니다. 그날 새로 무리의 우두머리가 되어 취임 기념행사를 하다가 그만 일일천하가 되어버렸습니다.

'어른 새, 고양이 무서운 줄을 모른다'는 말도 없습니다.

까치가 고양이를 약 올립니다. 깡충깡충 뒤를 밟다가 고양이가 딴 데를 보면, 나비처럼 날아 고양이 엉덩이를 쫍니다. 고양이가 몸을 돌릴 양이면 재빨리 공중을 날아 도망갑니다. 많이 해본 솜씨입니다. 이러길 수차례, 까치의 치고 빠지기 수법에 고양이는 속수무책입니다. 까치가 다시 고양이를 쫍니다. 그런데 그 순간, 고양이가 몸을 돌림과 동시에 허공에 몸을 던집니다. 까치가 허공을 날고 그 뒤를 고양이가 날아갑니다. 고양이 속도가 약간 더 빠릅니다. 그 작은 차이가 그 짧은 시간에 거리를 좁히더니 까치 몸의 일부분이 고양이 입속으로 들어갔습니다. 고양이는 입을 다물었고 까치는 고양이와 더불어 땅으로 강제 귀환당했습니다. 까치를 입에 문 고양이는, 아무 일도 없었다는 듯, 아까처럼 고개를 돌리고 다른 데를 쳐다봅니다. 멀리서 까치 소리가 들립니다.

사장이 부러워서 십 년 직장에 사표를 내고 조그만 사업을 시작했습니다. 잘나가자 좀 욕심을 내 은행에서 융자를 얻어 사업을 확장했습니다. IMF 외환위기가 터졌습니다. 망했습니다. 수년 후 마음을 추스려

다시 일어섰읍니다. 전 세계가 활황입니다. 전 세계 주가지수가 고음으로 제창을 합니다. 욕심이 동해, 다시 돈을 얻어 부동산에 투자했읍니다. 세계경제 위기Great Recession가 터졌읍니다. 부동산 가격이 폭락하고 망했읍니다. 그의 나이 60대, 다시는 재기하지 못했읍니다.

10조 부자는 1조일 때 멈췄으면 거기서 끝났을 겁니다. 1조 부자는 1,000억일 때 멈췄으면 그게 다였을 겁니다. 1,000억 부자는 100억일 때 멈췄으면, 고만고만한 재산가로 그쳤을 겁니다. 100억 재산가는 10억일 때 멈췄으면 국민연금 액수나 계산하다 머리가 셌을 겁니다.

그 커다란 숫자들 사이에서 수많은 사람들이 파산했읍니다. 정상에 오르기도 전에, 숱한 새끼 봉우리들을 넘다, 다음 봉우리를 못 넘고 추락했읍니다. 사람들은 욕망을 희롱합니다. 평생을 그리하며 재미를 봅니다. 그러다 어느 날 호되게 당하고 무대에서 퇴출당합니다.

어떤 일이 탐욕인지 아닌지, 절대적인 기준이 없읍니다. 재능과 상관관계에 있읍니다. 넘치면 탐욕이고, 적당하면 건강한 식욕이고, 모자라면 의욕결핍입니다. 어느 게 어느 건지 아무도 모릅니다.

사람들은 다른 사람들의 욕심으로 이익을 보며 살기에 삶은 미스터리입니다. 수많은 기업들과 상점들과 사람들이 욕심을 사고팝니다. 사방에 다른 사람들이 욕심을 부리다 흘린 부스러기들이 떨어져 있읍니다. 사람들은 광장의 비둘기들처럼 그걸 주워 먹고 삽니다.

4차 산업

_ 변화를 두려워하면 당신은 기득권이다

거대한 산업의 새 물결은 개인의 감정을 고려하지 않습니다. 산업이 바뀔 때마다 개인은 비명을 질렀지만 산업은 움찔하지도 않았습니다.

석기가 다 없어지기도 전에 청동기 시대가 왔고, 구리가 다 없어지기도 전에 철기 시대가 왔고, 쇠가 다 없어지기 전에 실리콘 시대가 왔고, 실리콘이 다 없어지기 전에 인공지능 시대가 오고 있습니다.

77억 인구가 잘먹고 잘살려면 사람의 근력만으로는 안 됩니다. 사람의 머리만으로도 안 됩니다. 기계가 사람의 근력을 대신했듯이 인공지능이 사람의 머리를 대신합니다.

사람들은 꿈을 먹고 삽니다. 가능성을 먹고 삽니다. 미래의 불확실성이 아슬아슬하게 해소되는 스릴을 즐깁니다. 좌우 양쪽으로 깎아지른 듯 가파른 좁은 능선을 타고 오르락내리락 올라갑니다. 그러다 왼쪽 또는 오른쪽으로 추락하면 눈물을 흘리지만, 그건 당신의 일, 이미 지난 일, 나는 올라갑니다.

거대한 산업의 변화가 개인을 고려하지 않는 것은 인류가 군집생명체이기 때문입니다. 교통 통신과 인터넷의 발달로 인간이라는 77억 개 세포들 사이에 연결이 강화되었읍니다. 개인이야 어떠하든, 군집은 자체 힘으로 굴러갑니다. 개인의 지능과 의식을 초월한 지능과 의식이 등장합니다.

전체 흐름에 올라타고 멀리 조망하는 개체는 살아남읍니다. 전체 흐름에 묻어 흘러가는 개체는 몸을 맡긴 물줄기가 샛길로 빠질 때 벗어나지 못하고 마른 들로 사라집니다.

평등

_ 평등을 희구하는 자들이 하늘 독재자를 섬긴다

하느님이 땅을 사람들에게 나누어주었읍니다. 1인당 3,000평씩 주었
읍니다. 인간세상에 평등이 이루어졌다고 다들 좋아했읍니다.

어떤 사람은 농사를 짓고 어떤 사람은 목축을 했읍니다. 혼자 하기도
하고 여럿이 합동으로 하기도 했읍니다. 어떤 사람은 능력이 있고 근면
해서 소출이 많았고, 어떤 사람은 능력이 없고 게을러서 소출이 적었읍
니다. 어떤 사람은 농사도 망하고 목축도 망하자 땅을 팔았읍니다. 그
돈으로 살다 돈이 다 떨어지자 남의 집에 품을 팔고 살았읍니다. 어떤
사람은 농기구와 마구를 만들어 팔았읍니다. 생산성이 높아져 다들 행
복했읍니다. 집을 짓는 사람도 옷을 만드는 사람도 생겨났읍니다.

목축을 하는 사람들은 철따라 싱싱한 풀을 찾아다니며 가축을 키워
젖을 짜 먹고 잡아먹었읍니다. 가죽은 벗겨 입었읍니다. 농경민들처럼
해 뜰 때부터 달 뜰 때까지 베틀에 앉아 북새통처럼 손발을 놀릴 필요
가 없었읍니다. 짐승들은 풀어놓으면 알아서 털을 기르고 가죽을 두텁
게 만들었읍니다. 노동강도가 높지 않았읍니다.

이들은 붙박이 돌처럼 땅에 붙어, 짐승처럼 허리를 구부리고, 온종일
땅 파먹고 사는 농민들을 비웃었읍니다. 허리를 곧게 펴고 호호탕탕 드

망상의 향연

넓은 초원을 돌아다니며 푸른 하늘을 지붕 삼아 사는 자신들을 하느님의 진정한 자손으로 여겼읍니다.

어느 날 유목민들이 방목을 하다 농경민들 마을 가까이 흘러 들어갔읍니다. 그들의 가볍고 부드럽고 따뜻한 옷을 보고 감탄했읍니다. 누린 가죽 냄새도 나지 않고 향긋한 풀 냄새가 났읍니다. 가지가지 곡물과 채소와 향신료에다 즙이 많고 부드러운 돼지고기 맛에 넋을 잃었읍니다. 일 년 가야 목욕 한 번 하지 않는 더러운 자기들 여인들과 달리 농경민 여인들은 자주 씻어 깨끗했읍니다. 피부는 부드럽고 코를 자극하는 좋은 냄새가 났읍니다. 쑥대머리 같은 자기들 여인들과 달리 농경민 여인들의 머리는 겨울 담비털처럼 윤기가 흐르고, 거친 겨울바람도 미끄러져 이른 봄으로 추락할 정도로 부드러웠읍니다.

유목민들은 하늘 아래 저렇게 잘사는 사람들이 있는 건 세상이 불평등하기 때문이라고 생각했읍니다. 바로잡기 위해 군사를 일으켜 쳐들어갔읍니다.

농경민들 틈에서 품앗이를 하던 사람들은 유목민 길잡이를 하고 폭동을 일으켜 내응內應했읍니다. 마을이 불타고 어른과 어린아이들이 살해당하고, 젊은 여자들은 납치당해 초원으로 끌려갔읍니다. 농민들이 살던 곳엔 연기가 얼룩덜룩 길을 잃고 헤매고 그을린 개들만 서성거립니다.

하느님은 평등하게 1인당 3,000평씩 나누어주었고 처음엔 다들 만족하고 기뻐했지만, 시간이 흐르자 결국 세상에 빈부격차가 생기고 전쟁이 일어났읍니다. 처음부터 인간을 다 똑같이 만들고 누구에게나 똑같은 능력을 부여하지 않은 건 큰 실수입니다. 다른 사람보다 능력이 더 뛰어나고 더 근면한 건 죄악이 되었읍니다.

한 마을이 평등을 이루었읍니다. 다른 마을도 평등을 이루었읍니다. 그런데 첫째 마을이 둘째 마을보다 훨씬 더 부유했읍니다. 둘째 마을이 불평등하다고 쳐들어왔읍니다. 같은 일이 차례차례 더 큰 마을들 사이에, 씨족들 사이에, 부족들 사이에, 그리고 나라들 사이에 일어났읍니다. 수많은 전쟁이 일어나고, 피가 지구촌을 우기의 황하처럼 범람한 끝에 지구촌이 평등해졌읍니다.

어느 날 외계인들이 쳐들어왔읍니다. 자체적으로는 평등하지만 지구보다 더 가난한 외계인들이 절대적으로 평등한 우주를 구현하기 위해 쳐들어온 것입니다.

이런 식으로, 고등문명이 꽃핀 수백 개 행성을 거느린 미리내의 평등이 이루어졌고, 나아가 수천억 개 은하를 거느린 우주에도 평등이 이루어졌읍니다.

이리하여 일이 다 끝난 것 같지만, 사실은 언제 이 우주적 평등화 전쟁이 끝날지 아무도 모릅니다. 왜냐하면 현대 다중우주론multiverse theory에 의하면 우주는 무한개가 있기 때문입니다. 그 결과 우리 우주보다 못사는 무한개 우주로부터 무한히 침략을 당할 겁니다. 게다가 '시간에 따라 빈부격차가 나는 게 불평등하다'며 '시간적 평등'을 구현하겠다고 과거인들과 미래인들이 '시간여행을 통해' 현재로 쳐들어오기 때문입니다. 지구에 때때로, 부를 파괴하고 수명을 단축하는, 전쟁과 경제위기가 터지고 온갖 사고와 질병이 일어나고 발생하는 이유는 은밀하게 침투한 외계인들의 공격 때문이라는 소문도 있읍니다.

아무리 열심히 부를 일구어도, 평등을 부르짖는 다른 우주 외계인들과 과거인들과 미래인들에게 빼앗깁니다. 불굴의 신념으로 평등을 외쳐온 지구인들이기에 입이 수십억 개라도 할 말이 없읍니다.

부의 증가

_ 평등은 투쟁의 결과일지 몰라도
생산성 증가는 불평등의 결과이다

인류 역사는 부의 증가의 역사입니다. 부의 증가는 생산성 증가의 역사입니다. 만약 생산성이 증가하지 않으면, 생산은 일한 시간에 비례해 산술급수적으로 증가하므로, 즉 한 사람이 한 시간 일해 호미가 하나 나오면 열 시간 일하는 경우 열 개가 나오는 식이므로, 생산을 많이 늘리려면 뼈 빠지게 일해야 합니다. 하지만 생산성이 늘면 생산은 기하급수적으로 늘어, 전보다 '훨씬 더 적게' 일하고도 '훨씬 더 많이' 얻을 수 있습니다. 그 결과 생활 수준이 급격하게 높아집니다.

인간의 역사는 물질적 만족과 정신적 만족 추구의 역사입니다. 정신적 만족에는 두 가지가 있습니다. 하나는 감성적 만족이고 하나는 이성적 만족입니다. 이성적 만족은 물질세계와 정신세계에 대한 이치를 발견할 때 발생합니다. 특히 생명과 마음과 우주의 기원과 발전과정과 작동원리를 알게 될 때 발생합니다.

이런 일은 부의 축적이 없으면 불가능합니다. 실증적인 연구기기는 물질이기 때문입니다. 예를 들어 갈릴레오는 '가벼운 물체가 무거운 물체와 같은 속도로 떨어진다'는 것을 증명하기 위해 실험을 한 적이 없읍니다. 사고실험을 했을 뿐입니다. 당시는 아직 기계문명이 발달하지 않아 오차가 작은 정밀한 측정기구를 만들 수 없었기 때문입니다.

1971년 아폴로 15호 우주인은 달 표면에서 망치와 깃털을 떨어뜨리는 실험을 했습니다. 하나는 무겁고 다른 하나는 가벼웠지만, 둘은 같은 속도로 땅에 떨어졌습니다. 달에는 공기가 없어 공기저항이 없기 때문입니다. 이 장면은 텔레비전을 통해 생중계되었습니다.

만약 의식주만 풍족한 삶이 아니라 생명과 마음과 자연과 우주에 대한 지식을 늘리는 삶을 원한다면, 단지 풍족한 삶만으로는 안 됩니다. 폭발적인 생산성 증가가 필요합니다. 그래야 전문 연구원들에게 생활비와 연구비를 지원할 수 있습니다.

고상한 원시인 noble savage의 삶은, 설사 그런 삶이 먼 옛날에 존재했다 하더라도, 대뇌 신피질이 발달해 추상적인 먹이인 정보와 지식과 이야기를 먹고 사는 현대인의 이상적인 삶은 될 수 없습니다.

부의 증가는 스마트폰·텔레비전·인터넷을 발달시켜, 과학·게임·소설·영화·드라마 등 추상적 먹이를 제공합니다.

그런데 인간은 그 부가 자기 게 안 되면 일하지 않으므로 사유재산을 인정해야 합니다.

인류 역사에서 부가 정당하게 축적되기 시작한 (누구나 인정하는) 기준점을 잡을 수 없으므로, 기존의 사유재산을 인정할 수밖에 없읍니다. 사유재산을 빼앗아 모두 국가소유로 만든 공산주의 실험은 대실패로 끝났습니다.

서구 여러 나라들이 약탈물을 돌려주지 않는 이유는 많은 게 약탈물이기 때문입니다. '수천 년 동안 수많은 전쟁을 통해서 서로 영토와 재물을 약탈했는데 어떻게 그걸 다 깔끔하게 청산할 수 있느냐'는 논리입

니다. 예를 들어 미국은 멕시코와 전쟁을 벌여 캘리포니아·뉴멕시코·
텍사스 주 등을 빼앗았습니다. 그런데 현대 멕시코인들의 조상인 스페
인인들은 멕시코 땅을 멕시코 원주민들로부터 빼앗았습니다. 그리고 그
전의 멕시코 아스테카 제국은 주변의 부족들을 정복하고 그들의 땅을
빼앗았습니다.

이와 같이 난마처럼 얽히고설킨 소유관계를 청산하게 되면, 개인 재
산에 대혼란이 오게 됩니다. 소유권·소유물 청산은 아마 영원히 불가능
할 겁니다.

어느 산악지대 나라 사람들이 조개껍질을 좋아했습니다. 멀리 해변에
서 온 조개껍질이 비싼 가격에 팔렸습니다.

사람들은 조개껍질을 사기 위해 조개껍질 소유자들이 좋아하는 곡
물·그물·작살·도자기 등을 열심히 만들었습니다. 그 결과 공업과 상
업이 발달했습니다.

나라님은 세수를 늘리기 위해 공업과 상업에 대한 세율을 높였습니
다. 여러 해에 걸쳐 세율을 높일수록 세금이 더 많이 걷히자 욕심이 난
나라님은, 어느 해에 아예 세율을 100퍼센트로 만들었습니다. 그러자
거짓말처럼 세수가 영(0)이 되었습니다. 이익을 다 빼앗기면서까지 영
업을 할 사람이 없기 때문입니다. 일하는 만큼 손해입니다. 그러므로 세
율을 무조건 높인다고, 세수가 느는 것은 아닙니다. 최고의 세수를 주는
세율은 영(0)과 100퍼센트 사이 어딘가에 있습니다. 그 점까지는 세율
을 올리면 세수가 같이 올라가고, 그 지점을 지나 올리면 오히려 세수가
줍니다.

세율을 100퍼센트로 정하는 것은, 황금알을 많이 얻으려고 황금알을
낳는 거위 배를 가르는 것과 같습니다.

나라가 개인이 얻은 부를 빼앗아 다른 사람들에게 나누어주면, 개인은 이익을 얻어도 빼앗길까봐 투자를 하지 않습니다. 생산시설에 투자하지 않습니다. 수출이 감소하고 외국인의 투자도 유입되지 않습니다. 그러면 생산활동이 위축되어 가난해집니다.

(세금은 기본적으로 국가가 개인의 부를 빼앗는 것이므로 신중하고 합리적이고 지혜로워야 합니다. 그렇지 않으면 강도귀족robber baron이 됩니다. 더 빼앗으려면 덜 빼앗아야 한다는 역설이 성립합니다.)

조개껍질이 늘어날수록 생산활동이 촉진됩니다. 예를 들어 사회에 조개껍질이 하나뿐이라면 아무도 일하지 않을 겁니다. 구성원들이 아무리 재물을 쌓아도 오직 한 사람만 조개껍질을 살 수, 즉 차지할 수 있기 때문입니다. 하지만 조개껍질이 충분히 많으면 누구나 조개껍질을 살 수, 즉 차지할 수 있으므로 열심히 일해 재물을 쌓습니다.

조개껍질이 하나뿐이더라도 여러 사람이 소유할 수 있는 방법이 있습니다. 조개껍질 소유권 딱지를 만듭니다. 예를 들어 딱지를 100만 장을 발행해 팝니다. 만 장을 사면 조개껍질을 1퍼센트 소유하는 것에 해당합니다. 이제 소유할 수 있는 대상이 1개가 아니라 100만 개로 늘어났으므로, 사람들은 열심히 생산에 참여합니다. 이런 식으로 산업을 활성화시킬 수 있습니다.

이는 주식분할에 해당합니다. 특정 회사는 하나뿐이지만, 이 회사를 주식회사로 만들어, 주식을 (예컨대 100만 장을) 발행해 팜으로써 (현실적으로는 불가능한 일인) 회사를 조각조각 분할해 파는 것과 동일한 효과를 발휘합니다.

아무리 조개껍질이 많아도 그 사회의 부가 적으면 조개껍질의 교환가치가 줄어듭니다. 살 게 줄어들게 되기 때문입니다. (나라 경제가 위축

되어 생산이 줄어들 때 일어나는, 돈의 가치가 줄어드는, 인플레이션에 해당합니다.) 그러므로 조개껍질 소유자들 입장에서는 나라의 생산활동이 활발하게 일어나 사회적 부가 늘어나는 게 자기들에게 유리합니다.

조개껍질이 국내 유통수단을 넘어서 국제적인 유통수단이 되려면 다른 나라 사람들도 조개껍질을 좋아해야 합니다.

가장 극단적인 경우가 외계인들과의 무역입니다. 만약에 그들이, 지구인들이 좋아하는, 조개껍질을 싫어하면 조개껍질은 아무 소용이 없습니다. 만약 그 행성에서 조개껍질이 헐값에 어마어마하게 많이 생산된다면, 지구는 망합니다. 그 행성인들은 자기들에게는 아무 쓸모가 없는 조개껍질을 끝없이 지구로 수출해, 그걸 얻기 위해 뼈 빠지게 일하는, 지구인들을 부려먹으며 놀고먹을 것이기 때문입니다.

만약 조개껍질을 얻기 위해 지구인들이 외계인들이 필요로 하는 생산물을 만드는 과정에서, 기술혁신이 일어나 생산성이 높아지면, 물가가 낮아져 지구인들에게도 이익입니다. 하지만 만약 이 생산물들이, 오직 외계인에게만 필요한 물건이지, 지구인들에게는 무용지물이라면, 지구에는 인플레이션만 발생하고 망합니다.

16세기에 스페인을 통해서 유럽으로 유입된 어마어마한 양의 중남미산 은 때문에, 유럽에는 대형 인플레이션이 발생했습니다.

조개껍질이 가진 내재적 가치는 영에 가깝습니다. 그냥 좋아한다는 것 이외에는 실용적 가치가 전무합니다. 비슷한 예를 들자면, 지구인들의 고가 예술품들이 외계인들에게는 쓰레기에 지나지 않을 수 있습니다. 그러므로 조개껍질의 가치는, 사회 구성원들로 하여금 그 조개껍질을 얻기 위해 열심히 생산활동에 참여하게 만듦으로써, 사회적 부를 증가시킴에 있습니다.

그런데 이런 일이 가능하려면 조개껍질 소유권을 지켜주어야 합니다. 무슨 일이 있어도 나라가 개인 소유의 조개껍질을 마음대로 빼앗으면 안 됩니다. 법으로 정해 소유권을 침탈할 수 없게 해야 합니다. 빼앗길 걸 얻기 위해 일할 사람은 아무도 없기 때문입니다.

공산주의는 개인의 재산을 다 빼앗아 국가소유로 하고 개인을 국가에 고용된 고용인으로 만들었지만 대실패했습니다. 자기 게 아닌 걸 위해 열심히 일할 사람은 아무도 없기 때문입니다.

정전제 井田制는 고대 중국의 조세제도로서 땅을 아홉 개로 나누어 8가구에게 하나씩 나누어주고 남은 하나는 8가구가 공동으로 경작해서 거기서 나오는 소출을 국가에 바치게 했습니다. 세율이 1/9로 낮았음에도 불구하고 이 제도가 잘 안 된 이유는, 공동경작지에서 나오는 소출이 무척 적었기 때문입니다. 누가 자기 게 아닌 땅을 열심히 경작하겠습니까? 차라리 자기 땅에서 나오는 소출의 구분의 일을 바치라 하는 게 훨씬 낫습니다. 그게 현대의 조세제도입니다.

평생 성리학으로 심신을 수양한, 도학자 퇴계 선생은 노비를 367명이나 거느린 대부호였습니다. 선생이 '노비가 자기 밭이나 잘 경작하지 주인인 자신의 밭은 게을리 경작한다'고 불평한 기록이 남아 있습니다. 이런 노비는 엄히 벌을 주라고 아들에게 보내 이른 편지입니다.

이 일화에는 사유재산제가 가진 가공할 힘의 편린 片鱗(한 조각 비늘. 사물 현상의 작은 면)이 보입니다. 노비가 자기 재산을 관리하느라 바빠, 생사여탈권 生死與奪權(죽이고 살릴 힘)을 쥐고 있는 주인에게 불성실한 태도를 보이고 있습니다.

하지만 성리학에 침잠 沈潛한, 당시 조선 지배층과 지식인들은 모든 사람을 자유인으로 만들고 사유재산을 인정하는 게 국가에 더 이익이라는 걸 깨닫지 못한 걸로 보입니다. 근대 일본인들이 통찰하였듯이 성리

학은 근대적 시민국가를 운영함에 있어서는 별 쓸모가 없었읍니다. 서
구사회의 발전은 '자유(평등)와 사유재산' 확대의 역사입니다. 이를 보
장하기 위해 헌법에 기초한 엄격한 법치를 확립했읍니다. 일본은 일찍
이 이를 받아들여 선진국으로 도약했읍니다. 아시아에서 유일한 경우입
니다.

조개껍질을 얻는 데 드는 비용은 조개껍질이 유발하는 경제활성화로
보상이 됩니다. 문제는 '조개껍질 이외에 다른 교환수단이 없느냐'는 것
입니다. 있읍니다. 화폐입니다. 조개껍질을 얻는 데 드는 비용보다 훨씬
더 싸게 만드는 게, 현대국가의 종이 화폐입니다. 종이 화폐는 그걸 제
조하는 국가에 대한 신뢰입니다. 그 나라가 화폐제도와 경제제도를 잘
운영할 것이라는 믿음입니다.

인간이 만든 현대적 경제제도는 소금 한 되 주고 옥수수 한 말을 받
는 식의 단순한 구조가 아닙니다. 아주 복잡합니다. 경제학자들조차 중
요한 사안에 대해서 서로 첨예하게 의견이 대립됩니다. 하지만 부인할
수 없는 사실은, 경제제도(화폐제도·금융제도·주식회사제도·자유시장제
도·사유재산제도)가 정치제도(민주주의)와 과학기술혁신과 어울려 풍요
롭고 자유로운 놀라운 세상을 만들었다는 점입니다.

인간 역사에서 자유 대신 통제를 주무기로 한 전체주의 정치체제는
다 재앙으로 끝나고 말았읍니다. 대뇌 신피질의 먹이인 사유와 상상은
자유가 없으면 생산되지 않으며, 인간이 만든 사회와 제도는 (개개 인간
의 힘으로 통제와 파악과 예측이 힘든) 자체적 두뇌와 생명력을 지닌 거대
한 생명체이기 때문입니다.

국제무역

_ 언젠가 행성 간 무역을 하는 날이 올지 모른다

트럼프 미 대통령이 한미 FTA를 다시 협상하자고 나왔다. 그동안 미국이 크게 손해봤다는 것이다. 2011년에 체결될 당시 한국에서는 불공정 협약, 제2의 을사늑약이라 비난이 거셌는데, 6년이 지나자 오히려 미국이 불공정하다고 시비를 걸고 나온 것이다.

자본주의의 특징은, 정부가 가격을 인위적으로 정하지 않고, 시장이 가격을 결정하게 하는 것이다. 수백만 가지 물건의 적절한 가격을 정부가 인위적으로는 정할 수 없기 때문이다. 수요와 공급에 의해서 자연스럽게 결정되도록 놔둔다.

하지만 한 업자가 다른 업자들을 죽이려는 불순한 의도로 벌이는 덤핑은 법으로 제재한다. 자유경쟁을 막아 시장의 발전을 막는 독점도 제재한다. 이런 정도를 빼고는 거의 제재가 없다.

고대의 경제는 내수가 거의 다였다. 국제무역이 차지하는 비율은 몹시 작았다. (예를 들어 명은 아예 해외무역을 금했다. 청나라도, 교역을 요구하는 서양국가들에게, '청은 모든 것을 자체 생산하므로 교역이 필요없다'고

거절했다. 나중에 생색을 내며 설치한 게 광동13행廣東十三行이다. 청나라 제
4대 황제 강희제가 13개 업체에만, 영국·프랑스·네덜란드 등 서양국가들과
의 무역 권한을 준 게 13양행이다. 이들의 활동은 광동성 광주에 있는 무역지
구로 한정되었다. 그래서 광동13행이다. 광동13양행洋行이라고도 한다. 유한
양행·한미양행에 붙은 양행은 여기서 유래한다.)

춘추전국시대에 각 국가의 국력은 기본적으로 인구에 의해서 결정이
났다. 인구가 생산력이자 군사력이었기 때문이다. 학정을 펴면 농부는
농토를 버리고 떠돌게 된다. 선정을 베풀면 이 유민들이 유입되어, 생
산과 군대가 증강되어, 나라가 부강하게 된다. 이렇게 하여 주나라 이후
처음으로 중국 대륙을 통일한 게 진나라이다. (그래서 서양은 이 진Chin
의 이름을 빌려 중국을 차이나China라고 부른다.)

나라마다 달랐던 마차바퀴 축간거리軸間距離와 도량형과 화폐의 통일
은 물류와 상업의 발전을 가져왔고, 문자의 통일은 비약적인 문화의 발
전을 가져왔다. 지금의 중국의 모습은 사실상 진나라 때 만들어진 것
이다.

수양제가 시작하고 원나라를 거쳐 명나라(영락제) 때 완성된 중국
의 (항주와 북경을 잇는) 대운하는, 양자강 남부 대곡창지대의 곡물을 황
하 북쪽으로 옮길 수 있게 되어 식량문제를 해결하여 중국은 크게 발전
하게 되었다.

동물의 세계에서, 낯선 동물들이 서로 물건이나 서비스를 교환을 하
는 경우는 매우 드물다. 개미와 진드기, 악어와 악어새, 상어와 상어고
기 정도이며, 조류와 포유류에는 거의 없다. 펭귄 암컷이 둥우리를 지을
돌을 얻기 위해 돌을 가진 낯선 수컷에게 몸을 제공하는 경우와, 원숭

447

이·침팬지 암컷이 음식을 받는 대가로 수컷에게 몸을 제공하는 정도이
다. 짝짓기는 암컷과 수컷이 서로 필요한 것을 주고받는 것이므로, 최초
의 교역은 암컷과 수컷 사이에 벌어진 것으로 볼 수 있다.

교환은 무척 중요한 일이다. 예를 들어 지구상에 나 혼자만 산다
면, 모든 물건은 나 혼자 만들어야 한다. 두 사람이 있으면 각각 반만 만
들면 된다. 그리고 교환을 한다. 둘이 분업을 하면 같은 물건을 만들어
도 같은 시간에 더 많이 만들 수 있다. 이 분업의 효과는 인구가 늘수록
기하급수적으로 증가한다. 그러면 수백 가지의 물건을 싼값에 얻을 수
있다. 과학기술이 발달하면 수백만 가지 물건으로 확대되고 가격은 더
욱 저렴해진다. 이처럼 경제발전에는 인구가 무척 중요하다. 인구는 생
산자이자 소비자이다. 일정한 수준의 생활을 하려면 일정한 수준의 인
구가 필수적이다.

씨족국가에서 부족국가로, 부족국가에서 왕국으로, 왕국에서 근대국
가로의 발전은 인구증가의 역사이고 교역증가의 역사이다.

두 나라가, 서로 상대방에게 없는 걸 만들면, 서로 교환을 하게 된
다. 그러면 사용하는 물건의 가짓수가 두 배로 늘게 된다. 상대방이 자
기들이 만드는 것보다 더 잘 만들어도 교환을 하게 된다. 예를 들어 A,
B 두 나라가 둘 다 두 종류 물건 a, b를 만들 때, A는 a를 B는 b를 더 잘
만들거나 더 싸게 만들면, 두 나라는 a와 b를 교환하게 된다. 만약 A가 b
는 안 만들고 a만 만들고, B는 a는 안 만들고 b만 만들어, 서로 교역하면
두 나라는 전보다 훨씬 더 부유해진다.

문제는, 품질이 떨어지는 물건의 값을 지나치게 낮추어, 혹은 뛰어난

품질의 물건의 값을 지나치게 낮추어, 상대국 기업을 죽일 때 일어난다.

산업혁명과 대항해시대와 중상주의를 거치면서, 사람들은 국가 간의 무역이 무역 국가 모두에게 유리하다는 것을 깨닫게 되었다. 특히 산업혁명으로 인한 대량생산으로 인해, 더욱 수출지가 필요하게 되었다. 제국주의 시절에는 식민지에 팔면 되었지만, 식민지가 해방되면서 제국주의가 막을 내리고, 주권국가들 사이에 무역이 성행하는 시대가 옴에 따라 새로운 무역질서가 필요하게 되었다.

같은 국가 내에서는 지방에 따라 경제적 부침과 우열이 있어도 별 문제가 없지만, 국가 사이에 이런 일이 발생하면 국가의 존망이 걸린 문제로 발전한다. 약한 나라는 강한 나라에 흡수되기 때문이다.

세계는 무역경쟁에 들어갔다. 무역이 누구에게나 좋은 것은 알지만, 문제는 누가 '더' 이익을 보느냐 하는 것이다. 서로 더 이익을 보기 위해서 맹렬히 싸운다. 이 싸움이 진흙탕 싸움으로 커지는 것을 막기 위해서 국제무역기구·국제특허재판소 등이 있는 것이다.

한국은 단군 이래로 한 번도 해본 적이 없는 무역국가가 되었다. 수출정책을 편 지 56년 만에 세계 10위권 무역대국이 되었다. GDP의 70퍼센트를 무역으로 만드는 상인의 나라가 되었다. 상업을 천시하던 유학의 뿌리는 아직도 완전히 뽑히지 않아, FTA를 반대하는 세력들이 반격을 노리며 숨을 죽이고 있다. 세계에서 가장 많은 국가와 FTA를 맺은 실력으로, 슬기롭게 난국을 헤쳐나가기를 희망한다.

08장

우리 인간은 과학이 생기기 전에도 숭고한 감정을 느끼고 숭고한 사랑을 했다. 그러
므로 이런 것들은 과학을 통해 배운 것이 아니다. 이런 감정들에 대해서, 우리 인간
은 아직도 잘 모른다. 무의식의 영역이기 때문이다. 그 증거는, 감정은 일어나는 것
이지 우리 의지로 내는 것이 아니라는 점이다. 다시 말해 감정은 특히 그 일어남은
강제적이다.

인간의 삶은 감성적인 삶과 이성적인 삶으로 이루어진다. 대부분의 사람들에게 기
쁨과 환희와 행복감을 주는 것은 감성이다. 설레임, 그리움, 반가움, 보살핌도 다
감성이다. 사랑도 감성이다. 특히 남녀 간의 사랑이 그렇다. 그래서 사랑에 빠진 사
람들은 시집을 읽는다. 음악, 미술, 문학, 무용 등 예술도 감성이다. 감성은 우리 삶
을 따뜻하고 윤기나게 만든다. 우리 인간에게 이성 말고도 풍요로운 감성이 있다는
것은 축복이다.

사랑, 이성, 감성

사랑과 이성

_ 남녀 분화가 없었다면 사랑도 없다
아리스토파네스의 이야기는 이걸 말한다

사람들은 사랑에 빠지면 정신이 없읍니다. 알 수 없는 충동에 사로잡
혀 허우적거립니다. 영혼의 짝을 찾아 낮에도 백일몽에 빠집니다.

요즘 동성연애가 전 세계적으로 유행입니다. 같은 성끼리 그리워하고
만나면 흥분하고 몸을 쓰다듬기도 하고 합치기도 합니다.

플라톤의 《향연Symposion》에서 아리스토파네스는 '인간이 이성을 그
리워하는 것은, 인간이 본시 머리 하나, 얼굴 둘에, 팔다리가 4개씩 달린
모습이었다가, 둘로 갈라졌기 때문'이라고 말합니다. 그 잘려나간 반쪽
을 그리워한다는 겁니다. 그래서 '이제 둘이 한몸이 된다'는 표현이 있
다는 거죠. 그런데 남자 둘이 혹은 여자 둘이 합쳐졌던 사람들이 동성연
애자가 된다는 겁니다. 아리스토파네스의 말이 사실이라면 동물도 그랬
어야 할 겁니다. 동물도 곤충·조류·물고기·포유류·영장류·유인원을
가리지 않고 동성애가 나타나기 때문이죠. 10퍼센트나 된답니다. 특히
동성애자 양은 평생 한 파트너와 지속적으로 사랑을 나눈답니다.

머리 하나, 얼굴 둘, 꼬리 둘에, 다리가 8개 달린 거대한 양¥! 상상
이 갑니까? 과연 목축업자들이 좋아할까요? 아니면 둘로 갈라버릴까

요? 당연히 갈라버리겠지요. 그래야 새끼를 낳을 거 아닙니까. 안 그러면 (마음 편하게) 잡아먹을 수 없지요. 계속 잡아먹노라면 언젠가, 그것도 얼마 안 가, 다 없어질 터이니.

그런데 만약 아리스토파네스의 말이 사실이라면 사실은 '세포분열'이 신화로 나타난 것일 겁니다. 플라톤은 '만물이 완벽한 주형 이데아의 불완전한 주물鑄物'이라고 했지만, 사실은 생물은 과거의 주물이지요. 그리고 신화는, 우리 무의식 깊숙이 방치된, 낡고 원시적인 과거의 주형鑄型, mould(틀)이 우리 의식에 뜬금없이 낯선 모습으로 나타난 것이지요.

남자에게도 젖꼭지가 있는 것은 '남자와 여자의 주형이 같다'는 증거입니다. 포유류 중에는 과일박쥐나 여우박쥐처럼 수컷이 젖을 내어 새끼를 부양하는 종이 있지요. 해마는 아예 수컷에게 자궁이 있어 임신과 출산을 떠맡지요. 이들은 여성들의 이상이지요.

인간은, 사실 모든 생물은 까마득히 오래전인 35억 년 전에 원핵세포였습니다. 그러다 두 세포가 합쳐지면서 진핵세포가 되었습니다. 합쳐졌다고 아름답게 표현했지만 사실은 한쪽이 다른 쪽에 냉혹하게 잡아먹혔을 겁니다. 그때 잡아먹은 쪽 몸속에서, 소화분해되지 않고 살아남은 게 미토콘드리아입니다. 이게 가능하다는 간접증거가 있습니다. 식물(해초)의 엽록체는 자기 주인을 잡아먹은 동물(푸른민갯숭달팽이)의 몸속에서 살아남아 광합성 작용을 계속하기도 합니다.

원시인들 중에는 적을 사로잡으면 잡아먹는 풍습이 있습니다. 적의 힘과 용기를 자기 걸로 한다는 거죠. 또 자기 가족이 죽으면 먹어치우는 종족도 있습니다. 자기 몸에 모시고 영원히 같이한다는 거죠. 소위 죽은 이를 자기 몸에 장사시키는 생체장生體葬입니다.

적이건 가족이건, 미토콘드리아가 그런 꼴이 된 셈이죠. 미토콘드리아는 일종의 세포 내 자치공화국이며, 에너지를 생산해 세포에 힘을 제공하는 역할을 하죠.

그러다 시간이 지나면서 이 진핵세포들이 여럿이 모여 다세포를 이루게 되었지요. 지구의 첫 세포는 단세포였으므로 하나였고, 그 세포가 분열해서 두 세포가 되었다가 그 둘이 합쳐져 진핵세포가 되었죠. 그 진핵세포들이 다시 분열해 여러 세포가 되었다가 다시 모여 다세포가 되었죠.

(본격적인 성의 분화는 다세포 생물에게 나타나지만, 단세포 생물인 원핵세포에도 일부에서 암컷과 수컷이 나타납니다. 즉, 두 개의 다른 형태로 나뉩니다. 성행위의 가장 원초적인 의미가 '둘의 게놈을 각각 반으로 나눈 다음, 두 개의 반쪽을 합치는 것'이라 하지만, 그걸 넘어서 일부 원핵세포 생물에게는 실제로 암컷과 수컷의 분화가 일어나기 시작합니다.)

455

다세포 생물은, 이제 분열을 통해서 두 몸이 되는 건 불가능하죠. 여러 기관을 이루고 있는, 세포들이 3차원 입체적으로 빽빽이 쌓여 있기 때문이죠. 그 대신에 감수분열을 하고 짝짓기를 통해서 복사품을 만들어내지요. 이처럼 이성을 그리워하고 몸을 합치는 것은, 세포들의 분열·합체·분열·합체와 밀접한 관계에 있죠.

(일란성 쌍둥이는 임신 초기 다세포체의 분할입니다. 이게 가능한 이유는, 이 다세포체가 아직 뇌·심장 등 장기가 없고 같은 세포들로만 구성되어 있기 때문입니다. 비유하자면, 진흙 덩어리를 둘로 나누는 것은 가능하지만, 진흙으로 만든 사람은 둘로 나눌 수 없는 것과 같은 이치입니다. 이 분할

은 2007년에 현미경을 통해서 처음으로 목격되었읍니다.)

이제 대뇌 신피질이 발달한 인간은 몸 대신 마음을 합치는 새로운 현상이 일어났지요. 하등생물일수록 몸의 합침은 모든 사랑이고 새끼를 낳지만, 인간은 마음이 합쳐지지 않으면 새끼를 낳지 못하죠. 그래서 자식을 사랑의 결과라고 합니다.

하지만 인간은 새끼를 낳을 생각과 목적이 없어도 사랑을 합니다. 이걸 정신적인 사랑이라고 하며, 정신적 사랑은 이성·동성을 가리지 않지요.

그런데 아이들을 보면, 동물 새끼들을 보면 눈물이 납니다. 낯선 땅에 내던져진 새 생명에게 이 세상은 한없는 미지의 세계이자 끝없는 호기심의 세계이지만, '세계가 그들을 어떻게 받아들일지 그리고 어떤 험한 운명이 자기들을 기다리고 있을지' 자신들은 전혀 모르기 때문입니다. 심지어 부모에게 버려지는 수도 있기 때문이며, 다른 놈들에게 잡아먹히기도 하기 때문이며, 그 몸과 마음의 형성과 그로 인한 고통과 즐거움이 대체로 타자의 손에, 즉 부모와 사회와 환경의 손에 달려 있기 때문입니다.

승려와 개미

: 성, 성욕, 승려, 개미

_ 종교인들은 독신을 구원의 길로 보지만
독신을 가장 실천하는 건 꿀벌과 개미다

암개미는 번식을 못한다. 암개미와 같이 번식을 못하는 존재가 불교 승려들이다. 번식을 못하지만 집단에 순기능順機能을 한다. 암개미는 육아·농사·청소·사냥·집짓기 등 육체적인 노동을 하지만, 승려는 번뇌를 없애주는 방법을 연구하고 개발하고 시험하는 정신적인 노동을 한다. 암개미나 승려나 둘 다 번식을 하는 데 드는 에너지를, 다른 곳에 쓰는 것이다.

여왕개미는 평생 알만 낳으며, 건국일 기념비행쇼air show에서 수개미들이 자기 몸에 쏟아부은, 수억 개의 정자를 정자낭精子囊에 보관하고 있다가 필요할 때마다 꺼내 알을 수정시킨다. 이에 비해 암개미는 평생 알 하나 낳지 않고 일만 한다. 여왕개미는, 암개미들이 물어다주는 먹이를 먹고, 엎드려 알 낳는 일만 한다. 승려들은 신도들이 주는 먹이를 먹고, 앉아 수행(간경 참선)만 한다. (승려들이 앉아 있지 않고 돌아다니면 꼭 문제가 생긴다. 마음이 이상한 데로 갈 위험이 크기 때문이다. 특히 혼자 다닐 때는 더 위험하다. 대중생활이 중요한 이유이다. 물론 나쁜 놈들끼리 무리를 지어 대중을 이루는 경우도 있다. 권력승들의 무리cluster가 대표적인 예이다. 이들은 낯익은 곳에 모여 나쁜 짓을 하다 싫증이 나면, 떼를 지어 바다

457

를 건너가 낯선 땅에서 나쁜 짓을 한다. 해외원정 떼도박을 한다.)

　암개미도 알을 낳을 능력이 있다. 로열젤리를 섭취하면 생식기능이 활성화된다. 마찬가지로 승려들도 생식능력이 있으나 발휘하지 않고 번뇌제거 일에 전념한다. 하지만 정신적 로열젤리에 해당하는 욕망과 의지를 내기만 하면 한시라도 새끼를 만들 수 있다.

　여왕개미는 화학물질을 분비하여 암개미 애벌레들의 날개와 난소의 발달을 저지한다. 속인들은 삼매와 독신수행brahmacharya을 떠받들고 찬양함으로써 승려들로 하여금 난행亂行과 성행위를 (감히 할 생각을 내지) 못하게 한다.

　절대다수 개미들이 생식에 종사하지 않더라도 개미군집이 유지되는 것처럼, 인간군집도 생식에 종사하지 않는 인간들이 존재하더라도 인간군집 유지에는 별 문제가 없다. 오히려 더 이익이다. 독신승려들이, 생식하는 인간들이 서로 죽이는 것을 막아주기 때문이다. 육체적인 살인뿐만 아니라 정신적인 자살까지 막아준다.

　인간의 적은 인간이다. 인간을 가장 많이 죽이는 생물은 인간이다. 인간이 다른 인간을 죽이게 하는 원인은 탐욕과 미움과 무지이다. 다른 인간이 자기 탐욕을 채우는 데 방해가 된다고 증오해서 죽이는 것이다. 죽임에는 두 가지 기능이 있다. 하나는 눈앞에서 적을 영원히 사라지게 하는 것이고, 다른 하나는 눈앞에서 적이 고통받는 것을 보며 즐기는 것이다. 칭기즈칸이 한 유명한 발언이 있다. "최고의 즐거움은 적을, 그 가족이 앞에서 비명을 지르는 걸 듣고 보며, 죽이는 것이다." 이런 일은 자아에 대한 무지에서 일어난다. 다른 인간들을 잔인하게 죽여가면서까지 지켜야 할 자신의 자아가 있다는 착각에서 생긴다. 이런 무지와 착각은 타인뿐만 아니라 자기도 죽인다: 정신적으로 죽인다.

이런 죽임과 죽음을 해결해주는 것이 승려들의 임무이다. 어느 생물
이건, 최대의 적은 죽음이다. 승려들은 죽음을 극복하는 법을 전승傳承
하고 연구하고 개발하고 가르친다. 죽음이란 '죽음을 생각하는 주체의
죽음'을 말하는데 아예 그 주체가 없음을, 즉 무아無我임을 깨닫게 해서
죽음이라는 문제를 원천적으로 해체한다. 처음부터 문제 자체가 성립하
지 않았다는 것이다. 하지만 '계속 새 몸을 받아 환생하므로, 몸의 죽음
은 있을지라도 마음의 죽음은 없다'는 통속적인 윤회론은, 죽음의 고통
과 공포에 대한 일시적 진통제가 될지언정 근본적인 치료제는 아니다.

무아론은 인간의 살인과 자살을 막아주는 영약靈藥이다. 죽음을 막아
줄 뿐만 아니라 행복을 증진한다. 탐진치貪瞋痴(탐욕·증오·무지) 삼독심
을 제거해 주기 때문이다. 탐진치의 주체가 없음을 깨닫게 되면 탐진치
가 깃들 곳이 없어질 것은 자명한 일이다. 이는 '적의 소굴을 공격해 소
탕'하는 것에 해당한다. 무아無我(변하지 않는 자아는 없다)에 대한 깨달
음은, 설사 완벽하지 않을지라도, 깨닫는 만큼 소득이 있다. 타인에 대
한 인정은 배려를 낳고 인류의 행복을 가져온다. 그게 인류의 역사이
다. 타인에 대한 인정은 나의 자아에 대한 주장을 누그러뜨리므로 사실
상 무아로 다가가는 길이다. 그래서 인류 역사는, 알건 모르건, 의식적
이건 무의식적이건, 무아로의 여행이다. 35억 년 기나긴 여행이다.

감성과 이성
: 삶은 구체적

삶은 구체적이다. 우리를 감동하게 하는 것은 구체적 사건들이다. 추상적인 것들이 아니다. 그래서 구체적인 일화에 감동하는 것이다. 감정의 대상은 구체적이다. 이들은 시간과 공간을 통해서 나타난다. 자기가 신의 아들이라는 말은 추상적인 주장이나, 치병의 은사나 소원성취는 구체적인 사건이다. 이런 일에 사람들이 감동하는 이유이다. 대부분의 사람들은 감성적이지 이성적이지 않다. 이성적인 사람들은 드물다.

소위 '가슴이 먹먹하다'라고 할 때 가슴은 감성이다. 감성은 즉각적이지, 분석하고 헤아리지 않는다. 그런 일은 이성의 영역이다. '생각해보니 기쁘네요. 생각해보니 슬프네요' 하지 않는다. 하지만 '생각해보니 옳네요. 생각해보니 옳지 않네요' 한다. 기쁨과 슬픔은 감성의 영역이지만, 옳고 그름은 이성의 영역이기 때문이다. 그래서 시간이 걸린다.

'곰곰이 생각해보니 제가 기쁜 게 아니라 슬프다는 걸 발견했습니다'는 없지만, '곰곰이 생각해보니, 제가 옳은 게 아니라 그르다는 걸 발견했습니다'는 있다. 이 역시 감성과 이성의 차이이다. 감성은 시정是正이 없지만, 이성은 시정是正이 있다. 시정是正이라는 말 자체가 이성의 영역의 말이다.

감성은 즉각적이다. 인간의 행복은 대부분 감성적인 만족으로부터 온다. 그래서 인간은 즉각적인 보상을 바란다.

감성은 본래 생존에 이롭고 해로운 것을 나타내는 척도이다. 기쁘거나 즐겁거나 예쁘면 생존에 좋고, 화가 나거나 슬프거나 미우면 안 좋은 것이다. 희로애락애오욕구喜怒哀樂愛惡慾懼가 그것이다. 이성도 생존을 따진다. 이성은 감정이 하는 일들을 검토하기도 하고, 감정이 아직 파악하지 못하는 일들을 파악한다. 그러면 지금은 감성을 자아내지 못하는 일들이 앞으로는 감성을 자아낸다. 뱀을 보고도 아무 감성이 없던 원숭이 새끼는, 한번 물리고 사경을 헤매고 나면 (뱀에 대한) 혐오·미움·공포가 생긴다. 이성은 그 뱀의 특징을 분석하여, 그와 비슷한 것은 뱀으로 파악하게 만든다. (일종의 패턴 인식이며, 플라톤의 이데아의 출발점이다.) 그 결과, 비슷한 대상에 대해서도 동일한 감정을 느끼게 된다. 이 과정을 통해서 감성의 대상이 확장된다.

감성은 일차 처리기관이고, 이성은 이차 처리기관이다. 감성은 초고草稿이고, 이성은 재고再考이다. 감성은 이미 쓴 스토리이고, 이성은 앞으로 써야 할 스토리이다.

인간의 뇌는 '파충류의 뇌(뇌간 소뇌)'와 '포유류의 뇌(변연계)'와 '영장류의 뇌(대뇌 신피질)'의 삼중 구조로 되어 있다. 현재·과거·미래의 뇌이다. '파충류의 뇌'는 현재의 뇌이고, '포유류의 뇌'는 과거의 뇌이고, '영장류의 뇌'는 미래의 뇌이다. 파충류는 욕망에 따라 현재에 살 뿐이지만, 포유류는 과거 사건을 분류하여 좋고 나쁜 것으로 평가를 내리고 저장한 다음, 유사한 사건이 발생할 때 좋고 나쁜 감정의 형태로 나

461

타낸다. 감정의 출현이다. 이에 따라 포유류는 과거에도 산다. 감정이 있는 삶은 '과거와의 동거'이다. 영장류는 과거 사건을 분석하여 패턴을 파악한 다음, 그에 기초해 미래 사건을 예측한다. 그래서 아직 일어나지 않은 일에 대해서도, 좋고 싫음과 기쁨과 슬픔과 공포를 느끼게 되었다. 마침내 미래에 살게 된 것이다. 생물은, 진화의 노정에서 삶의 영역을 '현재'에서 '현재와 과거'로, 다시 '현재와 과거와 미래'로 확장시킨다. 1차원, 2차원, 3차원으로. 이 점에서 진화는 시간적 차원의 증가이다.

미래형 뇌(마음)가 이성이다. 이성적 감성의 출현이다.

감성은 이미 차려진 음식이고, 이성은 차릴 음식이다. 허기(맛)는 바로 해결해야 하기에, 사람들은 감성을 이성보다 좋아한다. 하지만 이성을 통해서, '감성의 착각과 오류의 색출과 감성의 확장'을 경험한 사람들은, 이성에 의해서 불순물이 제거되고 증류된 고급 감성을 즐긴다. 이런 감성은 오래 두어도 마음에 불순물이 가라앉지 않는다. 즉, 감성을 즐긴 연후에 찝찝한 느낌이나 후회가 숙취로 남지 않는다. 항상 마음과 머리가 가볍고 상쾌하다. 이성은 감성을 방해하는 것이 아니라 증장한다. 향상시킨다. (이는 사람들이 놓치고 오해하고 깨닫지 못하는 점이다.)

이성적 감성을 추구해야 한다. 이것이 진화의 방향이다. 인간은, 몸과 마음이 둘 다 진화의 산물이므로 진화의 흐름을 거스르는 것이 불가능에 가까울 정도로 어렵다. 35억 년 동안 개발된 소프트웨어에 어긋나게 행동하거나, (그 소프트웨어를) 바꾸거나 변경하는 것은 대단히 어려운 일이다. 이 소프트웨어는 인간 행복의 근원이자 불행의 근원이다.

이성은 이 소프트웨어를 개선하여 우리 감성의 세계를 더 질이 높고 풍성하게 만든다. 다차원의 세계로 확장한다. 삶을 더 구체적으로 만든다. 더 행복하게 만든다. 이성적 감성의 세계이다.

이성적 감성

_ 감성이 진화의 산물이라면
새로운 감성의 출현도 가능하다

이성적 감성이란, 이성적인 일을 할 때 느끼는 보람·즐거움 등이다. 처음에는 감성이 느껴지지 않지만 되풀이함에 따라 감성이 개발된다. 통상 격렬하지 않고 잔잔하다. 하지만 깊다.

《효율적 이타주의자》가 있다. 철학자 피터 싱어 교수가 쓴 책 제목이다. 매년 자기 수입의 수십 퍼센트나 기부를 하는 평범한 사람들을 소개하고 있다. 아프리카의 기아·질병 퇴치 등을 위해 얼마 안 되는 자기 연봉의 상당량을 내놓는 것이다. (30퍼센트나 내놓는 사람들도 있다.) 그리하는 이유는, 그 돈으로 인해 많게는 수백 명이 목숨을 건지므로 그 돈을 자기를 위해 쓰는 것보다 훨씬 더 효율적이기 때문이라는 것이다. 즉 그들이 얻는 행복의 총량이 자기가 얻는 행복의 양보다 크기 때문이라는 것이다. 이런 일은 이성적인 일이지만, 되풀이하다 보면 즐거운 감성이 따른다. 그래서 문자 그대로 쾌척快擲이다. 내놓아서 즐거운 척쾌擲快(던질 척, 즐거울 쾌)이다.

포괄적응도inclusive fitness라는 게 있다. 생물학자 해밀턴이 도입한 개념이다. 그는 사촌 7명의 목숨을 구하기 위해서는 자기 목숨을 내놓지 않겠지만, 8명이라면 하겠다고 하였다. 그 이유는 사촌 한 명은 자기와 1/8 정도 유전자가 일치하므로, 8명을 모으면 자기 유전자와 일치하게 된다는 것이었다. 생물학적 유전자 차원의 효율적 이타주의이다.

그런데 인간에게는 생물학적 유전자뿐만이 아니라, 정신적 유전자에 해당하는, 문화적 유전자 밈meme도 있다. 이념·사상·종교·관습·전통 등이 이에 해당한다. 내세를 믿지 않는 공산주의자들은 공산주의 사상을 위해 (하나뿐인) 목숨을 바쳤다. 그들이 특별히 민중을 사랑하는 것 같지는 않으므로, 사상 자체를 사랑한다고 하는 것이 맞을 것이다. 설사 인간에 대한 사랑이 있다 하더라도, 없는 자에 대한 '사랑'보다는, 지주·부자·기업가 등 가진 자들에 대한 '분노'가 훨씬 더 클 것이다. 공산 통일베트남, 중국의 문화대혁명, 캄보디아의 킬링필드에서 대학살이 일어나는 이유이다. 수천만 명이 잔혹하게 살해당했다. 이들은 이런 일을 벌이면서 쾌감을 느낀다. 새로운 감성의 개발이다.

어느 한쪽만 구할 수 있다면, 한 마리 고양이와 500만 명의 방글라데시인들 중 어느 쪽을 구해야 할까? 고양이 대신 뱀이나 개구리나 이구아나는 어떨까? 식충식물인 끈끈이주걱을 관상용으로 키우는 사람이 있다. 일종의 애완식물이다. 파리·모기 등 곤충을 먹이로 주며 열심히 돌본다. 한 포기 끈끈이주걱과 500만 명의 방글라데시인들 중 어느 쪽을 구해야 할까?

미국 유학 시 방글라데시에 대기근이 발생해 수많은 사람들이 아사하고 있었다. 한 미국인 교수가 자기는 '방글라데시인 500만 명보다 자기 고양이 톰을 구하겠다'고 했다. 망치로 얻어맞은 듯했다. 감히 인간을 동물에 비교하다니. 그것도 500만 대 1로! 제리 500만 마리라면 모를까, 대단한 충격이었다. 아마 이분은 자기 목숨을 버려 방글라데시 500만 명을 구할 생각은 추호도 없을 것이다.

이분이 고양이를 선택하는 이유는, 고양이는 자기 가족이지만 방글라데시인들은 남이기 때문이었다. 하지만 소방대원들은 몇 명의 남을 구하기 위해 불 속에 뛰어들다 목숨을 잃는다. 아마 이들은 500만 마리의 고양이 목숨보다는, 한 사람의 목숨을 구할 것이다.

트롤리 딜레마가 있다. 열차 진행 방향에 다섯 사람이 철길에 묶여 있을 때, 핸들을 돌려 다른 철길로 진로를 바꾸면 그곳에 있는 한 사람이 죽는다면, 과연 '열차의 진로를 바꾸어야 하느냐'는 문제이다. 5대 1의 문제이다. 고양이를 구하겠다는 미국 교수는 자기 고양이를 위해서라면, 500만 명 사람을 희생하더라도, 진로를 돌릴 것이다.

고양이를 키우면 고양이가 자기 가족이 된다. 고양이에 대해 깊은 감정(애정)을 느낀다. 어린 왕자가 여우의 이름을 불러주자, 낯선 야생 여우가 따뜻한 감정의 대상이 된 것과 같다. 고양이를 선택하는 것은 감성이고, 사람(방글라데시인 500만 명)을 선택하는 것은 이성이다. 살아난 사람들의 행복을 상상하며 즐거워하는 것은 이성적 감성이다. 그들은 당신이 그들을 구해준 것을 알면 눈물을 글썽이며 당신에게 고마워할 것이다. 잃어버릴 뻔한 어린 자식을 안고 당신을 향해 따뜻한 미소를 보낼 것이다. 이렇게 합리적인 추론을 하며 뿌듯해하는 게 이성적 감성이다.

이성적 감성이란, 평범한 방법으로는 느낄 수 없는 감성을 이성의 힘으로 불러일으키는 것이다.

암흑사랑

　서기 10000년 최고뇌가 시리우스로 유학을 갔다. 시리우스 역사상 최
초의 지구인 유학생이었다.

　이 행성은 과학이 얼마나 발달했는지, 양자역학을 넘어 질자역학을
연구하고 있었다. 양자컴퓨터가 상용화된 지 이미 오래였고, 질자컴퓨
터를 개발하고 있었다.

　그는 낯선 이 행성에서 적응하는 데 도움이 될 생활정보를 얻으러 종
교사원에 나갔다. 성직자의 설교가 이성적으로 감동적이었다. 그는, 지
구처럼 미개한 행성에서 생명체들이 서로 죽이고 잡아먹지만 생명계
가 유지되는 이유는, 우리 눈에 안 보이는 암흑사랑이 있기 때문이라고
했다.

　떠나온 지구는 아직도 암흑물질의 정체를 파악하지 못했는데, 이곳
시리우스는 그러한 것은 물론이고 암흑정신의 일종인 암흑사랑을 탐
구하고 있었다. 수백억 년의 우주역사에서 생명이란 발견하기 희박한
데, 즉 우주는 거의 진공일 뿐만 아니라, 겨우 조금 있는 물질에는 생명

체가 거의 없다시피 하며, 그나마 있는 생명체들도 서로 죽이고 잡아먹
느라 참혹한 세상을 만들고 있다는 것이다. 그래서 1만 500년 전에 지
구인 부처가, 그 고통스러운 모습에 충격을 받고, 출가한 게 아니냐고
했다. 그럼에도 불구하고 생명계가 유지되는 이유는, 우주를 붙잡고 늘
어져 급속한 팽창과 폭발을 막고 있는 암흑물질처럼, 생명계를 결속시
켜 소멸하지 않게 하는 암흑사랑이 있기 때문이라고 했다. 이 종교의 이
름은 암흑사랑교였다.

이들의 주장에 의하면 가시적인 세계는 암흑물질 세계의 그림자였
다. 이들은 그런 세계를 주관하는 암흑물질로 이루어진 생명체를 논하
고 있었다. 암흑신도 논하고 있었다. 이런 암흑세계에 대한 생각은, 암
흑신의 계시라고 볼 수도 있다.

반물질처럼 반생명도 있다고 했다. 생명체의 죽음은 생명과 반생명
의 결합이라고 했다. 그러면 생사장生死場은 평형상태로 돌아간다고 했
다. 다시 생사장生死場에 요동이 일어나면, 생명과 반생명이 쌍으로 발생
한다. 이들 시리우스인들의 신학에 의하면, 태초에 생사장生死場에 요동
이 일었고 생명과 반생명이 쌍으로 생겨났다고 한다.

시리우스 종교박물관에는 그때까지의 우주역사상 모든 종교가 전시
되어 있었다. 지구의 유일신교 등은 서울만큼 넓은 전시장에서, 구舊 시
청 크기 정도로 조그맣게 한쪽 구석을 차지하고 있었다. 지구종교가 지
구상에서 저지른 마녀사냥·인종말살·종교전쟁·대량학살·노예제도·
인신공희·몽매주의·반과학주의 등 만행이 상세한 설명과 함께 전시되
고 있었다. 오래전부터 지구로 UFO를 띄워, 시리우스 인류학자들과 종
교학자들이 수집해 온 것이라고 한다.

최고뇌는, 지구인으로서 미개한 지구종교가 무척 부끄러워졌다. 동시에 지금껏 미개한 지구종교로 인해 발생한, 종교 자체에 대한 찝찝한 감정이 다 해소되었다. 그만큼 시리우스 성직자의 설교는 설득력 있었다.

최고뇌는 형언할 수 없는 감동을 받았다. 지구로 귀환해 지구인들에게 이 놀라운 복음을 알려주는 날을 꿈꾸었다. 그 후로 수많은 지구인들이 시리우스로 유학을 갔고 그만큼의 사람들이 암흑사랑교도가 되어 돌아왔다. 지구인들은 밤에도 눈에 보이지도 않는 까마득히 먼, 다른 태양계 행성에 다녀온 사람들 말을 믿지 않을 수 없었다.

이상이 지구에서 십자가와 모스크와 불상이 사라지고 암흑(사랑)교회가 번성하고 있는 사연이다.

이 교리가 참인지 거짓인지는 중요하지 않다. 우리보다 수백 배는 더 진화한 선진 행성의 주민인 시리우스인들이 (이 교리를) 믿고 있다는 게 중요하고, 지금은 거의 모든 지구인들도 믿고 있다는 게 중요하다.

같은 감정, 다른 감정

_ 감정도 창조와 개발이 가능하다

우리는 흔히 '다른 일을 통해서 같은 감정을 느낄 수 있다'고 생각한다. 예를 들어 돈을 벌거나 권력을 얻음으로써, '만족감'을 얻는다는 것이다. 또는 어미 잃은 사슴새끼를 데려다 키우거나 총으로 어미 사슴을 사냥하거나, 둘 다 '만족감'을 준다는 것이다. 하지만 우리는 심각하게 물어야 한다. 이들이 과연 같은 감정인지.

입자에는 입자와 반입자가 있다. 음전자도 있고 양전자도 있다. 마찬가지로 우리 감정도 쌍으로 있을 수 있다. 사랑과 미움이라는 쌍으로 있기도 하지만, 사랑 안에도 양사랑·음사랑이 있고, 미움 안에도 양미움·음미움이 있을 수 있다. 혹은 사랑·반사랑, 미움·반미움이 있을 수도 있다. 나아가 사랑·암흑사랑, 미움·암흑미움이 있을 수도 있다.

(예를 들어, 어미 잃은 사슴새끼를 데려다 키울 때 느끼는 만족감은 '양만족'이고, 어미 사슴을 사냥할 때 느끼는 만족감은 '음만족'일 수 있다. 만족·반만족일 수도 있다.)

이런 얘기는 의식의 세계에도 할 수 있다. 19세기 무의식 세계의 발견은 엄청난 충격이었으나, 지금은 과학적으로 그 존재가 증명되고 있다. 그저 그런 상식으로 변하고 있다. '자기도 모르는 자기가 자기 안에 있다'는 소리였으므로 (처음 듣는 사람에게는) 대단한 충격이었으나, 으레 그렇듯이 증거가 쌓이면 인정하는 수밖에 없다. 사실은 세상에 대한 인식이 깊어지는 것이다. '나'라는 것이 무엇인지에 대해서 이해가 깊어지는 것이다. 단어의 뜻은 고정되어 있지 않다. 이미 존재하는 대상에 이름을 붙인 게 아니다. 사물의 존재와 범위는 우리의 이해에 따라 정해진다. 의식에도 양의식·음의식이 있을 수 있으며, 무의식에도 양무의식·음무의식이 있을 수 있으며, 의식·반의식 이중 체계일 수도 있다.

이런 일들은 물질의 세계에서는 이미 벌어진 일이다. 물질·에너지 체계도 있지만, 물질 내에서 물질·반물질 체계도 있다. 또 물질·암흑물질 체계도 있다. 에너지도 에너지·반에너지 체계일지 누가 알겠는가. 그게 뭘 의미하건 간에.

의식의 발전은 새로운 세계의 발견이자 창조이다. 그리고 그런 세계는, 옛날의 낡은 의식이 죽어야, 온다.

인간이 누리는 감정은 많은 경우에 동물에게는 없다. 사상을 이해할 때의 감정이나, 이념을 위해 죽을 때 느끼는 감정은 동물에게는 없다. 수학을 이해할 때의 쾌감과 자연법칙을 발견했을 때의 통쾌함은 동물에게는 없다. 성현의 뜻을 깨달았을 때의 즐거움도 없다. 만약 이런 감정들이 동물과 같은 감정이라면, 예를 들어 (추상적인 정신적인 대상과 행위로 유발되는) 인간의 즐거움이나 (구체적인 물질적인 대상과 행위로부터 오는) 동물의 즐거움이나 둘 다 같은 즐거움이라면, 뇌과학이 발달하면 동물의 뇌를 자극함으로써, 인간이 추상적이거나 정신적인 대상과 행위로부터 얻는 것과 동일한 즐거움을 만들 수 있어야 하겠지만, 이런 일은 불가능해 보인다. 극단적으로 말하자면, 지렁이에게 그런 일이 불가능하다면, 동물에게도 불가능할 것이다.

이 사고실험은, 감정이라는 것도 개발이 되고 창조된다는 것을 보여 준다. 음악과 문학과 미술로 개발되고 느끼는 감정은 새로 창조된 감정이다. 가능태로서는 미리 존재했을지 모르나, 현실적으로는 새로 생긴 감성이다. 음악·문학·미술을 하면, 양적으로나 질적으로나 감성이 풍부해지는 이유이다. 하지만 이는 철학적 감성과도 다르며 이성적 감성과도 다르다. 사람이 두루 널리 공부하고 닦아야 하는 이유이다.

감정은 넓은 의미에서 의식의 일부분이다. 감정에 대한 이해가 깊어져야 인간이 무엇인지, 동물이 무엇인지, 생물이 무엇인지 깨달을 수 있다. 궁극적으로는 '내가 무엇인지'를 깨달을 수 있다.

진정한 사랑

_ 무조건적인 사랑은 전능한 신도 하지 못한다

두 남녀가 사귀었읍니다. 어느 날 남자가 여자에게 말합니다. "눈이 너무 작아." 여자는 눈 끝을 트는 수술을 했읍니다. "턱이 사각형이야." 그래서 턱을 깎아 세모꼴로 만들었읍니다. "가슴이 왜 이리 작아?" 여자는 당장 병원으로 달려가 가슴 확대 수술을 받았읍니다. "무다리야." 겁이 났지만 큰맘 먹고 다리에서 살을 제거했읍니다. "다 좋은데 코가 납작코야." 물렁뼈를 집어넣어 니콜 키드먼처럼 좁고 높게 만들었읍니다.

473

남자는 수술 후 처음 얼마 동안은 좋아하더니 반년이 지나자 무덤덤해합니다.

그러더니 그만 만나잡니다. 자기가 잘못 생각했다는 겁니다. 알고 보니 자기가 진정 좋아한 건 여자의 옛모습이었답니다.

폭탄선언에 충격을 받고 화장실에 들어가 눈물을 닦던 여자가 거울을 보고 놀랐읍니다. 거기 웬 낯선 여자가 서 있는 겁니다. 여자는 좋아하는 남자를 잡겠다는 일념으로 남자가 하자는 대로 다 했읍니다. 그러다 보니 자기가 없어진 겁니다. 남자를 놓친 한 낯선 여자가 추레하게 서 있었읍니다.

　　얼마 후 여자가 우연히 거리에서 그 남자를 보았읍니다. 같이 걸어가
는 여자의 모습을 보고 깜짝 놀랐읍니다. 자기 옛모습이 거기 있었기 때
문입니다.

비교

_ 비교는 기쁨의 근원이자 슬픔의 근원이다

조용하던 화전민 마을이 시끄럽읍니다. 한 집이 텔레비전을 들여왔읍니다. 참나무 위에 높다랗게 안테나를 설치하고 채널을 돌립니다. 벌거벗은 여자들이 허연 허벅지를 드러내고 가랑이를 쩍쩍 벌리며 춤을 춥니다. 앞에서 노래를 부르는 가수는 눈에 안 들어옵니다. 눈은 화등잔火燈盞처럼 커지고 입에서는 연신 침이 흐릅니다.

"돌이 아빠 뭐요? 빨리 나와 콩 타작하던 거 마저 하세요." 마누라 고함 소리가 들립니다. 후두둑 빗방울 떨어지는 소리가 요란합니다.

마을 남정네들이 갑자기 부지런해졌읍니다. 약초를 캐고 산삼을 캐고 석청을 따고 야단났읍니다. '심봤다'는 소리가 골짜기를 흔들고, 분개한 벌들의 붕붕 소리가 능선을 울립니다. 상황버섯은 수십 년 동안 살던 고층주택에서 쇠갈고리에 끌려내려와 땅바닥에 내동댕이쳐집니다. 텔레비전을 사겠다는 겁니다.

여러 가지 이유로 텔레비전이 없는 사람들은 더욱 불행해졌읍니다. 전에는 양식을 쌓아놓고 따뜻한 구들방에 앉아 남령초南靈草(남쪽에서 온 신령한 풀: 담배)를 피우면, 눈 무게를 견디지 못하고 '우지끈 뚝'

부러지는 나뭇가지 소리를 들으면 아름다운 음악인 양 행복했는데, 이제는 무료하기 이를 데 없고, 더 이상 음악소리처럼 들리지 않고, 더 이상 행복하지도 않습니다. 자꾸만 그 허연, 눈보다 더 하얀, 허벅다리가 생각납니다. 방금 노루를 잡아먹은 듯 입술이 벌건 여자가 꾀꼬리 같은 목소리로 부르던 노래가 귀에 삼삼합니다. 그 여자 이는 자작나무 껍질처럼 하얗습니다. 누런 검은 마누라 이와 자꾸 비교가 됩니다. 예전에는 마누라가 웃으면 그리 예뻐 보였는데 이젠 정말 못생겨 보입니다. 칡을 캐먹느라 주둥아리가 흙투성이가 된 멧돼지처럼 보입니다. 마누라가 변한 건 하나도 없는데 신기한 일입니다.

예전에는 '세상에 이렇게 행복한 곳이 있나' 싶었는데, 이젠 사람 살 곳이 아닌 것처럼 느껴집니다. 마을은 변한 것이 하나도 없는데 그렇습니다. 조선말에 난을 피해 들어와 수백 년간 대대로 평화롭고 행복하게 산 마을인데 갑자기 시시해 보입니다. 이게 다 그 텔레비전에 나오는 도시사람들의 호화로운 삶 때문입니다.

비교는 선이자 악입니다.

중학교 소풍 때 친구가 이상한 음료수를 내놓았습니다. 캔에 들은 환타였는데 한 모금 마셔보고 충격에 휩싸였습니다. "오! 하느님, 세상에 어떻게 이런 맛이 가능합니까?" 그때 그 경험이 하도 강렬해서 50년이 지난 지금도 생생하게 기억이 납니다. 그런데 지금은, 그때는 거들떠보지도 않던 맹물을 생수란 이름으로 사 먹습니다. 환타에는 사과 과수원 주인이 사과 보듯 눈길도 주지 않습니다. 주인은 먹지도 않는 과일을 탐내 아이들은 서리를 일삼았습니다. 둘러앉아 맛있게 먹었습니다. 고대 약탈경제의 희미한 추억일까요?

그런데 요즘 아이들은 과일을 별로 안 먹읍니다. 지렁이처럼 생긴 맛구미를 질겅대고, 색색의 청량음료를 물처럼 마셔댑니다.

도시 사람들이 산으로 향합니다. 산에 별장을 짓고 손수 나무를 하고, 장작을 패고, 물을 긷고, 텃밭을 일구며 삽니다. 바보상자 텔레비전도 보지 않읍니다. 일찍 어둠이 내리는 산골 밤에 쌓이는 태고의 정적을 마음 부르게 즐기겠답니다. 소록소록 눈이 내리고 뒷산에는 화전민들이 잠들고 있읍니다. 텔레비전 보는 재미에 푹 빠져 세월 가는 줄 몰랐던 사람들이 땅속에 묻혀서.

행복과 불행이 시공을 따라 손을 바꿉니다.

낭만적 사랑

_ 사랑의 대상은 존재하지 않는다

동물들에게는 낭만적 사랑이 없다. 대뇌 신피질이 발달하지 않았기 때문이다. 포유류조차도 신피질이 거의 없으며 유인원이 되어야 어느 정도 나타난다. 인간은 뇌 부피의 80퍼센트가 신피질이다. 이 중 대부분이 시각중추에 해당한다.

인간은 신피질이 발달함에 따라 상상을 하게 되었다. 없는 모습(형색)을 만들어내게 되었다. 자기 안에 있는, 자기가 만들어놓은, 원형적인 모습에 가까운 사람을 사랑하게 되었다. 그렇다고 해서 상대방 모습을, 그 모습 그대로 사랑하는 것도 아니다. 상대방 모습이 우리 뇌를 자극해서 우리 뇌 안에 만들어지는 이미지를 사랑하는 것이다.

사람들이 그림을 좋아하는 이유는 이 세상에서 볼 수 없는 모습을 만들어내기 때문이다. 냄새·맛·소리는 없는 걸 만들어내기 어렵지만, 모습은 그렇지 않다. 얼마든지 만들어낸다. 없는 모양과 색채를 만들어낸다.

동물들은 모습과 냄새와 맛과 소리를 추상화할 수 없다. 인간은 모습은 추상화가 가능해도 나머지는 불가능하다. 추상화는 있어도, 추상향香 추상미味 추상음音은 없다. 멜로디는 추상화할 수 있어도 음질은 추상화할 수 없다.

냄새·맛은 보여줄 수가 없다. 똑같은 상태로 저장이 불가능하다. 설사 가능하다 해도 다양한 모습이 없다. 이에 비해 소리와 모습은 실시간으로 저장이 가능하다.

맛과 냄새는 저장이 불가능하므로 재생도 불가능하다. 어제 (음식점에서) 맛본 맛과 맡은 냄새를 오늘 (집에서) 다시 똑같이 재생하는 것은 불가능하다. 하지만 그 음식점에서 들은 소리와 모습은 똑같이 재생이 가능하다. 녹음하고 녹화했다 틀면 된다.

소리와 모습은 디지털화가 되지만, 맛과 냄새는 안 된다. 뇌과학이 발달하면, 뇌에 직접 자극을 줌으로써 맛과 냄새도 재생이 될 가능성은 있다. 영화의 각 장면의 맛과 냄새가 디지털화되어 저장되어 있다가, 특수한 기기를 통해서, 관람객의 뇌를 전기적으로 자극해 같은 맛과 냄새를 재생하는 것이다. 이것은 전혀 허황된 이야기가 아니다. 우리는 꿈속에서 맛과 냄새를 맡는 경우가 있으며, 실제로 뇌의 특정 부분을 전기적으로 자극하면 맛과 냄새를 느끼기 때문이다. 입체안경을 쓰고 입체감을 즐기듯이 특수한 헬멧을 쓰고 맛과 냄새를 느끼며 영화를 보는 날이 올수 있다. 그러면, 싱그러운 봄 동산을 볼 때, 싱그러운 봄 내음을 동시에 느낄 수 있다. 주인공이 차를 마시며 '바로 이 맛이야!' 할 때 우리도 그 맛을 똑같이 느낄 수 있다.

그러면 '아름다운 그대 모습을 그리며'라고 말하는 대신에 '향기로운 그대 냄새를 그리며'라고 말하는 게 가능해질 수 있다. 냄새적인 낭만적 사랑이 가능해지는 것이다.

뇌과학에 의하면 인간의 후각 기능은 실제보다 훨씬 더 강력하다고 한다. 단지 잠자고 있을 뿐, 활성화가 되면 못 느끼던 냄새까지 느끼게 된다고 한다. 명상 중에 느끼는 기묘한 냄새는 뇌자극으로 생기는 가상 냄새일 수가 있다.

꿈속에서 개가 되어 온갖 냄새를 맡다가 깨어나서도 개처럼 냄새를 잘 맡게 된 사람의 예가 있다. 비록 몇 달 후에 사라지기는 했지만. 신경 과학자 올리버 색스의 책에 등장하는 유명한 사례이다.

냄새는 서로 쉽게 섞인다. 소리도 그렇다. 하지만 모습, 즉 형태와 색깔은 완벽하게 분리가 된다. 냄새·소리는 맡고 듣는 자의 냄새·소리와 자동적으로 섞이지만, 모습(형태와 색깔)은 보는 자의 모습과 전혀 섞이지 않는다. 수백, 수천, 수만이 있어도 섞이지 않는다. 대단한 특징이다.

냄새와 맛은 많은 사람이 동시에 즐기기가 힘들다. 그래서 다음과 같은 광고가 없다. '세계적인 냄새 예술가 고약한 선생이 창작한 전위 냄새를 맡으시려면 3월 4일 예술의전당 대극장으로 오시기 바랍니다.' 또 하나의 문제는 냄새와 맛은 장면전환이 힘들다는 점이다. 기존의 냄새와 맛을 없애고 새 냄새와 맛으로 교체하는 데 시간이 너무 걸린다. (모습과 소리는 즉각적으로 가능하다.) 그래서 냄새와 맛에 대해 상상을 하는 게 더욱 어려워진다.

냄새와 맛과 소리가 낭만의 대상이 될 수 없는 이유이다. 상상의 대상이 되기 힘들기 때문이다. 이러이러한 냄새와 맛을 지닌 사람이나 물건을 상상하는 것은 어렵다. 소리는 어느 정도 가능하지만, 전문가가 아니면 힘들다.

소설·영화·드라마는, 없는 사람을 만들어놓고 사랑하고 즐기는 것이다. 최소한 읽고 보는 동안에는 등장인물을 사랑한다. 같이 기뻐하고 슬퍼하고 실망하고 만족하고 희망에 차고 절망하고 느긋하고 마음을 줄인다.

같이 살게 되면 낭만적인 사랑은 불가능하다. 하루 종일 붙어 살면 쏟아져 들어오는 상대방의 이미지로 인해서 상상력에 제약이 오기 때문이다.

모습만 이미지로 만드는 게 아니다. 마음도 이미지로 만든다. 상대방의 마음을 그대로 느끼는 게 아니라, 상대방의 마음을 소재로, 우리 마음 안에 이미지를 만든다. 그리고 그 이미지를 사랑한다.

엄밀하게 말하자면, 우리가 누군가를 사랑할 때 그 사람 자체를 사랑하는 게 아니다. 그 사람이 유발한 이미지를 사랑하는 것이다.

우리는 어떤 사람의 특정한 행동을 봐도 그 행동의 동기를 모른다. 그 사람이 속으로 어떤 생각을 하는지 모른다. 짐작할 뿐이다. 그리고 짐작은 종종 틀리고 빗나간다. 하지만 외적으로 나타나는 그 행동을 사랑한다.

우리는 음식을 만드는 과정에는 거의 신경을 안 쓴다. 주방장이 나를 저주하건 안 하건 신경을 안 쓴다. 알고 싶어하지 않는다. 최종 결과물인 음식의 맛에만 신경을 쓴다.

마찬가지로 동기보다 행동이 더 중요할 수 있다. 친절한 말이고 친절한 짓이면, 그 속마음이야 어떻든 간에, 친절한 말이고 친절한 짓이다. 헤어질 때 '그건 다 거짓이었어'라는 말을 들을지 몰라도 그동안 행복했다는 것은 부인할 수 없는 사실이다. 상대방으로 하여금 사실을 얘기하지 못하게 하는 것이 최대의 처벌일 수 있다.

거꾸로, 어떤 사람이 같이 사는 30년 동안 온갖 폭언 욕설을 퍼부어놓고 헤어지면서 혹은 죽으면서 '사실은 매순간 당신을 너무너무 사랑했다'고 하면, 당한 사람의 30년 불행이 다 풀릴까? 때로는 속마음보다 겉으로 드러난 행동이 더 중요하다.

우리는 연출된 사진을 보면서 '나는 다른 사진들보다 이 사진을 좋아한다'고 말한다. 앞에 있는 실물의 모습보다 사진을 더 좋아하는 경우도 있다. 우리는 우리의 모습을 여러 가지로 연출한다.

낭만적인 사랑은 이미지의 연출이다. 뇌가 만드는 물리적 정신적 모습에 대한 사랑이다. 대뇌 신피질이 발달하지 않으면 불가능한 사랑이다. 이런 이미지는 실재하지 않는다. 오직 우리 머릿속에만 있다. 그러므로 사랑이란 어떤 의미에서는 상대방으로 하여금 자신에 대한 환상을 유지하게 도와주는 일이다. 옛날 일본 여자들처럼 남자가 일어나기 전에 일어나 미리 화장을 하는 것도 방법이다. 절대로 민낯을 안 보여주는 것이다. (이게 지나치면, 물에 빠졌을 때, 물에 화장이 지워진 민낯을 보여줄 수 없노라고 익사를 택하게 된다.) 연예인들에 대한 환상은 화장하고 꾸민 얼굴만 보기 때문에 유지된다. 방귀를 트는 것은 친밀한 사랑은 만들지 몰라도 낭만적인 사랑은 깨뜨린다. 둘 다 얻기는 힘들 것이다. 그렇지 않다면, 세상에 왜 그리 헤어짐이 많을까?

낭만적인 사랑을 하려면, 상대(뇌 마음)도 속여야 하고, 자기(뇌 마음)도 속여야 한다.

충돌

_ 세상은 위험으로 가득하다
그걸 피하는 걸 삶이라 한다

한강순환도로에 차들이 빼곡히 달려갑니다. 차간 거리도 별로 띄우지 않고 빠른 속도로 달려갑니다. 서로 부딪히지 않는 걸 보면 신기합니다. 자전거도 오토바이도 지나갑니다. 차와 충돌하면 크게 다칠 겁니다. 그런데 좀처럼 사고가 나지 않습니다. 참 신기합니다.

몇 톤씩 나가는 차들이 서로 부딪히지 않는 이유는 운전 규칙을 지키기 때문입니다. 한 차라도 규칙을 어기면 바로 사고가 납니다. 차선을 바꿀 때 옆과 뒤를 살펴보지 않고 바꾸면 그냥 충돌사고가 납니다.

세상에 사람들이 많기도 합니다. 빌딩에서 지하철에서 사람들이 쏟아져 나옵니다. 사람들은 자동차들입니다. 무형의 자동차들입니다. 사람의 마음과 마음이 부딪히면 사고가 납니다. 각기 종교적 철학적 마음가짐 등 두터운 방호복으로 마음을 감싸고 있지만 충돌하면 부상을 당하기 쉽습니다. 때로는 죽기도 합니다. 사람들은 충돌사고를 막으려고 무척 조심해 삽니다. 하고 싶은 대로 마구 말하지도 않고, 말한 대로 마구 행동하지도 않습니다. 윗사람은 윗사람대로 아랫사람은 아랫사람대로 자제하고 삽니다.

깜빡 졸다 큰 사고가 났습니다. 승용차가 대형 트럭 바퀴 밑으로 빨려 들어가더니 운전자도 같이 납작하게 짓눌려 죽었습니다.

사람도 아차 말실수를 하고 큰 변을 당합니다. 중국 인민군 전쟁영웅 팽덕회는 말 한마디 잘못했다 죽었습니다. 국방부 장관 신분으로 대약진운동을 비판했다가 모택동에게 미움을 받고 쫓겨난 후, 문화대혁명 기간에 홍위병에게 130여 회 구타당한 후 투옥되었다가, 감옥에서 후유증으로 죽었습니다.

사회생활을 하다 보면 무심코 던진 한마디가 누군가의 마음을 비수 같이 찌르고 훗날 그에게 등을 찔립니다.

부인이 새 옷을 갈아입고 묻습니다. "나 뚱뚱해?" "응." 그날 야단났습니다. 밥도 못 얻어 먹었습니다.

여자친구가 물어봅니다. "저 여자 예뻐?" "응." "얼마나 예뻐?" "내 이상형이야." 그날로 이별을 당했습니다. 같이 식당에서 밥먹다, 텔레비전에 출연한 어떤 여자에 대해서 물어보는, 여자친구의 질문에 무심코 대답했다가 벌어진 일입니다. 식탁에 엎질러진 물은 동작만 빠르면, 상당히 주워담을 수 있지만, 이런 일은 하나도 주워담을 수 없습니다.

사자들이 물소를 둘러싸고 식사를 합니다. 하이에나를 혼내주느라 식사 시간을 놓치고, 늦게 나타난 우두머리 수사자가 비집고 들어갑니다. 식구들이 양보를 안 하자 이빨을 드러내고 물어뜯을 것처럼 으르렁거립니다. 깜짝 놀란 암컷과 새끼들이 자리를 비켜줍니다. 하이에나와 표범은 가차없이 물어 죽이지만, 같은 가족끼리는 그런 일이 벌어지지 않습니다. 규칙을 지키기 때문입니다. 살생을 일삼는 사자들에게도 꼭 지켜야 하는 규칙이 있습니다. 그중 하나는 "가족들에게는 물어뜯을 듯이 겁만 주어야지, 진짜로 물어뜯으면 안 된다"입니다.

사회 속에는 수많은 마음들이 운행합니다. 각자 가지가지 욕망을 품고 삽니다. 욕망끼리 충돌하면 분노가 터져나오고, 싸움이 일어나면, 마음의 상처와 불행으로 이어집니다. 때로는 인간관계의 단절도 일어나고, 상심하면 죽은 듯 무기력증에 빠지기도 합니다.

고속도로에서 시속 150~200킬로미터로 무섭게 빠르게 다니면서도 서로 충돌하지 않는 차들을 보고 참 신기했는데, 사실은 사람들이 더 신기합니다. 차는 삼차원을 달리지만, 사람의 마음은 수백 차원을 달리기 때문입니다. 얽히고설킨 인연의 공간을 무서운 속도로 달립니다. 때로는 세계대전 등 초대형 사고가 나기도 하지만, 아슬아슬 위태위태 그럭저럭 잘삽니다.

지속 가능한 사랑

_ 고립계에 지속 가능한 사랑은 없다
그런 건 영구기관과 같은 환상이다

어떤 사람을 사랑해야 할지 막막합니다. 사랑은 스스로 다가오는 것이지 우리가 선택하는 것이 아니라고 하는 이들도 있습니다. 특히 젊은 시절에 찾아오는 사랑은 정신을 잃게 할 정도로 황홀합니다. 온통 정신을 빼놓아, 앞뒤를 살펴볼 겨를이 없습니다. 그래도, 조금이나마 정신이 살아 있다면, 살펴볼 사항이 있습니다.

'그 사랑이 지속 가능하냐' 하는 것입니다. 모든 사랑에는 이유가 있읍니다. 내가 상대방을 사랑하는 데 이유가 있듯이, 상대방이 날 사랑하는 데도 이유가 있습니다.

하지만 많은 경우에 서로 그 이유를 모릅니다. 무의식의 작용이기 때문입니다. 이유를 아는 무의식은 사랑을 만들어 내놓고, 의식은 그 사랑을 즐깁니다. ('이러이러한 이유로 이 사람을 사랑하자'는 없어도, '나도 모르겠어. 왜 자꾸 이 사람에게 마음이 가는지'는 있습니다.)

맛있는 음식 앞에서 사람들은 묻지 않습니다. 왜 그 음식이 맛있는지를. 그럴 시간이 있으면, 음식을 더 음미하는 데 쓸 겁니다. 그냥 맛있게 먹습니다. 의식도, 이유를 묻지 않고, 다가온 사랑을 즐깁니다. 왜 사랑했는지를 깨닫는 것은 많은 경우에 사랑이 깨진 뒤입니다. 왜 깨졌는가를 분석하다 보면 왜 사랑이 떠나갔는지 드러납니다. 그리고 '내가 왜 그랬을까?' 하며 아쉬움에 잠을 못 이룹니다.

　사랑이 시작할 때는 전쟁터라면 자기 목숨을 바쳐서라도 상대를 구하겠다는 생각이 일어납니다. 부모를 위해서도 내지 못하는 생각입니다. 그만큼 상대로 인해 얻는 기쁨이 크다는 말입니다. 그 기쁨을 잃느니 차라리 죽겠다는 뜻입니다.

　은은한 부모의 사랑이 주지 못하는 강렬한 사랑이 있습니다. 이성 간의 사랑입니다. 부모의 사랑은 지속 가능한 사랑입니다. 이 사랑은 만드는 사랑이 아니라 태어날 때 가지고 나오는 사랑입니다. 이 경우 사랑의 대상도 가지고 태어납니다. 태어나기 전부터 자기를 사랑할 사람이 정해져 있습니다. 적어도 두 사람이 있습니다. 부모님 말입니다. 부모님이 주는 사랑은 시간이 가도 환경이 바뀌어도 변치 않습니다.

　하지만 이성이 주는 사랑은 가지고 태어나지도 않고 상대가 미리 정해져 있지도 않습니다. 지속하리라는 보장도 없습니다.

　스쳐 지나가는 세상사는 잠시도 머무르지 않습니다. 우리의 관계가 그렇습니다. 젊은 시절의 우정은 계급장을 뗀 것입니다. 아직 사회적 계급이 없기에 벌거벗은 두 마음의 우정입니다. 외모·돈·지위도 관계 없습니다. 외모가 주는 사랑은 외모가 사라지면 없어집니다. 돈이 주는 사랑은 돈이 없어지면 사라집니다. 지위가 주는 사랑은 지위가 추락하면 같이 추락합니다.

　가을이 깊어가면 돌배가 떨어집니다. 그 소리에 잠을 깨면 새벽 공기가 차갑게 스며듭니다. 겨울이 와도, 추운 우리 마음을 따뜻하게 채워주는 게 있습니다. 사랑입니다. 오래 지속되는 사랑입니다. 짙은 향기를 풍기며 꽃이 피는 봄에도 흔들리지 않고, 폭염에도 북으로 떠나지 않고

487

태양을 가려 그림자를 드리워주고, 만물이 익는 가을에 마음을 익혀주고, 북풍이 거센 겨울에도 따뜻한 남쪽을 찾아가지 않고 찬 바람을 가로막으며 곁을 지키는 사랑입니다.

그런 사랑은 가지고 태어나는 게 아니라 만드는 겁니다. 관계가 익으려면 효소가 필요합니다. 그것은 다름 아닌 배려이고, 배려는 상대가 원하는 걸 주는 겁니다. 세상살이에 철칙鐵則이 있습니다. 주는 사람은 사랑을 받고 빼앗는 사람은 미움을 받습니다.

줄 게 없으면 받을 게 없습니다. 관계가 오래될수록 그렇습니다. 사랑을 주지 않으면 사랑을 받지 못하고, 미움을 주지 않으면 미움을 받지 않습니다. 예외도 있지만 대체로 그렇습니다. 처음 불타는 정열이 식으면, 둘을 이어줄 새로운 관계를 찾아야 합니다. 정오의 뜨거운 태양이 지평선 위로 넘어가면, 호롱불을 켜고 서로 등이라도 긁어주어야 합니다. 사랑이 익으려면 주어야 합니다. 주역의 '적선지가 필유여경積善之家必有餘慶'이란 말이 이런 뜻입니다. 선인들은 이 말로 마음을 다스리고 베풀며 살았습니다. 베풀 때 지속 가능한 사랑이 생깁니다.

그런데 베풂에는 다의적인 뜻이 있습니다. 상대에게, 구태의연한 모습이 아닌, 새로운 모습을 보여주는 것도 베풂입니다. 《대학》의 '구일신 일일신 우일신苟日新 日日新 又日新'이 이런 뜻입니다. 탕 임금은 이걸 세숫대야에 새겨놓고 매일 아침 세수할 때마다 읽으며 스스로 경계했다 합니다. 자그마치 4,000년 전에 말입니다. 진실로 날로 새로워지려면, 나날이 새롭게 하고, 또 날로 새롭게 해야 합니다.

무서운 속도로 변하는 4차산업의 시대에, 우리도 같이 변해야 사랑을 받을 수 있습니다. 연인으로부터도, 가족으로부터도, 세상으로부터도.

간병인

_ 관계를 할 때마다 애인에게도
돈을 받는 라스베이거스 창녀가 있다

병원에서 늙은이들이 담소를 나눕니다. 젊고 아름다운 간병인들이 시중을 듭니다. 찡그린 표정 하나 없이 늙은이들을 돕습니다. 허리가 아프다 하면 허리를 주물러주고 다리가 저리다 하면 다리를 마사지해 줍니다. 인조인간들입니다.

불교 자비종慈悲宗과 가톨릭 테레사파가 파견한 간병인들도 있습니다. 인간이 기계(로봇)보다 더 낫다는 걸 증명하기 위해서 재단법인 '인승기人勝機'에서 후원한 종교인들입니다. 이들은 수년간 고도의 훈련을 받고 파견됩니다. 환자들은 주기적으로 시설에 보고를 합니다. 누구의 서비스가 가장 좋았는지와 아울러 그가 사람이라고 생각하는지 아니면 로봇이라고 생각하는지를 적어내야 합니다. 뒷문제의 정답률은 상당히 낮습니다.

노인들은 밝게 웃으며 인간 간병인들의 간병을 받던 옛날 사람들의 고충을 화제에 올리며 '지금은 얼마나 행복한지 모르겠다'고 합니다.

로봇들도 행복하답니다. 일이 끝나면, 이렇게 창조해주셔서 그리고 이 멋진 세상을 경험하게 해주셔서 감사하다고 기도를 드린답니다. (누

구에게 기도하느냐고요? 혹시 사람이 아니냐고요? 아닙니다. 하나님이랍니
다. 하나님이 인간의 손을 빌려 자기들을 창조한 거랍니다. 대단한 신학입니
다.) 무신론자 로봇들도 행복해합니다. 수천 년 전 인간들을 괴롭히던
원시적인 종교가 없어서 좋답니다. 요즘은 버그가 완전히 잡힌 최신형
이라 안전하다 하지만 좀 불안합니다. 동료 로봇들의 안전과 평안을 빌
뿐입니다.

이들은 인조인간들임에도 불구하고 감정이 넣어져 인간과 감정을 나
누는 게 가능하며, 종교심이 넣어지기도 하는데, 이 경우 거의 성자 수
준이라 범사에 감사할 뿐 짜증·미움·분노가 없습니다. 물론 좀 더 인간
적인 사이보그를 원한다면 언제든지, 심지어 이미 사용 중이라도, 항목
별로 성품을 조정을 하는 게 가능합니다. 예를 들어 '미움도 시샘도 약
간 넣으세요' 하는 식으로.

이상은 서기 3000년 어느 요양원에서의 풍경입니다.

어제 후배에게 자기 아버지 간병인들에 대해 이야기를 들었습니
다. 수년 전에 70대 아버지가 어머니를 여의고 홀로 되자, 간병인을 들
였는데, (그게 간병하는 데 더 효과적이라고 설득하여) 집에 들어와 살더니
어찌어찌 혼인신고까지 하게 되었답니다. 그런데 그 여자가 아버지 집
을 팔아 챙기려 하다가 후배에게 걸려 제지당했답니다. 이혼 소송이 걸
렸는데 2년 만에 겨우 이겼다고 합니다. 상대방은 기대와 달리 거액을
받지 못하자, 집을 폐가 수준으로 난장판으로 만들어놓고 나가서, 후배
는 자기가 치우고 손을 보느라 죽을 고생이라고 한숨을 쉽니다.

그런데 놀랍게도 이게 처음이 아니랍니다. 그 전에도 아버지가 다른
간병인과 사랑(?)에 빠진 적이 있다는 겁니다. 다행히 그때는 별 문제
없이 헤어졌답니다. (이 후배는 자신의 늙은 아버지가 사랑에 빠질 수 있다

는 걸 절대 믿지 않습니다. 물론 젊은 자신이 빠질 수 있다는 건 믿습니다. 아
니, 믿는 게 아니라 그냥 빠집니다.)

재산이 있는 노인들을 상대로 의도적으로 접근한 다음 재산을 들고
(팔아먹고) 튀는 먹튀들이 있다고 합니다. 많으면 수십 년까지 어린 여
인들이 무슨 이유로 낡고 다 망가진, 연식이 오래된 남인들을 좋아하겠
읍니까? 안타깝게도 노인들은, 여인이 자기 재산을 들고 튄 뒤에도, 그
여자가 그런 사람일 리 없다고 그리워한답니다.

오래 살면 누구나 그리될 가능성이 있습니다. '분수에 맞는 삶이란 어
떤 삶일까' 하고 생각을 하게 만드는 사례입니다. 어린 시절에 개미와
베짱이 이야기를 들으면 베짱이를 비웃으며 '절대로 저리 살지 않겠다'
고 다짐합니다. 그런데 그 우화寓話가 죽음에 대해서도 해당한다는 걸
모릅니다. 젊을 때, 늙을 때를 대비하지 못하면 아름답게 죽지 못합니
다. 정신적인 재산을 모아놓지 않으면 메마른 마음으로, 비참한 마음으
로 죽습니다. 문자 그대로 낯설고 황량한 곳에서의 횡사입니다.

젊은 세대가 늙은 세대에게서 닮지 않아야 하는 게 있다면 이런, 정신
적으로 가난한 삶입니다. 젊은 시절에 영적으로 마음을 풍성하게 해야
합니다. 늙으면 밥 힘으로 산다고 하지만, 그건 몸의 일이고, 아무리 밥
두세 공기를 먹는다 해도, 밥으로는 마음을 채울 수 없습니다.

끝은 항상 짧습니다. 특히 삶의 끝이 그렇읍니다. 젊음의 끝도 그렇읍
니다.

491

사랑

_ 사랑이 없는 삶은 죽음이다

자꾸 보고 싶습니다. 안 보면 생각이 나고 모습이 떠오릅니다. 사랑에 빠진 것입니다.

사랑이라는 말은 하나이지만, 정말 많은 종류의 사랑이 있습니다.

물질적 사랑이 있고 정신적 사랑이 있습니다. 물질적 사랑에는 재물에 대한 사랑과 육체에 대한 사랑이 있습니다.

돈이나 부동산 등 재물이 사라지면 같이 사라지는 사랑은 재물과 돈에 대한 사랑입니다. 혼수가 적다고 파혼을 선언하는 사랑이 그런 사랑입니다. 부잣집 처가가 망했다고 이혼을 하는 사랑도 이런 사랑입니다.

사고로 눈과 코가 사라지면 같이 사라지는 사랑은 육체적인 사랑입니다. 인정하기 싫지만, 아름다운 외모에 반한 사랑은 외모가 사라지면 같이 사라집니다. 이별이나 이혼을 선언하거나 당합니다. 그러므로 남들이, 눈·코·얼굴·가슴·엉덩이·허벅지 등 당신의 아름다운 외모를 사랑한다 하면 조심해야 합니다. 그 외모를 잃지 않도록 노력해야 합니다. 외모가 사라질 때 같이 사라질 사랑이기 때문입니다. 당신이 사랑을 받는 입장이 아니라 주는 입장일 때도 마찬가지입니다.

젊은 연예인과 나이 많은 재벌의 결혼은, 많은 경우에 연예인이 늙거나 재벌이 돈을 잃으면 해체됩니다.

남편이 중병에 걸렸읍니다. 자리보전을 하고 드러누웠읍니다. 어려운 가정 형편에 병원에 입원을 못 시키고 부인이 대소변을 다 받아냅니다. 그래도 부인은 남편이 살아 있는 게 고맙답니다. 부인이 파출부로 일하러 나간 동안, 남편은 하루 종일 좁은 방에 누워서 텔레비전만 봅니다. 이렇게 된 지 벌써 5년이 넘었읍니다. 진정한 사랑입니다. 필자가 직접 알고 있는 실화입니다.

다른 이야기도 있습니다.

남편이 평생 떠돌아다니며 살았읍니다. 처음에는 가끔 집에 들어오더니 나중에는 아예 발을 끊었읍니다. 오랜 시간이 지나 병이 들어 돌아왔읍니다. 그동안 혼자 생계를 꾸리며 아이들을 키우느라 몹시 고생한 부인은, 빈털터리 늙은 남편을 임종할 때까지 여러 해 정성껏 간호했읍니다. 자기와 자식을 버리고 돈을 들고 나간 남편인데도 말입니다. 남편이 돌아와준 게 그리고 살아 있다는 게 고맙답니다. 눈물나는 사랑입니다.

남편이 사업에 실패하고 돈이 떨어지자 같이 살던 여자가 남편을 쫓아낸 것입니다. 갈 데가 없는 남편은 이리저리 떠돌다가 중병이 들자 염치 불구하고 집을 찾아온 겁니다. 필자 친구의 부친 이야기입니다.

돈이 떨어지면 모질게 버리는 사람이 있고, 돈을 들고나가 다 탕진하고 돌아와도 받아주는 사람이 있읍니다.

어떤 사람은 돈을 사랑하고 어떤 사람은 사람을 사랑합니다.

어떤 여자는 남자가 실직을 하면 남자를 버립니다. 수없이 긁는 바가지는 버림의 전주곡입니다. 어떤 여자는 '너무 기죽지 마세요. 당신이 못 벌면 내가 벌면 되지' 하며 몸뻬 바지 두르고 시장에 좌판을 벌입니다.

젊은 남자가 직장 사장의 외동딸과 사랑에 빠졌습니다. 남자는 사귀던 가난한 여자를 버립니다. 여자는 남자에게 자기를 버리지 말라고 애원하며 매달립니다. 남자가 사랑하는 것은 돈이지 여자가 아닙니다. 사장 딸이 아닙니다. 옛날 영화의 단골 소재였습니다.

사람이 사랑하는 대상은 무척 많습니다. 이성에 대한 사랑이라면, 용모·품성·교양·섹시함·생활력 등이 있습니다. 사랑은 단순하지 않습니다. 하나의 장점이 무척 강해 다른 약점을 다 감당하고도 남는 경우도 있지만, 하나가 너무 약해 다른 장점들을 다 무력화시키는 경우도 있습니다. 사랑이 시들거나 헤어지는 이유입니다.

사랑은 복잡합니다. 한 사람에 대한 사랑은 하나에 대한 사랑이 아니라 수많은 것에 대한 사랑이고 애증입니다. 어떤 면은 좋아하고 어떤 면은 싫어합니다.

예를 들어, 남자가 돈을 잘 쓰고 술을 잘 먹고 호탕합니다. 남자답기 그지없습니다. 그 점에 반해서 결혼했습니다. 그런데 자주 친구들과 어울려 술 마시느라 밤을 새우기 일쑤입니다. 술값도 자기가 다 내고 돈도 마구 빌려줍니다. 남들에겐 그렇게 잘하는데 '가족은 나몰라라'입니다. 옛날에는 이런 사람이 많았습니다.

미움이 사랑을 밀어내고 들이닥치면 애증이 교차하지만, 그래도 사랑합니다. 같이 사는 이유입니다. 하지만 때로는 들이닥친 미움이 온 마음마을을 범람합니다. 그러면 '너를 만난 게 내 인생의 최대 실수다' 하며 떠나갑니다.

옛말이 틀린 게 하나 없습니다. 당신이 곤경에 처했을 때, 미모·건강·재산·지위·권력을 잃었을 때, 버리지 않고 위로해주고 힘을 주는 사람이 진정으로 당신을 사랑하는 사람입니다.

우리는 우리에게 무조건적인 사랑을 주는 사람을 찾지만 그런 사람은 없습니다. 부모님의 사랑이 크긴 하나 죽음 너머까지는 미치지 못합니다. 그래서 그런 사랑을 주는 신을 만들어 섬깁니다. 하지만 엄밀히 따져보면 그 사랑은 무조건이 아닙니다. 믿어야 합니다. 안 믿으면 지옥에 투옥당합니다. 그래서 혹시 죄를 짓고 지옥에 가지나 않을까 신경쇠약증에 걸릴 지경입니다.

자기가 자기를 사랑하는 것이 가장 안전한 일입니다. 이런 사랑은 어느 누구도 빼앗아 가거나 방해할 수 없는 사랑입니다. 스스로 당당하게 살면, 남의 기준이 아니라 자신의 기준으로 살게 되면, 자신을 사랑할 수 있게 됩니다. 그러면 남도 사랑할 수 있습니다. 본시 자기를 사랑하지 못하는 사람은 남도 사랑할 수 없기 때문입니다. 최소한 자기 자신을 미워하는 일은 없어야 합니다. 곰곰이 생각해보시기 바랍니다. 예수나 부처가 자기 자신을 미워했는지. 이것은 마음에 평안을 얻고 지복을 누리는 이라면 불가능한 일입니다.

인간의 본성을 알게 되고 나아가 자신의 본성을 알게 되면, 타인과 자신에 대한 환상과 집착에서 벗어나 헛된 사랑을 구하지 않습니다. 그러면 사랑을 얻어도 잃어도 담담할 수 있습니다. 마음의 평안을 얻습니다.

우리에게 기쁨을 주는 것은, 소멸하거나 사라지거나 떠나갈 때 슬픔을 줍니다. 우리가 그들을 잡아둘 힘과 자격이 없을 때 그들은 우리를 떠나가고, 우리는 슬픔에 빠집니다. 미리 그런 이치를 알아두면 세상의 흐름에 휩쓸리지 않습니다. 고통이 통제 불가능할 정도로 자기 멋대로 커지지 않습니다.

참으로 다행인 점은, 남에게 사랑을 받는 것보다는 남을 사랑하는 게 더 쉽다는 것입니다. 전자는 남에게 달린 일이나, 후자는 나에게 달린 일이기 때문입니다.

사람들은 흔히 사랑하는 마음은 타고나는 것으로 생각합니다. 하지만 '얼마나 사랑하느냐'는 기를 수 있습니다. 보고 들으면 커집니다. 가족과 주위에 많이 베푸는 사랑이 많은 부모님의 모습도 도움이 되지만, 간접경험도 중요합니다. 막장 드라마에는 눈길도 주지 말고 〈초원의 집〉을 보아야 합니다.

자꾸 보고 싶고 안 보면 생각이 나는 것은 사람만이 아닙니다. 장소도 있습니다. 못 이기고 다시 찾아가기도 하고, 그걸로는 부족해서 한동안 머물기도 합니다. 아예 집을 짓고 눌러앉기도 합니다.

무형의 것들도 있습니다. 이념·사상·철학·종교 등이 있습니다. 이것들에 대한 사랑이 너무 깊어, 이것들을 추구하고자 연인이나 배우자나 가족을 버리기도 합니다.

사람들이 사랑하는 대상들은 정말 많습니다. 유형·무형·사람·사물·이념·종교 많기도 합니다. 사랑하는 것을 위해서는 천리길도 멀다 하지 않습니다. 필자가 미국 출장갈 때 어린 아들이 말하곤 했습니다. "아빠, 나도 데리고 가." "왜?" "우리 미국 살 때 자주 가던 CiCi's라고 피자 뷔페식당 있잖아? 너무 맛있었는데 가고 싶어." "이놈아, 거기 갈 차비면 여기서 피자 수백 판을 먹겠다." 그게 인간입니다. 사랑하는 걸 보고 만나고 이루기 위해서는 많은 걸 희생합니다. 인생을 희생하기도 합니다. 짧은 인생을 송두리째 바치기도 합니다. 때론 잘못되기도 합니다. 죽은 뒤 누가 그들을 위해 울어줄지 궁금합니다.

사람들은, 남들이 우리에게 준 이익만 생각하지, 그들의 슬픔과 고뇌와 마음고생은 거의 생각하지 않기 때문입니다.

예를 들어, 사람들은 이순신 장군이 왜적에게 아들을 잃었을 때의 아픔과 임금에게 끌려가 고문을 당할 때의 아픔은 좀처럼 입에 올리지 않습니다.

심지어 부모님에 대해서도 그렇습니다. 사랑이 어려운 이유입니다.

세상의 사랑은 자기의 이익을 구하는 사랑입니다. 상대의 미모, 재물, 권력, 능력, 젊음이 자기를 즐겁게 하기 때문입니다. 보기 좋고 누리기 좋기 때문입니다.

자기의 이익을 구하지 않는 사랑은 만나기 힘드나, 스스로 그런 사랑이 되는 것은 여전히 어렵기는 하나 더 쉽습니다. 완전히 이루기는 불가능할지라도 조금씩 가까이 가는 것은 가능합니다.

우리 주위에서 볼 수 있습니다. 세상에 여기저기 조금씩 흩어진 진정한 사랑을 모으면 아마 하나쯤 완벽한 사랑을 만들 수 있을 겁니다.

497

용서

_ 용서처럼 인위적인 것은 없다

살인범을 아들로 삼은 사람이 있습니다. 자기 아들을 죽인 사람을 말입니다. 신문에 보도된 내용입니다. 의붓아들이 찾아올 때마다 죽은 아들이 생각날 겁니다. 그 일을 어떻게 극복하는지 평범한 우리 마음으로는 헤아릴 길이 없습니다.

부모는 용서했지만 죽은 아들은 용서하지 않을 수 있습니다. 죽은 자기 자리를 차지한 살인자로 인하여 더욱 분노하고 증오할 수도 있습니다. 이런 일은 어떻게 해결할지 평범한 우리 짧은 생각으로는 알 길이 없습니다.

백인들은 수백 년간 흑인을 노예로 삼았습니다. 아프리카에서 신대륙으로 노예가 가고, 신대륙에서 유럽으로 (노예들이 생산한) 목화가 가고, 유럽에서 아프리카로 면직물이 가는 삼각무역이 이루어졌습니다.

백인들은 흑인을 사람으로 치지 않았습니다. 아직 진화가 덜 된, 유인원과 사람 사이의 모호한 생물로 보았습니다. 하나님이 실수로 창조한 생물로 보기도 했습니다. 흑인들을 범선 바닥에 쇠사슬로 묶어서 빽빽이 실어 대서양을 건너 아메리카 신대륙으로 날랐습니다. 항해 중 반이

병으로 죽었읍니다. 바다에 던져진 시체는 물고기밥이 되었읍니다.

　비극은 흑인 부족들이 적대 부족민들을, 혹은 힘센 흑인 부족이 약한 부족민을 잡아 백인 노예상들에게 팔아먹었다는 것입니다.

　남아프리카 공화국은 오랜 세월 동안 흑백분리 정책을 시행했읍니다. 넬슨 만델라는 소수 백인들의 횡포에 대해 항의하다 수십 년간 감옥 생활을 했으나, 대통령이 된 후 보복을 하지 않았읍니다. 그들을 용서했읍니다. 보복은 분풀이하는 당세대에게는 통쾌한 일이겠지만, 흑백 양측의 자손대에는 깊은 상처를 남깁니다. 만델라는 젊은 세대에게 그런 정신적 외상을 가하지 않은 것입니다. 진정한 용서이자 현명한 용서입니다.

　용서를 하지 않으면 증오가 마음 한쪽 구석을 차지하고 살아야 합니다. 기회를 잡기 위해 그리고 기회가 왔을 때 보복하기 위해, 당한 일과 증오를 잊지 않고 살려두어야 합니다. 이는, 마음속에 악인을 처벌하는 사설 지옥을 세우고 사는 것과 같습니다. 그러면 항상 마음 한쪽이 음울하고, 그 음산한 기운은 나머지 마음에 영향을 미칩니다.

　티베트는 한국전쟁 기간 중에 중공의 침략을 당해 멸망했읍니다. 수많은 사람들이 험준한 설산 히말라야를 넘어 인도로 탈출했읍니다. 남은 사람들은 감옥에 투옥당했읍니다. 승려들은 증언합니다. 진정 힘들었던 것은 고문의 고통이 아니라 자기들 마음에 중국인들에 대한 증오가 생기지 않게 하는 것이었다고 합니다. 평생을 자비심을 닦으며 사는 전문 승려들에게도 어려운 일이라고 합니다.

　인간이 가진 모든 덕은 노력에 의해 유지되고 강화된다는 점을 보여주는 사례입니다. 이들은 자기들 마음에 아예 미움이 생기지 않게 함으로써 용서할 필요도 없게 만듭니다. 이런 일은 결코 쉬운 일이 아닙니다.

달라이 라마는 '만약 자기가 중국군을 만난다면 그리고 자기에게 총이 있다면 어떤 일이 벌어질지 모른다'고 고백한 적이 있습니다.

흑인들은 자기들을 노예로 만든 백인들의 신을 받아들여 믿었읍니다. 유대인은 자기들의 학살을 방치한 신을 용서하지 않고 버렸읍니다.

인류 역사는 사람이 사람에게 저지른 만행의 역사입니다. 각자 변명이 있겠지만 외계인의 눈에는 무도無道한 생명체들이 사는 행성입니다. "얘들아, 저 푸르게 빛나는 아름다운 행성에는 잔인하기 이를 데 없는 생물들이 산단다." 자기 자식들에게 이렇게 말할지 모릅니다. 거대한 전파 망원경 앞에 나란히 앉아서 말입니다.

모든 종교는 사랑을 가르칩니다. 용서는 가장 높은 수준의 사랑입니다. 원수조차 사랑하는 사랑 말입니다. 용서를 하지 않으면 원수를 사랑할 수 없읍니다. 우리 주변에 종교인들이 많습니다. 인류의 70퍼센트는 종교인입니다. 그런데도 세상에는 싸움과 전쟁이 그치지 않읍니다.

천국에 가려는 마음과 원수를 사랑하는 마음, 둘 중 어느 것이 세상을 더 살기 좋은 곳으로 만들까요?

(신에 대한) 믿음과 (사람에 대한) 용서 중에 어느 것이 세상에 평화를 가져올까요? 천국의 문을 여는 용서는 신의 일인지 모르나, 세상의 평화를 여는 용서는 사람의 몫입니다.

참회하지 않는 자를 용서할 때, 그 용서가 참회를 불러일으키는 기적이 일어나기도 합니다. 죽어라고 완강하게 버티던 남극의 빙산 같은 견고하고 차가운 마음이 허물어지고 녹는 기적이.

짝짝이 구두

_ 인생의 후반기 삶은 잃어버리는 과정이다

내 글을 좋아하는 젊은 지인이 평소 내 옷차림과 머리 스타일과 수염을 못마땅해했다. 노땅 또는 꼰대 스타일이라는 것이다. 거기다 홈리스처럼 지저분하기까지 하다고 분개(?)했다. '미장원에 가서 머리를 하면, 거기 어울리는 멋진 옷을 제공하겠다'고 했다. '시골 미장원에 가면 안 가느니만 못할 수가 있다'고 궁색하게 대답했더니, '서울로 오면 모시겠다'고 제안했다. '단, 머리를 한 뒤 옷을 사러 갈 터이니 꼭 구두를 신고 와야 한다'고 당부했다. 평소에 필자가 등산화를 신고 다니는 걸 보고 한 말이었다. (필자야 괜찮지만, 등산화는 참기 힘들었을 것이다. '산에서 도시로 활동 영역을 넓혀가려는' 자기를 모욕하는 발언이었기 때문이다.)

낡은 구두를 꺼내 신고 포항을 떠나 서울로 향했다. 서울역에 내리니 역사 안에 구두닦이 부스가 보였다. 참나무껍질처럼 거칠어진 구두에 광이라도 내보려고 들어갔다. 구두닦이가 구두를 보더니 '어떻게 이런 상태로 구두를 신고 다닐 수 있느냐, 좋은 구두인데 무척 아깝다'며 고쳐주겠다고 제안했다. '뒷굽은 다 닳아 구멍이 나 속살이 드러나고, 뒤꿈치 가죽은 세 겹으로 분리되어 너덜너덜해진 게 정말 고쳐질 수 있을까' 의심하는 필자에게, 고친 걸 보면 놀랄 거라고 안심을 시켰다. 5만

501

5천 원을 달라는 걸 깎아서 5만 원을 지불했다.

　(나중에 알고 보니, 여기에 2만 원을 보태면, 지인이 신고 다니는 구두 가격이었다!)

　전에 있었던 일이 생각났다. 한 달 전일까. 행사장에 가다가 구두를 닦아달라 했더니 종로 구두닦이가 물끄러미 바라보더니 그냥 가시라고 한다. '닦아봤자 소용이 없다'는 것이다. 의사에게 찾아갔다가 '그냥 돌아가라'는 말을 들은 기분이었다. '백약이 무효이니 그냥 집에 가서 죽을 날만 기다리라'는 말이 아닌가.

　그런데 이 서울역 구두병원 의사가 제법 오래전에 사망신고를 받은 이 구두를 살릴 수 있다고 하지 않는가? 이미 지불한 5만 원도 더불어 사망하는 게 아닐까 불안해하다가 화장실에 들러 신문을 한 장 다 읽고 왔더니 어느덧 다 고쳐져 있다. 말끔했다. 새 신발 같았다. 기사회생했다. 놀라운 일이었다. 구두닦이 말이 빈말이 아니었다.

　이어 만난 지인이 구두에 대해서 아무 말이 없는 걸 보니 천만다행이다. 하루 종일 옷 쇼핑에 머리를 하고 수염을 다듬느라, 백화점과 미용실을 찾아 한강을 넘나들었더니 무릎이 불편하다. 다음 날도 그다음 날도 여전하다. 혹시 구두 때문이 아닐까 하고, 수선한 구두굽을 맞대고 맞추어 보니, 한쪽이 다른 쪽보다 무려 0.5센티나 더 높다. 이럴 수가! 사람으로 치면 의료사고였다. 다시 찾아가 '어떻게 전문가가 이럴 수 있느냐'고 호통을 치자 구두닦이가 백배사죄百拜謝罪한다. 얼마 후 다시 수선이 끝나고 구두가 착하게 다시 태어났다. 무릎의 통증도 씻은 듯 사라졌다.

그리고 그날 하루 종일 시간을 내준 지인에게 고마운 생각이 '불쑥' 일어났다. 그 생각을, 그동안 무릎 통증이 누르고 있었던 것이었다.

▤ 하지만 그 감격도 잠깐, 구두는 며칠 안 가 옆구리가 터져 사망했다. 구두도 타이어처럼 옆구리가 터지면 고칠 수 없다고 한다.

503

사랑, 협력

_ 그래도 세상은 살 만한 곳이다

1960년대에 정치학자 로버트 액셀로드Robert Axelrod가 고안한 유명한 실험이 있습니다. 전 세계 게임이론game theory 학자들이 모여 시합을 했습니다. 자기들이 짠 소프트웨어를 들고와 서로 경쟁을 했습니다. 놀랍게도 우승자는 가장 간단한 퍼센트그램인 '이에는 이, 눈에는 눈' 또는 '받은 대로 갚아준다'는 뜻을 가진 '팃포탯tit for tat'이었습니다.

이 퍼센트그램은 협력하는 상대에게는 협력하고 배반하는 상대에게는 배반합니다. (우호적인 상대에게는 우호적으로, 적대적인 상대에게는 적대적으로 대합니다.) 초기 조건은 협력입니다. 즉 처음 만나는 상대에게는 일단 협력합니다. 다음에 다시 만날 때 자기에게 협력하면 같이 협력하고, 배반하면 같이 배반합니다.

이는 무한 경쟁이 싸움과 파멸을 가져올 것이라는 예측이 틀렸다는 걸 보여줍니다. 흔히들 사람들은 종교 등이 제공하는 윤리 도덕이 없으면 인간사회가 망할 것이라고 하는데 그렇지 않음을 보여준 것입니다.

만약 당신이 항상 배반하는 게 다른 사람들에게 알려지면 아무도 당신에게 협력하지 않아 당신은 사회 속에서 외톨이가 되어 망할 것입니다. 왜냐하면, 인간은 사회적인 동물이므로, 개인이 사회적 시스템을 이용해 힘을 기르기 때문입니다. 예를 들어, 당신이 아무리 힘이 세도 100명 부하를 둔 난쟁이를 이기기 힘듭니다. 그들에게 둘러싸이면 이기기 힘듭니다.

만약 당신이 항상 협력한다는 게 알려지면 다들 당신을 이용해 먹을 겁니다. 그 결과 당신은, 날지 못하는 모리셔스섬의 도도새가 쥐에 잡아먹혀 멸종하듯, 망할 것입니다. 특정 식물이 동물들에게 마구 뜯어먹혀 개체 수가 급감하거나 멸종하는 것은, 전혀 반격과 복수를 못하기 때문입니다. 즉, 결과적으로 항상 협력하는 것이나 같기 때문입니다.

그러므로 살아남으려면, 협력과 배반 사이에서 균형을 잡아야 합니다. 여기서 초기조건이 협력이라는 점이 중요합니다. (당신이 협력을 하면, 통신이 발달한 사회일수록 더 널리 당신의 성품이 알려져, 같은 성품을 지닌 것들이 더 많이 찾아오게 됩니다.)

협력하는 성품을 지닌 것들은 협력하며 서로 뭉칩니다. 집단을 이루어 힘이 세집니다. 만약 당신이 협력하는 성품을 지녔다면, 이 집단의 일원이 되어 집단의 힘을 업을 수 있습니다.

더 협력할수록 더 큰 집단을 만들 수 있습니다. 모두 한마음 한뜻으로 뭉치면 가공할 힘을 발휘합니다. 다른 구성원을 구하기 위해 혹은 집단의 안위를 위해 싸우다 목숨을 잃을 수 있으나, 다른 구성원들도 나를 위해 싸워줄 것이므로 (집단의 규모가 커질수록), 내 생존확률이 기하급수적으로 증가합니다.

배반을 하는 것들은 서로 뭉칠 수 없어 개체로 남아, 상대적으로 힘이 약해집니다.

조폭들도 조직원들끼리는 협력하나, 그들을 싫어하는 선량한 사람들

505

이 압도적으로 많기에 사회의 주도적인 세력으로 클 수 없읍니다. 음지 식물처럼 항상 음지에서 살게 됩니다.

이런 일은 구성원들이 이런 이치를 몰라도 저절로 일어납니다. 왜냐 하면, 협력하는 성향을 가진 놈들은 서로 협력해 살아남고, 배반하는 성 향을 가진 놈은 서로 싸우다 부상을 입거나 살해당해 사라지기 때문입 니다. 그러면 결국 협력하는 성품을 가진 자만 살아남거나 절대다수를 차지하게 됩니다.

북극곰은 정 잡아먹을 게 없으면 동족을 잡아먹기도 합니다. 특히 새 끼들을 잡아먹읍니다. 그런데 너무 그리하다가는, 또는 잡아먹을 게 있 는데도 그리하다가는, 북극곰은 멸종하고 말 겁니다. 그러므로 지금도 북극곰이 멸종하지 않은 것은 북극곰에게 카니벌리즘cannibalism(동족 잡아먹기)의 경향이, 설사 있다 해도 무척 약하기 때문이라고 볼 수 있 읍니다. 어느 누구도, 신도 북극곰들에게 도덕을 가르친 것이 아니지 만, 자연은 저절로 그런 (도덕적?) 성향이 상당한 수준으로 유지되고 후 대로 전해지게 만듭니다.

사랑과 배려와 협력은 우리 유전자 안에 이미 심어져 있읍니다. 인간 은 그런 성품을 이용해 생물계 먹이사슬 정점에 올랐기 때문입니다. 사 람들은 흔히 마음만 먹으면 뭐든 할 수 있을 것처럼 생각하지만, 그게 생각처럼 그리 쉬운 게 아닙니다. 타고난 걸 거슬러 가려면 엄청나게 힘 이 듭니다. 수억 년 동안 수천만 대에 걸쳐 대대로 곧게 자라온 대나무 를 휘게 하려면, 힘을 주어 구부린 다음, 뜨거운 불 위에 대고 한참 동안 열을 가해야 합니다. 결코 저절로 자연적으로 일어날 수 없는 일입니다.

우리 안에 어떤 선한 성품이 있다면 그건 우리가 태어난 후 만든 게 아닙니다. 가지고 태어난 것입니다. 선한 성품은 지난 35억 년 동안 수 많은 임상실험을 통해서 효과를 입증한 성품입니다. 그걸 유지하고 강 화하는 데는 노력이 필요합니다. 하지만 오히려 악한 성품을 유지하고 강화하는 게 더 힘이 듭니다. 세상에는 악인들이 많지만, 선한 사람들이 훨씬 더 많습니다. 그뿐만 아니라 악인이라 하더라도 모든 면에서 악인 인 것은 아니며, 일부 측면에서 악할 뿐이고 당연히 선한 면도 있습니 다. 이는, 우리가 인류에 희망을 가질 수 있는 근거이고, 선행을 할 수 있 는 근거입니다.

맹자는 인간이 선한 성품을 타고난다고 주장했지만, 중요한 점은 선 한 성품에도 정도의 차이가 있으며, (타고난 선한 성품을) 더 크게 더 깊 게 만들 수 있습니다. 왜냐하면 진화론적으로 보면, 인간은 선한 성품이 없는 단세포에서 출발하였으므로, 35억 년이 흐르는 동안, 중간에 어디 선가, 선한 성품이 생기고 자라 지금처럼 커졌기 때문입니다.

누가 가장 많이 죽일까

_ 타인은 지옥이다 〈사르트르〉
여기서 타인이란 멀리 있는 사람들이 아니라
가까이 있는 사람들이다

한국 사람을 가장 많이 죽이는 사람들은 누구일까요? 일본인일까
요? 중국인일까요? 미국인일까요? 답은 한국인입니다. 매일 3명 정도의
한국인이 같은 한국인에게 살해당합니다. 2016년 한국에 910건의 살인
사건이 일어났습니다. 강간은 더 흔합니다. 매일 80명 정도의 한국인이
같은 한국인에게 강간당합니다. 2014년 한국에서 2만 9,863건의 성폭력
사건이 발생했습니다.

우리는 일본을 미워하고 미국·중국도 미워하지만, 평소에 우리를 가
장 많이 죽이고 강간하는 것은 한국 사람들입니다.

한국인들은 누구와 가장 많이 싸울까요? 역시 한국 사람들입니다. 매
일 약 400명의 한국인이 같은 한국인에게 폭력을 당합니다.

2014년 한국에 14만 6,625건의 폭력사건이 발생했습니다.

전 세계에 국가 간의 전쟁이 일어나지 않아 국제평화가 유지되는
한, 자국민을 가장 많이 죽이고 강간하고 폭행하는 사람들은 자국민들
입니다.

아이러니한 일이 아닐 수 없습니다. 제2차 세계대전 이후로 국지전은
있었으나 큰 규모의 전쟁은 없었습니다. 한국전쟁과 베트남전은 동족끼

리의 전쟁에 외세가 끼어든 형태입니다. 같은 민족끼리 엄청나게 죽였
읍니다. 각각 100만 명이 넘게 죽였읍니다. 형제가 원수가 아닌지 묻지
않을 수 없읍니다.

같은 민족이라는 신라·백제·고구려는 근 700년 동안 수없이 전쟁을
일으켜 서로 잡아죽이며 싸웠읍니다. 이때 흘린 피는 한반도를 적시고
도 남았을 겁니다.

중국인들은 3,000년 동안 자기들끼리 수천 회의 전쟁을 일으켜 자기
들끼리 수십억 명을 죽였읍니다. 중국 동북공정에 의하면 몽고족도 여
진족도 중국 민족이므로 이들과 벌인 전쟁도 예외가 아닙니다. 중국인
들을 가장 많이 죽인 건 중국인입니다. 이에 비하면, 제2차 세계대전 중
에 일본이 죽인 2,000만 명은 새 발의 피입니다. 민족이 민족의 원수입
니다.

509

남이 죽이는 건 한 사람도 안 되고 가족이 죽이는 건 아무리 많아도
괜찮은지 묻지 않을 수 없읍니다. 만약 괜찮다는 사람들이 있다면, 묻고
싶읍니다. 가정폭력에 국가(사법제도)가 개입하는 것도 반대하는지.

숲속 작은 새들이 뻐꾸기 새끼를 열심히 키웁니다. 그런데 뻐꾸기 새
끼는 양부모의 알과 새끼들을 다 죽였읍니다. 둥지 밖으로 밀어 떨어뜨
려 살해했읍니다. 양부모 새는 그것도 모르고 뻐꾸기 새끼를 키웁니다.

인간세상에서 뻐꾸기 새끼 역할을 하는 것은 탐욕·원한·어리석음입
니다. 탐욕에 눈이 멀고 원한에 사로잡혀 재물과 권력과 여자를 두고 싸
우다 서로 죽입니다. 살인이 가져올 처참한 정신적 파멸을 생각하면 있
을 수 없는 일이나, 지혜가 없어 벌어지는 일입니다. 사상과 이념도 뻐
꾸기 새끼 역할을 합니다. 사상과 이념이 다르다는 이유로 죽입니다. 그

것도 가장 잔혹한 방법으로 죽입니다. 그리고 민족이라는 이름으로 미화합니다. 그러고도 자신이 그런 짓을 하고 있다는 걸 모릅니다.

종교 역시 뻐꾸기 새끼 역할을 합니다. 형제가 먼저 나고 종교가 나중에 들어왔건만, 종교를 앞세우고 형제를 죽입니다.

이란과 이라크는 같은 이슬람교를 믿으면서도 시아파와 수니파란 이유로 전쟁을 벌여 서로 100만 명을 죽였읍니다. 마호메트의 추종자들은, 마호메트의 적법한 계승자가 그의 사촌인 알리 이븐 아비 탈립이냐(시아파), 아니면 마호메트의 친구이자 장인인 아부 바크르냐(수니파) 하는, 시시한 문제로 갈라진 뒤 1400년 동안이나 싸움을 벌여 왔읍니다. 이란은 시아파이고 이라크의 후세인은 수니파입니다.

프랑스와 독일은 신구교로 나뉘어 각각 위그노 전쟁과 30년전쟁을 벌여 서로 잡아죽였읍니다. 후자로 인해 독일 인구가 3분의 1이나 감소했읍니다. 같은 국민들끼리 얼마나 서로 학살했는지 알 수 있읍니다.

넓적부리황새shoebill 새끼는 형이 아우를 부리로 쪼고 물어 둥지 밖으로 몰아내 탈수증과 굶주림으로 죽게 만듭니다. 형제가 원수입니다.

이런 새들이 많이 있읍니다. 모두 부모 용인하에 일어납니다. 부모는 쫓겨난 새끼를 방치합니다.

당 태종 이세민은 왕자 시절에 자기 형 두 명을 장안성 현무문에서 도살하고 왕위에 올랐읍니다.

조선 태종도 형제들을 학살하고 왕위에 올랐읍니다.

오스만 터키 왕자는 술탄에 오르면 자기 형제를 모조리 죽였읍니다.

한나라 이후 다시 중원을 통일한 진나라도 8왕의 난을 일으켜 사마씨 형제들끼리 서로 잡아죽이며 싸우다 망했읍니다.

왕자들의 원수는 형제 왕자들입니다.

국제적 평화가 오래 지속될수록 동족이 동족에게 저지르는 살인·폭력·강간이 두각을 나타냅니다. 이럴 때일수록 눈을 안으로 돌려 우리 안에 숨어 있는 폭력 성향을 성찰해야 합니다.

우주의 눈으로 볼 때 탐욕·원한·이념·사상·종교·어리석음에 넘어가 정신과 영혼을 살해당하고도 어머니 자연의 품 안에서 사람 행세를 하는 것은, 뻐꾸기 새끼 짓입니다.

511

예술

_ 오~~~ 예술
우리 마음을 설레게 하는 것

20년 전에 파리에 갔읍니다. 에펠탑 근처에서 화가들이 관광객들의 캐리커처 초상화를 그려주고 있었읍니다. 한 한국 화가가 한 점 그려보라고 권합니다. 그림을 원통에 담아 가지고 다녀야 하는 게 짐스러워 참았읍니다. 유학생활이 고되지 않느냐고 묻자 좋아하는 일을 하니 참을 만하답니다. 그런 걸로 하자며 돈을 건네자, 그냥 받을 수는 없다고 단호하게 거절합니다.

전 세계 미술관에 들를 때마다 찍은 그림 사진 수천 점이 스마트폰에 들어 있읍니다. 그림이 좋아서 평생 그림만 그린 사람들의 작품입니다.

어떤 사람은 평생 음악만 합니다. 밤이나 낮이나 음악 속에서 삽니다. 크로마뇽인, 네안데르탈인 시절에는 없었던 음악이 나타나 짐승을 향해 활시위를 당기는 대신 사람의 마음을 향해 활로 현을 밀고 당깁니다.

어떤 사람들은 소박하고 목가적이고 어떤 면에서는 원시적인 삶을 동경합니다.

겹겹이 구비치는 산능선이 아득하게 보이는 산꼭대기에 그림 같은 토굴을 지어놓고 음악을 즐기는 스님도 있습니다. 나뭇가지가 별님을 긁으며 연주하는 달 밝은 밤에 〈월광소나타〉를 들으며 황홀경에 잠깁니다. 철 따라, 날씨 따라, 기분 따라 들을 가지가지 음악이 수천 장 CD와 LP에 담겨 방을 가득 채우고 진공관 축음기를 기다립니다.

수만 년 전에 크로마뇽인이 동굴 깊숙이 탄호이저 스피커와 마란츠 진공관 앰프를 설치하고 생상의 〈동물의 사육제〉를 듣는다 상상해보기 바랍니다.

지난해 사냥한 엘크와 멧돼지가 동굴벽을 날카롭게 긁으며 뛰어다니고 메머드 발자국 소리가 묵직하게 굴을 울리며 나지막이 들릴 때, 장쾌하게 바그너 음악이 들립니다. 모두 창과 활을 들고 뛰쳐나갑니다. 우기가 오고 사냥 시즌이 온 겁니다.

동물들이 동굴벽에서 뛰쳐나와 초원을 질주합니다. 여러 달을 동굴 깊숙이 관솔불을 켜고 심안에 떠올리고 염원을 담아 그려내던 동물들에게 드디어 숨이 불어넣어져 달립니다. 동굴문을 막고 동물들과 같이 달립니다. 저 생명력이 내 생명력의 근원입니다. 마른 땅이 울고, 무거운 공기가 울고, 나지막한 하늘이 웁니다. 천지가 진동을 합니다.

비가 거세게 내리고 계곡에 물이 불어 거칠게 흘러갑니다. 모두들 정신없이 떠내려갑니다. 사내가 허우적거리며 급류에 쓸려갑니다. 산 위에서 여인이 홀로 아이를 안고 슬픈 눈으로 아래를 내려다봅니다. '번쩍' 번갯불에 순간 눈물이 비칩니다. 어디선가 차이콥스키의 〈비창〉 교향곡이 흐릅니다.

예술의 탄생입니다.

검은 독수리
: 카인과 아벨

_ 카인은 지금도 아벨을 죽이고 있다

검은 독수리 한 쌍이 알을 하나 낳아 키웠다. 새끼가 날 즈음, 둥지 아래 멀지 않은 곳에 지은, 두 번째 둥지에 두 개의 알을 낳았다.

3일 사이로 부화했는데 이런 경우 거의 항상 첫째가 둘째를 죽인다. 자기 둥지에서 움직이는 작은 물체는 부리로 찍어 죽이게 프로그램되어 있다.

힘이 더 센 형은 동생을 여러 날에 걸쳐 공격한다. 아우의 등은 반 정도가 털이 다 뽑히고 찍혀 붉은 살이 드러났다. 피가 난다. 형의 부리에는 아우의 털이 여기저기 묻어 있다. 파리들이 요란하게 상처에 달라붙는다. 뜨거운 여름 태양 아래서 벌어지는 일이다. "카인아, 네 아우가 왜 저리 피를 흘리며 쓰러져 있느냐?" 당장 하나님이 물을 것만 같다.

부모가 둥지에 돌아왔을 때 막내는 죽어 있었다. 아비가 외출한 사이에 어미는 죽은 아이를 삼킨다. 자기 몸속에 장사 지낸다.

몇 달 전에 부화한 새끼가 반대편 산기슭에 산다. 날기는 하지만 아직 사냥은 못 해 부모가 먹이를 날라 먹여살린다. 부모는 이놈이, 자기들이 둥지를 비운 사이에 자기 어린 형제들을 잡아먹을까봐 멀리 쫓아냈던 것이다. 계곡에 산불이 나자 거기 살던 스라소니가 산기슭으로 쫓겨 올라왔다. 호시탐탐 독수리 새끼를 노리지만 독수리 부모의 감시와 보호로 뜻을 못 이룬다. 보름달이 휘영청 밝은 어느 날 밤 스라소니가 뜻을 이루었다.

다음 날 독수리 부부가 합동작전으로 바위토끼를 잡아 둥지로 돌아갔을 때, 작은놈을 죽였던 큰놈이 더위와 굶주림으로 죽어 있었다. 그해 여름은 부모 독수리들이 물에 가서 멱을 감아야 할 정도로 더웠다.

어미가 토끼를 들고 반대쪽 계곡의 장성한 새끼에게 날아갔다. 지난번에 헤어진 곳으로 찾아가 신호를 보내지만 새끼의 반가운 울음소리가 들리지 않는다. 멀지 않은 곳에 지난 밤에 스라소니에게 잡아먹힌 새끼의 발과 깃털만 남아 있다. 수많은 선량한 동물들과 새들을 저승으로 데려갈, 미래의 저승사자가 몸뚱아리를 잃고 발톱과 깃털만 남긴 채 무심히 바람에 흔들린다.

감성인가 이성인가

_ 질문 자체가 잘못되었다

산골에 사는 화전민이 아들 둘을 두었읍니다. 어미가 정이 많은 사람이라 자식들에게 사랑을 듬뿍 주었읍니다. 어느 해부터인가 산 아래가 눈이 돌아갈 정도로 발전하고 있다는 소문이 바람에 실려오더니, 몇 안 되는 마을 젊은이들이 더 나은 삶을 찾아 도회지로 떠나기 시작했읍니다. 차남은 사랑하는 어머니와 떨어져 살기 싫다고, 떠나지 않았읍니다. 어머니도 차남을 품에 안고 놓지를 않았읍니다. 늙은 아버지가, 우린 죽을 날이 멀지 않다며, 아무리 타일러도 듣지 않았읍니다. 장남은, 빨리 떠나라고 호통치는 아버지가 무서워 산을 내려갔읍니다. 너무 섭섭해서 산천에 눈물을 뿌렸읍니다.

수십 년이 흘렀읍니다. 차남은 양친을 보내고 혼자 쓸쓸히 삽니다. 밤이면 꿈속으로 정다운, 그리운 어머니를 찾아 품을 파고듭니다. 아침이면 베갯머리에 눈물이 흥건합니다. 마당에 봉숭아, 채송화 꽃은 피어도 웃지를 않습니다. 앞산과 뒷산은 아무 말이 없고, 인적 없는 너와집에 소쩍새만 슬피 웁니다.

장남은 죽을 고생을 했읍니다. 동생이 땔나무를 하고 약초를 캐느라 산을 오르락내리락하며 나무뿌리에 걸려 엎어지고 벼랑에서 떨어질 때, 자신은 못 배워 학력 문턱에 걸리고 세상물정에 어두워 달콤한 속임수에 빠지며 적당히 죽지 않을 정도로 고생했읍니다. 그러다 자리가 잡히고 가족이 생겼읍니다. 귀여운 아이들을 생각하면 없던 힘이 막 생겨납니다. 가끔 아버지 생각이 납니다. 자기가 아이들을 사랑으로 키우듯, 아버지도 그랬으리라 생각이 들면 아버지가 몹시 그립읍니다. 노여운 얼굴이 정답게, 하지만 슬프게 떠오릅니다. 그러나 눈가가 젖는 건 잠시, 항상 웃는 얼굴로 밝게 삽니다.

그가 사는 도시에 어떤 가장이 살았읍니다. 자기 가족이 아프거나 다치면, 크건 작건 하던 일 제쳐두고 가족에게 달려가 위로하고 같이 슬퍼합니다.

하지만 옆집 가장은 자기 가족이 아프거나 다쳐도, 눈 하나 까딱하지 않읍니다. 인생은 본래 고단한 거라며 스스로 해결해야 한답니다.

둘 다 의사이고 마을의 원로였읍니다.

남들도 가족들도 다 첫 번째 가장을 좋아하고 두 번째 가장을 싫어했읍니다.

뭔가 일이 생기면 다들 첫 번째 가장을 찾아갔읍니다. 그렇다고 해서 뭔가 해결책이 생기는 것은 아니었지만, 가면 그냥 마음이 포근하고 좋았읍니다. 심지어 고쳐달라고 업고 간 아이를 고치지 못하고 잃어도 위로가 되었읍니다.

첫 번째 가장에게 너무 사람들이 많이 몰려, 할 수 없이 두 번째 가장을 찾아간 사람들은, 가지고 간 문젯거리에 대해 해결책을 얻었지만, 기분이 안 좋았읍니다. 심지어 그가 내린 처방 덕분에 다 죽어가던 아이가 살아나도 그랬읍니다.

첫 번째 가장은 감성적인 포만감을 주었고, 두 번째 가장은 이성적인 포만감을 주었습니다. 그런데 많은 경우에 사람들은 감성적인 충족을 위해 이성적인 해결책을 버립니다. 그래서 어리석은, 하지만 정이 많은 지도자를 따라 같이 죽음의 길로 들어가기도 합니다. 감성은 죽을 길을 편하게 만드는 마취제입니다. 아니 마약입니다. 자기 안팎에 무슨 일이 일어나도 상관하지 않고 빠져드는 마약처럼 감성에 빠져듭니다. 너무 고통스러운 항암치료를 거부하듯이, 감성이 없는 이성을 버립니다.

사람들은 감성을 위해 삽니다. 아니 감성이 사람을 부리며 삽니다. 감성이 사람입니다. 희로애락애오욕구喜怒哀樂愛惡慾懼가 없이 무슨 맛으로 세상을 살겠읍니까?

소중한 것

_ 잃어버리면 안 된다

가진 걸 소중하게 다루지 않으면 잃어버립니다. 사람들은 무얼 얻기 위해 정말 열심히 노력합니다. 땀과 마음과 시간을 투자합니다. 하지만 일단 얻으면 소홀히 합니다. 이런 현상은 '집토끼에게는 투자하지 않는다'는 말로 요약이 됩니다. '집토끼가 산토끼가 되는 법은 없다'는 믿음에 근거합니다. 하지만 정말로 그런 일이 벌어집니다. 내가 가지고 있다가 관리를 잘하지 않아서 잃어버린 사랑과 건강은 나를 떠나 너른 세상을 돌아다니며 새 주인을 만나 만개합니다.

젊은이들은 좋은 대학교에 들어가기 위해 열심히 공부합니다. 유치원 때부터 시작하는 사람들도 있습니다. 물론 부모들의 극성이지요. 비싼 사교육도 받습니다. 그러다 드디어 원하는 대학교에 다니게 되었습니다. 그런데 놀기만 하고 학업을 등한시해서 학사경고를 세 번 받고 쫓겨났습니다. 20년 가까운 세월이 허사가 되었습니다. 이런 사람들이 생각 외로 많습니다.

사람들은 명성을 얻기 위해 대중적인 이미지를 만들며 애를 씁니다. 하지만 그렇게 얻은 명성을 한순간 잘못된 선택으로 잃어버립니다. 취득한 명성을 돌보지 않은 탓입니다. 명성이 얻어질 때는 정확히 인과因果의 법칙으로 얻어진 것입니다. 그 인因, cause을 돌보지 않으면 명성이라는 과果, effect는 시들어 말라 죽습니다.

사람들은 돈을 벌기 위해 피땀을 흘립니다. 안 해보는 일이 없습니다. 사업이 궤도에 오르고 여러 해 동안 부흥합니다. 그러면 돈이 자기 곁에 영원히 머무를 것 같습니다. 정치에도 눈을 돌리고 딴짓을 했습니다. 돈을 펑펑 썼습니다. IMF 외환위기가 닥치고 그동안 내실을 닦지 않은 자기 기업은 쓰러져 공중분해되고 말았습니다. 빈털터리가 되어 반지하에 살며 인근 무료급식소에서 하루 한 끼를 잇는 그는 눈물을 펑펑 흘립니다. 마음은 날마다 하루 종일 찬란했던 과거에 머뭅니다.

꽃집 아가씨를 사랑했습니다. 없는 돈에도 날마다 꽃을 샀으며, 철이 가고 해가 가도 끈질기게 구애를 해 아가씨의 마음을 얻고 결혼을 했습니다. 하지만 시간이 가면서 남자는 여인을 옛날과 다르게 고이 여기지 않고 방치했습니다. 이는 보석을 착용하지 않고 상자에 넣어 창고에 던져두고 먼지를 쓰게 하는 것과 같습니다. 여자는 방 한쪽 구석에서, 남자가 오래전에 꽃집 아가씨에게 사 온 꽃처럼 시들어갑니다. 사랑은 고정되어 있지 않습니다. 끝없이 자라는 식물이고 생물입니다. 연애 시절의 불타는 불면의 밤을 만드는 사랑이 떨어진 자리에, 깊은 우정과 인간애를 동반한 사랑이 자랍니다. 얻은 사랑을 방치하면 이런 사랑을 얻을 수 없고 맛볼 수 없습니다. 입 짧은 사람이 되고 맙니다.

헬스클럽에 다니고 테니스를 쳐 뱃살을 뺐습니다. 하지만 밤늦게 맥주를 마시고 치킨을 먹고 다시 뱃살이 불었습니다. 다시는 빼지 못했습니다. 종처럼 튀어나온 배를, 표주박처럼 흘러내린 배를, 헐렁한 옷으로 가리고 삽니다.

눈에 띄지 않는 것들 중에 잃어버리는 것들이 있습니다. 서랍 정리나 집 안 청소를 하다 보면 옛 물건을 발견합니다. 잃어버린 줄도 모른 것들입니다. 만년필·귀걸이·일기장 등 한때 무척 소중했던 것들입니다. '이게 왜 여기 있지?' 하지만 이미 세월이 흐른 뒤입니다.

마음도 잃어버립니다. 동심은 물론이고 순수한 마음도 잃어버립니다. 광화문에서 뺨 맞고 청량리에서 분풀이한다고, 세상을 살다 험한 일 억울한 일을 당하면 아무한테나 분풀이를 합니다. 어느 날 거울을 보면 낯선 사람이 자기를 바라보며 야릇한 미소를 짓습니다. 그날 밤 서럽게 웁니다. 몸도 닳고 마음도 닳았습니다.

거지를 보고 지폐 한 장 건네던 마음도 사라지고, 남들 무거운 짐을 들어주던 마음도 사라졌습니다. 따뜻하고 정다운 마음이 사라지고 차갑고 냉정한 마음만 남았습니다. 자기는 그렇지 않노라 생각하지만, 현실은 지난 10여 년간 한 번도 남을 도와준 적이 없습니다. 슬픈 일입니다.

521

세월도 잃어버립니다. 젊은 시절에는 자신이 늙을 줄 꿈에도 모릅니다. 앞으로 수십 년 후의 일, 걱정이 없습니다. 아무리 써도 다음 날 해님은 하나도 늙지 않고 변함없이 새아침을 밝힙니다.

그러던 어느 날 갑자기 발견합니다. 시간을 잃어버렸다는 걸. 아무리 써도 줄지 않던 화수분같이 많던 날이 등 뒤에 새털같이 수북이 쌓여 있습니다. 길게 늘어져 있습니다. 고양이에게 공중에서 낚아채인 극락조처럼.

우리가 모르는 사이에 우리는 많은 것을 잃어버리고 삽니다. 그리고 이것들은 다시 돌아오지 않습니다. 나이가 들어감에 따라 학습능력이 떨어지고 새로운 것에 대한 적응능력이 감소하기 때문입니다. 그러므로 되찾기 힘든 것은 처음부터 잃어버리지 말아야 합니다.

09장

인권은 신이 준 적이 없다. 인간이 수천 년에 걸쳐 피를 흘리고 사지를 잘리고 목숨을 잃어가며 투쟁해 얻은 것이다. 왕족들과 귀족들은 기득권을 지키기 위해서 같은 인간들을 잔인하게 진압하며 처절하게 저항했다. (신과 종교는 왕정을 승인하면 승인했지 비판한 적이 없다. 천국은 아직도 왕정이다. 불교, 기독교, 힌두교 모두 그렇다. 영원한 왕정이다.) 인간이 다른 인간들에 대해서 평등한 마음과 자비로운 마음을 지녔다는 것은 거짓말이고 망상이다. 그렇지 않다면 그들이 섬기는 신들이 그렇게 잔인하지 않을 것이다. 이 신들은 노예제도도 용인하고 인신공희와 인종청소도 자행했다. 콩 심은 데 콩 난다면, 더 정확하게는, 독버섯은 독버섯을 낳는다면, 잔인한 생물에서는 잔인한 신이 나올 것이다.

자유, 인권

자유

_ 타인이 없으면 자유도 없다

자유는 두 가지가 있다. 물질적인 자유와 정신적인 자유이다.

세계 역사는, 물질적인 자유가 없이는 정신적인 자유가 없고, 정신적인 자유가 없이는 물질적인 자유가 없음을 보여준다.

여기서 물질적인 자유란 '가난으로 인해 발생하는 병원·교통·음식·주거·의복·한서寒暑·이기利器(문명의 이기) 등에 대한 제약'으로부터의 해방이고, 정신적인 자유란 사상·종교·집회·표현·직업·거주의 자유를 말한다.

가난한 나라는 독재에 시달린다. 지금도 아프리카 후진국들은 독재이다. 가난한 나라에서 부자가 되는 길은 착취이기 때문이다. 권력을 잡고 남의 것을 빼앗는 것이다. '큰 수의 법칙the law of large numbers(티끌 모아 태산)'에 의해서, 아무리 가난한 나라에도 착취할 게 있다. 예를 들어 인구 1,000만인 나라에서 한 사람당 10만 원만 착취해도 1조 원이다. 권력을 잡고자 하는 이유이다.

(이런 나라의 국민은 노예의 삶을 사느라 정신적으로 황폐해진다. 노예주

들과 노예들로 이분화되어 사회적 분열이 일어난다. 물질적 가난이 정신적 가난을 초래하는 경우이다.)

하지만 부유한 나라에는 독재자가 탄생하기 힘들다. 마시멜로 효과marshmallow effect 때문이다.

실험자가 아이들에게 마시멜로를 하나 주면서, 참고 안 먹으면 한 시간 후에 하나를 더 주겠다고 제안을 한다. 어떤 아이는 못 참고 먹어버리지만, 어떤 아이는 입을 꼭 다물고 온몸을 비틀며 철인적인 의지로 식욕을 이겨내고 한 시간 후에 하나를 더 받는다. 이 아이들은 대부분이 장성한 후 성공한다(연구자들이 수십 년 후에 추적 조사한 결과이다).

만약 아이들이 어른이 될 때까지 한 시간마다 마시멜로를 하나씩 받는다면, 어느 아이도 (어른이 될 때까지) '참고 하나도 안 먹으면 어른이 될 때 이 세상 마시멜로를 다 받는다' 해도 참지 않을 것이다. 그 부드럽고 달콤한 마시멜로를 한 시간에 하나씩 먹으며 무척 행복해 할 것이다.

부유한 나라의 젊은이들이 이렇다. 이들은 조금만 노력해도 인생을 즐길 수 있는 부를 얻을 기회가 주어지므로, 젊은 시절을 희생하고 (군사적 정치적) 권력자가 되겠다는 의지가 처음부터, 생기지 않는다. 부유한 선진국에 독재자가 출현하지 않는 이유이다.

동물들은 먹을 게 풍부하면 싸움을 벌이지 않는다. 권력을 잡으려고 싸우지 않는다. (온 세상을 정복하겠다고 나서는 동물은 없다. 사자도 그런 일은 벌이지 않는다. 암컷 서너 마리와 일주일에 한 번씩 일용할 먹이를 제공할 영토만 있으면 만족한다.) 동물세계의 싸움은, 먹이와 짝짓기 상대라는, 한정된 자원 때문이다.

이처럼 물질적 자유는 독재자의 출현을 막아 정신적 자유를 보장한다. 거꾸로 물질적 자유의 부재는, 독재자를 출현시켜 정신적 자유를 없앤다.

물론 '닭이 먼저냐 달걀이 먼저냐'의 문제가 있다. 즉 '정신적 자유가 먼저냐 물질적 부가 먼저냐'의 문제이다. (물질적 부는 물질적 자유이다.)

리콴유李光耀는, 싱가포르 수상직에 있을 때 무자비하게 철권을 휘둘렀다. 뛰어난 음악가나 체육인 들은 종종 어린 시절에 무지막지하게 훈련을 했다. 본인의 의지가 아니라 부모의 의지였다. 하기 싫지만 부모의 강권에 밀려 할 수 없이 했지만(안 하면 체벌이 따른다), 나중에 고마워한다. 싱가포르가 이런 경우이다. 리콴유 수상의 철권통치 아래 정치적 자유를 제한당하고 20년 동안 힘들게 일했지만, 결국 부유한 선진국이 되었다. 1인당 국민소득이 7만 달러를 넘는다. 국민들은 그를 국부國父로 모신다.

시련 없는 성공은 없다. 시련을 극복하는 것은, 자율로 오지만 타율로 오기도 한다. 지도자가 '때로는 앞에서 끌고, 때로는 뒤에서 밀며' 주는 시련은 국민 입장에서는 타율이다. 지친 몸을 끌리거나 밀려, 무거운 발걸음을 옮겨야 하기 때문이다.

527

역설적으로 가난은 독재자를 몰아내기도 한다. 가난이 참을 수 없을 정도로 심해지면 민중이 들고일어나 독재자를 쫓아내기 때문이다. 중국의 왕조들은 이런 식으로 종말을 맞았다. 200~300년 주기로 이런 일이 일어났다.

생산은 안 하고 뜯어먹기만 하다가 더 이상 뜯어먹을 것이 없으면, 권력층 내부에서 반란이 일어나기도 한다. 그 결과 독재정권이 무너진다. 가난한 독재국가에 국제사회가 지원을 하지 말아야 하는 이유이다. 지원금 대부분이 독재자의 추종자들에게 분배되어 권력을 유지하는

데 이용되기 때문이다. 뜯어먹을 게 있는 한 독재정권은 무너지지 않는다. 뜯어먹을 게 없어 독재정권이 무너지면, 그때 지원하면 된다. (암세포 주위의 혈관을 차단해 암세포를 아사시키는 방법과 유사하다.)

공산주의 국가들의 연합체인 소련이 해체된 것도 가난 때문이었다. 자본주의 국가들이 더 가난했다면 무너지지 않았을 것이지만, (소련의 공산주의자들에게는) 불행하게도 훨씬 더 부유했다. 정신적 가난이 물질적 가난을 초래한 경우이다.

가난은 만악萬惡의 근원이다. 몰아내어야 할 일호 대상이다. 이겨낼 수 없는 가난은 재앙이고 고문이다. 독재자들은 이런 가난을 초래한다. 가난한 독재국가에서 국민은 가난을 벗어날 길이 없다. 이런 가난 속에서도 행복하다면, 독재자와 한패이거나 도가 높기 때문이다. 만약 그렇지 않다면, 가난을 몰아낼 이유가 없다.

과학(자연·인문·사회)의 발달에 따라 가난이 급속도로 사라지고 있다. 개인의 자유에, 즉 개인 능력의 자유로운 발현에 기초한 발달과 성장은 (아무리 제도가 잘 만들어지고 운영되더라도) 반드시 개인 간에 부의 차이를 초래한다. 이 상대적인 '물질적 가난'이 초래하는 '정신적 가난'을 극복할 수만 있다면 천국이다.

개인들에게는 수많은 서로 다른 특징(특성)이 주어진다. 이 특징들이 상호작용을 일으키며 사회가 발전하고 개인이 발전한다. 만약 모두 같은 특징을 가지고 산다면 개인이 필요없을 것이다. (그러면 개미나 꿀벌 사회가 된다.) 그러므로 개인의 특징을 인정한다면, 이 특징이 필연적으로 유발하는, 개인 간의 물질적·정신적 자유의 차이는 어느 정도 인정할 수밖에 없다. 이것이 소박한 행복의 비결이다.

개인의 탄생

_ 물질적으로 분리되어 있다고 해서
개인인 것은 아니다

사람들은 개인의 존재를 당연한 것으로 생각합니다. 하지만 옛날에
는 (현대인의 눈으로 볼 때) 개인이란 존재하지 않았습니다. 육체는 권력
자의 노예였고, 영혼은 신의 노예였습니다. 인간의 운명은 권력자와 신
의 손에 달려 있었습니다. 니체가 '개인의 탄생'을 가장 위대한 사건으
로 보는 이유입니다.

조선시대에 역적은 3대를 멸했습니다. 자기와 자식(가족), 부모와 삼
촌과 사촌(부족), 조부모(조족) 3대입니다. 중국에서는 위아래로 4대
씩, 고조부터 현손까지 9족을 멸한 경우도 있으며 드물게는 10족을
멸한 경우도 있습니다. 9족에 친구와 제자를 하나의 족으로 추가하
면 10족이 됩니다. 조카 건문제를 내쫓고 황제가 된 명나라 3대 황제 영
락제가 자기를 황제로 인정하지 않는 당대 최고의 유학자 방효유方孝孺
를 죽인 방법입니다. 과거에 이렇게 심한 연좌제를 적용한 이유는 가문
과 씨족이 운명 공동체였기 때문입니다.

아예 없거나 느슨한 법치 아래서는, 같은 가족이나 씨족이라는 사실
이외에는, 구성원들을 보호할 아무 장치가 없었습니다. 자식이나 후손

들이 가문과 씨족의 원수를 죽을 때까지 쫓아가 원수를 갚은 이유는, 가문과 씨족의 멸망은 이미 그 구성원들을 멸망시킨 것이나 마찬가지이며, 그리하지 않으면 가문과 씨족이 다시 살아날 희망이 없었기 때문입니다. 구성원들로서는 가문과 씨족의 보호와 지원을 받아야 성공할 수 있었읍니다. 조선시대에는 친족들이 수십 명씩 떼를 지어 지방관리들을 부임지로 따라가 빌붙어사는 경우도 있었읍니다. 가문과 씨족의 성공과 실패는 곧 구성원의 성공과 실패로 이어졌읍니다.

법치가 확립된 오늘날에는 부모와 가문의 복수를 하는 사람은 찾아보기 힘듭니다. 부모와 가문의 힘이 아니더라도 (예전에 비하면 비교할 수 없을 정도로 빈번하게) 자신의 힘으로 성공할 수 있기 때문입니다.

근대국가의 법치는 역설적으로 구성원의 (정치적·사상적) 자유를 보장함으로써 개인의 탄생을 만들었읍니다. 국가의 부를 상업과 공업에 의존하는 근대국가는 구성원의 경제활동을 보호·보장하기 위해, 사유재산제와 자본주의와 자유주의를 법으로 강력하게 보호하였읍니다. 빼앗길 것을 얻으려고 노력할 사람은 없기 때문입니다. 이는 동물실험을 통해서도 증명된 일입니다. 쥐도 보상이 없으면 일을 하지 않습니다. 영국·일본 등 제국주의 국가들이 식민지에서 법치를 도입하고 시행한 이유입니다. (영국이 단 1,000명의 관리로 수억 명 인도인들을 다스린 비결입니다.) 물론 자원을 약탈할 목적으로 취득한 식민지는 예외입니다만, 이미 높은 수준의 문화를 가진 식민지에서는 법치를 폈읍니다. 일제 강점기 조선에 기업과 금광업을 통해 대부호가 탄생한 배경입니다. 예를 들어 방응모는 금광을 개발해 일군 거부로 조선일보사를 인수했읍니다.

35억 년 전에 탄생한 원핵세포는 다른 세포와 합쳐 진핵세포를 만들었고, 진핵세포는 세포분열을 통해서 다세포생물이라는 군집생명체를 만들었고, 다세포생물은 새끼를 만들어 사회라는 군집을 만들었습니다. 이것이 진화론에서 개체와 군집의 탄생과 발전의 역사입니다. 근대에는 원핵세포의 재래再來라고 할 수 있는, '개인'이 탄생했습니다. 근대적 개인이란, 정신의 세계에서는 일종의 원핵세포로 볼 수 있습니다.

의식의 발달은 사상의 발달을 낳고, 사상의 발달은 '사상적 씨족'을 만들어, 같은 사상으로 서로 뭉치거나 사상을 지키기 위해 목숨을 버립니다. 6·25 전쟁 영웅이자 상승장군常勝將軍인 이병형 장군의 증언이 있습니다. 이 전쟁에서, 고등교육을 받은 학도병들이 시골 출신 병사들보다 더 용감히 싸웠다는 겁니다. 시골 출신들이 고향에 두고온 가족 걱정으로 몸을 사릴 때, 학도병들은 몸을 사리지 않고 싸웠다고 합니다. 이들에게는, 혈연적 씨족보다 사상적 씨족이 더 소중했던 것입니다.

실로 '형이상학적 개인'의 탄생이라고 아니할 수 없습니다.

개인은 본래 존재하는 것도 아니고 인간이 만들어낸 것도 아닙니다. 신이 만든 것도 아닙니다. 인간과 사회와 환경의 상호작용에 의하여 만들어진 것입니다. '지식의 열매'를 따먹고, 공동체와 구성원들에게 좋은 것과 나쁜 것을 구별하는 의식이 발달하고, 생명과 자연에 대한, 즉 타자에 대한 지식이 증가함에 따라, 자기 자신에 대한 이해가 깊어져 개인이 탄생한 것입니다.

여성이 주인 되는 세상

_ 그런 세상은 뉴질랜드 같은 세상일까?

《시경詩經》과《사자소학四字小學》에 '아버지 날 낳으시고 어머니 날 기르시니父生我身母育吾身'란 말이 나옵니다. 율곡 이이 등 총명한 사람들은 어릴 때 이 대목에서 질문을 했습니다. '어머니가 낳지 어떻게 아버지가 낳느냐'고 말입니다. 제 기억으로는 어느 누구도 제대로 답을 한 적이 없습니다. 그럴 수밖에 없는 것이 유전자의 존재를 몰랐기 때문입니다.

정약용이 어느 노파와 논쟁을 한 게 기록으로 남아 있습니다. 주제는 '애를 낳는 데 있어, 남자와 여자, 누구의 역할이 더 중요하냐'는 문제였읍니다. 정약용은 당연히 남자가 더 중요하다는 쪽이었읍니다. 남자는 씨고 여자는 땅이라는 겁니다. 물론 이 말은 틀린 말입니다. 사실은, 남자 여자, 둘 다 씨입니다. 각자 반씩 유전자를 내어 아이를 만들기 때문입니다. 옛사람들은 이 사실을 몰랐기에 '남자만 씨라고, 그래서 남자가 더 중요하다'고 망상을 한 것입니다.

그뿐만 아니라 2억 정자 중에 어느 놈을 받아들이냐 하는 것도 난자의 몫입니다. 그리고 흔한 오해와 달리, 정자는 남자가 아닙니다. 정자는 x 염색체로만 이루어진 것도 있고, y 염색체로만 이루어진 것도 있읍니다. 그러므로 아들을 못 낳는 것은 대체로 남자의 책임입니다. y 염색체를 실은 탄도미사일(정자) 부실에 책임이 있습니다.

무지한 자들이 절대적 확신으로 쓴 게, 종교 경전입니다. (지식이 없으면 의심도 할 수 없습니다.) 종교는 여성폄하를, 이미 있는 건 정당화하고 아직 없는 건 새로 만들었습니다. (남자들이 썼으니 그럴 수밖에 없었을 겁니다.)

예를 들어, 여성은 아담의 갈비뼈로 만들어졌다는 겁니다. 만약 '여성은 남자의 갈비뼈에서 추출한 체세포 복제로 만들어진 것'이라고 새롭게 해석하면, 여성은 남성과 정확히 같은 존재이므로 (남성이 여성을) 천시할 수 없게 됩니다. 하지만 그래도 여전히 골치 아픈 문제가 있습니다. '머리카락이나 피부세포에서 손쉽게 취할 수 있는 유전자를, 왜 수고스럽게도 갈비뼈를 한 대 잘라내야 했느냐'고 물을 수 있기 때문입니다. 모기를 드론처럼 보내 피를 빨아 오게 하는 수도 있습니다. 아담은 벌거벗고 살았을 뿐만 아니라 모기장·에프킬라·전자모기향도 없지 않았습니까? 하나님이 모든 생물을 천지창조 때 다 창조했다 하므로, 에덴동산에는 모기도 분명히 있었을 겁니다. (물론 천연두·파상풍·문둥병·폐결핵·페스트·광우병·에이즈·조류독감·소아마비·디프테리아 균들도 모두 다 에덴동산에 있었을 겁니다.)

역사적으로 보면 남성은 빼앗는 존재입니다. 남성은 자기가 여성을 보호한다고 하지만, 그 보호란 것이 다른 남성으로부터 보호한다는 뜻입니다. 여자가 다른 남자의 여자가 되면 단물만 빨리고 버림받을 위험이 크고, 설사 버림받지 않더라도, 전 남자로부터 얻은 자식이 새 남자에게 학대받을 위험이 크기 때문입니다. (요즘도 새 남자와 공모해 전 남자에게 얻은 자기 자식을 죽이는 여자들에 대한 뉴스가 가끔 보도됩니다.)

수사자가 좋은 예입니다. 수사자는 무리의 새로운 우두머리가 되면 전 우두머리의 새끼들을 한 마리도 남김없이 다 물어 죽입니다. (보통 9달 아래만 죽이는데, 1살 넘은 새끼가 식사 중인 양부의 심기를 거슬렀다가 양부에게 물려 척추가 끊어져 하반신 마비가 되는 걸 본 적이 있습니다. 어미가 새 남편을 열심히 말렸지만 소용이 없었습니다.) 얼룩말 수컷도 자기 암컷이 전 남편과 사이에 낳은 새끼는 발로 차고 물어 죽입니다. 이 경우도 어미가 끼어들어 말리지만 광분한 수컷은 신들린 듯이 폭력을 휘두릅니다. 본능의 광풍은 진화의 시간을 타고 흐릅니다.

자연계는 기본적으로 약육강식의 세계입니다. 인간도 결코 예외가 아닙니다. 다른 생물을 다 잡아먹고 생존했습니다. 육식을 시작하면서 획득한 풍부한 양질의 단백질로 뇌를 몇 배로 키우고 만물의 영장이 되었습니다. 이는 남을 잡아먹지 않았으면 불가능한 일입니다.

인간끼리도 그랬습니다. 포유동물 중에 자기 종을 노예로 부리는 종은 없습니다. 오직 인간만이 같은 종인 인간을 노예로 부려먹었습니다. 이유는 단 하나입니다. 더 힘이 세기 때문입니다. 주로 전쟁포로나 빚쟁이를 노예로 썼으며, 종교는 이를 승인했습니다. 기독교와 회교와 유대교 경전에 나오며, 불교가 유일한 예외입니다.

전쟁에 나가는 것도 남성이고, 노예를 잡아오는 것도 남성입니다. (요즈음은 악덕 기업가들이 노동자란 이름으로 노예를 부립니다.)

남성은 여성을 노예로 부렸습니다. 애 낳는 기계로 취급했습니다. 노동력으로 부려먹었습니다.

수년 전에 모로코에 간 적이 있습니다. 야산野山에 올라갔더니 동물가죽으로 만든 천막집이 있고 여자들이 염소를 칩니다. '아버지는 뭐 하느냐'고 물었더니 마실갔다 합니다. 거기서 기껏 한다는 일이, 자기들끼리 모여 물담배를 피우고 잡담이나 하는 것이랍니다. 이슬람에서 여성은 아직도 (남자의) 노예입니다. 《코란》은 여성 학대를 용인하고 권장합니다. 말 안 듣는 여자는 때려 버릇을 고치라 합니다. 고등종교라면 할 수 없는 일입니다.

30년 전에 필자가 미국에서 공부할 때, 과사무원인 미국 여자가, 유학생인 이란 남자와 사랑에 빠져 동거를 했습니다. 하지만 여자는, 박사학위를 받고 이란으로 돌아가는 남자를 따라가지 않았습니다. 이란 내에서의, 열악한 '여성의 사회적 지위' 때문이었읍니다. 그로부터 얼마 안 되어, 미국 언론에 이슬람 남자를 따라 이슬람 국가로 간 미국 여자들의 비참한 삶이 보도되었읍니다. 집 안에 갇혀 살며 학대를 받아도 탈출할 길이 없다는 것입니다.

우리나라도 과거에는, 남자는 술만 먹고 도박이나 하고, 여자가 밭일 · 품앗이 · 삯바느질로 가계를 꾸리는 경우가 종종 있었읍니다.

535

남성이 여성을 노예로 삼은 것은 성찰이 부족했기 때문입니다. 인간에 대한 성찰 말입니다. 같은 이유로 백인이 흑인을 노예로 삼았읍니다. ('여성이나 흑인에게는 영혼이 없다, 지적으로 열등한 존재다' 등등 전혀 사실이 아닌 망상에 감염되었기 때문입니다. 처음부터 이런 생각을 가지고 태어난 것은 아니므로, 자라면서 이미 사회에 존재하는 망상에 감염된 것입니다.) 인간에 대한 성찰이 깊어지면서 노예제도가 사라졌읍니다.

여성이 사회를 이끌어가려면 병역의 의무도 져야 합니다. (문자 그대로 국민개병제인 이스라엘이 좋은 예입니다.) 그래야, 희생정신을 보여줌으로써 도덕적 결격사유를 피할 수 있습니다. 전쟁이 자동화되면서 점점 더 기계전機械戰으로 가므로 병사들의 근력이 점점 덜 중요해지고 있읍니다. 여성들도 군복무를 해야 하는 이유입니다.

생물학이나 전자공학이 발달하면, 여자들이 남자들의 육체적 폭력에 대항할 수 있는 수단이 발명될 것입니다. 공격을 당하는 경우에, 여자의 눈에 미리 심어진 칩으로 상대방의 이미지와 장소를, 실시간으로 경찰서로 보낼 수 있읍니다. 그리고 경찰의 원격 주시하에 방어용 독약을 사용합니다. 여성의 반지에 보관된 초소형 초강력 독침으로 가해자를 찔러 마비시키는 겁니다.

종교는 여성을 비하하고 학대합니다. 공자는 '여자와 소인은 다루기 힘들다'고 했고, 《신약》은 여자에게 '회중에서는 입을 다물라' 했고, 불교는 (일부 경전에서) '여자는 성불할 수 없다'고 했으며 최고의 천국에는 여자가 없읍니다. 불교 28개 하늘나라 중 가장 높은 곳에 있는, 무색계 사천四天의 주민은 모두 남자입니다. 극락이 발명된 것은 이런 이유 때문일 수 있읍니다. 극락은, 교주(왕)는 여전히 남자이지만, 여자도 갈 수 있읍니다. 신도의 대부분을 차지하는 여성들은 당연히 극락을 선호합니다. 법랍 80 비구니도 10세 비구에게 절을 해야 하는 '비구니 8경법'도 있읍니다.

역사상 하나님은 다 남자입니다. 기독교 하나님도 남자이고 하나님의 자식도 남자뿐입니다. 하나님은 '딸바보'라는 말을 이해하지 못할 겁니다. 불교 하늘나라의 왕들은 다 남자입니다. 여자는 한 명도 없읍니다. 하늘나라에 천국법전이 있다면, 제1조 1항은 '천국은 왕정이다'이고 제1조 2항은 '왕은 남성만이 될 수 있다'라고 되어 있을 겁니다. 명부시왕冥府十王도 모두 남자들입니다: 이들은 절에 있는 명부시왕전에 모셔져 있는데 모두 수염이 난 남자의 모습입니다. (이 중 진광대왕은 도산지옥刀山地獄을, 초강대왕은 화탕지옥火湯地獄을, 염라대왕은 발설지옥拔舌地獄

을, 오도전륜대왕은 흑암지옥黑闇地獄을 다스립니다.)

세속은 민주정이고 여자들이 수상도 대통령도 되는데, 천국은 앞으로도 영원히 왕정이고 왕도 남자들만이 될 것인지 궁금합니다. 종교는 변하지 않는 절대불변의 진리를 주장하므로 아마 바뀔 가능성이 없을 겁니다. (왕이 없이 추장이 다스리던 시절에 죽은 사람도 왕정 천국에 갔는지 궁금합니다.)

해마는 수컷이 임신합니다. 암컷으로부터 수백 개 난자를 받아 보육낭保育囊, breeding pouch에서 부화시킨 다음 애지중지 키웁니다. 보육낭은 일종의 자궁입니다. 자궁子宮은 애기집이란 뜻이기 때문입니다. 앞으로는 자궁외임신을 통해 임신을 하겠다는 남자들이 나올 수 있습니다. 이걸 법으로 막을 수 있는지는 모르겠습니다. 기계장치인 인큐베이터에 아이를 키우는 게 합법이라면, 남자 몸속에 키우는 걸 금지할 수 없을 것으로 보입니다. 그러면 여자들은 구혼하는 남자들에게 물을 수 있습니다. "전 난자만 줄 겁니다. 임신할 용의가 있으신지요?" 세상은 점점 더 여자들에게 좋은 세상이 되고 있습니다.

생물학이 발달해 체세포 복제가 가능해지면 성교도 임신도 필요 없어질 수 있습니다. 즉, 지금은 일부 종에만 가능한 무성생식이 인간에게도 가능해질 수 있습니다. 자연계에는 물고기를 비롯해 암컷 혼자 무성생식을 하는 생물들이 70여 종이 있습니다.

아귀는 수컷의 몸 부피가 암컷의 1,000분의 1입니다. 수컷 대여섯 마리가 암컷에게 달라붙은 다음, 살을 파고들어가 자기 혈관을 암컷의 혈관에 연결한 다음, 정소만 남기고 모든 기관이 퇴화합니다. 암컷은 평생 이 정소로부터 정자를 제공받아 알을 수정시킵니다. 인간 여자는 이리하면 안 된다는 법이 없습니다. 맞춤형 정자공장이 생길지도 모릅니다. 유전자 가위crispr scissor를 이용해 키·체중·눈색·피부색·머리색·유순함·감수성·근육량 등을 다 편집하는 겁니다. 그걸 정자에 넣어서 자체동력을 가진 캡슐형태로 파는 겁니다.

여자들의 힘이 점점 세지고 있습니다. 남자들을 노예로 삼지 않기를 빕니다.

전쟁을 해서 죽는 것은 남자들입니다. 자기들끼리 죽고 죽입니다. 사자가 가장 좋은 예입니다. 전쟁의 큰 이유 중 하나가 여자 확보이므로 여자는 죽이지 않습니다. 특히 처녀가 그렇습니다. 이집트를 탈출한 유대인들은 사막에서 미디언족을, 남녀노소 가리지 않고, 모두 학살했지만 처녀들은 살려두었습니다. (그 이유는 짐작이 갈 겁니다.) 이처럼 여자들은, 전쟁이 일어나더라도 남자들보다 덜 죽습니다. 훨씬 덜 죽습니다. 여자는 (비록 선택권이 없을지라도) 주인을 바꾸면 됩니다. 칭기즈 칸 부인의 예에서 볼 수 있듯이, 남자는 죽여도 여자는 죽이지 않습니다. 여자는 반란을 일으키지 않습니다. 일단 애를 낳으면 애를 키우는 데 모든 신경이 가므로 다른 데 신경을 쓸 수가 없습니다.

전국시대인 기원전 262~260년에 벌어진 장평대전에서 진의 장수 백기는 포로로 잡은 한의 병사 40만 명을 생매장해 죽였습니다. 포로에게 줄 식량도 없었거니와 살려두면 폭동이나 반란을 일으킬 수 있기 때문입니다. 하지만 만약 처녀들이었다면, 100만 명이라도 살렸을 겁니다.

재미있는 고사성어를 소개합니다. '오십보 백보'입니다. 전쟁터에서 오십보를 도망간 병사가 백보를 도망간 병사를 비웃었다는 일화입니다. 춘추시대에는 한쪽 군대가 도망치다 50보에 이르면 다른 쪽 군대는 더 이상 추격을 하지 않았다고 합니다. 낭만주의가 아직 살아 있을 때입

538

니다. 그러니 100보까지 도망칠 이유가 없다는 겁니다. 그래서 이 점에서는 50보나 100보나 같으므로, 50보 도망친 자가 100보 도망친 자에게 잘난 체할 이유가 없다는 겁니다. 전국시대에 들어서서 살육을 위한 살육이 벌어지게 됩니다. 적군은, 가능하다면 지구 끝까지라도 추격해 말살해야 합니다. 남자들은 더 많이 죽게 되었습니다.

아마존 야노마뫼족은 '젊은 남자 대 젊은 여자' 성비가 140:100까지도 갑니다. 연례행사인 전쟁으로 남자가 많이 죽으므로 평소에 남아를 많이 유지합니다. 여아는 적당히 죽이는 겁니다. 식량이 충분하지 않으므로 여아를 살려둘 수 없습니다.

인류 역사상 시공을 통해 남아선호사상이 만연한 이유는, 집단이 생존하려면 노동력과 전투력 확보가 가장 중요했기 때문입니다. 하지만 이제 생산과 전쟁은, 자동화에 따른 기계화로 인하여, 인간의 근력筋力이 필요없는 시대로 질주하고 있습니다. (스위치를 켜고 끌, 또는 올리고 내릴 정도의 힘만 있으면 됩니다.) 이는 인공지능에 의해 가속화되고 있습니다. (미래에는 전쟁이 더욱 줄어들 겁니다. 인류에게 쌓인 부가 너무 많아져 즐길 시간조차 부족할 것이기 때문입니다.)

여성이 임신의 의무에서 벗어나는 먼 훗날, '임신 체험 학습'이 생길 수 있습니다. 체험 학습하는 사람들은, 임신이 얼마나 힘든 일인가를 몸과 마음으로 경험하고는, 그동안 인류를 멸종하지 않게 보존하여 이런 좋은 세상이 오는 걸 가능하게 한, 과거 여자들의 숭고한 희생에 눈물을 흘리며 감사할 겁니다.

☰《법화경》 같은 경전은 용녀龍女가 성불成佛할 때 몸을 남자로 바꾼 다음 성불한다고 합니다. (이걸 일러 용녀변신성불龍女變身成佛이라고 합니

다). 남녀를 결정하는 것은 마음이 아니라 몸이므로, 즉 몸이 남자이면 남자이고 몸이 여자이면 여자이므로, 《법화경》은 여자는 성불할 수 없다고 주장하는 셈입니다.

目아홉 달 이하 새끼만 죽이는 이유는 새끼 사자들이 이때까지 젖을 빠는데, 암사자들은 젖을 물리는 동안은 발정을 하지 않아 숫사자들이 짝짓기를 할 수 없기 때문입니다. 목숨을 걸고 싸워 무리를 차지한 것은 자기 자손을 남기기 위한 것인데 겨우 2년 남짓한 재위 기간에 자기 씨를 남기려면 서둘러야 하기 때문입니다.

레위기 노비

_ 개미도 노예제를 운영한다
인간보다 수천만 년 앞섰다

조선은 동족이 동족을 노예로 부린 희귀한 나라입니다. 인류 역사상 유일한 예라고 합니다. 생물계에서 유일할 수도 있읍니다. 개미도 노예제를 하지만 다른 종의 개미를 잡아다 합니다.

(다른 종 부모를 죽이고 알을 잡아다 자기 굴에서 부화시키면 이 개미들은 노예가 되어 죽을 때까지 일만 합니다. 물론 주인 개미들은 놀고먹읍니다. 그러다 이 노예들이 늙어 죽으면, 주인 개미들은 다시 전쟁을 일으켜 다른 종의 알을 약탈합니다. 그 과정에서 상대편 개미들의, 목이 잘리고 몸을 잃은, 대가리는 두 눈을 부릅뜬 채 땅바닥에 무수히 나뒹굽니다. 알을 약탈해 오는 것보다는 여왕개미를 납치해 와 자기들 굴 안에 알 공장을 설치하는 게 더 좋을 것 같은데, 그리하지 않는 이유가 있읍니다. 첫째, 여왕개미 몸집이 너무 커서 옮길 수 없읍니다. 둘째, 여왕개미가 알을 낳게 하려면 먹이를 제공해야 합니다. 수고스럽게 그리하느니 알을 낳기를 기다려 알을 약탈해 오는 것이 더 이익이라고 판단한 것입니다.)

세종 때 '어미가 종이면 아비의 신분에 관계없이 자식도 종이 되는' 종모법從母法과 '주인이 종을 죽여도 처벌하지 않는' 법과 '종이 주인을

관에 고발하면 참형에 처하는' 법을 만들었읍니다. 이 모든 법들은 고려
조에는 없던 법입니다.

    돈을 내고 종의 신분을 벗어나는 속량법贖良法이 있었으나, 이자가 너
무 세서 실제적으로는 불가능했읍니다. (예를 들어 속량전이 1,000만 원
이라 하면 매년 이자가 붙읍니다. 그래서 종이 된 지 2년 후에 속량을 하려
면, 연이자가 100퍼센트인 경우, 복리로 4배인 4,000만 원을 내야 합니다. 5년
후이면 32배인 3억 2,000만 원을 내야 합니다. 그러므로 시간이 웬만큼 지나
면 속량은 실제적으로는 불가능합니다.)

    종모법으로 인하여, 노비 인구는 폭증하여 한때 조선 인구의 40퍼센
트에 이르렀읍니다. 고려 때에는 5퍼센트에 지나지 않았읍니다. 70퍼
센트에 달한 적도 있다는 기록도 있읍니다. 이 기록은 믿기 힘들지 모
르지만, 종모법을 만든 세종의 왕자 광평대군과 영응대군이 노비를 각
각 1만 명이나 소유한 걸 보면 신빙성이 있읍니다.

    조선 말에 기독교도가 폭증한 것은 이 노비제도와 연관이 있을 수 있
읍니다.

    기독교《구약》〈출애굽기〉(20:20~21)에서 야훼 하나님은 노예제를 옹
호하는 말을 합니다. 노예는 주인의 소유물이랍니다. 그래서 죽지 않을
정도로 매질을 하는 것은 괜찮답니다.

    "누구든지 자기 노예를 몽둥이로 매질을 해 죽게 만들면 처벌받아야
한다. 하지만 노예가 하루 이틀 뒤에 회복하면 처벌받지 않는다. 왜냐하
면 노예는 주인의 소유물이기 때문이다."

    기독교《구약》〈레위기〉(25장)에서 야훼 하나님은 이스라엘인들에게
'동족을 노예로 삼지 말라'고 금령禁令을 내립니다.

"이방인은 노예로 삼고 자식들에게 물려주어도 좋다. 하지만 이스라엘인은 나의 종이니 노예로 삼으면 안 된다. 이스라엘인은 어렵고 가난한 다른 이스라엘인을 도와주어야 하며, 만약 몸을 팔러 오면 노예로 만들지 말고 품꾼으로 다루어라. 희년禧年(7년마다 돌아오는 해)이 오면 자기 자녀를 데리고 고향으로 돌아가게 하라. 돈을 빌려주더라도 이자를 받지 말라. 먹을 것을 줄 때 이익을 얻으려 하면 안 된다."

예수님은 모든 사람을 하나님의 자식으로 선포하였습니다. 새로운 율법을 세웠습니다. 이에 따라 〈레위기〉의 가르침은 이스라엘인들로부터 모든 사람들로 확대되었습니다. 그러므로 어느 누구도 다른 사람을 노예로 부리면 안 됩니다.

하지만 기독교가 들어올 당시에 조선 기득권층은 몸을 팔러온 가난한 사람들을 노비로 만들었으며, 장리쌀을 고리로 빌려주고 1년 후에 못 갚으면 당사자나 그 처나 자식들을 노비로 끌고 갔습니다. 앞서 설명한 것처럼 한번 노비가 되면 풀려나는 것은 거의 불가능했습니다. 그 자식들도, 종모법從母法 또는 종천법從賤法에 따라 대대로 노비가 되었습니다. 부자들은 흉년에 굶어 죽게 된 농민들이 땅을 팔러 오면 헐값에 사들였습니다. (예외도 있습니다. 경주 최 부잣집은 '흉년에 땅을 사지 말라'를 가훈으로 삼아 300년 동안 지켰습니다. 시공을 통하여 자비로운 사람들의 마음은 같습니다.)

이런 상황에서 '동족을 노비로 만들지 말고, 동족에게 돈을 빌려줄 때 이자를 받지 말고, 먹을 것을 줄 때 이익을 구하지 말라'는 기독교의 가르침은, 어렵고 가난한 사람들에 대한 진정한 사랑의 가르침으로 다가왔을 겁니다.

백성들에게 인자하던 일부 양반층도 기독교에 마음을 주게 되었습니다. 지방관이 베풀어야 할 선정을 주제로 《목민심서》를 쓴 정약용도 그 중 하나입니다.

물론 그들이 동족을 농노로 부린 중세 기독교 국가와 흑인을 노예로 부린 기독교인들에 대해서 알았더라면 감동이 줄어들었을 수는 있으나, 그들은 '그건 하나님의 가르침 잘못이 아니라 하나님의 의로운 가르침을 온전히 실천하지 못한 사람들 잘못'이라고 했을 겁니다. 그리고 오히려 진정한 하나님의 가르침을 이 땅에 실현하자고 용기백배했을 수도 있읍니다.

그뿐만 아니라 노예제를 옹호하던 《구약》의 하나님은 〈출애굽기〉 (26:21~27)에서 '주인이 폭력으로 노예의 눈을 멀게 하거나 이빨을 부러뜨리면 그 노예를 해방시켜야 한다'고 말합니다. 주인이 노예를 죽이고도 아무 처벌을 안 받던 조선과는 비교가 안 됩니다.

현대의 복지제도는 가난한 사람들에 대한 처우 개선에 해당합니다. 백성들을 가축으로 삼고 착취하던 국가가 선행의 주체가 된 것입니다. 지배층과 부자들 편이었던 국가가 힘없는 사람들과 가난한 사람들 편이 되었읍니다. 완전히는 아닐지라도 놀라울 정도로 변했읍니다.

과학기술의 발달에 따라 기계화와 생산성이 폭증함에 따라 인류사회에 부가 쌓이고 있읍니다. (언젠가 모든 생산을 기계가 담당하는 시절이 올겁니다. 그러면 사람들은 일을 안 하고도 살 수 있읍니다. '뭐 즐거운 일이 없을까' 하고 궁리하는 게 일일 겁니다.) 이 부를 어떻게 분배하느냐가 문제입니다. 사람은 혼자 살 수 없읍니다. 그리 살면 재미가 없읍니다. 사람들이 모여 사는 이유는, 그래야 재미있기 때문입니다. 서로 가지가지 특기를 발휘해 즐겁게 해줍니다. 영화·연극·소설·정치·경제·미술·음악·학문·종교·드라마·스포츠로 즐겁게 해줍니다. 이런 일들은 혼자 살면 또는 인구가 적으면 불가능한 일들입니다. 특히 종교인들이 어처구니없이 엉뚱한 교리로 사람들을 호리는 걸 보면 그리고 제법 똑똑한 사람들도 거기 넘어가는 걸 보면, 정말 재미있습니다. 속이는 자나 속는 자나, 더없이 심각하고 진지하게 표정을 짓는 걸 보면 '깔깔깔' 웃음이 터져 나올 정도로 재미있습니다.

그러므로 즉 모여 살아야 심심하지 않고 즐거운, 인간의 속성을 보면, 사람은 다른 사람들을 행복하게 만들어야 자기도 행복해집니다. 특히 사회가 부유해질수록 더욱 그렇습니다. 왜냐하면, '한계효용체감의 법칙'에 따라, 불어난 부는 일정한 시간이 되면 더 이상 처음처럼 큰 즐거움을 주지 못하므로, (예술·영화·문학·체육 등) 타인이 주는 즐거움이 필수입니다. 그리고 그 즐거움은 자발적으로 생산할 때 가장 질이 좋고 양이 많으므로, 그리하도록 다른 사람들을 행복하게 해야 합니다.

그리고 이런 일은 평소에 해서 우리 유전자 안에 정착시켜야 합니다. 그래야 인류가 부유해질수록, 지루함에 빠지는 일이 없이 더 행복해집니다. 이것이 타인을 배려하는 미래형 복지제도의 근본 철학입니다.

누구 공일까

_ 을은 갑의 도구일 뿐이다

셰르파가 히말라야 정상에 올라 지친 등산가에게 손을 내민다. 그 손을 잡고 가까스로 정상에 오른 등산가는 주변을 배경으로 사진을 찍는다. 며칠 후 신문에는 그 봉우리를 인류 최초로 등반한 등산가의 사진이 대문짝만 하게 실렸다. 수십 년 동안 인간의 발길을 거부하던 봉우리였기 때문이다. 그동안 수많은 사람들이 그 산을 오르다 실족·탈진·눈사태로 죽었다.

그 봉우리는 누가 초등한 것일까? 등산가일까, 셰르파일까? 사람일까, 등산화일까? 신발 끝이 정상에 먼저 닿았으니 등산화일까? 지친 등산가가 정상에 도달할 때 피켈로 찍었으니 피켈일까?

적군을 무찌른 장군이 최고의 무공훈장을 받는다. 적군이 야산에 참호를 파고 아래로 기관총을 난사하는 통에 아군이 10만 명이나 전사했다. 그만큼 많은 병사들이 부상당했다. 순식간에 만여 명의 전사자가 발생하자 공격을 주춤하던 전임 사령관이 해임되고, 새로 부임한 사령관은 목숨을 초개草芥와 같이 여겼다. 부하장병들을 잃는 걸 두려워하지 않았다. 9만 시체로 산을 덮고서야 야산을 점령했다. 그리고 적국이 항복했다.

승리한 것은 누구일까? 장군일까, 살아남은 병사들일까, 죽은 병사들일까?

과학자가 엑스선을 발견했다. 그날 새벽 조수가 문을 두드렸다. "박사님, 이상한 빛이 나옵니다. 그 빛을 받으면 물체 안이 다 비칩니다." 과학자가 쏜살같이 실험실로 달려가 보니 과연 그랬다. 그는 이 업적으로 노벨상을 받았다. 엑스선은 누가 발견했을까? 박사일까, 조수일까?

밤하늘을 대낮같이 밝히며 별이 빛난다. 놀란 직원이 천문대장을 부른다. 망원경에 눈을 대고 보니 초신성이 폭발했다. 바로 그 순간을 직원이 목격하고 그를 부른 것이다. 천문대장은 이 발견으로 '세기의 발견상'을 받았다. 그런데 초신성을 발견한 것은 누구일까? 천문대장일까, 직원일까?

콜럼버스가 무풍無風의 바다에 갇혀 죽을 뻔하다가 겨우 탈출했다. 다시 바다를 헤쳐나가기 한 달, 돛대 위의 보초가 외친다. "육지다!" 한나절을 가니 정말 육지가 눈앞이다. 작은 배를 띄우고 육지로 향했다. 수병이 배에서 내려 해변으로 배를 끌어올린다. 콜럼버스는 느긋하게 배에서 내렸다. 처음으로 미 대륙을 본 유럽인은 누구였을까? 콜럼버스일까, 수병일까, 보초일까? 그보다 1,000여 년 전에 왔다던 바이킹일까?

그보다 이미 2만 년 전에 아시아인들이 베링해협을 건너 미 대륙에 들어가 살고 있었는데, 콜럼버스가 처음으로 미 대륙을 발견했다니 이 무슨 오만한 발언일까? 서양인들은 아시아인들을 사람으로 안 친다는 말인가?

인류 최초로 달에 간 사람이 닐 암스트롱이지 아폴로 착륙선 대장이 아니라면, 유럽인 최초로 미 대륙을 본 사람은 콜럼버스가 아니라 보초이다.

인류사에서 위대한 업적 뒤에는 묵묵히 일을 한 이름없는 기여자들이 많다. 하지만 아무도 그들에게는 영광을 돌리지 않는다. 장기판의 졸卒, pawn 정도로 여긴다. 이상한 일은 졸들도 졸들을 무시한다는 사실이다. 지금 졸들이 과거의 졸들을 우습게 안다. 모든 공을 우두머리에게 돌린다.

열 달을 배불러 아이를 낳았다. 산달에 가까워서는 뒤뚱뒤뚱 오리처럼 걸어다녔다. 매일매일 집안일 하랴 밭일 하랴, 천근만근 몸이 버거웠다. 아이 아빠는 어디로 사라졌는지 코빼기도 보이지 않는다. 아이가 나올 때 얼마나 아프던지 세상에 태어난 걸 후회했다. 그런데 이놈이 중얼거리고 다니는 소리가 맹랑하다. '부생아신父生我身 모국오신母鞠吾身.' 오늘 서당에서 배운 《사자소학四字小學》 첫 구절이라는데 '아버지 날 낳으시고, 어머니 날 기르시니'라는 뜻이란다. 아이를 기르는 것도 나이고 낳은 것도 나인데, '아버지가 자기를 낳았다'니 이 무슨 해괴한 소리인가. 나라 교육이 말이 아니다.

과연 누가 아이를 낳았는가? 아비인가, 어미인가?

사랑의 종교는 여자들이 만들었다. 세상에 남자들만 있었다면 종교에는 지옥만 있었을 것이다.

아버지 야훼는 분노와 시기와 질투와 징벌의 신이지만, 어머니 마리아는 사랑의 신이다. 묻지도 않고 따지지도 않고 몸과 맘을 어루만져준다. 인과법因果法, the law of cause and effect은 한 치 어긋남이 없이 돌아가는 톱니바퀴처럼 냉정하지만, 관세음보살은 신도가 온맘으로 빌면 인과를 묻지 않고 소원을 들어준다.

지혜의 여신은 여자이다. 소피아·아테나·조리야·미네르바·사라스바티 등 27명이 넘는다. 아이의 지능은 어머니에게서 온다는 말이 빈말이 아니다.

불타는 털공 같은 남자들이 작열하는 태양 아래 전쟁터에서 서로 죽일 때, 여자들은 은은한 달빛 아래서 자장가를 부른다. 배 속의 아이와 배 밖의 아이에게.

남자들이 말하는 지혜란 어떻게 하면 남을 굴복시키고, 속여서 죽이고, 덫을 놓아 잡고, 노예로 만들고 하는 법이다. 여자의 지혜란 생명을 주고 사랑으로 키우는 지혜이다.

남자의 영웅은 알렉산더·칭기즈칸·나폴레옹·광개토대왕·오다 노부나가 등 정복자이다. 여자의 영웅은 신사임당과 나이팅게일이다. 모든 여자는 신사임당이고 나이팅게일이다.

남자 영웅은 소수이고, 여자 영웅은 누구나다.

봄을 맞은 생명의 여신이 촉촉한 훈풍에 실어 싱그러운 노래를 부를 때, 폭풍·홍수·가뭄의 남신은 우르렁 싸아악 가르랑거리며 여름을 기다린다.

지구가 푸른빛으로 빛나고 온갖 생명으로 뒤덮이고 문명이 만개하는 것은 남성의 공일까, 여성의 공일까?

하나 여럿

: 남녀평등

_ 모든 것은 경제이다
가장 성스러운 것조차

히말라야 산기슭에는 일처다부를 하는 티베트족이 삽니다. 형제들이 한 여자와 동시에 결혼을 합니다. 척박한 환경에서 적은 농토나마 조각조각 갈라지는 걸 막으려고 그리한답니다. 농사는 농토가 작을수록 생산성이 낮아지기 때문입니다.

부인은 형제들과 번갈아 동침을 합니다. 규칙이 있습니다. 삼형제인 경우에, 부인은 월요일은 첫째 형제와, 화요일은 둘째와, 수요일은 셋째와 동침하고, 목요일은 다시 첫째와, 금요일은 둘째와, 토요일은 셋째와 동침합니다. 일요일은 부인이 마음대로 선택합니다. 남편들은 부인에게 간택받기 위해 온갖 서비스를 제공합니다. 안마, 요리, 나무하기 등등 부인이 좋아할 일을 합니다. 부인은 거실에 앉아 기다리는 세 남편 중 한 사람을 데리고 침실로 사라집니다. 나머지 둘은 닭 쫓던 강아지 신세입니다. (그래도 큰 분란은 없습니다. 새로 태어날 아이는, 사촌조카인 셈이라, 자기 유전자와 1/4은 일치하기 때문입니다.)

부인은 너무 행복해 합니다. 얼굴에 웃음이 가득합니다. 남편들이 너무 잘해준다나요.

같은 마을 할머니가 투덜댑니다. 자기는 지질이도 복이 없어 외아들에게 시집왔다며 여러 남편을 거느린 여자를 부러워합니다. 할아버지는 외동아들로 태어난 게 마치 자기 잘못인 양 안방 문턱에 나란히 걸터앉아 할머니의 눈치만 보며 말을 아낍니다.

남편이 여럿이면 아이들의 아빠를 정하기가 쉽지 않습니다. 그래서 그냥, 첫째 아이는 첫째 형제의 아이로, 둘째 아이는 둘째 형제의 아이로, 그리고 셋째 아이는 셋째 형제의 아이로 삼습니다.

부인의 권력이 제일 셉니다. 자식이 많을수록 그리고 늙을수록 더 세집니다. 모든 자식은 자기 자식이지만, 남편들의 입장에서는 아이들의 일부만 자기 자식이기 때문입니다.

그런데 의문이 생깁니다. 이런 식으로 결혼하면 여자들이 남아돌기 때문입니다. 결혼을 못한 여자들은 어찌될까요? (혹시 유아살해를 하는 게 아닐까요? 아니면 부자들이 일부다처를 하는 걸까요? 세상의 이면裏面에는 슬픔과 고통이 숨어 있습니다. 인류 최초로 이 점을 부각시킨 것이 불교입니다.)

부탄의 상왕上王 지그메 싱예 왕추크Jigme Singye Wangchuk는 부인이 네 명인데 장인은 한 사람뿐입니다. 자매들과 결혼한 것입니다. 큰 분란이 없습니다. 어느 부인 입장에서나 아이들은, 자기 자식이 아니더라도, 조카이기 때문입니다.

김유신은 여조카들, 즉 (김춘추에게 시집보낸) 여동생 문희의 딸과 보희의 딸과 결혼해 아이를 넷을 보았습니다. 그중 한 사람이 화랑 원술입니다.

아마존 어떤 부족은 일처다부를 합니다. 첫째 남편이 주도해 둘째 남편을 들였습니다. 첫째 남편은 열심히 일을 합니다. 둘째 남편은 일은 안 하고 몸치장에만 신경을 씁니다. 그래도 첫째 남편은 괜찮답니다. 자기가 사냥 가느라 여러 날 집을 비우면, 홀로 남은 부인을 둘째 남편이 지켜주기 때문이랍니다. 심하게 말하자면 여러 도둑을 막으려고 전용 도둑을 고용한 셈입니다. 도둑과의 동거라니 세상은 참으로 기이합니다. 그래도 그게 더 이익이라니 어쩌겠읍니까?

중국 소수 민족인 묘족苗族은 모계사회입니다. 집 농토 등 재산 소유권이 여자에게 있습니다. 남자가 여자집에 들어와 삽니다. 결혼 전에 미리 동침을 합니다. 여자가 남자를 초청해 동침해보고 맘에 들면 결혼합니다. 살다가도 여자가 쫓아내면 자식은 두고 혼자 나가야 합니다. 이걸 주혼走婚이라고 합니다.

여자들에게 묘족과 티베트족 둘 중 하나를 택하라 하면 행복한 고민일까요?

강원도 외딴 산골에 두 할머니가 한 할아버지와 삽니다. 두 할머니가 제법 나이 차이가 납니다. 첫째 할머니가 할아버지와 결혼한 지 여러 해가 지나도록 아이를 낳지 못하자, 자기가 나서서 할아버지를 위해 젊은 여자를 들였답니다. 두 할머니 사이가 참 좋습니다. 형님 아우 합니다. 형님이 아우 머리를 빗겨주고, 몸이 불편한 동생 몫까지 일도 합니다. 얼굴에 잔잔한 미소가 어린 할아버지 모습이 참 보기 좋습니다.

고릴라는 일부다처입니다. 침팬지와 보노보는 난교입니다.

동물 중에 가족생활을 하지 않는 놈은 짝짓기 철에나 서로 만날 뿐이니 일부일처라고 하기도 뭐합니다. 호랑이와 곰이 좋은 예입니다.

가족 단위 생활을 하지만 무리생활을 하지 않는 동물들은 일대일 결투를 벌여 가장 힘센 놈이 암컷을 다 차지합니다. 사자·사슴·고릴라·

바다코끼리 등이 그렇읍니다.

무리생활을 하되 무리 내에서 파당을 지어 싸우는 놈들은 일부다처입니다. 권력을 잡은 놈들이 일부다처를 합니다. 짝을 구할 수 없는 힘 없는 수컷은 억울해도 저항할 수 없읍니다. 집단의 힘을 감당할 수 없기 때문입니다. 인간과 침팬지가 그런 예입니다. 아마존 열대우림의 석기시대인들도 그리합니다. 야노마뫼족이 예입니다.

무리생활을 해도 무리 내에서 파당을 지어 싸우지 않는 종은 일부다처 또는 일처다부입니다. 제일 힘센 놈이 나머지 놈들을 다 일대일로 제압할 수 있기 때문입니다. 엘크·무스·도토리딱다구리 등이 있읍니다.

무리생활을 하는 것 중에는 우두머리 수컷과 우두머리 암컷만 짝짓기를 하는 종이 있읍니다. 늑대와 하이에나 등이 그런 예입니다.

그래도 힘이 약한 수컷들이 떠나지 않고 같이 사는 이유는, 가끔 우두머리 몰래 도둑 짝짓기가 가능하고, 같이 살아야 사냥 성공확률이 높아지며 다른 무리의 공격으로부터 안전하기 때문입니다. 엘크·무스·들소 등 덩치 큰 동물은 혼자 사냥하는 게 불가능합니다.

기후와 영양상태가 안 좋으면, 식물은 씨를 줄이거나 아예 맺지 않으며, 동물도 새끼를 덜 낳고 짝짓기도 줄입니다. 동물 세계에서 암수가 공동양육을 하는 경우, 암컷이든 수컷이든 재물과 권력이 더 많은 쪽이 더 많은 짝을 얻읍니다. 새끼를 많이 낳아도 양육이 가능하기 때문입니다.

무리생활을 하지 않으면서 부모가 공동양육을 하는 동물은 일부일처입니다. 펭귄과 나는 새들이 여기에 속합니다.

부모에게 양육의 책임이 없으면 그리고 무리생활을 하지 않으면 일부다처를 합니다. 닭·오리·거위 등 날지 못하는 새가 여기에 속합니다.

한마디로 말하자면 수컷은, 자녀부양 의무가 없거나, 자녀부양 의무가 있는 경우에는 자녀부양 능력이 있으면, 일부다처를 합니다.

더 핵심을 찔러 말하자면, 일부일처건 일부다처건 일처다부건 다부다처건, 동물들은 본능적으로 새끼들이 생존하는 데 가장 유리한 결혼제도를 택합니다.

유전자도 중요한 역할을 합니다. 부계사회인 경우 여자가 타 민족의 씨를 배는 걸 혐오하는 이유입니다. 모계사회라면 별로 문제가 없을 겁니다. 어떤 사회가 혼혈을 혐오한다면, 남녀평등이 이루어지지 않은 사회일 가능성이 큽니다. 더 혐오할수록 더 불평등합니다. 같은 맥락으로 입양을 꺼리는 사회 역시 남녀평등이 이루어지지 않았을 가능성이 큽니다. 더 꺼릴수록 더 큽니다.

역으로 입양을 장려하고 혼혈아들을 차별없이 대함으로써 남녀평등을 촉진할 수 있을지 모릅니다. 신비롭게도 가끔은 꼬리가 몸통을 흔들기 때문입니다. '왜그 더 도그wag the dog' 현상입니다.

10장

종교인들은 초월적인 지식이 존재한다고 주장하지만, 그런 지식은 존재하지 않는다. 그런 지식은 존재한다고 해도 기껏해야 '자기 신이 존재한다'거나 '자기 교주 말이 참'이라는 근거 없는 주장에 지나지 않는다. 그런 지식은 인간 삶을 개선하는 경제, 의료, 의복, 식량, 주택, 교통, 통신, 상업, 공업, 농업 등에 필요한 실용적인 지식을 준 적이 없다. 한마디로 쓸데없는 소리이고 망상이다. 종교는 망상의 향연이다.

의식,
인식

소, 강, 악어

_ 아는 것 속에 위험이 있다

한국에 사는 소가 아프리카 케냐로 이주해 살게 되면, 강을 마음놓고 건너가다가 악어밥이 될 것이다.

한국에 사는 소는 왜 한국의 강이 안전하다고 생각할까. 그런 보장은 대체 어디에서 올까?

케냐로 이주한 한국 소는, 한국의 강에서 얻은 지식인 '강에는 (소를 잡아먹는) 맹수가 살지 않는다'는 걸 아무 생각없이 케냐에 적용하다 목숨을 그 대가로 치른다.

한국 소는 '한국의 강이 안전하다'는 지식을 어떻게 얻었을까? 누가 가르쳐준 것인가? 그 지식은 무의식적인 지식인가? 아니면 그 진위를 검증할 수 있는 반성의 대상인가? 다른 나라의 강은 한국의 강과 다를 수 있다는 생각은 왜 일어나지 않을까? 그런 생각이 일어나려면, 먼저 '다르다는 것'이 무엇인지를, 즉 '어떤 점들이' 다를 수 있는지를 알아야 한다. 한 번도 맹수를 보거나 경험한 적이 없는 한국 소라면, '케냐의 강에 맹수가 있을지 모른다'는 생각은 더욱 할 수 없을 것이다.

우리는 한국의 강을 마음 놓고 건너간다. '거기 맹수가 있을지 모른다는 생각'은 전혀 하지 않는다. 한국의 모든 강을 직접 조사해본 적도 없으면서 모두들 그렇게 믿는다. 그 이유는 다른 사람들과 선조들을 믿기 때문이다. 선조들은 자기 지역의 강에 맹수가 없다고 했고, 다른 사람들은 자기 지역의 강에 맹수가 없다고 한다. 이 지식을 다 모으면, '한국의 강에는 맹수가 산 적도 없고 살지도 않는다'는 정보가 생긴다.

한 지역에 오래 살면 그곳이 모든 곳이 된다. 그곳에서 얻은 지식이 표준지식이 된다. 절대지식으로 격상되기도 한다. 그래서 다른 곳도 같을 것이라고 생각한다.

종교도 마찬가지이다. 한 종교를 오래 믿으면 그 종교를 기준으로 다른 종교를 판단하게 된다. 자기 지역에 있는 종교가 모두 '신'을 믿으면, '신'이 없는 종교를 이해하지 못한다. 거꾸로 신이 없는 종교를 믿는 사람은 다른 종교에 신이 있다는 걸 모른다. 즉, 자기 종교에 없는 '사나운 맹수'가 다른 종교에는 있을 수 있다는 걸 깨닫지 못한다. 인종차별과 인종학살을 하라고 명령하는 신이 있다는 걸 모른다. 즉, 잔혹한 독재자로서의 신이 있다는 걸 모른다.

옳고 그름은, 인간이라면 자연스럽게 느끼고 알게 되는 게 아니라, 천상의 독재자가 정해주는 것이라는 걸 모른다. 그래서 그 종교에 이상한 계율이 존재한다는 걸 모른다. 또 전통과 경전이라는 벽장에 괴물들이 숨어 있다는 걸 모른다.

이런 사람들은, '인간은 성품이 선하고 인간이 믿는 신도 성품이 선하다'고 믿는다. (세상 사람들은 누구나 다 자기가 선하다고 생각하지만, 세상에 악한 일이 벌어진다. 신비로운 현상이다. 심지어 천하의 살인마도 자신은 착한 사람인데 다만 환경의 피해자가 된 것뿐이라고 생각한다. 불가사의한

현상이다.) 악한 종교를 경험한 적이 없는 사람은, 종교는 다 착하다고
생각한다. 그 가르침이 다 착하다고 생각한다.

심지어 '모든 종교의 가르침은 다 같다'고 생각하는 사람도 있다. 말
이야 아름답지만 전혀 사실이 아니다. 이런 이는 (다른 종교의) 벽장 속
에 있는 해골을 보지 못한 사람이다. 그래서 안심하고 믿다가 '사나운
맹수' 같은 잔인한 신에게 세뇌당해, 인간이라면 할 수 없는 짓을 거리
낌없이 하는, 마음을 잡아먹힌 영혼이 없는 사람이 된다. (그리고 다른
신이나 다른 종교의 지옥에 떨어진다. 최악의 경우에는 자기 종교 지옥에 떨
어진다.)

이런 사람은, 케냐의 강을 안심하고 건너다가 악어밥이 되는 한국 소
와 같은 사람이다.

561

김승옥 실어증

_ 진실은 지어낸 이야기 속에 있다

능수능란한 우리말과 감성적인 문체로 한국 현대소설의 문을 연, 소설가 김승옥이 뇌졸중腦卒中으로 실어증에 걸렸읍니다. 2003년 2월에 벌어진 일입니다. 1962년 서울대 불문과 재학시절에 한국일보 신춘문예를 통해 등단한 지 41년 만에 일어난 일입니다.

대표작으로 〈무진기행〉과 〈서울 1964년 겨울〉이 있으며, 후자로 약관 24살의 나이로 1965년에 제10회 동인문학상을 받았읍니다. 1977년 〈서울의 달빛 0장〉으로 '제1회 이상문학상'을 받았으며 이 작품은 먼 훗날 텔레비전 드라마 〈서울의 달〉(1994)로 각색되었읍니다.

이 위대한 작가가 1981년에 하나님을 영접한 후 절필하고 신앙생활에 전념하다 22년 만에 풍風을 맞은 것이었읍니다.

그의 증언에 의하면 어느 날 하얀 옷에 하얀 머리 하얀 수염의 노인이 자기 침실에 나타났는데, '당신은 누구냐'는 물음에, '나는 하나님이다'라고 대답했다고 합니다. 그것도 한국말로!

그의 설명이 재미있읍니다. 하나님은 전지전능하므로 한국말도 할 수 있답니다!

풍을 맞은 후로 말을 못하고 필담만 가능합니다. 하지만 단어가 문법의 우리 밖으로 함부로 날아다녀서 무슨 뜻인지 알려면 해독이 필요합니다. 문장을 만드는 능력은 초기 불교 설일체유부의 5위75법 중 심불상응행법心不相應行法의 구신句身에 해당합니다. 단어를 구사하는 능력은 명신名身에 해당하고, 단어의 음소音素를 구사하는 능력은 문신文身에 해당합니다. 이 기능들은, 우리 뇌에서 브로카 영역과 베르니케 영역의 소관입니다. 말하기와 글쓰기는 브로카 영역이 담당하고, 말과 글을 듣고 읽고 이해하는 것은 베르니케 영역이 담당합니다.

언어습득 능력은 노암 촘스키의 주장처럼 타고나는 바탕(뇌)에 기본으로 깔리는 단순한 소프트웨어입니다. 브로카 영역과 베르니케 영역의 기능입니다.

고대 불교승려들이 마음의 능력을 아공법유我空法有 철학에 입각해 64법(75법-11개 색법)으로 세세히 구분했는데 현대과학이 그 타당성을 입증하고 있습니다. 실제로 그런 기능을 담당하는 기관이 있다는 게 밝혀졌읍니다. 구신句身에 해당하는 게 뇌의 브로카 영역입니다.

에덴동산

_ 에덴동산은 무지·무의식의 안락함이다

기독교 〈창세기〉에는 수수께끼 같은 일화가 등장한다.

하나님은 에덴동산 한가운데에 지식의 나무를 심어 두고, 아담과 이브에게 그 나무의 열매를 따먹으면 죽는다고 경고한다. 뱀은 '그 열매를 따먹으면 하나님과 같이 눈이 밝아져 선악을 알게 된다'고 유혹한다. 아담과 이브는 유혹을 못 이기고 지식의 열매를 따먹고 그 벌로 산통을 받는다.

이 일화의 수수께끼를 풀고자 한다. 키워드는 지식·죽음·산통·선악이다.

인간은 에덴동산에서 지식의 열매를 따먹고 산통이 생긴다. 그리고 죽음을 알게 된다. 의식이 생기지 않으면 죽어도 죽는 게 아니다. 죽음을 모르기 때문이다.

유목민들이 키우는 양들은 옆에서 동료가 칼에 목을 찔려 도살당해도 한가롭게 풀을 뜯는다. 죽음이 뭔지 모르기 때문이다. 그래서 자연사를 하는 경우에도 '죽기 전에 자기가 죽을 것이라는 사실을 알고 괴로워하는 일'은 일어나지 않는다. 평온한 죽음을 맞는다.

하지만 인간은, 자신이 언젠가 죽을 것을 알고, 죽는 것에 대해 괴로워한다. 이게 다 의식이 생기고 지능이 발달한 탓이다. 그래서 지적인 호기심을, 지식의 열매를 따먹으라고 유혹하는, 악마로 표현한 것이다. 인간은 의식이 생기고(탄생하고) 지능이 발달한 후에, 비로소 죽음다운 죽음을 맞게 되었다. 진실한 의미에서, 죽게 되었다. 이게 하나님이 인간에게 말한 '지식의 열매를 먹으면 죽는다'는 경고의 뜻이다. (죽음이란 '의식의 죽음'이므로, 의식이 탄생하지 않으면 '의식의 죽음'은 없다. 그러므로 죽으려면, '지식의 열매'를 따먹음으로써 일단 의식이 탄생해야 한다.)

의식이 생기지 않으면 선악이 생기지 않는다. 의식의 발생으로 말미암아 자신을 세상의 중심에 놓고, 자기에게 이로운 것은 선으로 해로운 것은 악으로 간주한다. 선악의 출현이다. 개인과 개인의 이해가 충돌하고, 집단과 집단의 이해가 충돌하면, 다툼 · 살인 · 전쟁이 발생한다.

지식의 열매를 따먹고 산통이 생긴 이유는, 지식을 처리하고 담아두는 머리가 커졌기 때문이다. (두뇌 이앙법 또는 모내기). (인간은 날카로운 발톱과 송곳니도 없고, 근력도 약하고, 빨리 달리지도 못한다. 유일한 무기는 뇌와 손이다. 인간은, 몸집은 고릴라의 1/2이지만 뇌는 3배이다. 즉 인간의 뇌는 고릴라의 뇌보다 체중 대비 6배나 크다.)

포유류 중에 산통을 겪는 동물은 인간뿐이다. 예를 들어 인간과 가장 가까운, 인간과 유전자가 98.5퍼센트나 일치하는, 침팬지는 산통을 겪지 않는다. 인간은 600만 년 전에 (인간과 침팬지의) 공통 조상으로부터 침팬지와 갈라졌으므로, 산통이 생긴 지는 600만 년이 안 된다. 지식이 급증하면서 지식 처리능력과 저장능력이 급증하면서, 즉 두뇌가 커지면서 머리 크기도 커져 산통이 생긴 것이다. 비교적 최근일 수도 있다. 예를 들어 10만 년 전일 수 있다. 이때는 인류에게 언어가 생긴 즈음이다.

언어가 없이는 머리가 고도로 발달하기 힘들기 때문이다. 컴퓨터는 컴퓨터 언어가 없으면 고도의 기능을 발휘할 수 없는 것과 같은 이치이다.

인간이 무아無我(영원히 변치 않고 동일한 정체성을 유지하는 영혼이 없다는 이론)라는 결정적인 증거는, 인간의 능력이 사회 속에 즉 문화와 전통 속에 있다는 점이다.

크로마뇽인과 현대인의 유일한 차이는 (고등)문화의 유무이고, 후세대는 문화를 통해 선대가 축적한 지식을 습득한다.

그런데 문화는 인구가 적으면 고등문화로 발달하는 게 불가능하다. 그러므로 인구 증가는 축복이다. 따라서 선대인류가 열심히 사랑하고 자식을 많이 낳은 것은 축복이다.

종교가 성sex을 금기시하지만, 성이 없었으면 인구증가가 없었고, 인구증가가 없었으면 문화의 발전·축적이 없어서, 성인의 출현과 그 가르침의 전승이 불가능했을 것이기 때문이다.

인간이 지식의 열매를 따먹고 좁은 에덴동산을 탈출한 것은 축복이다. 전혀 머리를 쓸 필요가 없이, 그리고 노동할 필요도 없이, 삼시 세 끼 먹이를 받아먹으며 완벽하게 방역이 되어 있는 안락한 좁은 우리에서 사육당하며 사는 것보다는, 비록 수고롭게 노동을 해야 하고 질병·천재지변 등 위험에 노출될지라도, 광활한 자연에서 자유롭게 사는 것이 낫기 때문이다. 그런 선택을 한 우리 조상들 덕에 지금의 찬란한 문화가 가능한 것이다.

에덴동산은 무지와 무의식의 안락한 세계이다.

〈아담과 이브〉루카스 크라나흐, 1526년.

이브가 자유의지를 사용해 선악과를 먹었다고 하는데 '먹어야 할까 말
까' 하고 고민한 흔적이 없다. 아담도 마찬가지이다. '하나님이 이걸 먹
으면 죽는다고 했는데 먹으면 죽는 거 아니야?' 하고. 그런 생각이 일어
나는 것은 자유의지와는 관계가 없다. 그런 생각은 저절로 일어나는 것
이고, 자유의지는 그렇게 일어난 생각을 따를 것인지 아닌지에 대한 선
택이다. 소위 'free won't'이다.

자유의지, 사티명상

_ 진화의 과정에서 신경계가 발달하면서 생물에게
고통이 생겼다. 의식은 생물체가 고통을 피하는 과정에
나타난 부산물이다.
_ 내가 당신에게 유명인을 한 사람 생각하라
하자, 당신은 히딩크를 생각했다. 하지만 히딩크는
당신 의식의 스크린에 그냥 떠올랐다. 당신이 그를
떠올린 게 아니다

전통적 의미에서의 자유의지는 의식적인 것이다. 우리가 의식하지 못
하는 중에 일어난 의사결정은 자유의지로 보지 않는다. 하지만 인간은
의식·무의식 복합체이다. 우리의 결정은 많은 경우에 무의식적으로 일
어난다. 그러므로 자유의지를 새로운 시각에서 볼 필요가 있다. (이 글에
서 자유의지란, 달리 언급이 없는 한, 전술한 의식적인 자유의지를 말한다.)

기능성자기공명영상장치 fMRI로 뇌를 관찰하면, 우리가 어떤 결정을
내렸다고 의식하기 전에 (길면 수초 전에) 이미 뇌에 그 결정이 이루어
진 것을 관찰할 수 있다. 그래서 (상대방의 뇌에 이 기기를 연결하여) 이
기기의 도움을 받으면, 상대방이 홀을 낼지 짝을 낼지를 미리 앎으로
써, 홀짝경기를 70퍼센트 확률로 이길 수 있다. 이 현상은, 인간의 자유
의지의 존재를 부인하는 증거로 해석이 가능해서, 이 실험의 의미와 과
연 자유의지가 존재하는지에 대해서 철학자들 사이에 많은 논쟁을 낳
았다.

필자는 상기 현상을 통해서 자유의지에 대한 새로운 해석을 제공하
고자 한다.

자유의지가 있다면, 자유의지는 사후事後에 일어난다. 뇌의 특정 부위에서 어떤 결정이 무의식적으로 (주어진 정보를 기초로, 뇌에 비치된 퍼센트그램에 따라 자동적으로) 일어나면(fMRI에 의하면 그렇다), 얼마(몇 밀리 초) 후에 뇌의 다른 부위가 그걸 본다. 그게 의식의 형태로 나타난다. (그러므로 '내가 뭘 의식적으로 결정했다'는 생각은 착각이다. 그냥 그런 느낌이 들 뿐이다.) 이후에 다른 부위가 그 결정의 결과에 대해 복기하고 평가한다. 그 내용이 새로운 정보(데이터)와 지침(알고리즘 소프트웨어)으로 뇌에 저장되고 업데이트되며, 이것은 후에 비슷한 일에 대한 결정을 내릴 때 적용 반영이 된다. 이게 사람들에게 자유의지처럼 보인다. 따라서 자유의지는 있다면, 일(결정)이 끝난 후에 (복기와 평가 과정에서) 작동한다.

정리하면 이렇다.

결정은 기존 소프트웨어에 의해 (무의식적으로 기계적으로) 일어난다. 이어 복기와 평가가 일어난다. 이게 뇌에 저장되고 기존 소프트웨어를 업데이트한다. 이 업데이트된 소프트웨어에 의해 미래의 결정이 일어나며 같은 과정이 되풀이된다.

따라서 그 어디에도, 고전적 의미로서의 자유의지는 없다. 의식은 (이미 이루어진 결정을) 수동적으로 지켜볼 뿐이다. 상기上記의 전 과정을 자유의지라 부른다면, 이것은 새로운 의미의 자유의지이다. 왜냐하면 이런 종류의 자유의지는, 고전적 의미의 자유의지와 달리 그 작동이 즉각적으로 일어나지 않는, 상당한 시간을 요하는 과정이기 때문이다. (그 시점 이전에는 올챙이이고 그 시점 이후에는 개구리인 그런 순간적인 시점은 존재하지 않는다. 하지만 시간대를 넓게 잡으면, 예를 들어 한 주로 잡으면, 그 기간 전에는 올챙이였고 그 기간 후에는 개구리인 그런 기간이 존재한다. 자유의지도 마찬가지이다. 시간 폭이 없는 '순간'의 자유의지를 논할 게 아니라, 시간 폭이 있는 '기간'의 자유의지를 논해야 한다.

진화론에 의하면 인간은 의식이 없는 단세포 생물에서 의식이 있는 다세포 생물로 진화했다. 즉 자유의지가 없는 생물이 자유의지가 있는 생물로 진화했다. 하지만 그 시점 이전에는 자유의지가 없고 그 시점 이후에는 자유의지가 있는, 그런 시점은 존재하지 않는다. 하지만 기간을 넓게 잡으면 가능하다. 예를 들어 35억 년을 기준으로 잡으면, 지금부터 35억 년 전에는 자유의지가 없었고 그로부터 35억 년 후인 지금은 자유의지가 있다. 그러므로 자유의지는 시간 단위의 문제일 수 있다. '순간·비순간'의 문제일 수 있다.)

원시적인 생물은 고도의 의식이 없이도 결정을 내리며 잘산다. 진화의 과정에서 처음으로 고등동물에게 의식이 생겨났다. 대뇌 신피질이 발달하며 새로운 기능이 생겨났다. 복기와 평가이다. 이 기능이 의식(목격)의 형태로 나타나는 것일 수 있다. '뇌에서 일어나는 제 활동을 목격하는' 기능을 하는 것이 의식이다. 하지만 뇌의 활동 중 90퍼센트는, 의식이 안 되는 무의식적 활동이다. 앞으로 인간이 진화가 더 되면 혹은 과학이 더 발달하면 우리 무의식의 활동을 샅샅이 알아낼 수 있을 것이다. (거의) 실시간으로 알아내 (거의) 실시간적으로 결정하는 데 도움을 줄 수 있을 것이다.

사티명상mindful meditation이란, (전보다 더) 의식적인 삶을 살게 함으로써 (전보다 더) 무의식의 질곡桎梏에서 벗어나게 하는 법이다. 즉, 무의식의 노예가 되는 걸 방지하는 법이다. 궁극적으로는 어디에도 걸림이 없는 대자유인이 되는 것이다.

우리를 구속하는 번뇌와 무지는 무의식의 영역에 깊이 뿌리를 내리고 있다. 이걸 다 뿌리뽑으면 부처이다.

의식과 결정의 관계에 대해서 좀 더 논할 필요가 있다. 심각한 문제가 있다. '의식이 없이도 결정을 내릴 수 있느냐'는 질문이다. 답은 '그렇다'이다. 의식이 없는 아메바·지렁이·반딧불이 등 원시적인 생물도, 무엇을 먹고 무엇을 먹지 말지, 결정을 내리기 때문이다.

더 좋은 예가 없느냐고 묻는다면, 다소 충격적인 예가 있다. 주식투자를 하는 컴퓨터를 만든다. 컴퓨터에 역대 주식시장과 주식에 대한 모든 정보를 담은 다음, 어떤 식으로 사고팔지를 결정하는 소프트웨어를 설치한다. 그리고 컴퓨터가 새로운 정보를 받아들여 스스로 소프트웨어를 업데이트하게 만든다: 소위 스스로 배우는 컴퓨터이다. 이 경우 컴퓨터는 의식이 없지만 웬만한 인간보다 더 결정을 잘 내릴 것이다.

유사한 예가 이미 있다. 지난해 이세돌을 4 대 1로 격파한, 구글 인공지능 팀이 만든, 바둑 컴퓨터 알파고AlphaGo는 의식이 없어도 결정을 한다. 사람보다 더 잘한다. 더 훌륭한 결정을 내린다. (그래서 인간을 이겼다.)

그러므로 결정을 하는 데 있어서, 반드시 의식이 필요한 것은 아니다. 자유의지가 필요한 것도 아니다. 주어진 소프트웨어로 결정할 수 없는 상황이나 새로운 상황에서는 랜덤 넘버random number를 이용해 결정하게 할 수도 있고, 인간이 종종 그러하듯이 때로는 결정을 안 내려도 좋다. 이처럼 결정을 하는 데 반드시 의식이 필요한 것은 아니지만, 진화의 과정에서 생물체에는 의식이 생겼다. (그리고 그로 인하여 자유의지의 문제가 생겼다.)

양자 중첩

: 원자 복제, 의식 복제

_ 같다는 것은 무엇일까?

원자는 동시에 두 곳에 있을 수 있다. 하나의 원자가, 동시에 (서로 다른) 두 경로를 따라 이동하여, (서로 다른) 두 곳에 도달할 수 있다. 양자역학이 증명한 바이다.

의식에도 비슷한 현상이 일어날 수 있다. 원자를 복제하는 것이 가능하므로, 한 사람의 몸(뇌 포함)을 다 복제하면 복제인간을 여러 명 만들 수 있다. 실제적으로는 아직 불가능하지만, 이론적으로는 가능한 일이다. 이 경우 여러 사람의 당신이 생길 수 있다. 이들은 매순간 서로 생각과 행동이 다를 수 있으나, 같은 사람이다. 다음 순간에 할 우리의 생각과 행동이 미리 정해져 있지 않다면, 즉 (우리에게) 같은 상황에서 다른 결정을 할 자유의지가 있다면, (그리고 다른 길을 택한 존재도 자기라고 인정한다면) (한 사람에서 복제된) 여러 복제인간은 서로 다른 생각과 행동을 할지라도 같은 사람이다. 왜냐하면 초기 조건이 같기 때문이다. (여럿의 같은 존재가, 같은 초기 조건에서 자유의지를 발동하여, 서로 다른 결정을 내린 것이다.) 내가 같은 상황에서 다른 결정을 하면 그 시점 이후로는, 그 다른 결정으로 인해 달라진 상황에 따라 나는 다른 정신활동을 하며 살 것이다. 즉 상상으로만 가능하던 '자유의지를 발휘함으로써 하나의 시점에서 (둘로) 갈라질 수 있는, 동일 인간의, 두 개의 서로 다른 삶의 경로를' 복수의 복제인간이 실제로 현실세계에 구현하는 것이다.

영혼론자들은 (이런 일은) 육체만 복제해서는 불가능하다고 말할지 모르나, 뇌의 특정 부분이 망가지면 그에 대응하는 특정 기능(예를 들어 언어, 기억, 안면인식, 모양인식, 색체인식 등)이 사라짐을 보면, 정신활동은 영혼의 기능이 아니라 뇌의 기능이다. 그러므로 온몸(뇌 포함)을 복제하면 정신기능도 복제될 것이다. 복제된 순간은 같은 정신을 갖지만 그 이후로는 다른 정신으로 분화할 것이다. 복제가 완료되는 그 즉시 당신이 죽는다 해도, 사실은 죽지 않는다. 왜냐하면 남아 있는 복제 인간들이 그대의 기억을 그대로 다 가지고 살기 때문이다. (그리고 이들은 '자기가 죽은 적이 있다'는 것을 인정하지 않을 것이다. '자기의 의식은, 어머니 배 속에 수태된 이래로, 단 한 번도 끊어진 적이 없이 연속적으로 이어져 왔다'고 주장할 것이다. 그리고 각자 다른 복제인간들을 '자기 행세를 하는' 사기꾼들이라고 비난할 것이다.)

죽어도 죽지 않는 기묘한 상황이 발생하는 것이다. 여기서, 인간의 정체성에 대한 수수께끼 같은 질문이 발생한다. 나란 무엇인가? 무엇을 일러 나라 하는가? 그리고 '같다'는 것은 무엇인가?

자유의지

_ 자유의지는 현재가 아니라 과거에 작용한다

모든 종교는 사람에게 자유의지가 있다고 주장한다. 자유의지가 없으면 죄를 물을 수 없기 때문이다. 그래서 기독교는, 아담과 이브가 선악과를 따먹은 것은 그들의 자유의지의 발로라고 주장한다. 불교도 자유의지를 인정한다. 자유의지를 인정하지 않으면 인과론이 무의미하게 되기 때문이다. 종교적 믿음과 수행의 기반은 자유의지이다.

하지만 철학자들은 끈질기게 자유의지가 존재하지 않을지 모른다고 문제를 제기했고, 종교인들은 그렇지 않다고 반박을 했다.

한 가지 분명한 것은, 옛날에는 자유의지의 작용으로 인정되는 것들 중에 단순한 기계적인 작용으로 밝혀진 것들이 있다는 점이다. 하지만 핵심적인 내용은 여전히 논쟁의 대상이다.

이처럼 사람에게 자유의지가 존재하는지 안 하는지의 여부는 심각한 주제이다. 여기서 자유의지란 '같은 상황에서 다르게 행동할 수 있는' 능력이다.

그런데 '그런 능력이 있는 것'과 '실제로 그렇게 할 수 있느냐'는 전혀 다른 문제이다. 나는 사람을 죽일 수 있지만, 사람을 죽이지 않는다. 따

라서 나에게는, '사람을 죽이는 것'은 (순수한 의미로서의) 가능태로서만
존재한다. 실제 행동으로 나타나는 것은 '사람을 죽이지 않는다'는 필연
뿐이다.

즉 같은 상황이 되풀이된다 하더라도 (사람을 죽인다는) 다른 행동을
할 수 없다. 항상 (사람을 죽이지 않는다는) 같은 행동을 한다. 이 점에서
는 결과적으로는 결정론이다. 물론 '매번 같은 행동을 하기로 자유의지
로 결정했다'고 주장할 수도 있다. 하지만 나에게 인생관이 고정되면 그
인생관이 바뀌기 전에는 항상 같은 행동을 할 것이다. 즉 나의 행동은
결정되어 있을 것이다. 그 행동을 바꾸려면 인생관을 바꾸어야 한다. 그
러면 다음에는 같은 상황에서 전과 다르게 행동하게 된다. 즉 미리 소프
트웨어(인생관)를 바꾸어야 아웃풋(행동)이 달라지게 된다. 그러므로 만
약 자유의지가 있다면, 자유의지는 개별 상황에 작용하는 게 아니라, 이
소프트웨어를 바꾸는 데 작용할 것이다. 즉 만일 자유의지가 있다면, 자
유의지는 그 순간(행동)에 작용하는 것이 아니라 미리 (인생관에) 작용
하는 것이다.

이세돌을 격파한 알파고 AlphaGo는 자유의지가 없다. 소프트웨어에
따라 결정을 할 뿐이다. 소프트웨어가 바뀌면 결정도 달라진다. 알파고
는 자체 학습을 통해 소프트웨어를, 즉 다음 수를 정하는 규칙을 바꾸므
로, 같은 상황에서 전과 다르게 행동한다. (사람도 정확히 같은 과정을 통
해 다음 수를 결정한다.) 하지만 어느 누구도 알파고에게 자유의지가 있
다고 하지 않을 것이다. 사람이 널리 공부하고 수행하는 것은, 미래에
일어날 개별 상황에서 더 좋은 결정을 내리기 위한 것이다. 이것은 자기
마음 안에 소프트웨어를 만들거나 이미 있는 소프트웨어를 개선하는
것으로 볼 수 있다. 이런 면에서 보면, '알파고에 자유의지가 없다'고 주

장하는 사람은 '인간에게도 자유의지가 없다'고 주장해야 한다.

물론 인생관이나 생명관이 아직 정립되지 않아서 그 결과로, 같은 상황에서도 때로는 사람을 죽이고, 때로는 안 죽일 수 있다. 하지만 이것은 자유의지가 아니라 시스템의 모자람이나 혼란일 뿐이다.

짜장면을 먹을 수도 있고 짬뽕을 먹을 수도 있다. 하지만 어느 것을 먹고 싶은 생각은 의지의 작용이 아니라 그냥 떠오를 뿐이다. (의지는 이미 떠오른 생각에 대한 반응이다. 행동으로 옮겨진 최종 반응이다.) 이 떠오른 생각에 저항하고 다른 걸 선택한다면 자유의지이다. 하지만 이것조차도 뒤에 일어난 생각이, 앞에 일어난 생각을 이긴 것일 수 있다. 그러므로 자유의지란, '하나의 생각만 일어나는 것이 아니라 여러 생각이 순차적으로 일어나는 것'으로 정의할 수도 있다. (마지막 생각이 행동으로 옮겨진다. 그리고 사람들은 자신이 자유의지를 행사했다고 생각한다.)

예를 들어, 짜장면을 먹자는 생각만 일어났다면 짜장면을 먹고 끝났겠지만, 뒤이어 짬뽕을 먹자는 생각이 일어나고 더 이상 다른 생각이 일어나지 않으면 짬뽕을 먹게 된다. 그런데 다시 짜장면을 먹자는 생각이 일어나고 더 이상 다른 생각이 일어나지 않으면, 짜장면을 먹게 된다. 마지막 생각이 자유의지이다.

생각의 (실체로서의) 주체를 인정하지 않는다면, 즉 '생각을 일으키는 상주불변常住不變(변하지 않고 항상 존재하는)의 존재가 있다'고 인정하지 않는다면, 자유의지는 (우리 마음이라는 시스템에 일어나는) 마지막 생각으로 정의할 수 있다.

비유하자면 이렇다. 영화의 한 장면은, 여러 차례 찍은 장면들 중 마지막 장면이거나, 여러 번 한 편집들 중 마지막 편집이다.

자유의지에 대한 논쟁은 실제적으로는 무의미한 논쟁이다. 우리는 자유의지가 있다고 생각하고 살아야 한다. 왜냐하면, '자유의지가 없다'고 생각하고 '함부로' 살았는데, 알고 보니 '자유의지가 있다'면, 큰 낭패이기 때문이다. 그러므로 손해를 안 보려면 '자유의지가 있다'고 생각하고 사는 게 낫다. '파스칼의 내기Pascal's Wager'는, 신에 대해서는 잘못된 논증이지만, 자유의지에 대해서는 훌륭한 논증이다.

그리고 자유의지가 없고 모든 게 결정되어 있다면, '내가 자유의지가 없다고 생각하는 것'도 필연적으로 일어날 일이니 내가 하지 않을 수 있는 일이 아니다.

〓파스칼은 신을 믿는 게 더 낫다는 걸 수학적으로 논증했다. 만약 신이 없다면 설사 신을 믿는다 해도 사후에 신에게 처벌을 받지 않으므로 신을 믿음으로써 사후에 입는 피해가 없지만, 만약 신이 존재한다면 안 믿다가는 사후에 영원히 지옥에서 벌을 받으므로 신을 믿는 게 낫다는 것이다. 하지만 이런 논리는 기독교라는 하나의 종교만 있던 중세 유럽에는 통할지 모르지만, 여러 종교가 동시에 존재하는 현대사회에는 적용할 수 없다. 그의 논리에 따르자면, 각각의 지옥을 갖추고 있는 모든 종교를 다 믿어야 하기 때문이다.

이진법 인간

: 백진법 인간

_ 당신은 너무 단순해

　사람들은 어떤 사람의 일에 대해 판단을 내리고자 할 때, 그 사람에 대한 수많은 사안을 일일이 판단할 수 없으므로(거기 들어갈 돈도 시간도 없습니다), 그 사람의 평소 평판에 의지해 판단을 내립니다. 사람을 좋은 놈 나쁜 놈으로 이분화한 뒤 좋은 놈 말은 따르고 나쁜 놈 말은 따르지 않습니다. 개개 사항에 대해 면밀하게 따져보지 않고, 따르기로 합니다. 믿을 만한 사람이라는 게 이유입니다.

　좋은 사람을 주위에 두면, 일일이 진위眞僞를 파악하느라 돈과 시간과 신경을 쓰지 않아도 좋습니다. 무척 경제적입니다. 믿음이 안 가는 사람을 주위에 두면 일일이 진위를 파악하며 조심해야 합니다. 돈도 들고 시간도 듭니다. 신속한 결정을 내릴 수 없습니다. 그러다 좋은 기회를 잃을 수 있습니다.

　사람들이 선과 악, 진과 망, 허와 실, 빛과 어둠 등 이원론적으로 사물과 사람과 현상을 파악하려는 이유입니다. 다차원으로 파악하기에는 두뇌 용량이 턱없이 부족하기 때문입니다. 부족한 두뇌 용량으로, 뭔가 결정을 내리려면, 그리고 때 맞추어 내리려면, 의사결정 과정을 간소화해야 하기 때문입니다. 모든 결정은 시간 속의 결정입니다.

누가 '나는 당신을 사랑합니다' 대신 '나는 100점 스케일 시스템에서 82점 강도로 당신을 사랑합니다'라고 해보라. 당신의 머리가 터질 것이다. 그 말을 듣고 상대방에게 '아니 그 정도밖에 안 되나요? 93점 강도로 실망했습니다' 해보라. 상대방도 '이게 뭔 소린가' 하고 어리벙벙해할 것이다. '사랑한다 또는 싫어한다'는 이진법 체계 대신에, '하늘만큼 사랑한다, 에베레스트산만큼 사랑한다, 뒷동산만큼 사랑한다, 엄청 사랑한다, 상당히 사랑한다, 조금 사랑한다, 코딱지만큼 사랑한다, 심심할 때 생각나는 정도다, 싫어하는 건 아니다, 좋아하는지 싫어하는지 잘 모르겠다, 반반이다' 등 20진법 체계라면 모를까, 100진법이라니 될 일이 아닙니다.

그런데 인공지능AI의 등장으로 수많은 데이터를 처리할 수 있는 시대가 되었습니다. 하나의 사안에 관련된 수많은 사안을 분석할 수 있게 되었습니다. 머지않아 사람들이 개인에 대한 개별 사항을, 개인의 전체적인 평판에 기대어 판단하는 대신에 철저히 개별적으로 처리할 수 있을 겁니다.

AI는 다음과 같이 보고할 수 있습니다. '이번 사안은 별로 유용하지 않을 것으로 보입니다. 거짓은 아니나 진실도 아닌 것으로 보입니다. 이 사건으로 인하여 B의 평판이 0.1퍼센트 정도 내려갈 것으로 보입니다.'

현대에도 많은 인간의 감정은 이진법 체계입니다. 이게 100진법 1000진법으로 발달하면 분명 인간의 감정도 달라질 것입니다. 사랑한다 미워한다, 좋아한다 싫어한다 등 이진법 체계에서는 못 느끼던 미묘한 감정을 느낄 수 있을 겁니다. 기본적으로 문학은, 구태여 논리적으로 설명을 안 해서 그렇지, 최소한 20진법 이상의 고高진법 체계입니다. 문학을 하는 사람들의 감성이 풍부한 이유입니다. '당신을 보랏빛 안개 속에서 저녁 이슬을 머금은 접시꽃처럼 사랑합니다'라고 말하는 사랑은, '당신을 삼겹살에 소주처럼 사랑한다'라는 사랑이나, '사랑한다고 꼭 말해야 하나, 난 그딴 말 못한다'는 사랑과는 분명히 다를 겁니다.

험악한 자연환경 속 생사生死의 갈림길에서 아직 지능이 발달하지 못한, 고대의 인간은 부족하나마 순간적으로 판단을 내릴 수밖에 없었읍니다. 그게 이진법 사유입니다.

동물들의 구애와 수락·거절은 순간적입니다. 판단에 시간이 걸리지 않읍니다. 비우호적인 자연환경은 시간적 여유를 주지 않읍니다. 바로 후손을 생산하든지 말든지 둘 중 하나입니다. 머지않아 잡아먹힐지 모르니, 기왕에 할 짝짓기라면 빨리하는 게 좋읍니다. 안 할 거라도, 빨리 안 하는 게 좋읍니다. 그게 순간적인 구애와 수락·거절입니다. 동물은 인간처럼 수개월에서 수년간 구애하는 일은 불가능합니다. 만나주기만 하고 짝짓기를 안 하는 일도 불가능합니다. 대뇌 신피질이 발달을 하지 않아 복잡한 생각이 불가능하기 때문입니다.

대뇌 신피질의 발달과 더불어 생각과 감정이 복잡해진 인간에게, 감성적 욕구불만 해소를 선사하는 게 문학입니다. 문학을 통해 사람들은 평소에 섭취하지 못했던 다양한 감정을 섭취합니다. 평소에 느끼지 못했던 낯선 감정도 경험하고, 마음을 확 깨어나게 하는 참신한 감정도 경험합니다. 그리고 그 감정을 일상생활에 구현하고자 시도하기도 합니다.

인간의 행복과 불행은 감정 충족과 결핍으로부터 옵니다. 문학은 대뇌 신피질을 농장으로 삼아 감성을 키우는 농부입니다. 맛 좋고, 영양가 많은, 건강한 감성을 풍성하게 길러냅니다.

우리말 안다 모른다

_ 알아야 모를 수 있다

우리말에는 '알지 못한다'에 해당하는 말이 따로 있읍니다. '모른다' 입니다.

한자漢字에 '모른다'는 말은 한 자로는 없읍니다. 부지不知 막지莫知 등 지知를 부정하는 형태로 쓰입니다.

일본어 와카리마셍도 '알지 못한다'는 형태입니다.

영어에도 없읍니다. 'ignorant'가 있지 않느냐고 할지 모르지만, 이 말은 '알지 못한다' 형태입니다. 부정 접두사 'i'가 'gnorant'에 붙은 꼴입니다. 'gnorant'는 라틴어 'gnorare'에서 온 말인데 '안다'는 뜻입니다. 그러므로 ignorant는 '부지不知'의 형태입니다.

인식은 뭘 아는 것으로부터 출발합니다. 갓난아이는 '아, 저게 엄마구나'로 인식을 시작합니다. 엄마가 아이를 쳐다보며 '엄마, 엄마' 하며 자기 이름이 '엄마'라고 알려줍니다. 그러면 아이는 어느 순간 엄마를 보면 엄마라고 알아차립니다. 첫 번째 인식의 순간입니다. 그다음에 다른 사람을 보면 '저 사람은 엄마가 아니구나' 하고 압니다. 즉 '안다'는 현상이 먼저 일어나고, 그다음에 '모른다' 또는 '알지 못한다'는 현상이 일어납니다.

그때 모르는 것은 아는 것의 부정으로 나타납니다.

그러므로 '모른다'는 단어가, 부정어가 아닌 형태로 존재하는 것은 힘들어 보입니다. (영어·불어·중국어·라틴어 등이 모두 이러합니다.)

우리말에 '알아? 몰라?'라는 표현이 있습니다. 여기서 '몰라'는 다른 나라 말들과 달리 부정형이 아닌 듯 보이지만, 사실은 부정형입니다. '몰라'는 '몰라요'의 축약형인데, 〈용비어천가〉에 '모르다'가 나오는 걸 보면 '몰라요'는 '모라요'의 변형입니다. 즉 '못알다〉모라다〉모르다'로 변이한 걸로 보입니다.

지금까지의 이야기를 정리하자면 이렇습니다. 세계 여러 언어에서 보듯이 '모른다'는 '안다'의 부정형태인 '알지 못한다'로 나타납니다. 인식은 '안다'로 출발해서 '알지 못한다'에 이르기 때문입니다. 우리말 '모른다'는 얼핏 보면 '알다'의 부정어가 아닌 것처럼 보이지만, 사실은 '알다'의 부정어 형태입니다.

꺼뜨리다

_ 언어는 과학이다

흔히 쓰는 '배 좀 꺼뜨리고'가 잘못된 말이란다.

그런데 '퍼뜨리다'와 '떨어뜨리다'라는 단어가 있다. 이들은 자동사 '퍼지다'와 '떨어지다'에서 '지다' 대신 '뜨리다'를 붙여 타동사로 만든 것이다. 그렇다면 '꺼뜨리다'도 '부푼 것이 가라앉다'라는 뜻을 지닌 자동사 '꺼지다'에서 '지다' 대신 '뜨리다'를 붙여 만든 말이므로 잘못된 말이 아니다. 다시 말해 '배가 꺼지다'라는 말을 쓴다면 '배를 꺼뜨리다'라는 말도 쓸 수 있어야 한다.

사실 '배 좀 꺼뜨리고'라는 말은 내 기억으로는 우리나라에서 50년 넘게 써온 말이고 전국적으로 쓰이는 말이다. 이 말은 위에서 논증한 바와 같이 잘못된 말이 아니고 국민들은 옳게 쓰고 있는 것이다.

오늘 아침에 원고를 교정하다가 갑자기 의문이 일어나 국립국어원에 전화 걸어서 '배 좀 꺼뜨리고'가 잘못된 표현이냐고 물었더니 그렇다고 하며 '배 좀 꺼지게 하고'가 바른 표현이란다. 전화를 끊고 '과연 그럴까?' 하며 생각해보니, 위와 같은 논리가 떠올랐다. 다시 전화를 해서 위와 같이 설명을 하니 '꺼지다'에는 '배가 꺼지다'와 같은 뜻이 있는 게 사실이지만 '꺼지다'의 원어인 '끄다'에는 '불을 끄다'는 의미는 있지만 '배를 끄다' 즉 '배를 꺼지게 하다'와 같은 의미가 없으므로 '배를 꺼뜨리다'라는 말을 쓰면 안 된단다. 이게 무슨 해괴駭怪한 논리인가?

그래서 내가 "미국 어린이들이 말을 배울 때 'I catched a bird'라고 말하곤 하는데 이는 아이들이 동사에 'ed'를 붙이면 과거형이 된다는 걸 터득하고 하는 행위이다. 이때 부모는 catch가 불규칙동사이고 과거형은 'caught'라고 가르쳐준다. 그런데 한국인들이 '꺼지다'를 '꺼뜨리다'로 변형시켜 사용하는 것은 '퍼지다'와 '떨어지다'를 '퍼뜨리다'와 '떨어뜨리다'로 변형시켜 사용하는 것과 같은 이치다. 한국어 단어들을 '뜨리다'와 같은 용법으로 쓸 때 불규칙형이 없으므로…"라고 말을 이어가는데 상담사가 점심시간이 되었다며 전화를 끊어야 하겠다고 한다. 그 말에 나는 "국어 전문가가 국어보다 점심을 더 소중히 하는 것 같다"고 불평했다. 시계를 보니 12시 정각이었다.

패턴 인식

_ 좁은 창고에 물건을 많이 집어넣으려면
정리를 해야 한다

서울역에서 포항행 열차를 찾고 있었습니다. 전광판은 6번 플랫폼으로 안내하고 있었습니다. 맨 왼쪽이 1번이고 그 오른쪽이 2번이어서, 5번 오른쪽으로 내려가 열차를 탔습니다. 한참 시간이 흘렀습니다. 포항에 도착할 시간이 되었는데 도착할 기색이 없습니다. 창밖을 바라보니 낯선 경치가 펼쳐지고 있습니다. 광주행을 탄 겁니다.

다시 서울행 기차를 타고 서울역에 올라가봤더니, 5번 플랫폼의 오른쪽은 6번이 아니라 8번이었습니다. 역에 항의를 했더니 자기들은 잘못이 없답니다. 5번 옆을 6번으로 해야 한다는 국법은 없답니다. 플랫폼을 확인하는 것은 승객의 의무랍니다.

씩씩대며 나오는 제 등 뒤로 그 직원의 말이 들려옵니다. "5번 옆에 6번이 오는 구태의연한 세상에는 오늘같이 재미있는 일이 일어나지 않는답니다."

플랫폼 번호는 왼쪽에서 오른쪽으로 '1, 2, 4, 7, 5, 8, 3, 6' 순서였습니다.

동물은 자연에서 패턴을 찾습니다. 사람이 가장 뛰어납니다.

기하학적으로 좌우 대칭으로 생긴 것은 생물입니다. 그중 움직이면 동물이고 움직이지 않으면 식물입니다.

땅위에 수직으로 서 있는 것은 나무이거나 사람입니다. 움직이면 사람이고, 안 움직이면 나무입니다. 동물들은 움직이는 수직선을 보면 사냥꾼으로 인식하고 도망갑니다. 사냥꾼들이 움직이지 않는 이유입니다. 물론 사냥꾼이 아니고 나무꾼일 수 있으나, 그걸 판단하기에는 동물의 소프트웨어(지능)가 안 좋고 두뇌 용량도 부족합니다. 그래서 범주적으로 사냥꾼으로 결정을 내리고 도망갑니다.

사람도 크고 작게 패턴을 나누고 대상을 인식합니다. 비슷한 것은 비슷하게 인식합니다. 지난 번에 먹고 심하게 복통을 겪은 식물과 비슷하게 생긴 것은 먹지 않습니다. 자기를 공격한 사람과 비슷하게 생긴 사람은 일단 피하고 봅니다. 그 사람이 아닐 수도 있으나, 이라면 피해가 크기 때문입니다.

상대방의 얼굴표정·몸짓·손짓을 대표적인 몇 가지 패턴으로 나누어 인식합니다. 속마음과 다르게 항상 찡그린 표정을 짓고 있는 사람도 있으나, 나를 향해 찡그린 얼굴을 짓는 사람은 대체로 나에게 적대적인 사람입니다. 그렇게 인식하고 대처하는 게 확률적으로 안전한 일입니다.

자연계의 패턴을 발견하는 게 자연과학입니다. 예를 들어 자연계에 원소는 108개 정도 존재하는데, 과학자들은 1번 수소, 2번 헬륨… 100번 페르뮴 등으로 띄엄띄엄 발견했습니다. 과학자들은 이빨 빠진 곳에 해당하는 원소들이 존재할 걸로 예상했고 실제로 후에 발견했읍니다.

이런 패턴 인식에 익숙해진 사람들은 당연히 '1, 2, 3, 4, 5, 6, 7, 8' 순서의 플랫폼을 예상하지, 흐트러진 '1, 2, 4, 7, 5, 8, 3, 6' 순서를 예상하지 않습니다. 미술품이 아니라면 말입니다.

☰우리가 섭취하는 에너지의 40퍼센트나 뇌에서 소모된다고 하는데, 전체를 관통하는 체계를 만들면 뇌 에너지가 엄청나게 절약됩니다. 매번 새롭게 공부하지 않아도 되기 때문입니다.

☰서울역 이야기는 지어낸 이야기입니다. 어느 날 서울역에서 그런 상상이 솟아났습니다.

☰위와 유사한 이야기가 토머스 프리드먼의 《렉서스와 올리브나무》에 나온다.

1992년 제임스 베이커 미 국무장관은 우랄산맥 동쪽에 있는 소련의 핵폭탄설계기지 첼랴빈스크-70에 갔다. 이 기지는 극비 중의 극비여서 공식 지도에 나와 있지 않다. 소련판 로스앨러모스라 할 수 있다. 하지만 그의 기억에 가장 남는 것은 핵이 아니라 엘리베이터였다. 첼랴빈스크-70에 가까운 스베르들롭스크의 옥토버 호텔에 하룻밤 묵었는데, 그 호텔의 엘리베이터 버튼이 이상했기 때문이다.

"버튼은 1, 3, 4, 5, 6, 7, 8, 9, 10, 2의 순서로 붙어 있었다. 누군가 2층 버튼을 잊어버렸다가 나중에 붙인 것이다. 2층 버튼이 마지막에 나와 있지만, 이 버튼을 누르면 2층으로 가기는 한다."

소련은 엘리베이터 버튼 순서가 아무리 잘못되어도 굴러갈 수 있는 나라였다. 왜냐하면, 냉전시대 소련은 국가가 모든 것을 책임져 주어 경쟁할 필요가 없었기 때문이다.

기억

: 잃어버린 기억을 찾아서

_ 죽음이란 기억을 잃어가는 과정이다

어젯밤에 시장에서 책을 잃어버렸다. 차를 몰고 집으로 오려고 하는데 집에서 가지고 나온 책이 안 보인다.

차 안을 샅샅이 뒤져보아도 없다. 저녁을 먹은 피자집에 두고 왔나 생각했는데 그다음에 들른 커피집에서 책을 읽은 기억이 났다. 이미 문을 닫은 자정에 가까운 늦은 시각에 문을 두드려 열고 커피집에 들어가 보았지만 없었다.

다시 생각해보니 주유소를 들른 적이 있다. 셀프주유소였다. 주유하다 주유기에 책을 얹어놓았나 살펴보았지만, 없다. 귀신이 곡할 노릇이었다.

그런데 책을 차 지붕 위에 두었던 기억이 아스라이 떠올랐다. 하지만 대낮의 붉은 장미꽃 같은 또렷한 기억이 아니고 안개 속에 피는 안개꽃 같은 희미한 모습이었다. 그것도 짙은 안개 속에. 차를 주차했던 곳으로 찾아가 그 주변을 살펴보았으나 책은 자취를 찾을 길이 없다.

여기도 없고 저기도 없다면, 있을 곳은 주유소라는 결론을 내리고 다시 주유소로 차를 몰았다. 100미터쯤 달렸을까, 뭔가 덜컹 하고 차바퀴에 치였다. 백미러로 보니 하얀 물건이 길 위에 놓여 있다. 차를 세우고 걸어가 보니 찾던 책이었다.

시장에서 집으로 가려고 차문을 열 때 짐이 많아서 책을 지붕에 올려 두었는데, 그걸 잊어먹고 그냥 차를 몬 것이다. 집에 가기 전에, 바닥난 기름을 채우려고 주유소로 갈 때, 지붕 위의 책이 한동안 떨어지지 않다가, 바로 그 지점에서 떨어진 것이었다.

책은 바퀴자국으로 여기저기 시커멓게 되고 사철絲綴 제본도 몇 군데 흐늘흐늘해졌다. 자정 근처에 인적 드문 길에서, 책이 교통사고를 당하고 사지를 벌리고 길 위에 뻗어 있었다. 그것도 자기 주인 차에!

그 책은 내가 쓴 책이고 제목은 《이상한 나라의 수학자》이다. 정말 이 세상은 이상한 나라이다.

올해만 해도 열차표를 6번이나 사놓고는 잊고 타지 않았다. 언제 갈지 몰라 (스마트폰으로) 여러 편을 사놓은 걸 잊어버리고 취소하지 않은 것이다. 하도 기가 막혀 지인에게 이런 일이 일어났노라고 하소연하는 중에, 또 한 편의 열차는 어김없이 정시에 떠나고, 또 한 장이 날아간 적이 있다.

지갑을 여니 방금 찾은 20만 원이 안 보인다. 돈을 찾은 명세서는 있는데 돈은 없다. 서울 출장길에 서울역 ATM기에서 돈을 찾았는데, 돈을 꺼내지 않고 기계 속에 남겨놓고 온 것이다. 이 일은 기억이 나지만, 기억도 못하고 지나간 일이 있을 것이다. 죽은 다음 명경대明鏡臺 앞에 서면 꼭 확인하고 싶다. 기억도 못하고 허망하게 흘려보낸 시간과 세월을.

잃어버리는 것보다 더 기분 나쁜 일은, 언제 어디서 어떻게 잃어버렸는지 생각이 안 날 때이다. 그러다 일체 기억을 잃어버리면 괴로움이 사라질 것이다. 괴로움도 소재가 있어야 일어나는데, 정신적 괴로움의 소재는 기억이라, 기억이 사라지면 괴로움의 소재가 사라지기 때문이다.

기억이 사람의 정체성이라고 한다. 그런데 그 기억에 문제가 생긴 것이다. 아무것도 모르는 갓난아이가 내가 아니라면, 태아가 내가 아니라면, 그리고 수정란이 내가 아니라면, 지금의 나는 수정란 이후로 축적된 기억의 집합체이다. 그런데 내가 지금 기억기관에 문제가 생겨 새로운 경험을 기억으로 저장하지 못한다면, 나의 정체성은 과거로 고정된다. 더 이상이 생겨 과거의 기억까지 잃어버린다면 과거의 정체성까지 잃어버리는 것이다.

이런 일이 반복되자 낙담했다. 같은 연배의 동료들에게 물어보니 자기들도 그렇단다. 위안이 되었다. 남의 성공은 나의 불행이라는 사람 심리가 이해가 갔다. 그들이 멀쩡했으면 나의 고통은 더 커졌을 것이다. 불행은 같이하면 가벼워진다는 말은 진리이다.

희한한 현상이 있다. 우리말 단어가 생각이 안 나는데, 그 단어에 해당하는 영어 단어는 생각이 난다. 자주 일어나는 현상이다. 영어를 공부 안 했으면 큰일날 뻔했다고 가슴을 쓸어내린다. 영어를 섞어 쓴다는 비난을 듣는 게, 단어가 생각이 안 나 어버버 말문이 막히는 것보다는 훨씬 낫다.

유아기에 배운 외국어는 모국어를 처리하는 뇌 부위에서 처리되지만, 커서 배운 외국어는 다른 부위에서 처리된다고 한다. 그래서 한쪽에서 생각이 안 나는 게 다른 쪽에서 생각이 나는 것이다. 하지만 같은 의미의 단어를 찾아내는 걸 보면, 둘 사이를 연결하는 모종의 소프트웨어가 있을 것이다. (우리 의식이 모르는 사이에 무의식은 열심히 일한다. 무의식의 모토는 이렇다. '우리는 음지에서 일하며 양지를 지향한다.') 아무튼 외국어(영어) 습득은 소중한 보험이다.

　사람이 늙어가면 뇌세포가 죽고 (수상·축색)돌기가 줄어든다. 그러면 기억에 문제가 생긴다. 아직 장기기억에는 이상이 없다. 젊은 시절에 읽고 사유하고 깨달은 바는 그대로 남아 있다. 조금 유실된 부분도 있지만 이만하면 쓸 만하다. 젊은 시절에 술 담배를 안 하고 쓸데없는 짓을 안하고 독서를 열심히 한 게 천만다행이다. 부자가 망해도 삼대는 간다는데, 만 권 책을 읽었으니 기억이 망해도 1/3은 기억하리라. 그러면 멍청하고 무식하고 어리석은 늙은이 신세는 면하리라.

윤곽

_ 모든 것은 마음속 스크린에 그려진다

눈을 감고 심안에 떠올려보라. 설악산의 모습을 얼마나 재현해낼 수 있나. 마음으로 기억을 더듬어 설악동 매표소에서 출발해, 권금성 케이블카 매표소를 왼쪽에, 신흥사 청동대불을 오른쪽에 두고, 비선대 양폭산장 금강굴 희운각 할딱고개 소청봉 중청봉을 지나 대청봉에 올라도, 전체적인 윤곽이 떠오를 뿐 세세한 모습은 기억할 수가 없다.

힘차게 내달리는 산비탈과 동해바다의 장쾌한 모습은, 하나하나 일일이 찾으려 하면 어느 바람에 날려갔는지 찾을 길 없다. 산길 옆의 풀·꽃·돌·벌레는 전혀 기억이 안 난다. 시끄럽게 울어대던 매미도 자취를 남기지 않는다. 커다란 나무들은 그럭저럭 윤곽이 떠오른다.

사람의 모습도 그렇다. 떠올려 그리라고 하면 못 그려도 보면 딱 안다. 그들의 모습은 그림이나 심안心眼, mental screen에 재생할 수 없지만 우리 마음(뇌) 어딘가에 저장되어 있다. 사랑하는 사람일수록 더하다.

그래서 시인은 노래합니다. 같이 거닐던 산과 들을 찾아 연인의 모습을 찾습니다. 진달래 피고 철쭉이 피면, 산벚꽃이 피면 님의 모습인 듯합니다.

그리운 그의 모습

다시 찾을 길 없어도

고운 그 모습

산에 언덕에 피어날지어이

사랑을 해도 일하고 먹고살아야 하기에 그 많은 정보를 다 담아둘 수는 없습니다. 담아둔다 해도 재생할 수 없습니다. 그리하려면 어마어마한 두뇌 용량이 필요하기 때문입니다. 뇌에 최신형 DVD와 고해상도 스크린을 설치하는 것과 같습니다.

하지만 자폐아들은 가능합니다. 세상과 담을 쌓고 살기에 사회생활에 필요한 뇌를 쓰지 않아 용량이 남아돌기 때문입니다.

어떤 자폐아들은 한 번만 보고도, 풍경을 자세히 그려내고, 책도 전화번호부도 사진을 찍은 듯 기억해냅니다. 소위 자폐천재들입니다.

사람들과 대화를 하며 상대방의 마음을 읽어내는 데는 어마어마한 뇌 용량이 필요합니다. 그래서 이들이 정상이 되면 이런 능력을 잃어버립니다.

안 먹어도 같이만 있으면 좋을 것 같던 불타는 열정은 석 달을 가기 힘들고 안 보면 식욕을 잃게 하던 눈먼 열정은 삼 년을 가기 힘듭니다.

정말로 그러다가는 정말로 죽습니다. 그래서 뇌에 그런 기기를 설치하는 것은 비효율적입니다. 그리하여 사랑에 빠진 사람들은 끙끙 앓습니다. 마음속에 있으나 떠오르지 않는 그리운 모습을 붙잡고 씨름을 합니다.

누구나 기억합니다. 학창시절 시험기간에 벼락치기로 머릿속에 정보를 꾸겨넣으면 머릿속이 와글와글하던 느낌 말입니다.

우리 마음(뇌)은 1.35리터 정도의 한정된 공간을 효율적으로 이용하기 위해서 디테일을 되도록 생략하고 윤곽을 저장하는 알고리즘을 만들었습니다. 패턴인식도 그중 하나입니다.

사람의 뇌는 47억 권의 책을 저장할 수 있다 하지만, 모든 걸 있는 그대로 저장하고 재생하기에는 용량이 턱없이 부족합니다.

상대방의 외적 모습이 아닌 내적 모습은 더 어렵습니다. 외모야 사진이라도 찍어 두고 생각날 때마다 볼 수 있지만, 마음은 불가능합니다. 감미로운 마음은 직접 맛보는 수밖에 없습니다. 아마 두뇌 용량이 미치지 못하기 때문일 겁니다. 그 미묘한 마음을 다 담아두려면 얼마나 넓은 마음 공간이 필요하겠읍니까?

인간이 누리는 정신적 감성적 사랑은 사치품일 수 있읍니다. 인간세상에 일어나는 전쟁은 이 사치품을 청소하려는 자연의 조치일 수 있읍니다.

우리 삶은 윤곽입니다. 육체적 삶도 정신적 삶도 윤곽입니다. 사랑도 윤곽입니다. 깊고 풍요로운 삶이란 윤곽을 잃지 않고 디테일을 채우는 삶입니다.

앞서가는 사람일수록 기쁨도 크지만 슬픔도 큽니다. 고단합니다. 다음 번 광풍이 몰아치기 전에 지금 호시절을 마음껏 즐기시기 바랍니다.

아이디어 짝짓기

: 아이디어 이종교배

_ 장점이 겹치는 이익보다
단점이 겹치는 위험이 훨씬 더 크다

어미 개는 수컷 새끼가 이상한 낌새를 보이면 이빨을 드러내고 으르
렁거리며 강력한 경고를 보냅니다.

동물의 세계에서 근친상간은 강력한 터부입니다. 지력이 낮은 생물
임에도 철저히 지켜집니다. 왜냐하면 근친상간은 기형을 유발하고 유전
병을 발현시켜 종(가족·가문)을 취약하게 해 멸종당하게 만들기 때문입
니다.

아프리카에 있는, 전라북도 정도 크기의 수천 미터 고산지대 화산분
지 응고롱고로에는 코끼리·코뿔소·얼룩말·물소·사슴 등 수많은 동물
이 삽니다. 사자도 삽니다. 어느 해 흡혈파리가 옮긴 전염병에 걸려 사
자 수가 급감했읍니다. 고립된 지역이라 달리 짝을 구할 수 없어 할 수
없이 근친상간을 한 사자들은, 기형과 약한 면역력으로 새끼들의 수명
이 짧아져 멸종위기에 처했읍니다.

유전자가 다른 무리와 짝짓기를 하면 새로운 면역인자를 받아들여
더 많은 질병에 면역력이 생깁니다. 보완관계에 있는 기업들의 합병이
만드는 시너지 효과와 같읍니다.

그래서 늑대·사자·들개·침팬지는 성숙하면 무리를 떠나 다른 무리의 개체들과 짝을 짓습니다.

서로 고립되어 소규모 무리를 이루고 살던 에스키모는, 타 지방에서 손님이 오면 자기 마누라를 제공하고 씨를 받았습니다. 인구가 너무 많아 걱정인, 도시 문명인들로서는 이해할 수 없는 일일지 모르나 그네들로서는 당연히 해야 할 일이었습니다. 그래야 더 건강한 자식을 얻을 수 있기 때문입니다. 외지인은 조그만 집 담장 안으로 홀연히 날아든 민들레 꽃씨입니다.

인간에게는 생물학적 인브리딩inbreeding 말고도 인브리딩이 하나 더 있습니다. 정신적 인브리딩입니다. 한 곳에 고립되어 살면 새로운 사상 지식이 유입되지 않아서, 자기가 가진 지식을 모든 지식과 불변의 진리로 알아 온갖 기괴한 망상이 생산됩니다.

북으로 힌두쿠시 산맥과 파미르 고원으로 막혀 인도 아대륙에 갇힌 인도인들은, 브라흐마 신이 만들어준 카스트 제도의 망상 속에 살다가 영국의 식민지로 전락했고, 100년 만에 겨우 독립은 했지만 아직도 심각한 정신적 혼란 속에 삽니다.

일본 열도에 갇힌 일본인들은 자기들이 신의 자손이라고 망상을 했읍니다. 800만 명의 가미(신)들이 우글거립니다. 고대사를 조작합니다. 그 외중에도 문호를 개방하고, 탈아입구脫亞入歐 기치 아래, 서구문물을 받아들여 선진국이 되었읍니다. 아시아인들이 만든 유일한 선진국입니다. 수천 년간 하던 '정신적' 인브리딩을 자제한 덕입니다.

그들은 서구문물, 특히 과학(자연·인문사회)을 한자로 번역하여 아시아에 퍼뜨린 지대한 공이 있읍니다. 과학·수학·화학·물리학·인류·헌

법·정치·경제·사회·금융·심리 등 지금 우리가 쓰는 거의 모든 용어
는 그 결과입니다. 이로 인하여 아시아인들이 서구 사상과 학문을 아시
아 언어로 생각하고 연구하는 게 가능해졌습니다. 한자문화와 서구문화
의 이종교배로 태어난 건강한 문화입니다.

한반도에 갇힌 조선인들은 성리학에 빠져 소중화小中華를 자처하며
중국적 세계관으로 서구 선진국을 금수나 오랑캐로 취급하는 망상을
하며 살았습니다. 일제 강점기에도 이미 300년 전에 만주족 오랑캐가
세운 청나라에게 멸망한, 명나라 만력제萬曆帝를 모신 만동묘萬東廟에 제
사를 지냈습니다. 황제국을 자처하며 송나라와 대등한 외교관계를 유지
했던 고려조로부터의 처참한 추락입니다. 그러다 일본의 식민지가 되었
읍니다.

아스테카 제국과 잉카 제국은 중남미에 갇혀 낡은 세계관과 청동기
적 주술적 종교관에 사로잡혀 살다 한 줌도 안 되는 스페인인들에게 정
복당했습니다. 그 과정에서 인구의 반 이상이 몰살당했습니다.

네덜란드는 자유주의 정책을 펴, 스피노자(1632~1677) 같은 자유 사
상가를 배출하고, 유럽으로부터 로크John Locke(1632~1704)와 데카르
트(1596~1650) 등 자유로운 영혼과 두뇌를 유치해 17세기에 사상과 학
문과 과학과 경제가 만개했습니다. 당시 암스테르담은 유럽의 출판과
도서 판매의 중심지였습니다.

이 시기는 지동설을 주장한다는 이유로 브루노Giordano Bruno(1548~
1600)가 화형을 당하고 갈릴레오Galileo Galilei(1564~1642)가 이탈리아
에서 종교재판을 받던 시기였습니다.

이로 인하여 '로마 가톨릭으로부터 잠재적인 사상탄압의 위협을 느끼던' 데카르트는 암스테르담에 20년간 머물며 다음과 같이 자기 심경을 고백합니다.

"과수원에서 과일이 풍성하게 자라는 모습을 보면 즐겁듯이, 나도 이 도시에서 범선이 인도의 물건과 유럽의 진귀한 물건을 가득 싣고 항구로 들어오는 걸 보면 즐겁다. 어디서 이곳처럼 생필품과 신기한 것들을 마음껏 구하고 볼 수 있을까? 군대는 시민을 보호하기 위해 상시 대기 상태이고 독살·반역·중상모략은 그 어느 곳보다도 적어, 나는 이곳에서는 완벽한 자유를 누리며 걱정 없이 잠을 잔다."

미국의 뉴욕은, 원래 이름이 뉴암스테르담으로, 네덜란드인들이 신대륙에 새로운 암스테르담을 건설하겠다는 꿈으로 세운 도시입니다. 영국이 점령한 다음 뉴욕으로 이름을 바꾸었습니다. '새로운 요크(영국에서 가장 아름다운 도시)'라는 뜻입니다. 지금 뉴욕은, 비록 이름은 바뀌었을지언정 전 세계에서 가장 자유로운 도시이므로 네덜란드인들의 꿈이 이루어진 걸로 볼 수 있습니다.

앞서 언급한 것처럼, 인간은 인브리딩을 안 하는 도덕적인 동물인 줄 알지만 사실은 그렇지 않습니다. '정신적인' 인브리딩을 합니다. 그 결과 엄청난 정신질환인 망상과 광신을 생산하고, 그 정신질환에 걸려 성차별과 인종차별과 사상탄압과 대학살을 자행합니다. 동물에게는 없고 인간에게만 있는, 정신질환 증세입니다. 인류를 파멸케 하는 치명적인 정신질환입니다.

민족과 국민도 정신적인 인브리딩을 하면 비슷한 결과가 나옵니다. 이 점에서, 서로 상이한 문화·역사를 가진 나라들의 정치·경제적 통합을 목표로 하는 유럽연합은 위대한 실험입니다.

민족주의에 사로잡히면 '자기 민족의 우수성' '유일한 역사성' 등에 빠져 배타적이 됩니다. 이는 자기 민족 밖에 있는, 가져다 쓸 수 있는, 다양하고 우수한 '생물학적인 정보와 정신적인 정보의' 보고寶庫를 외면하는 어리석은 짓입니다.

미국은 정신적 인브리딩을, 가장 성공적으로 피한 나라입니다. 실리콘밸리 CEO들은 거의 다 외국인 출신입니다. 뉴욕대학City University of New York의 박사과정 학생들은 다 외국인 유학생들입니다. 큰 대학의 이공계 박사과정 학생들 역시 대부분 외국인 유학생들입니다. 미국은 전 세계인들이 다 몰려들어 서로 두뇌, 정신, 마음을 섞습니다. 전기·전화·전등·영화·냉장고·자동차·비행기·축음기·이메일·인터넷·페이스북·스마트폰 등 모든 기기와 발명품은 미국인들이 만들었읍니다. 이것들은, 미국인이 본래 따로 없고 이민자들이 모여 마구 섞여 미국과 미국인을 만들었다는 점에서, 전 세계인들이 만든 겁니다. 이처럼 인브리딩을 안 하면 놀라운 성과가 나옵니다.

미국은 육체적으로도 정신적으로도 가장 인브리딩을 안 하는 나라입니다.

미국은 혈통주의가 아니라 속지주의입니다. 외국이건 미국이건 미국 땅에서 태어나면 미국 시민입니다. 본시 단일한 혈통이 없는 데다가, 엄청나게 넓은 땅에 국민은 너무 적어서, 그 땅에 태어난 사람은 다 국민으로 인정했읍니다.

미국은 인류의 실험장입니다. 미국의 성공이 인류의 성공입니다. 온갖 인종과 사상을 섞어, 인류 역사상 가장 자유롭고 풍요로운 나라를 만들어냈읍니다. (외계인들이 보면 분명 그렇게 평가할 것입니다.) 이 점에서 트럼프의 이민 제한 정책은 우려스럽습니다. 지구가 하나의 나라로 통합되면 지구상에 전쟁이 사라지고 평화가 올 것입니다. 미국이 거기에 가장 근접한 나라이기 때문입니다.

目전 미국 대통령 트럼프의 이민 정책은 불법이민, 그중 특히 중남미로부터의 불법이민을 막자는 것이었다고 합니다. 하지만 이로 인하여 이민 자체가 억압되는 부작용이 일어나지 않았기를 빕니다. 부화뇌동해 악용하는 무리는 언제 어디에나 있기 때문입니다.

신비감

_ 뉴턴이 (무지개 생성 비밀을 밝혀)
무지개에 대한 시심을 앗아가버렸다 〈존 키이츠〉

신비감이 있읍니다. 묘한 감정입니다. 감정은 이성에 앞섭니다. 감성은 이성이 생기기 오래전부터 우리 마음에 자리잡고 살아온 터줏대감입니다. 그런데 일부 터줏대감이 쫓겨나고 있읍니다.

신비감은 이성이 생길 즈음에 생긴 감정입니다. 이유가 있을 것 같은데 그 이유를 알지 못할 때 생기는 감정입니다. 그저그런 고만고만한 사건이 아니라 커다란 사건이 벌어졌는데 그 이유를 전혀 모를 때 느끼는 감정입니다. 아예 그 이유를 짐작조차 할 수 없을 때 나타납니다. 밤하늘의 별을 볼 때, 무지개를 볼 때 느끼는 감정입니다. 이런 감정은 어디서부터 실마리를 풀어야 할지 알 수 없읍니다. 짙은 군청색 하늘을 가로질러 흐르는 은빛 은하수를 볼 때 우리는 무한한 신비감을 느낍니다.

601

신비감은 이성이 자리를 잡은 후에도 인류에게 오랫동안 즐거움을 주어왔읍니다. 마음의 기호식품입니다.

그래서 신비감 애호가들은, 자연현상이 설명되고 해명되는 걸 무척 싫어합니다. 불순한 의도를 지닌 자들이 나와서 떠들면 갑자기 신비감이 사라집니다. 달을 봐도 별을 봐도 무지개를 봐도 신비감을 느낄 수 없습니다. 마음이 가문 들처럼 삭막해집니다. 이런 사태를 불러온, 이성이라는 사악한 독기를 빼려면 한참 걸립니다. 이성과 담을 쌓고 몇 달을 살면 감성이 겨우 돌아옵니다. 사악한 자들이 신비감을 박멸하려고 합니다.

예전에 신비감이라는 기호식품 대량생산 역할을 하던 종교가 힘을 잃었습니다. 갈수록 고객을 잃고 사세가 기울고 있습니다. 도산하지나 않을까 걱정입니다.

지평선 위로 불덩이처럼 떠오르는 아침 해를 볼 때, 하늘을 가지가지 색깔로 아름답게 물들이는 저녁노을을 볼 때 느끼던 우주를 창조하신 분에 대한 신비감이 훼손되었습니다. 그분이 누구냐고 시비를 거는 사람들이 있습니다. 그냥 부르게 놔두지 왜 이름에 의미를 부여해 골치 아프게 하는지 모르겠습니다.

아무리 과학이 발달한들 신비감이 없어지면 무슨 소용이 있습니까. 자기들은 새로운 (차원의) 신비감이 생긴다고 주장하지만, 그건 자기들 얘기이고, 과학을 이해할 능력이 없는 우리 평범한 사람들하고는 상관이 없는 일입니다.

음악·미술·무용·문학·예술에 별로 감동하지 않는 과학자들을 보았습니다. 사람에게 감정을 없애고 이성만 남겨둔다면 과연 이 세상이 살 만한 가치가 있을까요?

사람들은 맛있는 음식을 찾아다닙니다. 아름다운 경치를 찾아다닙니다. 서로 다른 음식을 맛있어해도, 서로 다른 경치를 아름다워해도, '왜 그런 걸 맛있어하고 아름다워하느냐'고 서로 시비를 걸지 않습니다. 각자의 식감과 미감을 존중합니다. 클래식 음악을 듣고 흥이 나도 눈물을 흘려도, 대중음악을 듣고 흥이 나도 눈물을 흘려도, 상대방의 흥과 눈물을 비하하거나 트집을 잡지 않습니다.

그런데 왜 신비감은 그냥 놔두지 않는 겁니까? 각자 취향에 따라 음식과 음악을 먹고 듣고, 맛과 소리를 즐기듯이, 각자 자기 방식대로 신비감을 즐기면 안 됩니까?

신비감은 그 자체로 가치가 있습니다. 모든 걸 다 아는 신에게는 있을 수 없는 피조물 고유의 특권적 감정입니다. 신도 분노·시기·질투·기쁨은 느낄 수 있으나, 신비감만은 못 느낍니다. 인간에게 신이 부러워할 만한 게 있다면, 그건 단연코 신비감입니다.

오늘밤만은 이성理性을 벗어두고 제 손을 잡으세요. 제가 당신을 신비한 세계로 인도하겠습니다.

골짜기의 신비

노자 《도덕경》에 곡신유현谷神幽玄이라는 말이 나온다. '골짜기의 신은 그윽하고 가물다'는 말이다. 여기서 골짜기는 나무 한 그루 없는 민둥골짜기가 아니라, 나무가 우거지고 물이 흐르는 골짜기이다. 예수가 40일 동안 방황한 붉은 황무지 골짜기가 아니다. 그런 골짜기는 방황하는 데나 적절하다. 신비가 있을 턱이 없다.

나무가 우거진 골짜기가 신비한 이유는 속이 드러나지 않기 때문이다. 신비란 무지와 동의어인 경우가 많다. 알고 나면 신비가 사라지기 때문이다. (그걸 '무지의 장막이 걷힌다'고 표현한다.) 그래서 성인聖人도 자기 부인에게는 존경받기 힘든 것이다. 시간과 공간을 격隔하고, 거리를 두고, 대할 때 신비가 생긴다. 그게 힘들면 인의 장막이라도 쳐야 하고 나무라도 우거져야 한다. 솔로몬 성전이 신비한 것도 그 구조물이 충분히 크고 복잡하기 때문이다. 성궤가 모셔진 곳에는 장막까지 쳐져 신비감을 더한다.

물이 없는 호수는 신비하지 않다. 바닥을 드러낸 바다는 더욱 신비와는 거리가 멀다. 용궁도 없고, 신비의 해초도 없고, 심해 괴물도 없다. 신비는, 빛을 튕겨내는 물이 만들어내는 무지無知에 있다.

아무것도 없는 허공은 신비하지 않다. 허공 에너지, 허공 요동 운운하는 물리학자들에게나 신비한 대상이다. 그들에게 허공은 물리학 법칙들과 현상들이 우거진 계곡이다. 물질로 우거진 우주는 유현幽玄하다. 은하수가 신비하게 보이는 것도 우리 망막이라는 좁은 이차원 평원에 빽빽이 들어서기 때문이다. 하지만 우주는 진공이라 할 정도로 물질이 없다. (암흑물질까지 쳐도 그렇다.)

아무것도 없는 마음은 신비하지 않다. 담백한 선사들의 마음은 신비하지 않다. 사랑과 증오, 용서와 보복이 난무하는 마음은 신비하다. 성聖과 속俗, 무한과 유한, 번뇌와 해탈이 교차하는 마음도 신비하다. 거북이가 하늘을 나는 신비가 벌어지기 때문이다. 노자《도덕경》과 현대물리학이 동거하는 마음도 신비하다. 무슨 소리가 튀어나올지 모르기 때문이다. 우거진 마음은 신비하다. 곡신유현이다.

세상이 신비한 것은 존재들 사이의 연기가 중중重重의 무진無盡세계를 드러내기 때문이다. 사람들이 연기緣起의 바다에서 게리맨더링한 게 개별 존재이고 현상이다.

目연기론緣起論: 모든 존재와 현상은 물질적이건 정신적이건 독립적으로 발생하는 것이 아니라 수많은 상호관계 속에서 발생한다는 이론으로서 불교의 핵심 이론이다. 불교를 한마디로 표현하라 하면 연기론이라 할 수 있다.

종교는 아는 게 없다

_ 종교에는 안다는 선언만 있다
뭘 모르는지 모르기 때문이다

"너 모르는 게 있지. 그러니까 우리 아버지를 믿어. 우리 아버지는 모르는 게 없다니까." "그래? 그럼, 네 아버지가 뭘 아는지 말해봐." "사람은 우리 아버지가 흙으로 만든 다음에 숨을 불어넣어 만들었고, 동물은 다 지금 모습대로 종별로 만들었고." 하는 말마다 엉터리 소리만 합니다. 그 헛소리들 외에는, 하나도 아는 것이 없습니다. 농사기술·과학기술·질병치료 등 실용지식은 하나도 모릅니다. 그러면서도 모든 걸 다 안다고 주장합니다. 그런데 왜 내가 (다는) 모른다고 해서 그 아버지가 (다) 알아야 할까요?

종교가 하는 짓이 이렇습니다. 과학자들도 모르는 게 있답니다. '따라서' 자기들 신이나 교주는 다 안답니다. 하지만 '과학자들에게 모르는 것이 있다'는 사실과 '신이나 교주가 다 안다'는 것은 전혀 별개 일입니다. '네가 모르는 게 있다고 해서 내가 다 아는 것이 아니듯'이 말입니다.

신과 교주들은 아는 게 거의 없습니다. 안다고 주장하는 것들도, 망상과 헛소리투성이입니다. 그에 비해 과학자들은 어마어마하게 아는 게 많습니다. 오히려 신과 교주들이 과학자들을 신과 교주로 섬겨야 할 정도입니다. 그런데도 종교인들은, 과학자들도 모르는 게 있으므로, 사람들은 신과 교주를 믿어야 한답니다.

　종교 경전을 자세히 읽어보시기 바랍니다. 실용적인 지식은 하나도 없습니다. 자연재해, 홍수, 가뭄, 기아, 더위, 추위, 질병에서 벗어날 지식을 하나도 제시하지 못합니다. 그냥 '자기를 믿으면 행복해진다'는 선언만 있습니다. 그리고 종교인들은 서로 자기 주장이 옳다고 서로 잡아죽이며 싸움을 벌입니다. 이는 인류 역사가 증명하는 바입니다.

집단 무의식

_ 우주의 과거 현재 미래의 지식을
다 모아놓은 창고가 있다
그래서 어쨌단 말인가?

무의식에는 두 종류가 있다. 개별 무의식과 집단 무의식이다. 각각 프로이트와 융이 발견하였다.

집단 무의식collective unconscious에는 두 가지 측면이 있다. 하나는 원초적인 하계의 힘primordial lower forces들이고, 하나는 영적인 상계의 힘spiritual higher forces들이다. 아니무스animus와 아니마anima는, 물질적으로는 각각 남성 호르몬과 여성 호르몬에 대응된다.

현대인이 집단 무의식에서 나와 성숙한 자아로 옮겨가는, 개인화의 과정을 거치면서 페르소나(인격)를 형성한다. 페르소나는 '무의식이라는 빙산'의 일각이며, 현대인들은 페르소나를 품고 행하고 자신들을 페르소나와 동일시한다.

집단 무의식은 개인의 마음에 압도적인 영향력을 행사한다. 물론 이런 영향은, 실제적으로 모든 감정과 상황을 다 개입시키므로, 개인에 따라 크게 편차가 있다. 종종 집단 무의식은 공포를 주기도 하지만 치료를 해주기도 한다.

유카나방은 유카나무 꽃에서 발견한 화분을 조그만 환약처럼 만들어 발에 달고 다른 유카나무 꽃 암술에 전해준다. 이 일은 평생 단 한 번만 한다. 이런 행동은 배워서 하는 게 아니다. 어떻게 행동할지를, 직관적으로 아는 것이라는 설명이 합리적이다. 원형archetype과 직관은 집단 무의식 속에 서로 독립적인 반대쪽으로서 공존한다. 이 점은 융이 나중에 명확하게 할 것이다. 대부분의 동물에게는 직관적 이해가 본능과 서로 완벽하게 얽혀 있지만, 인간에게는 원형은 별개의 정신 현상으로 등록되어 있다.

원형들은 더 깊은 층들의 무의식 속에, 특히 내가 집단 무의식이라고 불러온 계통발생적인 기저에 살면서 기능을 한다는 증거가 있다. 즉, 집단 무의식은 계통적 지층에 묻혀 있다.

이 국지화는 원형들의 기이함을 상당히 설명한다.

우리는, 우리 덧없는 의식 속으로 먼 옛날에 속하는 미지의 의식을 불러온다. 이들은 우리 미지의 조상들의 마음, 생각과 느낌, 삶과 세상을 경험하는 방식, 신들과 사람들이다. 이런 오래된 지층이 아마 '윤회에 대한 믿음'과 '전생의 기억'의 근원일 것이다. 사람의 몸이 바로 박물관이듯이, 즉 (진화론적) 계통발생적 역사의 박물관이듯이, 마음 역시 그렇다.

융은 정신분열 망상 환자로부터 '태양에 남근이 달려 있고 그 움직임이 지구에 바람을 일으키는 걸 본다'는 말을 들었다. 융은 이걸 집단 무의식의 증거로 보았다. 왜냐하면 이것은 당시에 처음 독일어로 번역된, 로마시대 종교인 미트라 교리와 흡사했기 때문이다: 태양에 남근모양의 관이 달려 있고 이게 지구에 바람을 일으킨다.

(평: 남근은 사람을 낳고, 사람은 혼란을 낳는다. 전쟁·증오·파괴·우치愚 痴를 낳는다. 바람은 바로 이런 부정적인 힘을 상징한다.)

융은, 개인의 마음을 넘어서면, 신화란 모두 집단 무의식의 투영으로 볼 수 있다고 믿었다. 따라서 심리학자들은 모든 문화에 나타나는 종교 와 종교수행을 공부함으로써 집단 무의식에 대해서 배울 수 있다.

포퍼주의 비평가 레이 스코트 퍼시발은, 융이 제시한 몇몇 예를 반박 하며 그의 가장 강력한 주장들은 오류 입증이 불가능하다고 논증한다.

퍼시발은, 주요 과학적 발견은 집단 무의식으로부터 방출되는 것이 지 과학자들의 예측불가능한 또는 혁신적인 작업으로부터 방출되는 것 이 아니라는, 융의 주장을 특별한 이슈로 삼는다. 퍼시발은 융이 과도한 결정론을 주장한다고 공격한다. 그는 융이 '사람들이 때로는 자기들이 그 원리조차 예측하지 못하는 아이디어를 창조할 수 있다'는 가능성을 인정할 수 없었다고 기술한다. '사람은 특정한 형태의 마음 패턴을 보 여준다'는 주장에 대해서, 퍼시발은 이 공통적 패턴은 공통환경, 즉 본 성nature이 아니라 공유하는 교육nurture에 의해서 설명이 가능하다고 논증한다. 왜냐하면 사람들은 누구나 가족이 있고 식물과 동물과 접촉 하고 밤낮을 경험하므로, 이런 현상들에 대해서 기본적인 마음 구조를 개발한다 해도 놀랄 만한 일이 아니라는 것이다.

융은 '주요 과학적 발견은 집단 무의식에서 나오지, 과학자들의 예측 불가능하고 혁신적인 작업에서 나오는 게 아니다'라고 주장했다. 이것 은 일종의 결정론이다.

(평: 일종의 힌두교적 아카식 레코드이다.)

집단 무의식 이론을 지지하는 신경과학자들에 의하면, 인간 정신의 공통적 면은 뇌 피질하 영역인 '시상과 변연계'에서 생성된다. 중심부에 위치한 이들은 뇌를 신경계의 나머지 부분과 연결하며, 감정과 장기기억을 포함한 핵심적인 과정들을 제어한다.

루퍼트 셸드레이크의 변형공명에 영감을 받은 어떤 연구자들은 집단 무의식에 대한 강한 형태의 가설을 조사했다. 이 가설에 의하면, 한 사람의 사이키의 내용은 모두 어느 정도 다른 사람들과 공유된다.

궁극적으로 융은 '집단 무의식을 경험으로 입증 가능한 개념'이라 했지만, 찾기 힘든 (집단 무의식의) 특성은 전통적인 실험 연구를 막는다.

융은, 초심리학·연금술·오컬트·종교적 아이디어가 집단 무의식 이해에 도움을 줄 것이라고 제안했다. 그는 동시성 synchronicity(특수한 인연으로 얽힌 공간적으로 멀리 떨어진 두 사건이 동시에 일어나는 현상)과 ESP(초감각 현상)에 대한 해석을 통해서, '사이키 활동이 뇌를 초월한다'고 주장했다. 그는 연금술에서 민물 또는 바닷물이, 자신이 창안한 개념인 집단 무의식에 해당함을 발견했다.

분석심리학에 기반한 정신요법은, 환자의 개인의식과 그 밑에 놓인 더 깊은 공통의 구조 사이의 관계를 분석하고자 한다. 개인적 경험들은 마음속의 원형을 활성화하고, 원형에 개인을 위해 의미와 재료를 부여한다. 원형은 은밀하게 활동한다. 경험과 기억을 조직한다. 그들의 강력한 효과는 오직 간접적으로 그리고 회상에 의해서만 드러난다. 집단 무의식의 힘에 대한 이해는 개인으로 하여금 삶을 항해하는 걸 돕는다.

분석심리학자 마리 윌리엄이 해석한 바에 따르면, 원형의 충격을 이해하는 환자는 기저를 이루는 상징을 '환자를 위해 상징을 품는 실재 사람으로부터' 분리하는 것을 도와줄 수 있다. 이런 식으로 환자는 더 이상 무비판적으로 '자신의 원형에 대한 느낌을' 일상생활에서 접하는 사람들에게 투사하지 않는다. 그리고 그 결과로 사람들과 더 건강하고 더 개인적인 관계를 발전시킬 수 있다. 자기 마음의 내밀한 '집단 무의 식적 원형의 작용'을, 자기와 동일시하지 않음으로써 해방을 얻는다.

융은, 분석심리 의사들이 집단 무의식의 출현에 너무 빠진 나머지 집 단 무의식의 출현을 촉진하느라 환자의 복지를 희생시킨다고, 주의를 주었다.

정신분열증 환자들은 일상 삶의 어려움을 다룰 (기능하는) 에고ego의 도움의 부재로 인하여 (자신들을) 집단 무의식과 동일시한다.

(평: 승려들이 명상 중에 모습을 드러낸, 자신의 집단 무의식에 너무 정신 을 빼앗기면 이걸 전생으로 해석해 사람들에게 혼란과 불행을 주게 된다.)

집단 무의식으로부터의 요소들은, 이 요소들과 연결된 사람들로 이루 어진 집단에 현현할 수 있다. 사람들의 집단들은 자기들이 처한 역사적 상황으로 인하여 특정 상징에 특별히 수용적이 될 수 있다. 집단 무의식 의 중요함에 눈을 뜬 사람들은 정치적 조작을, 특히 대중 정치 영역에서 의 정치적 조작을 할 준비가 되어 있다.

융은 집단 운동을 집단 정신병에 비교했다. 이것은 다시 악령빙의와 비교 가능하다. 악령에 빙의되면, 인민들과 지도자의 사회적 역동성을 통해서, 무의식적 상징을 무비판적으로 전달한다.

(평: 세월호·광우병·탄핵사태와 유사하다. 세월호는 미핵잠수함과 충돌 해 침몰되었다는 주장도 있었고 정부가 침몰시켰다는 음모론도 있었다.)

문명은 사람들로 하여금 미개한 사회의 신화적 세계와 거리를 두게 하지만, 융은 '그럼에도 불구하고 원시적인 무의식 세계는, 미신과 의심받지 않는 크리스마스트리 형태로 자신을 나타내려 한다'고 논술했다.

(평: 불교도 마찬가지이다. 관세음보살. 윤회·천국·지옥 등.)

경험적 연구를 근거로 융은 '사람들이 인종과 거주지에 상관없이, 본능과 이미지의 집단적 풀pool을 공유한다'고 느꼈다. 물론 이들은 문화의 주형적 영향을 받아 상이하게 발현한다. 하지만 문화에 따라서는 집단 무의식에 더해서 혹은 별개로, 다른 문화에는 없는 원초적인 집단 아이디어를 소유할 수 있다.

융은, UFO와의 메시아적 조우에 대한 믿음은 설사 합리적인 현대의 이데올로기가 집단 무의식의 이미지들을 억압한다 하더라도, 그 근본적 측면은 필연적으로 다시 (의식의) 표면으로 떠오를 것이라고 주장했다.

융은 이 나는 원반의 둥그런 모양이 억압된, 하지만 사이키적으로 필요한 신성神性이라는 아이디어에 상징적으로 연결되어 있음을 확인한다. 융은 UFO를 신화로 고착화되는 단계에 있는 '살아 있는 신화'라고 불렀다.

마케팅 전문가들은 원형을 일반적으로 응용할 수 있음은 알아차렸다. 이들의 관찰에 의하면, 브랜딩은 집단 무의식의 원형에 호소할 때 소비자와 공명한다. 즉, 광고는 집단 무의식에 대한 호소이다.

크게 오해되고 있는 '융의 집단 무의식'에 대한 가장 간결한 해석에 의하면, 그의 아이디어는 무의식의 어떤 구조와 선천적 성향은, 예를 들어 물려받은 것들과 종에 고유한 유전자에 기반한 것들은, 우리 모두에게 공통적이라는 것이다.

　이리하여 우리는 집단적 팔, 즉 모든 사람이 공유하는 '뼈와 살의 기본적인 패턴'에 대해서 가볍게 언급할 수 있다. 하지만 다른 이들은, 집단 무의식에 대한 융의 여러 가지 묘사에는 기본적인 모호함이 있는 듯하다고 지적했다. 때때로 그는 특정한 이미지를 경험하고자 하는 성향을 집단적 팔처럼, 어떤 유전적 모델을 통해 이해 가능한 걸로 간주하는 듯 보였다.

　그러나 융은 또한 이 경험들의 누미너스한(하나님의 존재를 느끼게 하는, 신비한) 성질을 강조하느라 고통을 받았다. 그리고 그가 '원형들이 어떤 신성한 마음이나 세계 마음(소위 한마음)과의 교감에 대한 증거를 제시한다'는 아이디어에 마음이 끌렸다는 것은, 의심의 여지가 없다. 아마 바로 이 점에서 그의 사상가로서의 인기가 나올 것이다.

　(평: 융은 신적인 마음 혹은 세계 마음과의 영적 교류를 논하고 있다. 이것은 한마음, 참나와의 교류, 브라흐만과의 교류에 해당한다.)

　마리 루이스 폰 프란츠는 융의 집단 무의식을 '모든 걸 다 품는 세계 영'과 역사적으로 동일시하는 것은 매우 매혹적이지만, 동시에 퇴행적이라는 점을 받아들였다.

　뉴에이지 작가 셰리 힐리의 주장에 의하면, 융은 감히 다음과 같이 제안했다: 인간의 마음은 '불멸의 무의식적 에너지체인 집단 무의식'의 아이디어와 동시에 연결할 수 있다. 이것은 모노사이키즘monopsychism(단일심체單一心體론)이라는 아이디어이다.

　(평: 융이 말하는 '불멸의 무의식적 에너지체인 집단 무의식'은 불교의 알라야식과 유사하다. 단, 전자는 집단적이고 후자는 개별적이라는 차이가 있다.)

目 '집단 무의식'이란 제목의 위키피디아 내용에 필자가 평을 붙였다.

https://en.wikipedia.org/wiki/Collective_unconscious

무의식

_ 가장 신비로운 것은 우리 뇌이다
1000억 개 뇌 신경세포가 스스로 알아서 활동한다

사람에게는 마음이 있습니다. 마음이란 무엇일까요? 누구나 마음이 있지만 마음이 무엇인지 설명하라고 하면 잘 못합니다. 무척 어려운 일입니다.

마음은 두 가지가 있습니다. 그 활동을 의식할 수 있는 마음과, 그 활동을 의식할 수 없는 마음입니다. 전자를 의식이라 하고, 후자를 무의식이라 합니다. 의식은 우리가 아는 사이에 일어나는 마음의 작용이고, 무의식은 우리가 모르는 사이에 일어나는 마음의 작용입니다.

예를 들어, 무얼 보거나 듣거나 맡을 때, 우리는 우리가 무얼 보고 듣고 맡는다는 사실을 압니다. 실시간으로 압니다. 생각도 그렇습니다. 이게 그 활동을 의식하는 마음입니다. 즉 의식입니다.

그런데 숨을 쉬거나 피를 순환하게 하는 것은, 우리가 통제하지도 못하고 느끼지도 못합니다. 허파꽈리를 통해 산소가 들어가고 이산화탄소가 나오는 걸 느끼지 못합니다. 피가 심장을 들락거리는 것도, 혈관을 흐르는 것도, 느끼지 못합니다. 이런 일을 하는 것은, 그 활동을 의식하지 못하는 마음입니다. 즉 무의식입니다. 이처럼 우리가 의식하지 못하는 마음의 활동을 무의식이라고 합니다.

처음 운전을 배울 때는, 핸들을 돌리자고 의지를 내어 핸들을 돌립니
다. 의식의 작용입니다. 하지만 익숙해지면, 눈을 차선에 맞추어 놓으
면, 차선의 굴곡에 맞추어 손이 알아서 핸들을 돌립니다. '이만큼 좌로
돌려라, 저만큼 우로 돌려라' 생각을 하지 않습니다. 저절로 돌아갑니
다. 무의식의 작용입니다.

처음 타이프를 배울 때는, 자판에서 해당 글자를 하나하나 찾아 일일
이 손가락을 움직여주어야 합니다. 어떨 때는 글자 하나 찾으려고 전 자
판을 샅샅이 뒤지기도 합니다. (그것도 몇 분 동안이나!) 의식의 작용입
니다.

하지만 타이프에 익숙해지면 손가락이 저절로 움직입니다. 의식적으
로 손가락을 특정 지역으로 옮기지 않습니다. 손가락은 마치 발이 달린
것처럼 자기 혼자 그리 움직여 갑니다. 숙련된 이가 글을 타이프하는 것
은 무의식의 작용입니다. 생각도 저절로 일어나고 손가락도 저절로 움
직입니다. 특히 영감이 솟아날 때 그렇습니다. 옛사람들은 뇌의 작용을
몰랐기에 이처럼 솟아나는 생각을 귀신의 작용으로 알고, (마음에) 마구
솟아나는 생각을 마구 쓰는 걸, 신필神筆 또는 공수라고 불렀습니다.

우리는 '그리움이 솟아난다'고 하지, '자, 지금부터 그 사람을 그리워
하자'고 의지를 내지 않습니다. 이처럼 '우리 의지와 관계없이 일어나는
현상'을 무의식이라 하고, '자신이 그 사람을 그리워하고 있다는 사실을
아는 걸' 의식이라고 합니다. 즉 그리움이 솟아나는 것은 무의식의 작용
이고, 그리움이 솟아나는 걸 아는 것은 의식의 작용입니다.

괜히 짜증이 나고 우울할 때가 있습니다. 사랑하는 그이가 전화를 걸

어오면 짜증과 우울함이 거짓말처럼 사라집니다. 짜증과 우울함이 일어나는 것은 무의식의 작용입니다. 자기에게 짜증과 우울함이 일어나는 것을 아는 것은 의식의 작용입니다.

남녀가 처음 만날 때, 수초 내에 상대방에 대한 평가가 끝난다고 합니다. 저절로 호불호好不好가 결정납니다. 시각작용에 기초해 무의식이, 자기 맘에 드는지 안 드는지 결정합니다.

'첫눈에 반하는 것'은 의식적인 의지의 작용이 아닙니다. '첫눈에 반하자'고 결정을 하는 게 아닙니다. 단지 일어날 뿐입니다. 이 또한 무의식의 작용입니다. 첫눈에 반했다는 것을 아는 것은 의식의 작용이나, 첫눈에 반하는 현상은 무의식의 작용입니다.

우리가 기억으로 불러내지는 못하지만, 뇌 속 어딘가에 저장되어 있는 것은 무의식입니다. 상황에 맞게 필요한 정보가 저절로 떠오르는 것도 무의식의 작용입니다.

의식과 무의식의 관계를 회사에 비유하면 이렇습니다. 회사에는 사장과 사원이 있습니다. 회사는 마음에, 사장은 의식에, 직원은 무의식에 해당합니다. 사장이 직원에게 이러저러한 일을 하라고 명령을 내리는 것은 의식의 작용이고, 직원이 일을 하는 것은 무의식의 작용입니다.

사장은 수많은 사원들이 일하고 있는 걸 하나하나 매순간 지켜볼 필요가 없습니다. 사실 사원들이 일하는 걸 모두 매순간 지켜보는 것은 불가능합니다. 회사가 클수록 더 불가능합니다. 그냥 사원들에게 맡겨두면 됩니다. 그러면 사원들은 맡은 바 자기 일을 합니다. 사장은 때때로 지켜보면 됩니다.

우리 마음도 그렇습니다. 우리 마음에는 의지가 있고, 서로 다른 일을 하는 부서module(모듈)가 무척 많습니다. 많으면 1억 개나 된다고 합니다. 마음은 회사, 의지(의식)는 사장, 모듈은 사원이라고 할 수 있습니다. 의지(의식)는 1억 개 모듈이 일하는 걸 다 지켜볼 수도 없고 (그들에게) 일일이 지시를 내릴 수도 없습니다. 마음의 활동은 대부분이 무의식의 활동입니다. 무의식의 활동은, 사장이 모르는 사이에 일어나는, 지하 수천 미터 지하광산에서의 채탄작업입니다.

사장은 직원들에게 일일이 지시를 내릴 필요가 없습니다. 사원들은 평소에 갖추어놓은 시스템에 따라 일을 합니다. 우리 마음도 그렇습니다. 의식(의지)은 무의식(모듈)에 일일이 지시를 내릴 필요가 없습니다. 평소에 갖추어놓은 시스템에 따라 활동합니다.

마음에 모듈이 많은 것은 여러 가지 일을 처리해야 하기 때문입니다. 회사는, 공정이 복잡할수록, 해야 하는 작업이 많을수록, 생산품의 종류가 다양할수록 직원이 더 많이 필요합니다. 우리 마음도 마찬가지입니다. 해야 할 일이 너무 많습니다. 일의 종류도 서로 다릅니다. 그래서 모듈이 많은 것입니다. 우리 의지(의식)는 그 수많은 일들을 모듈들에게 맡겨둡니다. 의지는 정말 중요한 일을 결정하기 위해서, 모듈들이 하는 일을 일일이 간섭하지 않고 힘을 비축합니다. 사장이 사원들에게 일을 맡겨두는 것과 같습니다.

초점은 자기 사원들을 훌륭한 사원으로 만드는 것입니다. 평소에 사원들에게 교육을 시켜야 합니다. 사람들이 경험을 쌓고 공부를 하고 사유를 해야 하는 이유입니다. 이를 통해서 자기 마음의 사원들인 모듈들을 교육시키는 겁니다.

의식에는 두 가지 작용이 있습니다. 지켜보는 것과 의지입니다. 전자는 수동적이고 후자는 적극적입니다. 사장이 사원들에게 명령을 내리는 것은 의지이고, 사장이 사원들이 어떤 일을 어떻게 하는지 아는 게 지켜보는 것입니다.

회사를 경영하다 보면 별별 일이 다 벌어집니다. 일을 잘하는 직원도 있고 못하는 직원도 있습니다. 대박 치는 직원도 있고 망치는 직원도 있습니다. 하지만 매번 일희일비—喜—悲하다가는 신경쇠약에 걸릴 수 있습니다. 그 어떤 직원도 사장이 아닙니다. 적당하게 거리를 둘 필요가 있습니다.

마찬가지로 의지(의식)와 무의식(모듈) 사이에는 적당하게 거리를 둘 필요가 있습니다. 자신을 자기 마음에 일어나는 일과 동일시하면, 크게 절망하거나 교만해질 수 있기 때문입니다. 그러면 회사가 파산하듯 인격이 파탄날 수 있습니다.

직원이 없으면 사장도 없습니다. 사장이 없으면 직원도 없습니다. 기업은 직원들과 사장이 같이 만들어갑니다. 우리 마음도 의지와 모듈들이 더불어 만들어갑니다. 의식과 무의식이 힘을 모아 만들어갑니다. 어느 누구도 우리 마음의 주인이 아닙니다. 우리 마음은 종업원이 주주인 주식회사입니다. 크게는 몸과 마음이, 중간으로는 의식(의지)과 무의식이, 작게는 건강·질병·사랑·미움·다정·무심·보상·처벌·겸손·자긍·관용·엄격·공감·냉정·근면·휴식·열정·냉철·지혜·무지 등 수많은 덕이 서로 조화롭게 균형을 이룬 삶을 살아야 하는 이유입니다.

인공지능

_ 인공지능도 생명이다
단지 시작이 미약할 뿐이다

유발 하라리와 김대식은 인공지능이 발달하면 빈부격차가 커지고 실
업자가 급증할 것이라고 한다.

이들은 대중심리에 휩쓸려 오판하고 있다.

지금은 방직기계 건설기계 등의 기계가 100~200년 전에 사람이 하
던 일을 대체했지만, 인류는 그때보다 수십 배나 잘산다. 더 이상 옷감
을 짜는 사람들은 없지만 다들 좋은 옷을 입고 산다. 옷은 더 가볍고 더
따뜻하고 더 질기다.

그리고 기계가 사람일을 대체해서 사람이 필요없다면, 왜 사람들이
애를 계속 낳겠는가? 사람들이 애를 낳지 않으면 인구가 줄어 직업이
없는 사람들 비율도 줄어들 것이므로 실업자를 걱정할 필요도 없다. 지
금 우리나라가 출산율 저하로 고민하는 것은 국가적으로는 생산인력
감소와 내수를 뒷받침할 소비인력 감소를 걱정하기 때문이다. 젊은 세
대는 아이를 낳지 않는 것이 자기들에게 더 유리하므로, 낳지 않을 뿐이
다. 만약 기계와 약한 인공지능이 생산을 대신하면, 그만큼 생산인력이
필요없으므로, 인구감소가 일어날 것이다. 인구가 감소하면 소비가 줄

어 생산이 줄고 그러면 그 결과로 가격이 오를 수 있지만, (인공지능을 통해서) 더 나은 기술이 개발되면 가격을 내릴 수 있다. 지금까지는 다양한 물건을 만들려면 분업화된 기술을 지닌 다양한 사람들이 필요했지만, 앞으로 기계와 인공지능이 생산에 참여하면 (많은) 사람들이 참여하지 않아도 필요한 물건을 다양하게 생산할 것이다. 그러면 많은 인구가 필요없다. 그러므로 실업률을 걱정할 필요가 없다.

지금 77억 지구 인구도 너무 많다고 하면서 10억 정도로 줄여야 한다고 주장하는 사람들도 있는데 어느 정도 인구감소는 문제가 아니다.

100~200년 전보다 상상을 초월할 정도로 기계화와 자동화가 된 지금이 그때보다 더 불행하기는커녕 더 행복하다면, 그리고 그때보다 실업률이 낮고 더 양질의 직업을 제공하고 있다면, 앞으로 일어날 기계화와 인공지능을 걱정할 필요가 없다.

그리고 만약 인공지능에게 감정이 없다면 인간은 인공지능에게 감정적 충족을 얻을 수 없으므로 여전히 인간은 인간에게 소중할 것이고, 만약 인공지능에게 감정이 있다면 그것도 훌륭한 감정이 있다면 그래서 인간에게 큰 정서적 위안을 준다면 뭐가 문제인가? 설사 사람이 그 인공지능과 사랑을 한들 뭐가 문제인가? 아름다운 마음을 지닌 인공지능을 거부하고 못된 마음을 지닌 인간만 고집하는 것은, 아무리 기계로 만든 제품이 좋아도 품질이 안 좋은 수제품만 고집하는 것과 무엇이 다른가?

인간에게는 불변의 실체가 없으므로, 만약 인공지능이 인간과 구별할 수 없게 밖으로 감정과 생각을 표현한다면 그건 인간이나 마찬가지 존재이다. 그런 훌륭한 인공지능을 창조하는 것은 착하고 건강한 아이를

낳는 일과 같으므로 얼마든지 권장할 일이다. (인간 세상의 인성교육이란
그런 착한 아이를 키워내는 것인데, 인공지능이 이미 그런 품성을 가지고 있
다면 뭐가 문제인가?)

진짜 문제는 인간에게 그리할 능력이 있느냐는 것이며, 컴퓨터 바이
러스처럼 못된 인공지능을 만들어 퍼뜨리는 인간들을 어떻게 막느냐
하는 것이다. 그러므로 인공지능에 대한 문제는, 인공지능의 문제가 아
니라 인간의 문제이다.

후기

이 책의 원고는 원재연 회장과 장준호 거사의 격려에 힘입어 두 해에 걸쳐 집필된 것이다. 성원에 감사한다.

도발적일 수 있는 글을 책으로 내주신 김영사 김강유 회장님께 감사 드린다. 원고를 받아들이고 꼼꼼하게 살피고 많은 제안을 해주신 영성 팀, 특히 테오teo 님께도 감사하며 마무리 편집을 맡아주신 김윤경 님께 도 감사한다.

하늘에서 떨어져 정처없이 떠돌던 물을 바다로 이끄는 것이 강이라 면, 지식을 사람들의 마음의 바다로 인도하는 것은 출판사이다. 열악한 환경 속에서도 분투하시는 출판인들의 노고에 항상 감사하며.

2022년 초입, 봄을 기다리며

찾아보기

ㅈ

어느 수학자가 본 기이한 세상

망상의 향연

1판 1쇄 인쇄 2022. 2. 10.
1판 1쇄 발행 2022. 2. 24.

지은이 강병균

발행인 고세규
발행처 김영사
등록 1979년 5월 17일(제406-2003-036호)
주소 경기도 파주시 문발로 197(문발동) 우편번호 10881

값은 뒤표지에 있습니다.
ISBN 978-89-349-8689-8 03110